InDesign
CS6

逆引きデザイン事典
PLUS

**InDesign CS6
DESIGN REFERENCE
PLUS**

by
Shinichi Ikuta,
Yuji Mori,
Masato Furuoya
(Cetus & General Press)

Published by SHOEISHA CO.,LTD.
WWW.SHOEISHA.CO.JP

Design Reference PLUS

本書内容に関するお問い合わせについて

このたびは翔泳社の書籍をお買い上げいただき、誠にありがとうございます。弊社では、読者の皆様からのお問い合わせに適切に対応させていただくため、以下のガイドラインへのご協力をお願い致しております。下記項目をお読みいただき、手順に従ってお問い合わせ下さい。

ご質問される前に

弊社Webサイトの「正誤表」や「出版物Q&A」をご確認ください。これまでに判明した正誤や追加情報、過去のお問い合わせへの回答（FAQ）、的確なお問い合わせ方法などが掲載されています。

正誤表　　http://www.shoeisha.co.jp/book/errata/
出版物Q&A　http://www.shoeisha.co.jp/book/qa/

ご質問方法

弊社Webサイトの書籍専用質問フォーム（http://www.shoeisha.co.jp/book/qa/）をご利用ください（お電話や電子メールによるお問い合わせについては、原則としてお受けしておりません）。

回答について

回答は、ご質問いただいた手段によってご返事申し上げます。ご質問の内容によっては、回答に数日ないしはそれ以上の期間を要する場合があります。

ご質問に際してのご注意

本書の対象を越えるもの、記述個所を特定されないもの、また読者固有の環境に起因するご質問等にはお答えできませんので、あらかじめご了承ください。

郵便物送付先およびFAX番号

送付先住所　〒160-0006　東京都新宿区舟町5
FAX番号　　03-5362-3818
宛先　　　　（株）翔泳社 愛読者サービスセンター係

※本書に記載されたURL等は予告なく変更される場合があります。
※ 本書の出版にあたっては正確な記述につとめましたが、著者や出版社などのいずれも、本書の内容に対してなんらかの保証をするものではなく、内容やサンプルに基づくいかなる運用結果に関してもいっさいの責任を負いません。
※ 本書に掲載されているサンプルプログラムやスクリプト、および実行結果を記した画面イメージなどは、特定の設定に基づいた環境にて再現される一例です。
※ 本書に記載されている会社名、製品名はそれぞれ各社の商標および登録商標です。

はじめに

　Adobe InDesignは、印刷物制作の最終工程に欠かせないレイアウトソフトです。多くのデザイナーやクリエイターが、ページ物を制作するツールとしてInDesignを支持する理由はいくつかあります。その理由は、PhotoshopやIllustrator、Bridgeなどクリエイティブ・スイートのアプリケーションとスムースな連携が行えること、美しく高度な文字組が実現できること、PDF入稿が手軽に行えることなどが挙げられるでしょう。

　さらに近年、iPadなどのタブレット型コンピュータや電子書籍リーダーの普及が進み、デジタルメディアを軸にした出版ビジネスが各方面で立ち上がり話題を呼んでいます。出版社や制作に携わる企業の多くの方が、新しい出版ビジネスに対応した制作環境を構築することが急務と感じていらっしゃるでしょう。

　InDesign CS6は、新しいデジタルメディアに対応するための新機能が豊富に盛り込まれ、注目を浴びています。本書は、CS6バージョンに盛り込まれた新機能を丁寧に解説することに努めました。電子書籍の主力フォーマットであるEPUBに関しては、独立した章を設け、最新情報をまとめています。また、組版作業を効率的に進めるヒントになるよう、さまざまな自動化の実際例についても取り上げています。このように多岐に亘る情報をわかりやすく網羅できたことが、本書の大きな特徴になっています。

　本書はまた、エディトリアルデザインの分野で新たにInDesignを使ってみようと考えている初心者ユーザにも役立つように、個々の機能を簡潔にわかりやすく解説していることも特徴です。ほしい情報を素早く探し出せるよう、逆引き形式で目次が構成されていますし、短時間で習得できるよう、すべての項目を1～2ページ内で簡潔にまとめています。読者の皆さんは、どこからでも読み進められますし、関心のあるページだけを飛ばし読みしていただくことも可能です。

　本書を通じて、より高品質な印刷物を効率よく作り上げていくための、さまざまなヒントに触れることができるでしょう。本書が、皆さんのお仕事の現場で役立つことを、心より祈っています。

CONTENTS 目次

InDesign CS6 逆引きデザイン事典 PLUS

ツールリファレンス	12
パネルリファレンス	14

第1章　新規ドキュメントの作成　19

001	InDesignを使った印刷物制作のワークフローを知る	20
002	本の各部の名称、構成要素を知る	22
003	ページ物の誌面各部の名称を知る	23
004	プリント用のドキュメントプロファイルを設定する	24
005	Web、デジタルパブリッシング用のドキュメントプロファイルを設定する **NEW**	25
006	レイアウトグリッドによる新規ドキュメントを作成する①	26
007	レイアウトグリッドによる新規ドキュメントを作成する②	28
008	レイアウトグリッドの設定を変更する	29
009	マージン・段組による新規ドキュメントを作成する	30
010	マージン・段組の設定を変更する	32
011	テキストスペースを算出する	33
012	ドキュメントに異なるページサイズを混在させる	34
013	折り加工のある紙面フォーマットを作成する	35
014	裁ち落とし領域、印刷可能領域、ガイド類の表示色を設定する	36
015	標準・プレビューで表示する	37
016	原寸・見開き・ページ全体で表示する	38
017	ズームツールと手のひらツールで画面表示を変更する	39
018	複数のドキュメントをタブで開く	40
019	複数のドキュメントを並べて表示する	41
020	ドキュメントを保存する	42
021	ドキュメントを下位バージョン用に保存する	43
022	書き出しコマンドを利用する	44

第2章　基本操作と作業環境の設定　45

023	InDesignの画面構成を知る	46
024	ツールパネルの表示を切り替える	48
025	ドックやパネルの表示を切り替える	49
026	アプリケーションフレームで表示する	50
027	クイック適用を利用する	51
028	コントロールパネルの概要を知る	52
029	ガイドの種類を知る	54
030	定規の原点を変更する	55
031	定規ガイドを引く・移動する	56
032	ガイドを非表示にする・ロック解除する・削除する・移動する	57

033	定規ガイドの色を変更する	58
034	アイテムをガイドやグリッドにスナップさせる	59
035	グリッドやフレーム枠を非表示にする	60
036	ベースライングリッドを表示する	61
037	組版・レイアウトに使う単位を変更する	62
038	図版類の表示画質を変更する	63
039	スプレットビューを回転する	64
040	キーボードショートカットをカスタマイズする	65
041	InDesign ヘルプを活用する	66

第3章　マスターページとドキュメントページの操作　67

042	ページパネルを効率的に活用する	68
043	ページパネルの表示を変更する	69
044	表示されているページを切り替える	70
045	マスターページの役割を知る	71
046	マスターページを表示する	72
047	新しいマスターページを作成する	73
048	既存のマスターページを元に新しいマスターページを作成する	74
049	子マスターを作成する	75
050	既存のページから新しいマスターページを作成する	76
051	ほかのドキュメントのマスターページを読み込む	77
052	マスターページを変更する	78
053	マスターページにプレースホルダを配置する	79
054	マスターページに自動ノンブルを配置する	80
055	ノンブルの開始ページ番号を変更する	81
056	マスターページに柱を配置する	82
057	ページにマスターページを適用する	83
058	複数ページにマスターページを適用する	84
059	ページ上でマスターページのアイテムを修正する	85
060	ローカルオーバーライドしたマスターアイテムを削除する	86
061	新規ページを挿入する	87
062	リキッドレイアウトの［拡大・縮小］［中央揃え］［ガイドごと］を利用する **NEW**	88
063	リキッドレイアウトの［オブジェクトごと］を利用する **NEW**	90
064	代替レイアウトで縦置き・横置きのレイアウトを同時に行う **NEW**	92
065	見開きページで開始する	94

第4章　文字の操作　95

066	テキストフレームを作成する	96
067	パス上にテキストを入力する	97
068	フレームグリッドの属性を設定する	98

069	テキストフレームの属性を設定する	99
070	サイズに応じて段数が変わるテキストフレームを設定する NEW	100
071	テキスト量に応じて自動的にサイズが可変するテキストフレームを設定する NEW	101
072	テキストフレームを連結・連結解除する	102
073	連結されたテキストフレームの間にテキストフレームを追加する	103
074	テキストを流し込む	104
075	テキストを自動で流し込む	105
076	テキスト量に応じて自動的にページを追加する	106
077	テキストのサイズと行間を変更する	107
078	テキストのフォントを変更する	108
079	テキストを平体・長体にする	109
080	テキストを回転したりシアーをかける	110
081	テキストのベースラインを調整する	111
082	テキストを一定の比率で詰める・開ける	112
083	テキストをプロポーショナルで詰める・開ける	113
084	テキストの字間を字面に応じて詰める	114
085	テキストの前後を一定量のアキで固定する	115
086	テキストに縦中横を設定する	116
087	縦組み内の半角英数字を自動回転させる	117
088	ドロップキャップを作る	118
089	テキストにルビをふる	119
090	テキストに圏点をつける	120
091	テキストに下線・打ち消し線をつける	121
092	条件テキストを設定する	122
093	見出しを複数行取りにする	124
094	見出しを段抜きにする	125
095	テキストを段分割する	126

第5章　日本語組版　127

096	テキストを検索・置換する	128
097	文字属性・段落属性を指定して検索・置換する	129
098	スポイトツールで文字属性を変更する	130
099	異体字に変更する	131
100	特殊な文字や記号を入力する	132
101	タブを使って文字を揃える	133
102	文字揃えの基準線を変更する	134
103	行送りの基準位置を変更する	135
104	段落に行頭揃え・中央揃え・行末揃え・均等配置を使う	136
105	段落前・段落後のアキを設定する	137
106	段落にインデントを設定する	138
107	段落境界線を設定する	139
108	禁則処理やぶら下げ組みを設定する	140
109	OpenType 機能を使用する	142

110	段落スタイルを作成する	143
111	段落スタイルを適用する	144
112	段落スタイルを再定義する	145
113	文字スタイルを作成する	146
114	文字スタイルを適用する	147
115	先頭文字スタイルを設定する	148
116	正規表現スタイルを設定する	150
117	新規で文字組みアキ量設定を作成する	152
118	文字組みアキ量設定を適用する	154
119	合成フォントを作成・使用する	155
120	テキストを図版の周囲に回り込ませる	156
121	テキスト中にオブジェクトを挿入する	157
122	アンカー付きオブジェクトを設定する	158
123	テキストをアウトライン化する	159
124	行末の全角スペースを吸収させる	160
125	欧文テキストを泣き別れにする	161
126	箇条書きを設定する	162
127	脚注を設定する	163
128	相互参照を設定する	164
129	ストーリーエディターを使ってテキストを編集する	166

第6章　画像の配置とレイアウト　　167

130	印刷目的で InDesign に配置する画像を用意する	168
131	InDesign に配置する画像を印刷用途に適したファイル形式で保存する	169
132	配置コマンドで画像を配置する	170
133	フレームを作成して画像を配置する	171
134	コンテンツインジケーターを利用して画像を選択・編集する	172
135	複数の画像やテキストを配置する	173
136	複数の画像をグリッド配置する	174
137	Mini Bridge を活用する	175
138	画像のメタデータからキャプションを作成する	176
139	図版の近くにキャプションを正確に配置する	178
140	スマートガイドでオブジェクトを配置する	179
141	フレームと画像のサイズをドラッグ操作で変更する	180
142	自動フィットを利用する	181
143	フレームと画像のサイズを数値指定で変更する	182
144	画像やフレームを回転・傾斜させる	183
145	オブジェクトサイズの調整コマンドを利用する	184
146	フレーム調整オプションを利用する	185
147	画像のリンク状態をチェックする	186
148	画像のファイル情報を確認したり、保存場所を表示させる	187
149	元データを編集してリンクを更新する	188
150	リンク先が不明な画像を再リンクする	189

151	既存のリンク画像を別のフォルダの画像に再リンクする	190
152	Illustrator の複数のアートボードを選択して取り込む	192
153	Photoshop のクリッピングパスで切り抜き画像を配置する	193
154	Photoshop のアルファチャンネルを利用して切り抜き画像を配置する	194
155	Photoshop のレイヤーを利用して画像を配置する	195
156	Photoshop のレイヤーカンプを利用して画像を配置する	196

第 7 章　カラーの設定　　　197

157	ツールパネルで塗りと線のカラーを指定する	198
158	オブジェクトにカラーやグラデーションを指定する	199
159	スポイトツールで属性をコピーする	200
160	カラーパネルで色を作る	201
161	グラデーションパネルでグラデーションを作る	202
162	スウォッチパネルで新規に色を作り登録する	203
163	スウォッチパネルで新規にグラデーションを登録する	204
164	スウォッチパネルの表示を切り替える	205
165	未使用カラーを選択して削除する	206
166	スウォッチを保存する	207
167	スウォッチを読み込む	208
168	スウォッチで特色を登録する	209
169	新規濃淡スウォッチを登録する	210
170	新規混合インキスウォッチを登録する	211
171	新規混合インキグループを登録する	212
172	混合インキグループを変更する	213
173	オーバープリントを指定し画面でプレビューする	214
174	リッチブラックの表示とプリントを設定する	215
175	黒を 100％でオーバープリントする	216
176	カラー設定を行う	217
177	ドキュメントにプロファイルを割り当てる	218

第 8 章　オブジェクトのアレンジと特殊効果　　　219

178	数値指定で角オプションを設定する	220
179	マウス操作で角オプションを設定する	221
180	Illustrator で作成したパスオブジェクトを取り込む	222
181	線の属性を設定する	223
182	線の種類を設定する	224
183	カスタム線種を作成する	225
184	ツールを使ってオブジェクトを変形する	226
185	変形パネルでオブジェクトを変形する	227
186	変形コマンドでオブジェクトを変形する	228
187	パスファインダーパネルでオブジェクトを変換する	229
188	オブジェクトを整列・分布する	230

189	シェイプを変換する	232
190	オブジェクトを繰り返し複製する	233
191	オブジェクト間の間隔を変更する	234
192	効果パネルで透明効果を与える	235
193	効果パネルで描画モードを適用する	236
194	効果パネルでドロップシャドウを与える	238
195	効果パネルで光彩効果を与える	239
196	効果パネルでベベルとエンボス効果を与える	240
197	効果パネルでサテン効果を与える	241
198	効果パネルで基本のぼかし・方向性のぼかし・グラデーションぼかしの効果を与える	242
199	オブジェクトスタイルを登録・適用する	244
200	オブジェクトスタイルを編集・再定義する	246
201	コンテンツを収集・配置する NEW	247

第9章　表組みの作成と編集　249

202	テキストフレームに表を挿入する	250
203	タブ・コンマ区切りテキストを元に表を作成する	251
204	セル・行・列・表全体を選択する	252
205	文字のスタイルを指定する	253
206	表パネルで表組みを編集する	254
207	行や列を挿入・削除する	255
208	セルを分割・結合する	256
209	ヘッダー・フッターを指定する	257
210	表の属性を設定する	258
211	個々のセルやヘッダー行・フッター行の属性を設定する	260
212	表スタイルを登録・適用する	262
213	表スタイルを再編集する	263
214	セルスタイルを登録・適用する	264
215	セルスタイルを再編集する	265
216	表スタイル・セルスタイル・段落スタイルを組み合わせて使用する	266
217	スタイルグループを作成する	267
218	Excel ファイルを読み込む	268

第10章　作業効率を向上させる便利な機能　269

219	レイヤーパネルを利用する	270
220	正規表現式を使って検索・置換する	272
221	字形を検索・置換する	273
222	オブジェクトの属性や効果を検索・置換する	274
223	文字種を検索・置換する	275
224	オブジェクトライブラリを作成する	276
225	ライブラリからオブジェクトを配置する	277
226	InDesign 形式のドキュメントを配置する	278

#	項目	ページ
227	ブックを作成する	279
228	ブックパネルでドキュメントを管理する	280
229	ブックでスタイルやスウォッチを同期させる	281
230	ブックパネルで一括してファイルをプリントする	282
231	ブックにまとめられたファイルを一括してプリフライト、パッケージする	283
232	索引パネルで索引項目を登録する	284
233	索引項目を階層化して登録する	285
234	索引パネルで索引項目を編集する	286
235	索引パネルでブック全体の索引を生成する	287
236	目次ページを自動で作成する	288
237	目次ページを更新する	290

第 11 章　自動組版などの高度な機能　291

#	項目	ページ
238	テキスト変数で扉ページの題名を柱に挿入する	292
239	先頭文字スタイルで異なる文字設定を自動設定する	294
240	複数の段落スタイルを自動で適用させる	296
241	Excel と InDesign タグを使って自動組版する	298
242	データ結合で社員カードを自動組版する	300
243	JavaScript でタブを効率的に設定する	302
244	JavaScript で画像一覧を作る	303
245	JavaScript で定型文を挿入する	304
246	XML を使った自動組版のためのテンプレートを作る	306
247	XML タグを割り当てたフレームに XML データを流しこむ	308
248	XML データを書き出す	310

第 12 章　印刷と出力　311

#	項目	ページ
249	ドキュメントをプリントする	312
250	用紙のサイズを変更する	313
251	拡大・縮小プリントする	314
252	判型の大きなドキュメントをプリントする	315
253	ドキュメントの一部のページのみをプリントする	316
254	トンボと裁ち落しを設定する	317
255	色分解の分版をプリントする	318
256	複数のドキュメントをまとめてプリントする	319
257	ブックレットの形でプリントする	320
258	グリッドやガイドをプリントする	321
259	プリントの設定を保存する	322
260	オーバープリントを確認する	323
261	分版パネルで確認する	324
262	透明の分割・統合パネルで確認する	325
263	エラー項目をチェックする	326
264	プリフライトする項目を設定する	328

265	パッケージを実行する	330
266	ドキュメントを PDF ファイルに書き出す	332
267	PDF ファイルにトンボをつける	333
268	グレースケールの PDF を書き出す **NEW**	334
269	モニタで確認したりプリントして校正するための PDF ファイルを作成する	335
270	印刷用データとしての PDF ファイルを作成する	336
271	PDF ファイル書き出しの設定を保存する	337
272	インタラクティブなボタンを作成する	338
273	PDF フォームを作成する **NEW**	340
274	ページ効果を適用したドキュメントを SWF ファイルに書き出す	342
275	Flash 用に FLA ファイルを書き出す	344
276	ドキュメントを EPS ファイルに書き出す	346

第 13 章　EPUB　347

277	ルビ・圏点・縦中横を設定する	348
278	タグとクラスを指定する **NEW**	349
279	オブジェクトをアーティクルパネルに登録する	350
280	HTML を挿入する **NEW**	352
281	ラスタライズやレイアウトのカスタム設定をする **NEW**	353
282	EPUB 書き出しの設定を行う **NEW**	354
283	EPUB を作成するために	356

索引　358

特典

透明効果一覧　362
罫線一覧　366

サンプルファイルのダウンロードについて

本書の解説で使用しているデータを、サンプルとしてダウンロードできます。ファイルは章ごとにフォルダ分けされているので、以下のサイトよりご希望の章のファイルを保存してご利用ください。

［逆引きデザインシリーズ］http://www.shoeisha.com/book/hp/dr/

ページ下の欄外の見方

関連項目　類似機能を解説している項目や、合わせて読むと便利な項目を紹介しています

Design Reference PLUS

TOOL REFERENCE
ツールリファレンス

InDesign CS6 ツールパネル

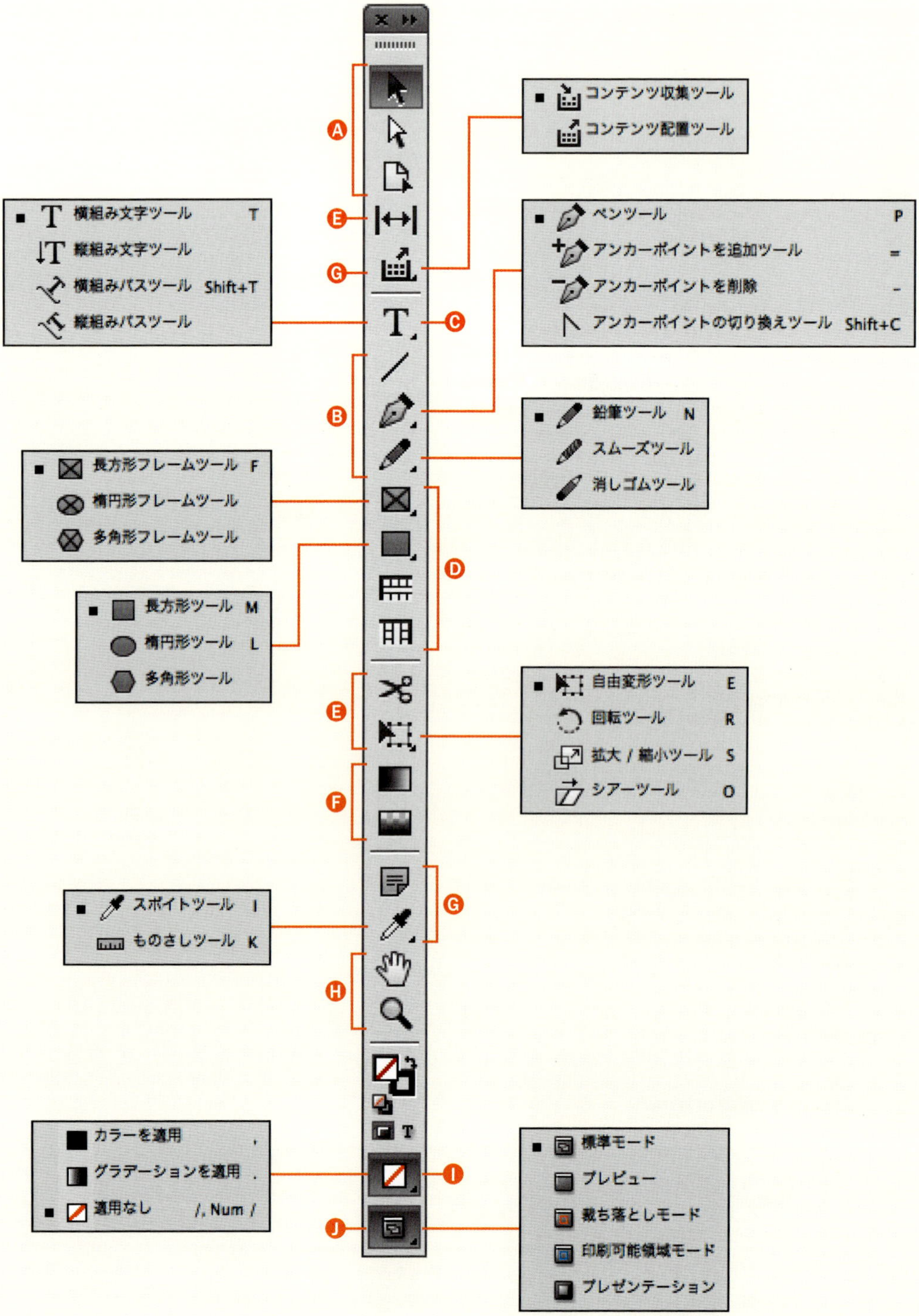

- A
  - 選択ツール V
  - ダイレクト選択ツール A
  - ページツール Shift+P
- E
  - 間隔ツール U
  - コンテンツ収集ツール
    - コンテンツ収集ツール
    - コンテンツ配置ツール
- C
  - 横組み文字ツール T
  - 縦組み文字ツール
  - 横組みパスツール Shift+T
  - 縦組みパスツール
- B
  - 線ツール ¥
  - ペンツール P
    - ペンツール P
    - アンカーポイントを追加ツール =
    - アンカーポイントを削除 -
    - アンカーポイントの切り換えツール Shift+C
  - 鉛筆ツール
    - 鉛筆ツール N
    - スムーズツール
    - 消しゴムツール
- D
  - 長方形フレームツール F
  - 楕円形フレームツール
  - 多角形フレームツール
  - 長方形ツール M
  - 楕円形ツール L
  - 多角形ツール
- E
  - はさみツール C
  - 自由変形ツール
    - 自由変形ツール E
    - 回転ツール R
    - 拡大/縮小ツール S
    - シアーツール O
- F
  - グラデーションツール G
  - グラデーションぼかしツール Shift+G
- G
  - メモツール
  - スポイトツール
    - スポイトツール I
    - ものさしツール K
- H
  - 手のひらツール H
  - ズームツール Z
- I
  - カラーを適用 ,
  - グラデーションを適用 .
  - 適用なし /, Num /
- J
  - 標準モード
    - 標準モード
    - プレビュー
    - 裁ち落としモード
    - 印刷可能領域モード
    - プレゼンテーション

012

A	**選択するツール**			**E**	**リシェイプするツール**	
▶	[選択] ツール	V		↔	[間隔] ツール	U
▶	[ダイレクト選択] ツール	A		✂	[はさみ] ツール	C
▶	[ページ] ツール	Shift+P		⬚	[自由変形] ツール	E
				↻	[回転] ツール	R
B	**描画するツール**			⬚	[拡大/縮小] ツール	S
✒	[ペン] ツール	P		⬚	[シアー] ツール	O
✒	[アンカーポイントを追加] ツール	=				
✒	[アンカーポイントを削除] ツール	-		**F**	**ペイントするツール**	
✒	[アンカーポイントの切り換え] ツール	Shift+C		■	[グラデーションスウォッチ] ツール	G
				■	[グラデーションぼかし] ツール	Shift+G
✏	[鉛筆] ツール	N				
✏	[スムーズ] ツール			**G**	**その他のツール**	
✏	[消しゴム] ツール			▤	[注釈] ツール	
╱	[線] ツール	¥		⬚	[スポイト] ツール	I
				⬚	[ものさし] ツール	K
C	**文字に関するツール**			⬚	[コンテンツ収集] ツール	B
T	[横組み文字] ツール	T		⬚	[コンテンツ配置] ツール	B
ⅠT	[縦組み文字] ツール					
⬚	[横組みパス] ツール	Shift+T		**H**	**表示を変更するツール**	
⬚	[縦組みパス] ツール			✋	[手のひら] ツール	H
				🔍	[ズーム] ツール	Z
D	**図形やフレームを作成するツール**					
⬚	[長方形フレーム] ツール	F		**I**	**カラー適用ボタン**	
⬚	[楕円形フレーム] ツール			■	[カラーを適用] ボタン	,
⬚	[多角形フレーム] ツール			■	[グラデーションを適用] ボタン	.
				⬚	[適用なし] ボタン	/
⬚	[長方形] ツール	M				
⬚	[楕円形] ツール	L		**J**	**表示モードを切り替えるボタン**	
⬚	[多角形] ツール			⬚	[標準モード] ボタン	W
				⬚	[プレビュー] ボタン	
⬚	[横組みグリッド] ツール	Y		⬚	[裁ち落としモード] ボタン	
⬚	[縦組みグリッド] ツール	Q		⬚	[印刷可能領域モード] ボタン	

Design Reference PLUS

PANEL REFERENCE
パネルリファレンス

書式に関するパネル

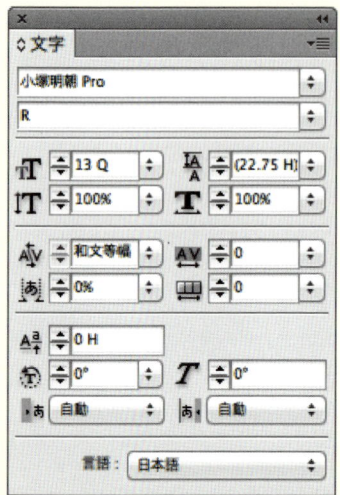

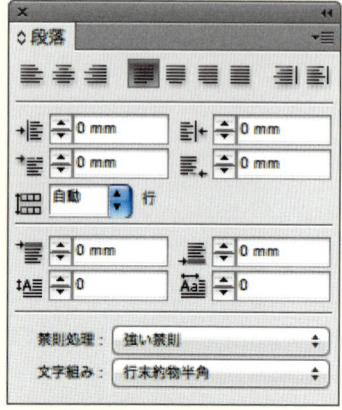

[文字] パネル：テキストの書体、大きさ、行送り、トラッキング、カーニング、変形、ベースライン調整、字間などの設定に使います。→ 107 ページ

[段落] パネル：テキストの段落に関して行揃え、インデント、行取り、ドロップキャップ、禁則処理、文字の組版原則などの設定に使います。→ 117 ページ

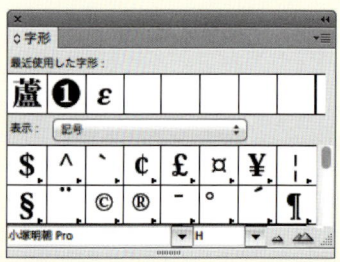

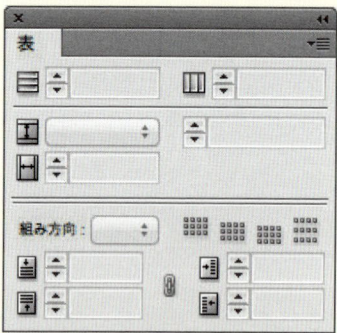

[字形] パネル：OpenType フォントに搭載されている異体字やさまざまな記号類を入力する際に使います。→ 131 ページ

[表] パネル：表組みを作成する際に使います。表の行数、列数、行の高さや列の幅、文字の揃えなどの設定ができます。→ 254 ページ

ページやレイヤーを操作するパネル

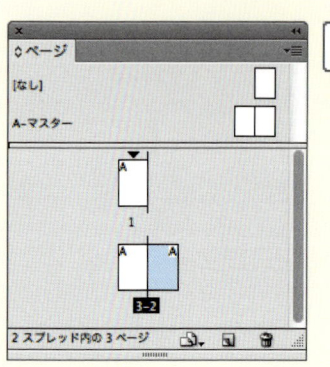

[ページ] パネル：各ページやスプレッドのコントロール、マスターの作成や編集に使います。→ 68 ページ

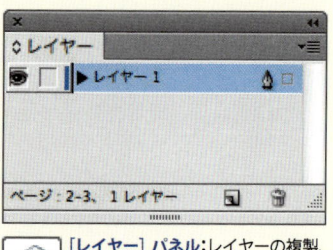

[レイヤー] パネル：レイヤーの複製、削除などの設定ができます。→ 270 ページ

スタイルに関するパネル

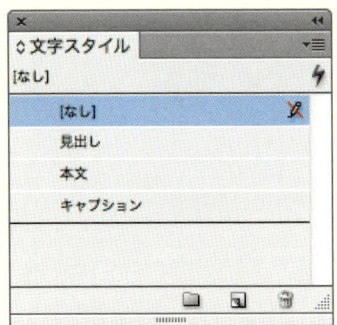

[文字スタイル] パネル：文字について、あらかじめ「文字のスタイル」を登録しておき、スタイルを適用するために使います。→ 146 ページ

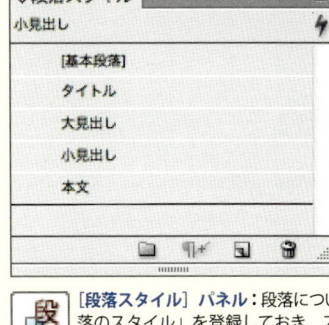

[段落スタイル] パネル：段落について、あらかじめ「段落のスタイル」を登録しておき、スタイルを適用するために使います。→ 143 ページ

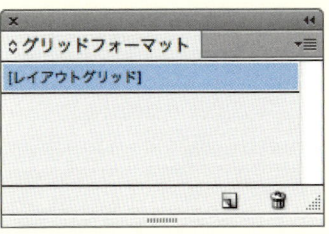

[グリッドフォーマット] パネル：「グリッドフォーマットのスタイル」を登録しておき、適用するために使います。

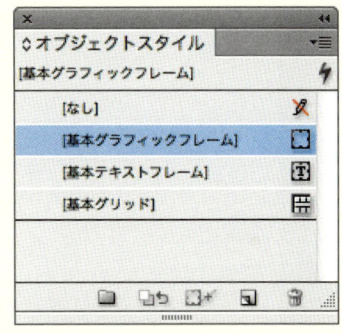

[オブジェクトスタイル] パネル：オブジェクトの線、カラー、透明度、ドロップシャドウ、段落スタイル、テキストの回り込みなどの設定を登録、適用するために使います。→ 244 ページ

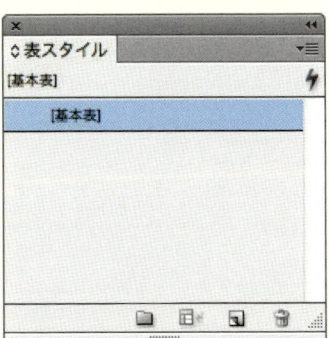

[表スタイル] パネル：[表] メニューの [表の属性] で設定した表組みの各種設定を、名前をつけて登録し、ほかの表に適用できます。→ 262 ページ

[セルスタイル] パネル：[表] メニューの [セルの属性] で設定した表組みの各種設定を、名前をつけて登録し、ほかの表に適用できます。→ 264 ページ

Design Reference PLUS

PANEL REFERENCE
パネルリファレンス

塗り・線を編集するパネル

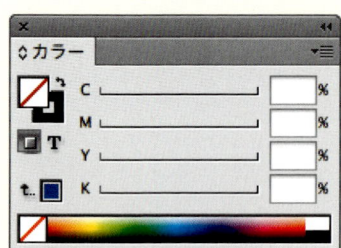

［カラー］パネル：テキストやグラフィックにカラーの設定をします。➡ 201 ページ

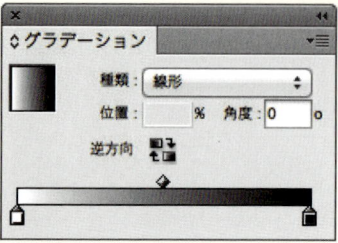

［グラデーション］パネル：グラデーションの設定に使います。➡ 202 ページ

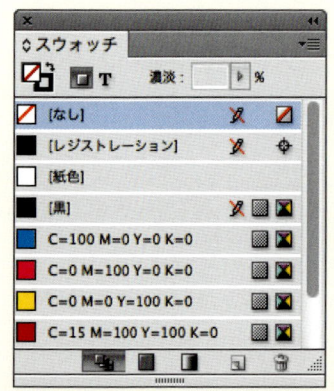

［スウォッチ］パネル：テキストやグラフィックにカラーの設定をします。カラーやグラデーションを登録しておくことができます。➡ 203 ページ

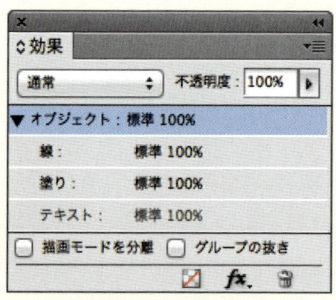

［効果］パネル：オブジェクト同士を重ねた時の不透明度や描画モードを指定します。ドロップシャドウや光彩などの特殊効果を設定することもできます。➡ 235 ページ

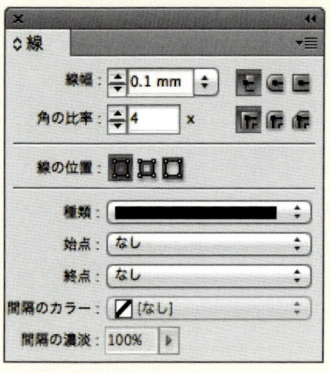

［線］パネル：線についての設定に使います。線幅、線の形状、線種などが指定できます。➡ 223 ページ

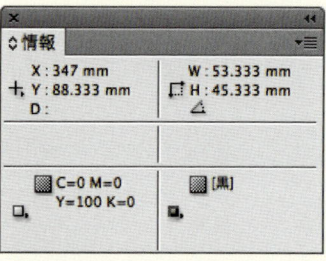

［情報］パネル：選択されているオブジェクトの大きさやカラー情報、ツールの置かれている領域の位置や仕様などの情報が表示されます。➡ 273 ページ

レイアウトに関するパネル

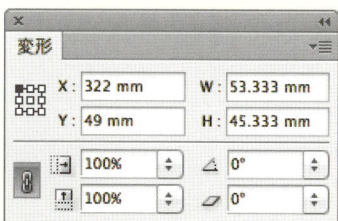

[変形] パネル：オブジェクトの形状に関する情報が表示され、位置、サイズ、回転などを設定、変更する際に使います。→ 227 ページ

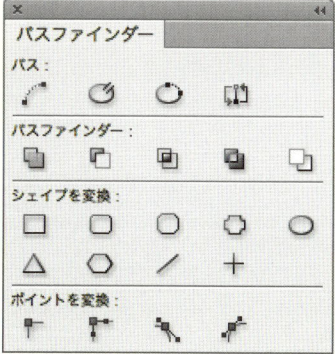

[パスファインダ] パネル：複合パスや複合シェイプの作成・編集を行ったり、シェイプを変換する際に使用します。→ 229 ページ

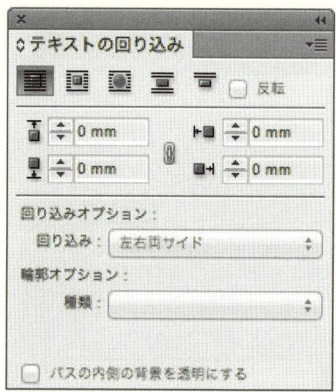

[テキストの回り込み] パネル：テキストとグラフィックが重なる部分で、グラフィックを回避するようにテキストを配置する場合に使います。→ 156 ページ

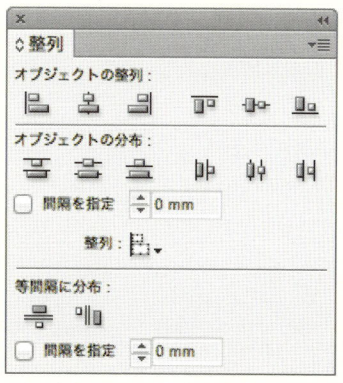

[整列] パネル：複数のオブジェクトの「揃え」の指定に使います。規則的な配列、等間隔の配置もできます。→ 230 ページ

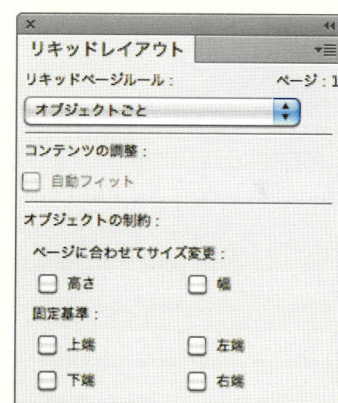

[リッキッドレイアウト] パネル：[リキッドページルール]を選択し、ページサイズを変更した場合のオブジェクトサイズの固定・変更などのルールを設定します。→ 88 ページ

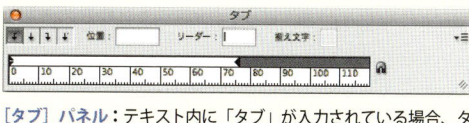

[タブ] パネル：テキスト内に「タブ」が入力されている場合、タブによる文字揃えの設定に使います。→ 133 ページ

Design Reference PLUS

PANEL REFERENCE
パネルリファレンス

出力に関するパネル

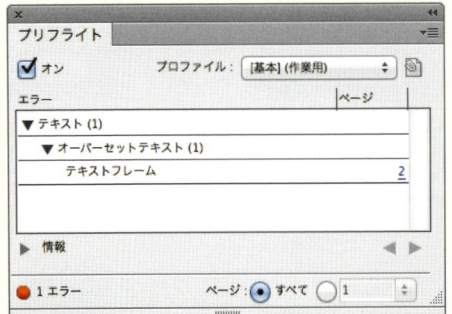

　[プリフライト] パネル：ドキュメントの品質チェックを行い、エラーがみつかった時には警告を表示します。
➡ 326 ページ

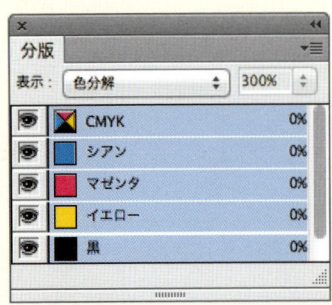

　[分版] パネル：色分解出力や特色版、インキ限定をプレビューすることができます。➡ 324 ページ

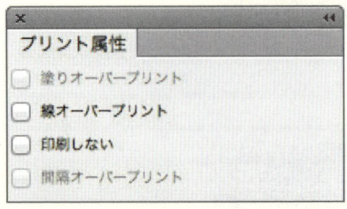

　[プリント属性] パネル：オブジェクトに対してオーバープリントの設定が行えます。➡ 323 ページ

　[リンク] パネル：リンクの一覧が表示されます。ファイル名とリンクページ、リンクの状態などが表示されます。
➡ 186 ページ

その他のパネル

[索引] パネル：索引項目を登録する際に使用します。索引を作成する際の設定も行えます。➡ 284 ページ

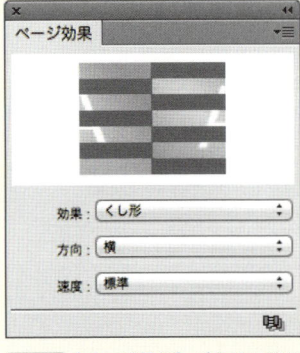

 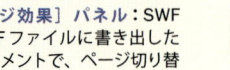 [ページ効果] パネル：SWFやPDFファイルに書き出したドキュメントで、ページ切り替え時の装飾効果を設定します。
➡ 342 ページ

　[スクリプト] パネル：JavaScriptなどを使って作業を自動化する際に、管理や実行を行います。
➡ 302 ページ

018

第1章
新規ドキュメントの作成

InDesign CS6
DESIGN REFERENCE
PLUS

Design Reference PLUS

第1章 新規ドキュメントの作成

001 InDesignを使った印刷物制作のワークフローを知る

InDesignは印刷物制作の中心となるレイアウトソフトです。印刷物制作全体の流れと、InDesignの占める位置について理解しておきましょう。

STEP 01

InDesignの作業に入る前の工程は、おおむね右図のような流れになります。最初に、印刷物を作成する企画がスタートします❶。企画の中で、印刷物の判型（仕上がりサイズ）や刷色、ページ数などの印刷仕様が決定します❷。紙面の構成は、主に編集者が企画立案します。雑誌の場合であれば、レイアウト用紙に紙面のラフを書き込んで、写真などの図版やテキストなどの割付け指示を行います❸。こうしたラフスケッチは、デザイナーに手渡され、InDesignで作業する際の割付け指示書の役割を果たします。さらに編集者は、紙面に必要なテキストや図版などの素材を、ライターやカメラマン、イラストレーターなどに依頼します❹。

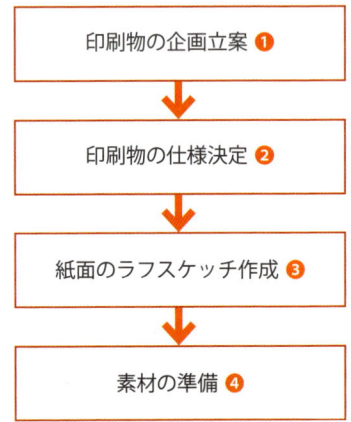

STEP 02

デザイナーは、編集者から紙面の割付け指示書（ラフスケッチ）とテキストや写真データなどのレイアウト素材を受け取り、InDesignでのレイアウト作業を開始します❺。実際の制作現場では、割付ける素材が揃っていない段階で、レイアウト作業を始める場合があります。この場合は、素材はダミー（仮のもの）を用いてレイアウトを進めますが、こうしたやり方を「先割りレイアウト」と呼んでいます。レイアウトが完成すると、デザイナーは紙にプリントして、編集者（あるいは顧客）に提出します。最近では、紙の出力ではなく、PDF形式のドキュメントで書き出して、顧客にメールやサーバを経由して提出する機会も増えてきました❻。編集者は出力されたプリントをチェック（校正）します❼。デザイナーは、データを修正し❽、再度プリントまたはPDF出力して編集者に提出します。この工程が繰り返され❾、最終データを完成させていきます。
データが完成すると、InDesignのデータに不備な点はないか「プリフライト」チェックを行い❿、「パッケージ」機能を使ってデータを書き出し⓫、印刷入稿の準備を行います⓬。

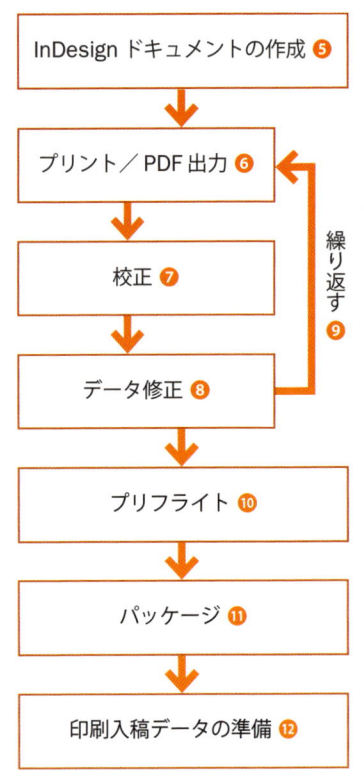

020

STEP 03

印刷入稿以後の工程は、オフセット印刷の場合は、おおむね右図のような流れになります。印刷会社では、印刷データを受け取り⑬、必要に応じて、面付け（紙を折ったとき、ページの順番がきちんと並ぶようにページを配列する処理）を行います。以後の工程は、一旦フィルム出力を行う工程と、直接刷版を作成する工程とに分かれます。

フィルム出力を行う工程は、現在では少なくなりましたが、イメージセッタでフィルムを出力します⑭。このフィルムを元に仮の刷版が作られ、実際に使用する紙に印刷します（この工程を「本紙校正」と呼びます）⑮。修正箇所があれば、データを修正し、再校を経て、校了します⑯。完成した版を次の工程にまわすことを「下版」と呼び⑰、下版したフィルムを元に印刷用の刷版が作られます⑱。

フィルム出力を行わない工程では、DDCP（ダイレクト・デジタル・カラー・プルーフィング。専用紙に直接出力するシステム）による出力⑲、校正⑳が行われます。この色校正システムでは、実際の印刷物とほぼ同じような網点を生成して、印刷物の品質チェックが行えます。修正箇所があれば、データを修正し、再校を経て、校了・下版します。下版後は、CTP（コンピューター・トゥ・プレート。データから直接刷版を出力するという意味）出力機で、刷版を作成します㉑。その後、印刷㉒、加工・製本㉓の工程を経て、納品・流通されます㉔。

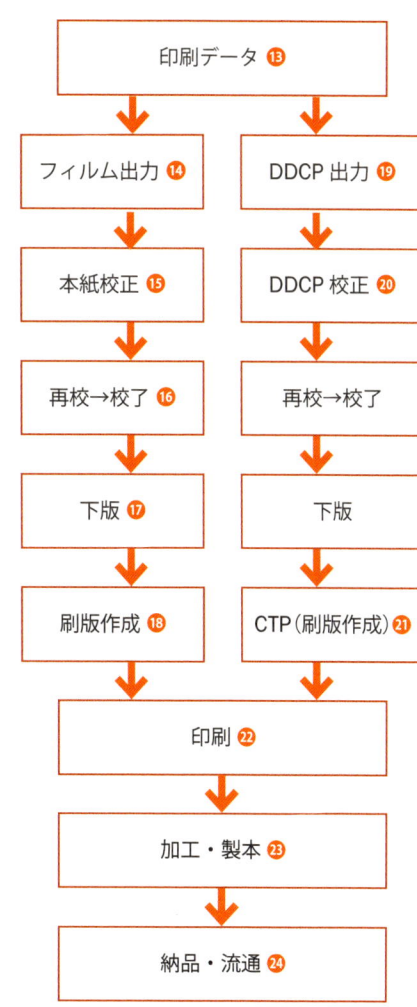

STEP 04

印刷物制作の工程においては、デザイナーは紙面のデータを作成するばかりでなく、正常に印刷出力できるように、不備のないデータを作成し、管理する責任も担っています。InDesignでは、ワープロソフトで作成されたテキストデータ、表計算ソフトで作成された図表、ドロー系描画ソフトで作成された線画データ、ペイント系描画ソフトで作成されたピクセルデータをページ内に集約してレイアウトを行います㉕。扱うデータの種類が多岐にわたるために、これらのデータを読み込んだり、管理するための種々の機能も備えています。また、最終データを印刷入稿用にPDF形式で書き出す技術も進化しており、InDesignの果たす役割は、益々大きくなっています。

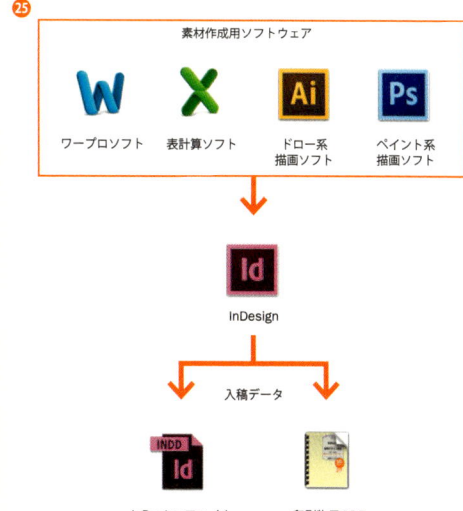

002 本の各部の名称、構成要素を知る

本の各パーツは、一般的な呼び方があります。また、本の構成要素は、前付け、本文、後付けの3つのパーツに分類されます。

STEP 01

本は、大別して並製本と上製本がありますが、以下では上製本の構造を示しました。本には、さまざまなパーツがあります。造本設計を行う場合は、こうしたパーツの役割や構造をよく理解しておくことが大切です。

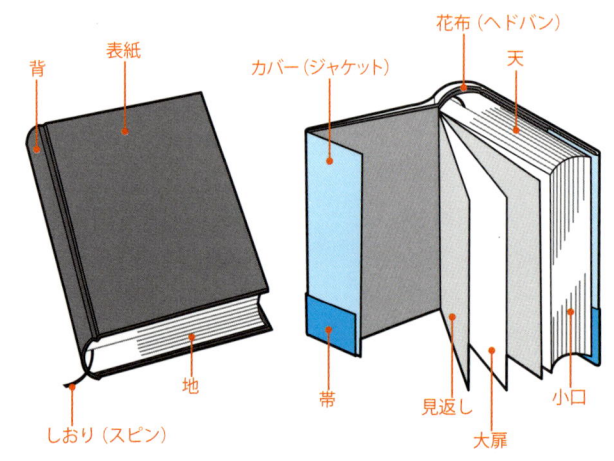

STEP 02

テキストが主体の読み物の本では、一般的に以下に示した構成になっています。本は、本文ページが主体になりますが、本文の前部分を「前付け」、本文の後部分を「後付け」と呼びます。前付けには序文や目次などが入り、後付けにはあとがきや索引、奥付などが入ります。全体として、本文ページのボリュームが圧倒的に大きくなり、書籍設計では、本文ページのデザインが重要な要素になります。

区分け	名称	用途
前付け	本扉（大扉）	題名、著者名、出版社名などを入れる
	序文（まえがき）	著者、編者などから示された本の意図や内容理解のための解説など
	目次	本の内容（見出し）を一覧できるようにしたもの
本文	中扉	本の章ごとの区切りとして章名などを入れる
	本文	本の主要部分
後付け	あとがき	脱稿後の感想などを記したページ
	参考文献	本の内容に関連した資料を載せる
	索引	本文中の重要語句を抽出し、その所在ページを50音順に並べたもの
	奥付	書名、著者名、発行所、印刷会社、発行年月日、版数など書誌学要素をまとめたページ

ページ物の誌面各部の名称を知る

誌面の名称を理解しておくことにより、スムーズなレイアウト作業ができます。InDesignの操作でもこれらの用語を使用して作業します。

STEP 01

ページ物の誌面デザインは、見開きページが基本になります。基本フォーマットは「マスターページ」と呼ばれる最下層レイヤーで設定します。下記は、マスターページに表示・配置された主な要素の名称です。

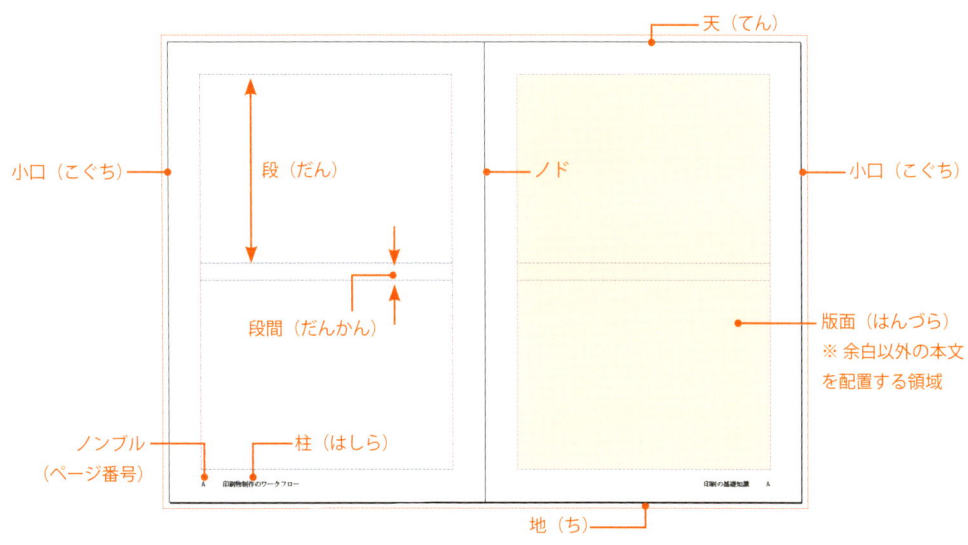

STEP 02

本文ページは、マスターページを下敷きにして、ドキュメントページで作成します。下記は、ドキュメントページで配置するテキスト要素の一般的な名称です。

004 プリント用のドキュメントプロファイルを設定する

新規でドキュメントを作成する場合は、最初にドキュメントプロファイルで作成するメディアを指定する必要があります。

STEP 01

［ファイル］メニューから［新規］→［ドキュメント］を選択すると、［新規ドキュメント］ダイアログが現れます。ここで、［ドキュメントプロファイル］ポップアップメニュー❶から作成するメディアの種類を選択します。［プリント］を選ぶと、［ページサイズ］のポップアップメニュー❷では、印刷物の代表的な規格サイズを選ぶことができます。それぞれの規格サイズを下の表に示したので参考にしてください。

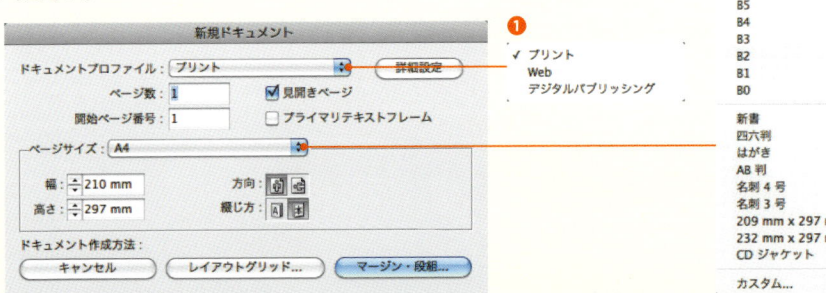

名称	サイズ（ミリ）
レター	215.9×279.4
リーガル	215.9×355.6
タブロイド	279.4×431.8
レター - ハーフ	139.7×215.9
リーガル - ハーフ	177.8×215.9
A5	148×210
A4	210×297
A3	297×420
A2	420×594
A1	594×841
A0	841×1189
B6	128×182
B5	182×257
B4	257×364
B3	364×515
B2	515×728
B1	728×1030
B0	1030×1456
新書	103×182
四六判	128×188
はがき	100×148
AB判	210×257
CDジャケット	120×120

CAUTION
新書や四六判の寸法は、実際の制作物には出版社により数ミリのばらつきがあります。これらの判型を使用する際には、関係者への確認が必要です。

STEP 02

［ページサイズ］ポップアップメニューに現れないサイズを設定する場合には、［幅］と［高さ］の入力ボックスに数値を入力して設定します❸。ページものの場合は、［綴じ方］で［右綴じ］［左綴じ］を選択します❹。この後、［レイアウトグリッド］か［マージン・段組］を選び、さらに詳細を設定します。

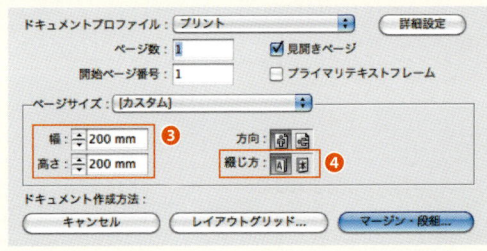

006/007 レイアウトグリッドによる新規ドキュメントを作成する①②
009 マージン・段組による新規ドキュメントを作成する

005 Web、デジタルパブリッシング用のドキュメントプロファイルを設定する

電子媒体用に新規でドキュメントを作成する場合は、ドキュメントプロファイルで［Web］あるいは［デジタルパブリッシング］を指定します。

STEP 01

［ファイル］メニューから［新規］→［ドキュメント］を選択すると、［新規ドキュメント］ダイアログが現れます。［ドキュメントプロファイル］ポップアップメニュー❶から作成するメディアの種類を選択します。［Web］を選ぶと、［ページサイズ］のポップアップメニュー❷では、Webページの代表的なサイズを選ぶことができます。ページサイズの単位は自動的にピクセル（px）に設定されます。この後、［レイアウトグリッド］か［マージン・段組］を選び、さらに詳細を設定します。

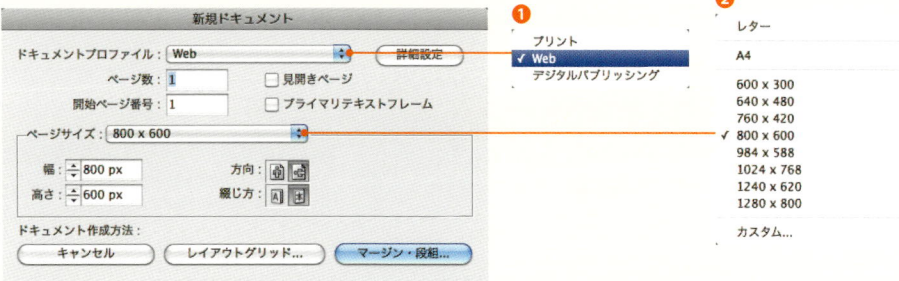

STEP 02

［ドキュメントプロファイル］ポップアップメニュー❸から［デジタルパブリッシング］を選ぶと、［ページサイズ］のポップアップメニュー❹では、iPadやiPhoneなどの端末機器のサイズを選ぶことができます。ページサイズの単位は自動的にピクセル（px）に設定されます。それぞれのサイズを下の表に示しました。この後、［レイアウトグリッド］か［マージン・段組］を選び、さらに詳細を設定します。

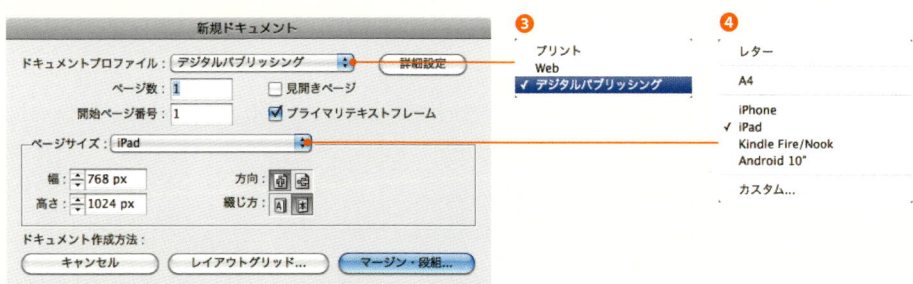

MEMO
［ページサイズ］ポップアップメニューに現れないサイズを設定する場合には、［幅］と［高さ］の入力ボックスに直接数値を入力して設定します。

名称	サイズ（px）
iPhone	480×320
iPad	1024×768
Kindle Fire/Nook	1024×600
Andoroid 10"	1280×800

064 代替レイアウトで縦置き・横置きのレイアウトを同時に行う

Design Reference PLUS

006 レイアウトグリッドによる新規ドキュメントを作成する①

新規ドキュメントを作成する際に［レイアウトグリッド］を利用すると、本文組みの体裁をマス目状のグリッドとして表示させることができます。

STEP 01

InDesign で新規ドキュメントを作成する時は、［レイアウトグリッド］と［マージン／段組］のどちらかを選択します。ここでは、［レイアウトグリッド］を選択して新規ドキュメントを作成する方法を解説します。まずは［ファイル］メニューから［新規］→［ドキュメント］を選択します❶。

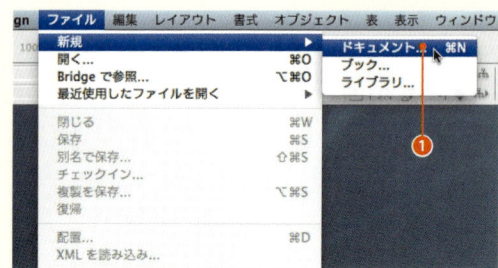

STEP 02

［新規ドキュメント］ダイアログが表示されます。ページの表示を見開きの状態にしたい場合は、［見開きページ］にチェックを入れます❷。マスターページにあらかじめテキストフレームを置いておきたい場合は、［プライマリテキストフレーム］にチェックを入れます❸。

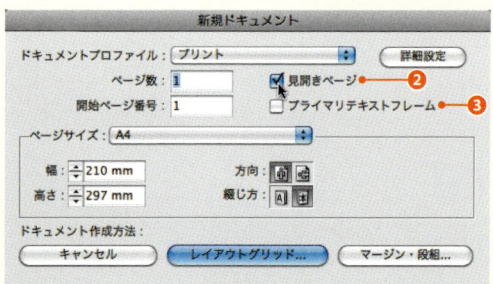

STEP 03

［ページサイズ］を選択します❹。縦置きか横置きかの［方向］を選択し、［綴じ方］で「左綴じ」（本文は横組み）か「右綴じ」（本文は縦組み）を選択します❺。［レイアウトグリッド］ボタンをクリックします❻。

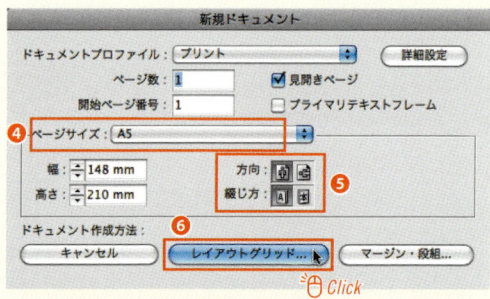

STEP 04

［新規レイアウトグリッド］ダイアログが表示されます。まず、テキストの組み方向を定めます。［組み方向］ポップアップメニューから［横組み］あるいは［縦組み］を選択します❼。

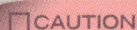

［新規ドキュメント］ダイアログの［綴じ方］で「左綴じ」（横組み用）「右綴じ」（縦組み用）を選択しても、［新規レイアウトグリッド］ダイアログでは［組み方向］は自動で設定されません。改めて組み方向を選択します。

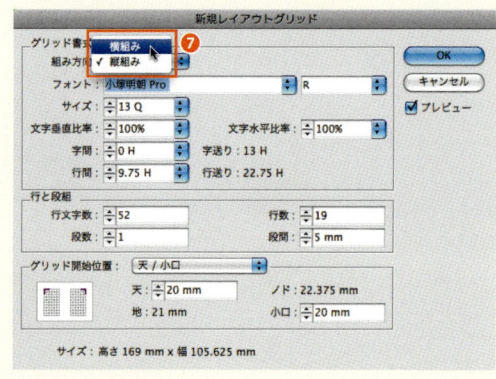

007 レイアウトグリッドによる新規ドキュメントを作成する②
008 レイアウトグリッドの設定を変更する

STEP 05

［フォント］を選択し、［サイズ］を設定します❽。これによって、レイアウトグリッドのマス目の大きさが定まります。［字間］は本文の文字間のアキの数値のことで、「0」が開けも詰めもない「ベタ組み」となります。字間を詰めたければマイナス値を、開けたければプラス値を入力します。［サイズ］＋［字間］＝［字送り］となります❾。

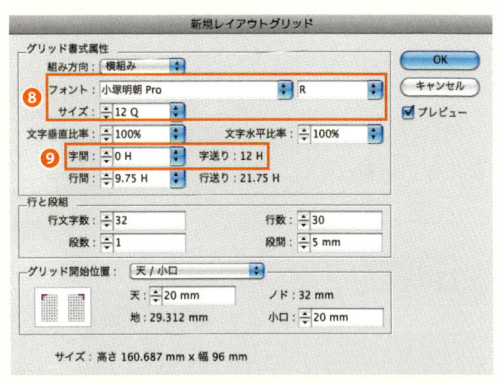

STEP 06

［行間］は隣り合う行の間のアキの数値のことで、「0」では行同士がくっついて行間は生まれません。［サイズ］＋［行間］＝［行送り］となります❿。一般的な行送り値は、本文のサイズの1.5～2倍程度にします。［行と段組］では、［行文字数］（1行の字数）［行数］［段数］［段間］（段間のアキの数値）を入力します⓫。

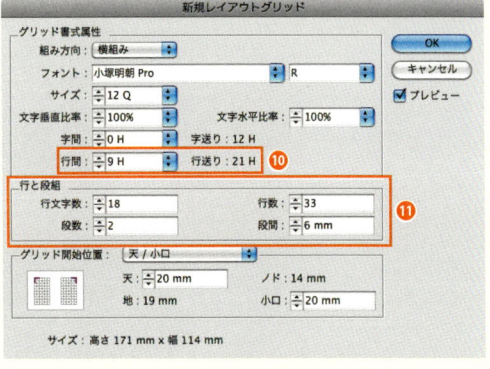

STEP 07

版面の位置を設定します。［グリッド開始位置］ポップアップメニューから、版面の位置を紙面内のどこを基準にして定めるかを選択します⓬。選択肢によって、［天］［地］［ノド］［小口］フィールドの入力の可否が変わります。たとえばデフォルトの［天／小口］では、［天］と［小口］の余白の数値を入力することで、［地］と［ノド］の数値は自動的に決まるので入力ができない状態になります（下の「memo」参照）⓭。以上の設定が終了したら［OK］ボタンをクリックします。

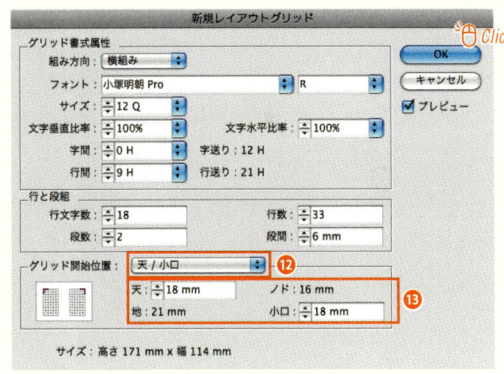

> **MEMO**
>
> ［グリッド開始位置］の選択肢は7種類あります。左端のアイコンに開始位置が赤で明示され、［天］［地］［ノド］［小口］の入力ボックスは入力可能な部分のみアクティブになります。

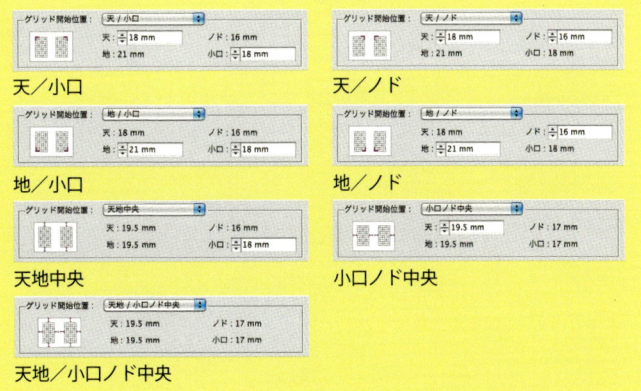

007 レイアウトグリッドによる新規ドキュメントを作成する②

［レイアウトグリッド］の方法で作られた新規ドキュメントの画面を確認します。

STEP 01

「006 レイアウトグリッドによる新規ドキュメントを作成する①」の設定でできあがったレイアウトグリッドです。個々の設定がどのようにフォーマットに反映されているか確認してみましょう。

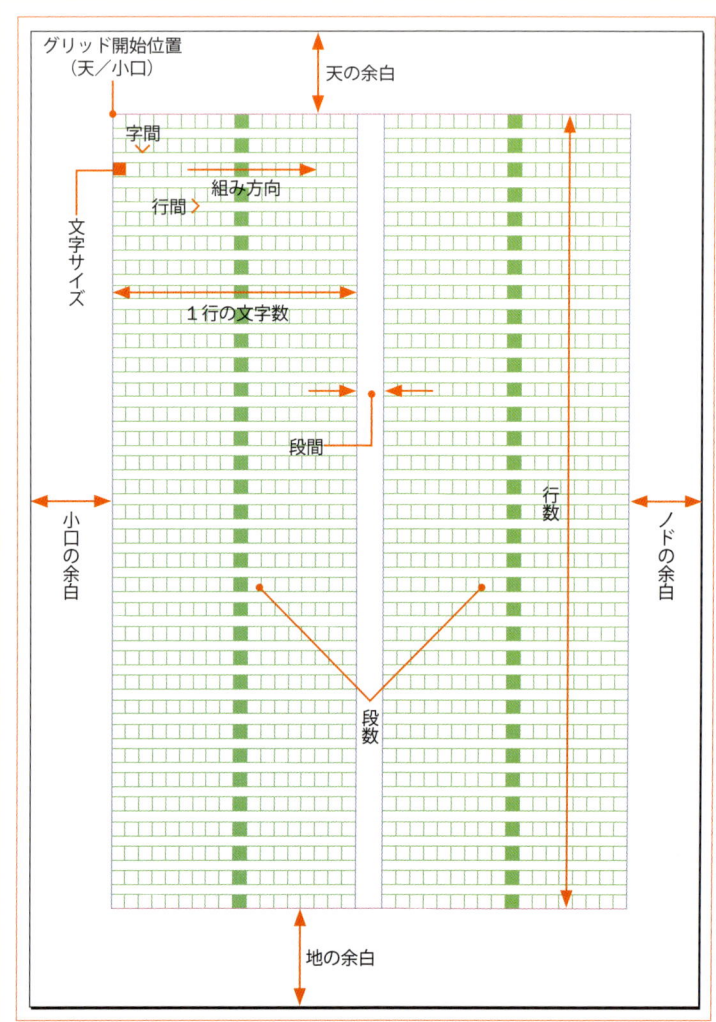

STEP 02

ページ物のデザインフォーマットでは、一般的に、見開きページで左右対称になります。ページを追加したり、マスターページを表示して、見開きページの状態で表示して、余白と本文スペースの全体のバランスを確認してみるとよいでしょう。

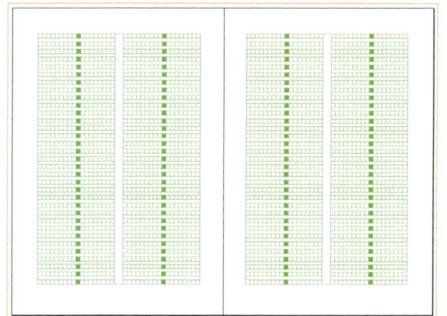

008 レイアウトグリッドの設定を変更する

[レイアウトグリッド]は、いつでも変更が可能です。また、マスターページごと、見開きページごと、片ページごとに変更することもできます。

STEP 01

レイアウトグリッドを変更するには、[ページ] パネル から変更したいページを選択します。ドキュメントアイコンをダブルクリックすると❶、片ページのみを選択し、画面表示を切り替えることができます。ページ番号をダブルクリックすると❷、見開きページを選択し、画面表示を切り替えることができます。マスターページを選択、表示するには「A-マスター」などのマスターページの名前をダブルクリックします。

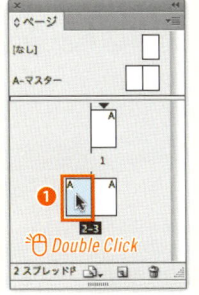
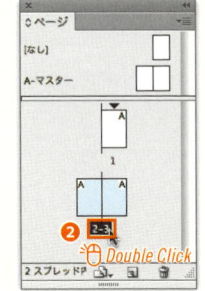

STEP 02

[レイアウト]メニューから[レイアウトグリッド設定]を選択します❸。[レイアウトグリッド設定]ダイアログが表示されますので、変更の設定をして、[OK]ボタンをクリックします。ここでは、[行文字数]を38文字、[段数]を1段とし❹、[グリッド開始位置]を[天地／小口ノド中央]に変更しました❺。[プレビュー]をオンにし❻、変更を確認して、良ければ[OK]ボタンをクリックします。

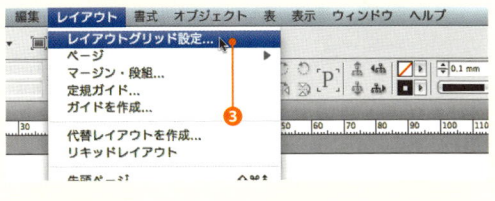
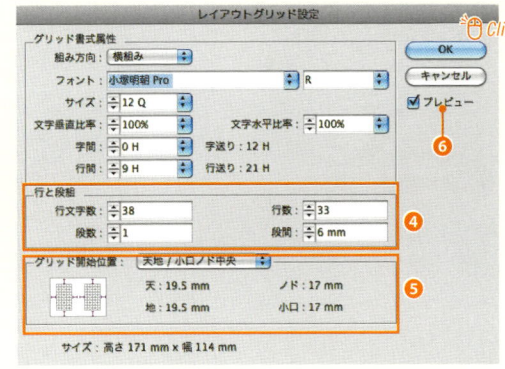

STEP 03

変更が反映されたレイアウトグリッドができました。

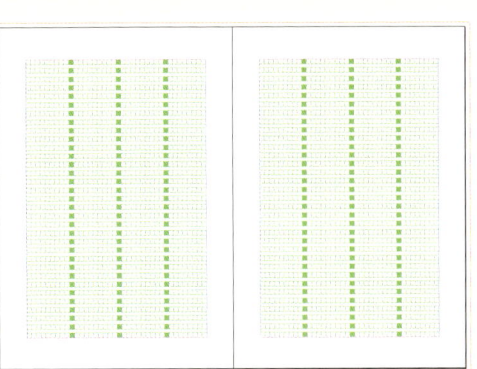

⬜ CAUTION

ページサイズや綴じ方などを変更したい場合は、[ファイル]メニューから[ドキュメント設定]を選択します。[ドキュメント設定]ダイアログで必要事項を変更しますが、変更後ページ上のデザインが大きく崩れてしまうことがありますので、注意して作業する必要があります。

006/007 レイアウトグリッドによる新規ドキュメントを作成する①②

009 マージン・段組による新規ドキュメントを作成する

［マージン・段組］を利用して新規ドキュメントを作成すると、マージンや段組のガイドをもった新規ページができます。

STEP 01

［レイアウトグリッド］や［マージン・段組］のどちらで制作する場合でも、まずは［ファイル］メニューから［新規］→［ドキュメント］を選択します❶。

STEP 02

［新規ドキュメント］ダイアログが表示されます。ページの表示を見開きの状態にしたい場合は、［見開きページ］にチェックを入れます❷。マスターページにあらかじめテキストフレームを置いておきたい場合は、［プライマリテキストフレーム］にチェックを入れます❸。

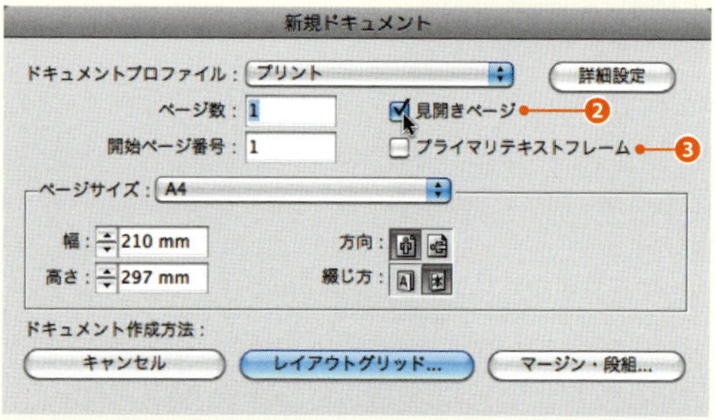

STEP 03

［ページサイズ］（判型）を選択します❹。右図では、［幅］と［高さ］に数値を入力してカスタムサイズにしました。縦置きか横置きかの［方向］を選択し、［綴じ方］で「左綴じ」（本文は横組み）か「右綴じ」（本文は縦組み）かを選択します❺。

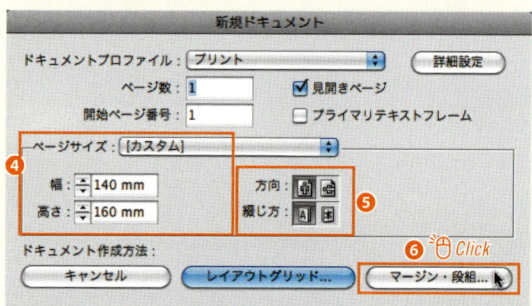

STEP 04

［マージン・段組］ボタンをクリックします❻。［新規マージン・段組］ダイアログが表示されます。まず、テキストの組み方向を定めます。［組み方向］ポップアップメニューで［横組み］あるいは［縦組み］を選択します❼。

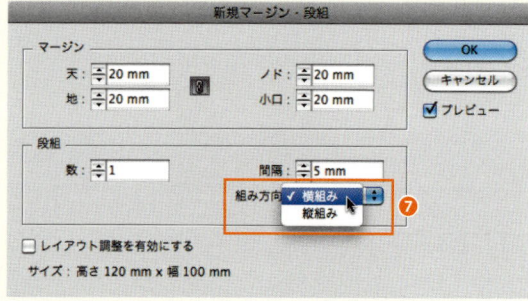

004 プリント用のドキュメントプロファイルを設定する
010 マージン・段組の設定を変更する

STEP 05

［天］［地］［ノド］［小口］の［マージン］（余白）を入力します❽。鎖のアイコン❾をクリックして鎖をはずすと、［天］［地］［ノド］［小口］に個別の値を入力できます。余白を除いた領域が「版面」になります。版面のサイズは左下に表示されます❿。

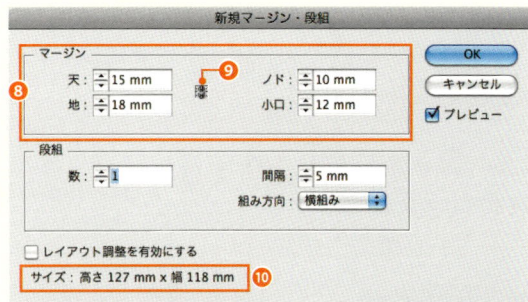

STEP 06

［段組］フィールドで［数］（段数）、［間隔］（段間のアキ）を入力します⓫。以上の設定が終了したら［OK］ボタンをクリックします。下図のような段組ガイドを持ったページができました。

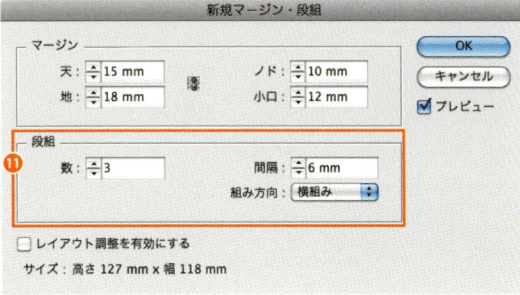

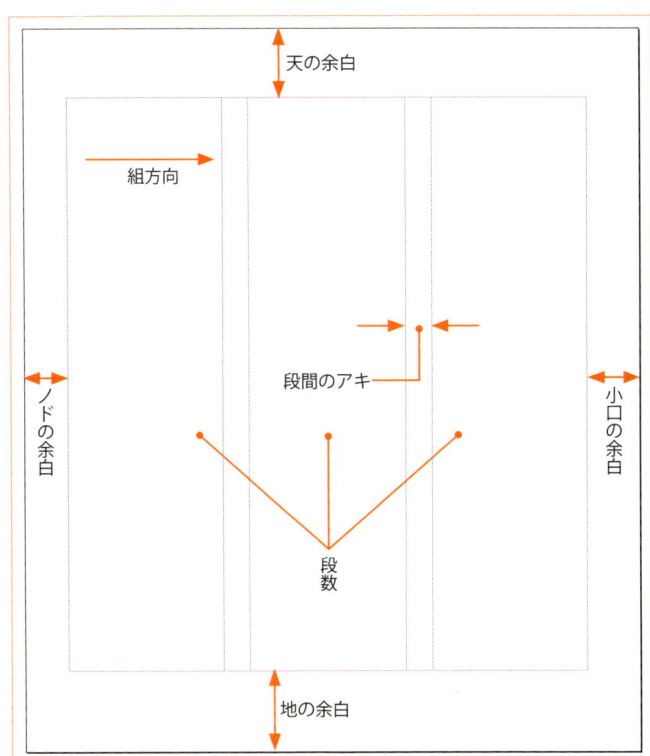

MEMO

ドキュメント作成時には、［レイアウトグリッド］と［マージン・段組］のどちらかの形式を選べます。［レイアウトグリッド］では、本文を流し込む領域に升目状のグリッドが示されますので、日本語を規則正しく組みたい場合に適しています。欧文が主体の組版の場合は［マージン・段組］を選んで作業した方がやりやすいでしょう。また、日本語で組版を行う場合でも、紙面内を自由にレイアウトしたい場合や、ビジュアル要素が主体の誌面の場合には、［マージン・段組］で作業する方が適している場合もあります。プロジェクトの性質に応じて、作業しやすい形式を選んで下さい。

010 マージン・段組の設定を変更する

［マージン・段組］の設定は、いつでも変更が可能です。また、マスターページごと、見開きページごと、片ページごとに変更できます。

STEP 01

レイアウトグリッドを変更するには、［ページ］パネルから変更したいページを選択します。ドキュメントアイコンをダブルクリックすると❶、片ページのみ選択できます。ページ番号をクリックすると❷、見開きページが選択できます。マスターページを選択するには、「A-マスター」などのマスターページの名前をダブルクリックします。

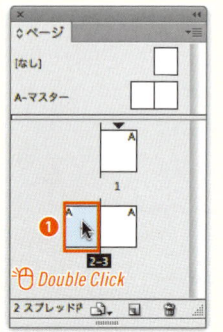
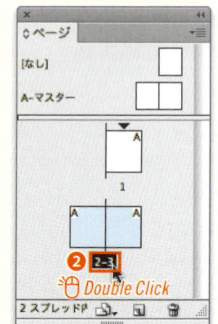

STEP 02

既成のマージン・段組の仕様を変更するには、［ページ］パネルから変更したいページを選択し、［レイアウト］メニューから［マージン・段組］を選択します❸。

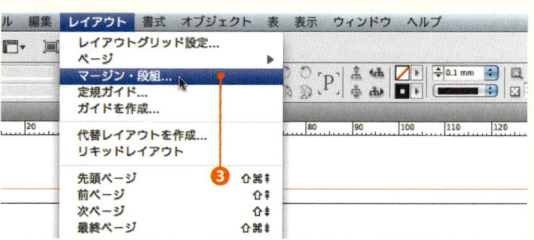

STEP 03

［マージン・段組］ダイアログが表示されますので、変更を行って、［OK］ボタンをクリックします。ここでは、［段組］の［数］を2段、［間隔］を6mmとし、［組み方向］を［縦組み］に変更しました❹。

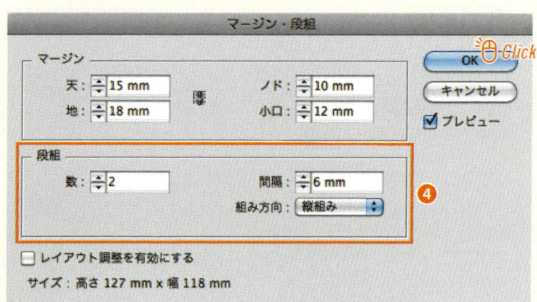

STEP 04

変更が反映された段組ガイドができました。

011 テキストスペースを算出する

［レイアウトグリッド］［マージン・段組］いずれの場合にも、テキストスペースの定め方を理解しておくと、マージンの出し方などに役立ちます。

STEP 01

テキストの文字スペースは、文字サイズ、1行の字数、字間（字送り）、行数、行間（行送り）によって決まります。行長（字送り方向の行の長さ）は、ベタ組み（字間を詰めも開けもしない）の場合は、「文字サイズ×字数」になります❶。

使用サイズの単位にQ（1Q＝0.25mm＝1/4mm）を使うのであれば、
　文字サイズ（Q）×行文字数×0.25＝行長（mm）
となります。

使用サイズの単位にポイント（1pt＝0.3528mm）を使うのであれば、
　文字サイズ（pt）×行文字数×0.3528＝行長（mm）
となります。

STEP 02

行送り方向の長さは、「行送り値×（行数−1）＋文字サイズ」です❷。

行送りの単位にH（1H＝1Q＝0.25mm＝1/4mm）を使うのであれば、
　［行送り値（H）×（行数−1）＋文字サイズ（Q）］
　　×0.25＝行送り方向の長さ（mm）
となります。

行送りの単位にポイント（1pt＝0.3528mm）を使うのであれば、
　［行送り値（pt）×（行数−1）＋文字サイズ（pt）］
　　×0.3528＝行送り方向の長さ（mm）
となります。

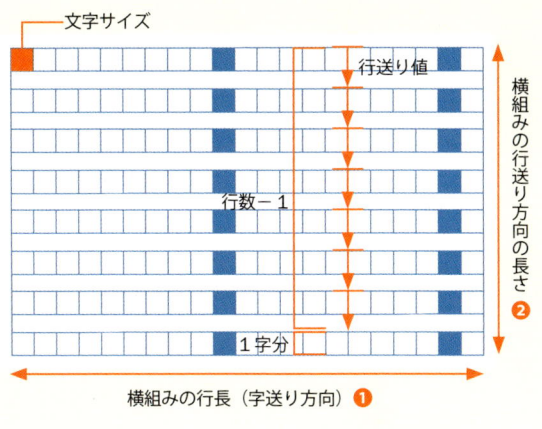

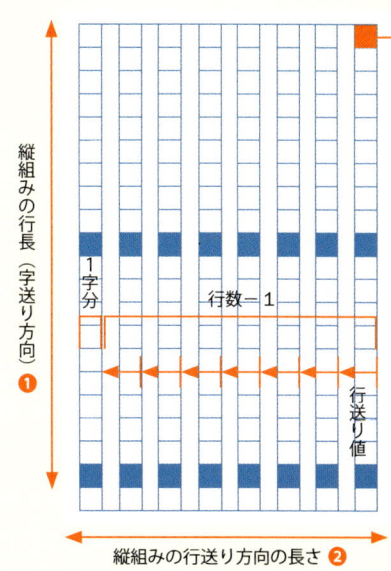

012 ドキュメントに異なるページサイズを混在させる

［ページ］ツール  を使い、選択したページのページサイズを変更すると、1つのドキュメントの中に異なるサイズのページを混在させることができます。

STEP 01

［ファイル］メニュー→［新規］→［ドキュメント］を選び、［ページサイズ］をA4サイズ・横置き、［見開きページ］をオフにして、2ページの新規ドキュメントを作成します。2ページ目のページサイズを変更します。ツールパネルから［ページ］ツール を選択し❶、ドキュメント上（［ページ］パネル上ではない）で2ページ目をクリックして選択します❷。

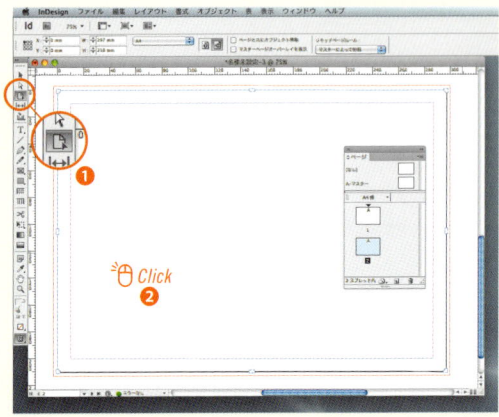

STEP 02

コントロールパネルの表示が、ページの情報に切り替わります。サイズのポップアップメニューで［はがき］を選び❸、［縦置き］のボタンをクリックして❹、ページサイズを指定します。

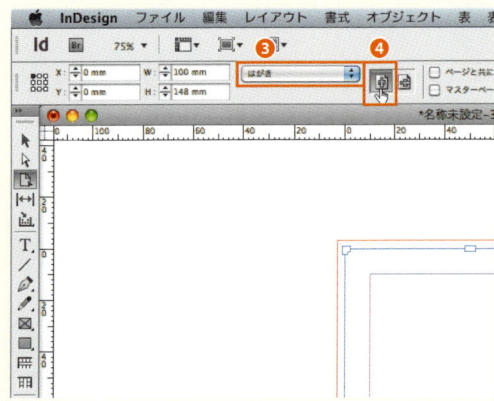

STEP 03

2ページ目のページサイズが、はがきサイズに変更されます。このように、1つのドキュメントの中に異なるサイズのページを混在して収録することができます。

> **MEMO**
> この機能は1つのテーマで複数の異なるサイズの印刷物を作成する際に便利です。1つのドキュメントの中で、文字・段落のスタイルやカラーの適用などを一括で適用したり変更したりできます。

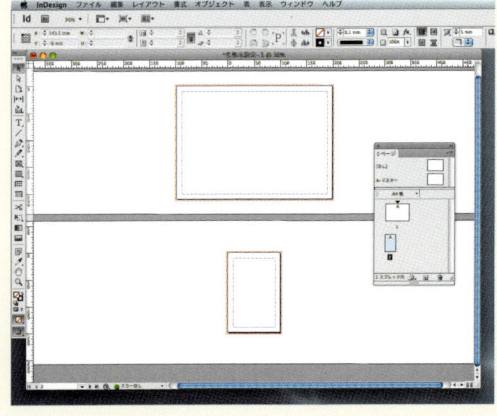

013 折り加工のある紙面フォーマットを作成する

折り加工のあるページを作成し、巻き込まれるページのページサイズを小さくできます。以下では巻き3つ折の誌面フォーマットを作っていきます。

STEP 01

［ファイル］メニュー→［新規］→［ドキュメント］を選び、［ページサイズ］をA4サイズ・縦置き、［見開きページ］をオフにして、1ページの新規ドキュメントを作成します。［ページ］パネルメニューで［ドキュメントページの移動を許可］のチェックをはずします❶。

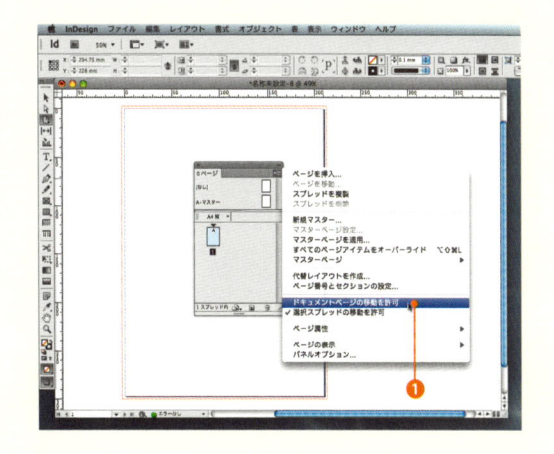

STEP 02

［ページ］パネルメニューで［ページを挿入］を選び、表示されるダイアログで❷のように設定し、ページの後に2ページを挿入します。3ページが横に並んだフォーマットが作成されます。

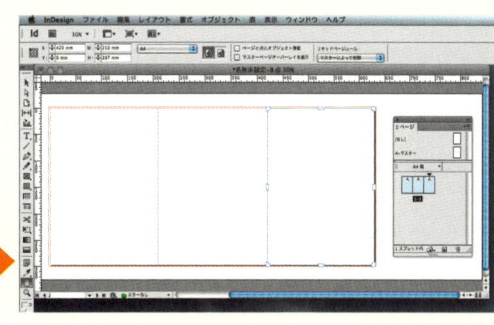

STEP 03

［ページ］ツールを選択し、折り加工で巻き込まれるページ（ここでは右側のページ）をドキュメント上でクリックして選択します。コントロールパネルで［W］の値を150mmに変更します❸。結果は❹図のようになり、右側のページのみページサイズが変更されました。

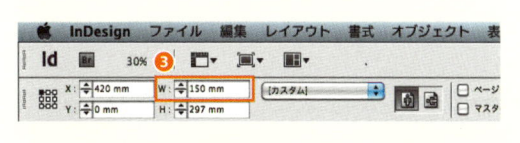

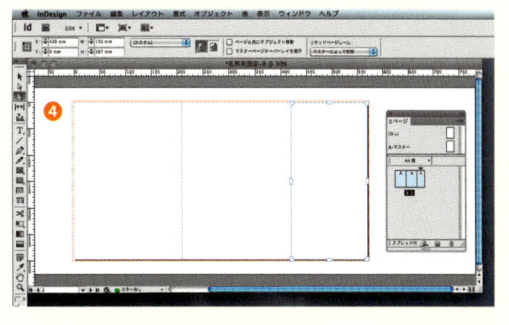

> **MEMO**
> 折り加工のある印刷物では「折りトンボ」が必要ですが、プリント時に［トンボ］をオンにして出力すると、折りトンボが自動的に付いて印刷されます。

012 ドキュメントに異なるページサイズを混在させる
254 トンボと裁ち落としを設定する

014 裁ち落とし領域、印刷可能領域、ガイド類の表示色を設定する

裁ち落とし領域、印刷可能領域の設定は、[新規ドキュメント]ダイアログや[ドキュメント設定]で行います。これらの表示色は変更することができます。

STEP 01

ドキュメントの仕上がり線とその外側にある（デフォルトでは）赤線の間が「裁ち落とし」領域です❶。写真や色などを裁ち落としで印刷したい場合は、この「裁ち落とし」領域まで塗り足しておき、印刷後の断裁で「裁ち落とし」領域を断ち切ることで、ページの端に余白が出ないように仕上げます。さらにその外側の（デフォルトでは）水色の線までが「印刷可能領域」です❷。ここに印刷情報や色玉などを配しておけば、印刷することができます。この部分も、最終的な断裁で裁ち落とされます。

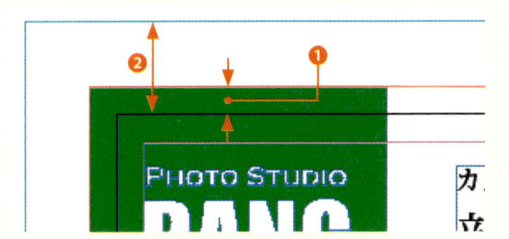

STEP 02

裁ち落とし領域や印刷可能領域の幅の設定は[新規ドキュメント]ダイアログで[詳細設定]ボタンをクリックして設定します。後で設定を変更する場合は、[ファイル]メニューから[ドキュメント設定]を選択し❸、表示された[ドキュメント設定]ダイアログで[詳細設定]をクリックし❹、[裁ち落としと印刷可能領域]のフィールドを表示します。ここで[裁ち落とし]幅を入力しますが、通常は各辺とも3mmです。[印刷可能領域]はデフォルトでは各辺0mmですが、必要に応じて変更します❺。

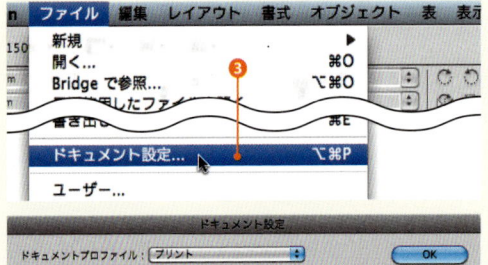

STEP 03

裁ち落とし領域や印刷可能領域を表すガイドや、マージンガイド（版面を表す）、段数ガイド（段間を表す）などの表示色を変更することができます。[InDesign]（Windowsでは[編集]）メニューから[環境設定]→[ガイドとペーストボード]を選択し❻、ダイアログの[カラー]フィールドで、各ガイドのカラーを選択します❼。

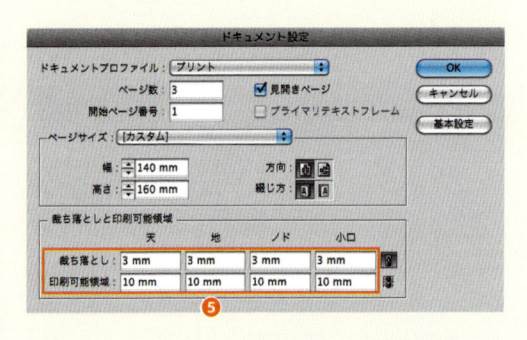

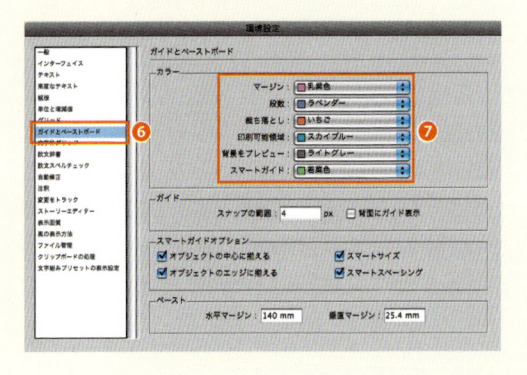

015 標準・プレビューで表示する

[スクリーンモード]では、[標準モード][プレビューモード]など、レイアウト作業と確認作業で画面表示を切り替えることができます。

STEP 01

[表示]メニュー→[スクリーンモード]では、5つの画面表示方法が用意されています❶。

標準モード：グリッド、ガイド、フレームなどが表示された、通常のレイアウト作業画面です❷。

プレビューモード：グリッド、ガイド、フレームなどが非表示になり、テキストや画像だけを表示し、仕上り線で切り取られたように表示します。仕上がりイメージを確認したい時に利用します❸。

裁ち落としモード：[プレビューモード]に[ドキュメント設定]で定めた周囲の裁ち落とし分も含めた状態で表示します❹。

印刷可能領域モード：[ドキュメント設定]で定めた印刷可能領域までを含めた状態で表示します❺。

プレゼンテーション：メニューとすべてのパネルが隠されます。マウスクリックや矢印キーでスプレッドを移動できます❻。

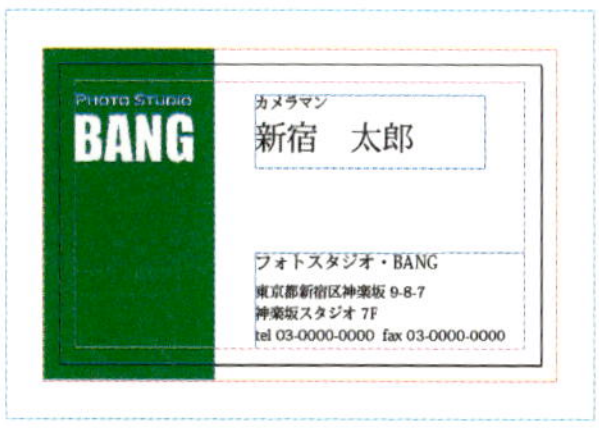

STEP 02

[ツール]パネルでもスクリーンモードを切り替えることができます。[ツール]パネルの最下部のアイコンを押し続けると、これら4つのモードのアイコンが表示され、選択することができます❼。CS4以降では、アプリケーションバーの[スクリーンモード]ボタンで表示を切り替えることもできます❽。

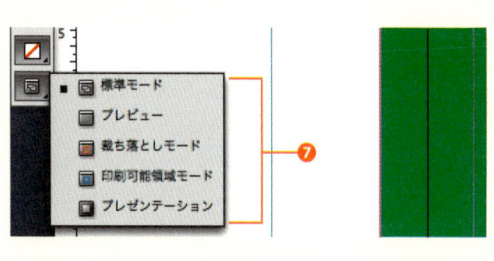

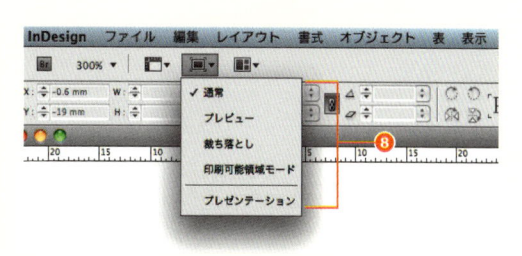

---

016 原寸・見開き・ページ全体で表示する
017 ズームツールと手のひらツールで画面表示を変更する

016 原寸・見開き・ページ全体で表示する

［表示］メニューでは、［100%表示］［ページ全体］［スプレッド全体］ほか、さまざまな大きさで画面表示を切り替えることができます。

STEP 01

［表示］メニューには、［ズームイン］［ズームアウト］［ページ全体］［スプレッド全体］［100%表示］［ペーストボード全体］のコマンドがあります❶。これらにはショートカットが割り当てられています❷。

KEYBOARD SHORTCUT

ズームイン▶ ⌘（Ctrl）＋ ＝（＋）キー
ズームアウト▶ ⌘（Ctrl）＋ －キー
ページ全体▶ ⌘（Ctrl）＋ 0 キー
スプレッド全体▶ Option（Alt）＋ ⌘（Ctrl）＋ 0 キー
100%表示▶ ⌘（Ctrl）＋ 1 キー
ペーストボード全体▶ Option（Alt）＋ Shift ＋ ⌘（Ctrl）＋ 0 キー
また、メニューには記載されていませんが、⌘（Ctrl）＋ 2 キーで［200%表示］に、⌘（Ctrl）＋ 4 キーで［400%表示］に、⌘（Ctrl）＋ 5 キーで［50%表示］になります。

STEP 02

［ツール］パネルの［手のひら］ツール をダブルクリックすると❸、スプレッド全体が表示されます。

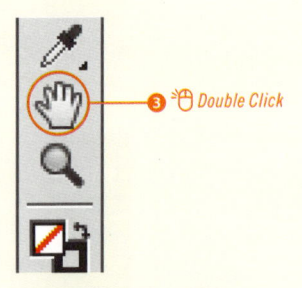

STEP 03

アプリケーションバーに、画面の表示倍率を切り替えるズームボックスがあります❹。▼ボタンをクリックすると、5%から4000%までのポップアップメニューが表示されるので、希望の倍率を選択します。また、ズームボックスに拡大縮小率の数値を直接入力することもできます。

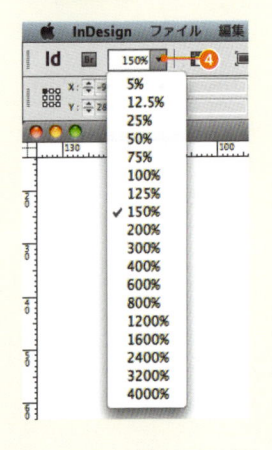

017 ズームツールと手のひらツールで画面表示を変更する

［ズーム］ツール🔍を使用することで、画面を拡大・縮小表示することができます。［手のひら］ツール✋では、画面を自由にスクロールできます。

STEP 01

［ズーム］ツール🔍を選択し❶、拡大したい箇所をクリックすると、その位置を中心にして画面が拡大表示されます。画面を縮小したい場合は、Option（Alt）キーを押しながら［ズーム］ツール🔍で画面上をクリックします。ほかのツールを使用時に、一時的に［ズーム］ツール🔍を使いたい場合は、⌘（Ctrl）＋Space キー（縮小の場合は⌘（Ctrl）＋Option（Alt）＋Space キー）を押します。また、［ズーム］ツール🔍でドラッグして四角形を描いてマウスボタンを放すと❷、四角形で囲まれた領域が拡大表示されます❸。

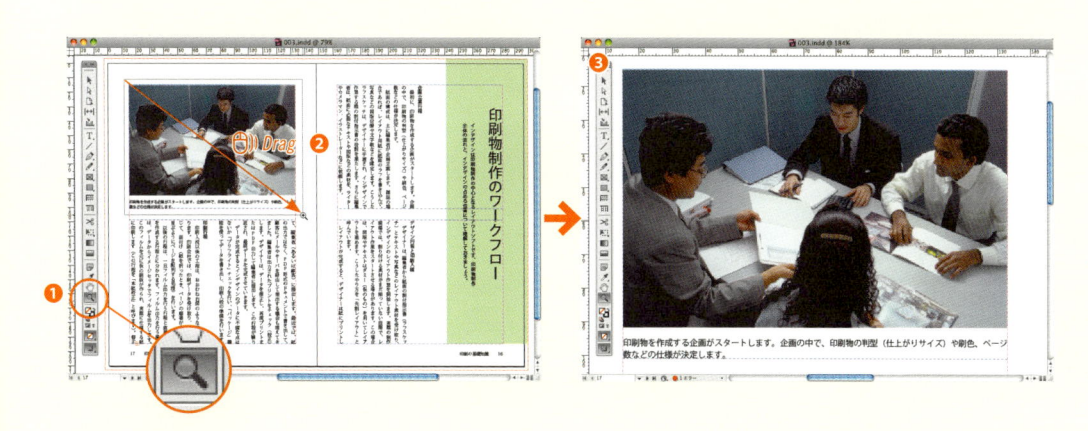

STEP 02

［手のひら］ツール✋を選択し❹、画面上でドラッグすると、画面表示を自由な方向でスクロールできます。ほかのツールを使用時に、一時的に Space キーを押すと、［手のひら］ツール✋に切り替わります。文字ツールを選択している時は、Option（Alt）キーを押しながら Space キーを押すと、［手のひら］ツール✋に切り替わります。CS4 以降では、あらたにパワーズーム機能が加わりました。この機能は、［手のひら］ツール✋を利用中にクリックし続けると、画面表示が全体表示になり、赤い四角形の枠が表示されます。そのままドラッグして赤い枠を表示したい場所に移動し❺、マウスボタンを放すと、表示領域が切り替わります❻。

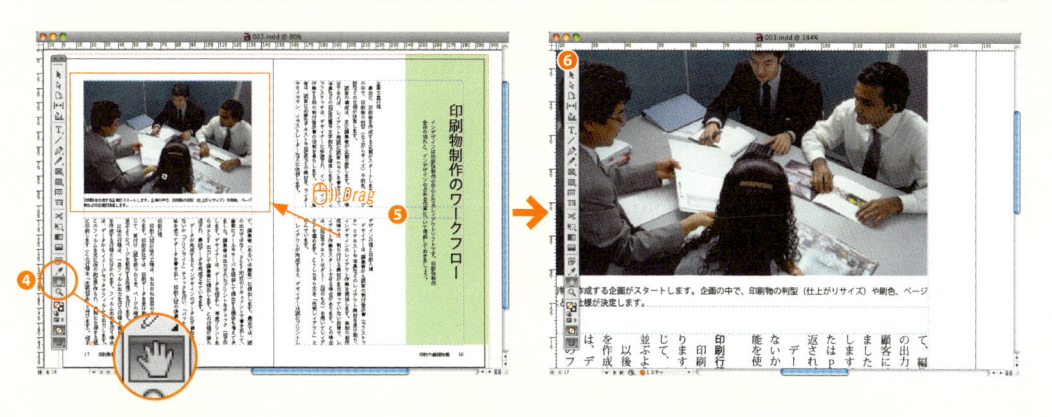

016 原寸・見開き・ページ全体で表示する

018 複数のドキュメントをタブで開く

CS4 以降は、複数のドキュメントをタブで開くことができます。ドキュメントの切り替えは、ファイル名を表示したタブをクリックして行えます。

STEP 01

CS4 以降では、複数のドキュメントをタブで開くことができるようになりました。[InDesign]（Windows では[編集]）メニューから［環境設定］→［インターフェイス］を選び❶、［ドキュメントをタブで開く］のチェックをオンにします（デフォルト設定でオンになっています）❷。

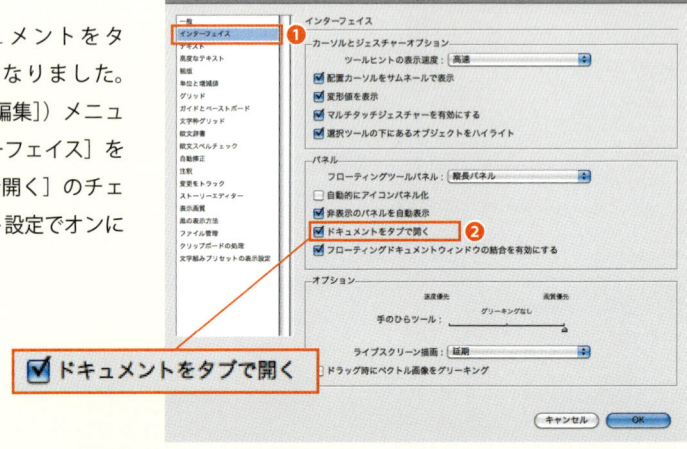

STEP 02

複数のドキュメントを開くと、右図のようにひとつのウィンドウの上部に複数のタブが表示され、それぞれのドキュメントの名前が表示されます❸。別のドキュメントに表示を切り替えるには、ファイル名が表示されたタブをクリックするだけで行えます。ドキュメントを閉じるには、ファイル名の左（Windows では右）に表示される「×」のボタンをクリックします❹。

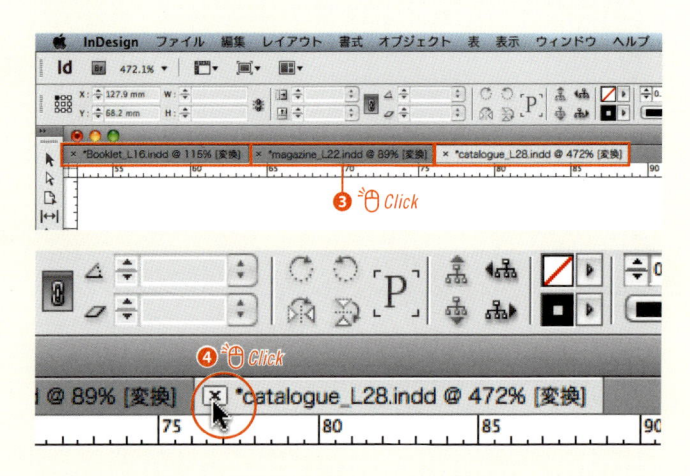

STEP 02

タブで表示された複数のドキュメントを分離することもできます。[ウィンドウ]メニューから[アレンジ]→[ウィンドウを分離]を選ぶと、現在表示しているウィンドウのみを分離できます。[ウィンドウ]メニューから[アレンジ]→[すべてのウィンドウを分離]を選ぶと❺、すべてのウィンドウが分離し、ドキュメントが重なって表示されます。

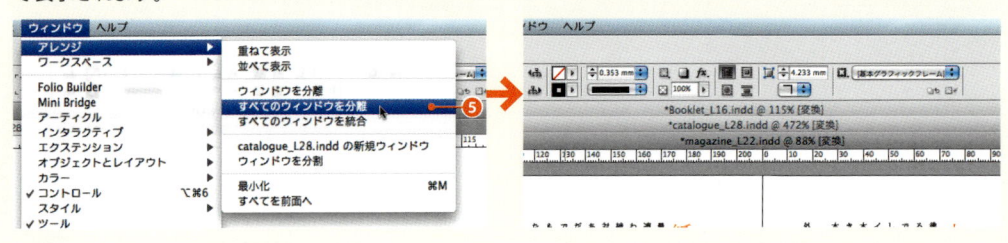

019 複数のドキュメントを並べて表示する

InDesignでは、複数のドキュメントをいくつかの方法で並べることができます。複数のドキュメントを同時に開いて作業したい場合に便利です。

STEP 01

ウィンドウを分離すると、[ウィンドウ] メニューから [アレンジ] を選び、複数のドキュメントを少しずつずらして重ねて並べたり、横や縦に整列して並べることができます❶。

4つのウィンドウを分離し、[ウィンドウ] メニューから [アレンジ] → [重ねて表示] を実行すると、ウィンドウがわずかにずれて、ドキュメントが重なって表示されます❷。[並べて表示] を選ぶと、画面内を等分に分割してウィンドウを表示します❸。

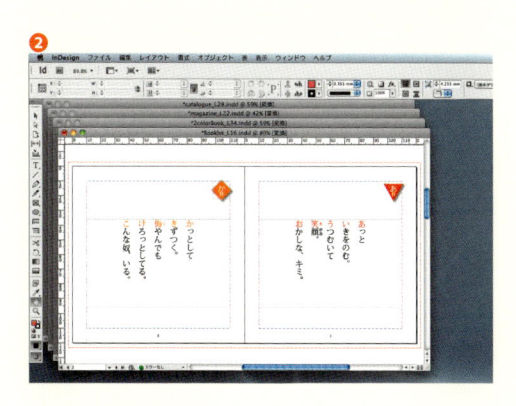

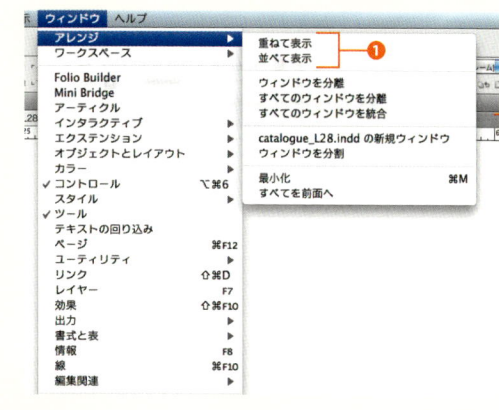

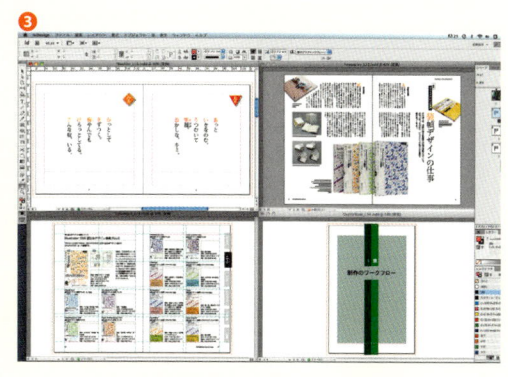

STEP 02

アプリケーションバーの [ドキュメントレイアウト] ボタンをクリックすると、複数のドキュメントを並べる方法をいくつかの選択肢から選べるようになっています❹。ボタンをクリックして、複数ドキュメントの表示方法を切り替えてみましょう。4つのドキュメントを開いて表示方法を切り替えました❺。この表示方法では、ひとつのドキュメントが左側に配置され、残りの3つが右側に縦に並んで表示されます。

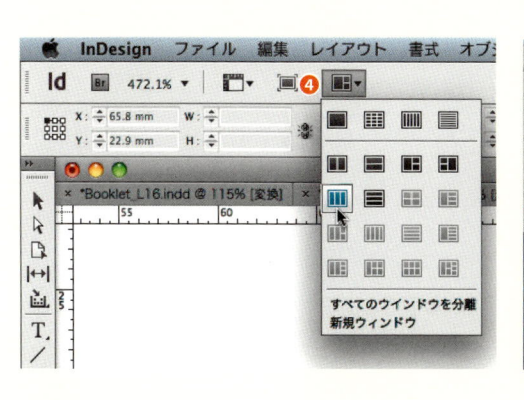

020 ドキュメントを保存する

InDesignで作業したドキュメントを保存する方法を解説します。ほかのアプリケーションと同様に、[保存][別名で保存][複製を保存]があります。

STEP 01

InDesignでドキュメントを保存するには、[ファイル]メニューから[保存]や[別名で保存]を選択します。保存できるフォーマットは[InDesign CS6 ドキュメント][InDesign CS6 テンプレート][InDesign CS4 以降（IDML）]の3種類です❶。[InDesign CS4 以降（IDML）]については「021 ドキュメントを下位バージョン用に保存する」を参照してください。

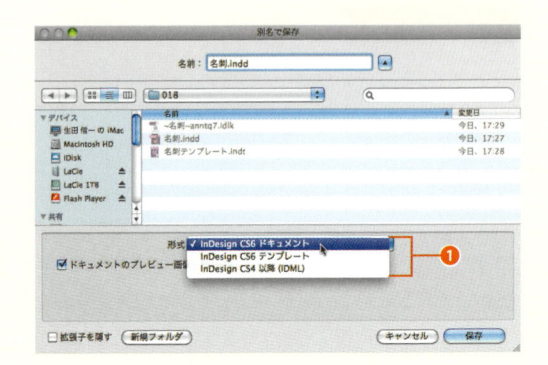

STEP 02

[InDesign CS6 テンプレート]形式で保存すると、ファイルを「ひな形」として利用できます。テンプレート形式のファイルを開くと、元ファイルはそのままで、新規の「名称未設定」のファイルが作成されます。

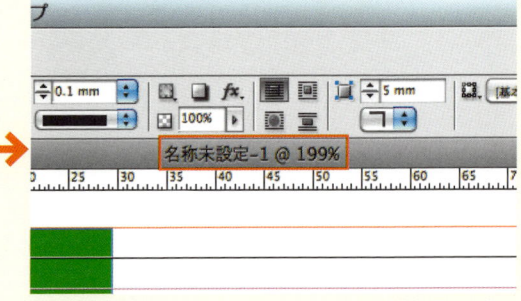

STEP 03

オリジナルのドキュメントを開いたまま、その複製（コピー）を別名で保存することができます。[ファイル]メニューから[複製を保存]を選択します❷。保存するファイル名は、「"ファイル名"のコピー」と表示されます❸。保存場所を指定し、必要に応じて名前を改めて、[OK]ボタンをクリックします。別のファイル名がついたコピーが保存されます。

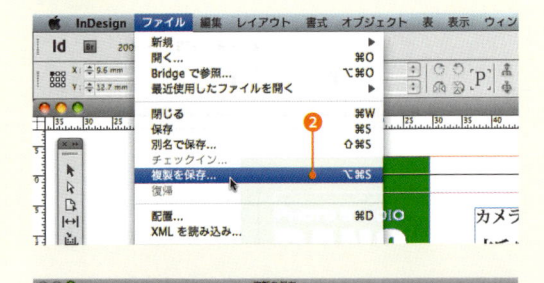

021 ドキュメントを下位バージョン用に保存する
266 ドキュメントをPDFファイルに書き出す

021 ドキュメントを下位バージョン用に保存する

ドキュメントを、下位バージョンの InDesign で開けるように保存する方法を解説します。

STEP 01

［ファイル］メニューから［別名で保存］を選択します❶。［別名で保存］ダイアログでファイル名をつけ❷、［形式］ポップアップメニュー（Windows では［ファイルの種類］）から［InDesign CS4 以降（IDML）］を選択し❸、［保存］ボタンをクリックします。アイコンが変わり、拡張子に「.idml」のついた下位互換ファイルとして保存されます❹。

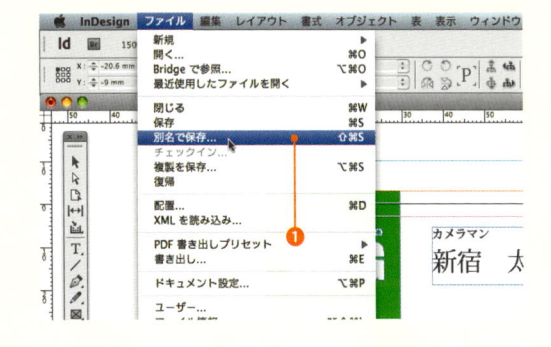

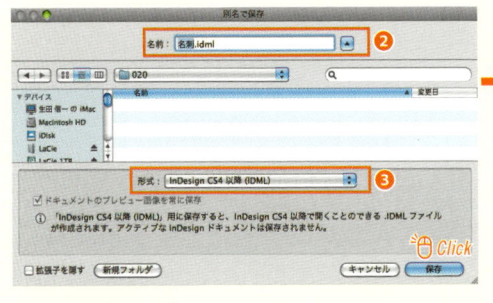

STEP 02

保存したファイルを CS4 以降の InDesign で開くと、ドキュメント名は「名称未設定」となっています❺。ファイル名を付けて保存します。

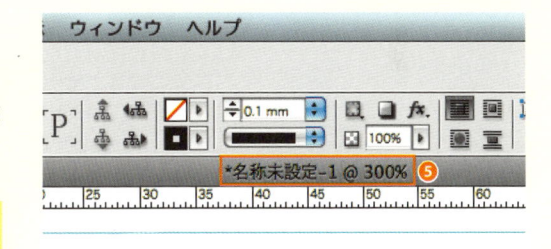

MEMO

CS4 より下位の InDesign に保存する場合は、STEP-01 の後、CS4 で［ファイル］メニューから［書き出し］を選び、［フォーマット］ポップアップメニューから［InDesignCS3 互換］を選ぶ操作で 1 つ下のバージョンのファイルに書き出すことができます。

STEP 03

下位バージョンの InDesign で上位バージョンのファイルを開くと、［環境にないプラグイン］や、［ファイルを開くことが出来ません］という警告表示が出ます。

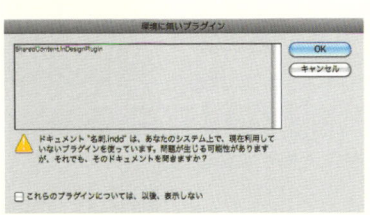

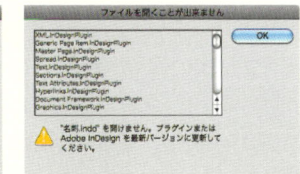

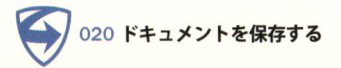

022 書き出しコマンドを利用する

[書き出し] コマンドを利用すると、InDesign ドキュメントを PDF ドキュメントや JPEG 画像など、さまざまなファイル形式で書き出せます。

STEP 01

ドキュメントを開き、[ファイル]メニューから[書き出し]を選択します❶。[書き出し]ダイアログでは、[形式]（Windowsでは［ファイルの種類］）のポップアップメニューで書き出すファイル形式を指定します❷。選べるフォーマットは、CS6 の場合、[Adobe PDF（インタラクティブ）] [Adobe PDF（プリント）] [EPS] [EPUB] [Flash CS6 Professional (FLA)] [Flash Player (SWF)] [HTML] [InDesign Markup (IDML)] [JPEG] [SWF] [XML] の 11 種類です。選んだフォーマットによって、拡張子も自動的に変更されます。

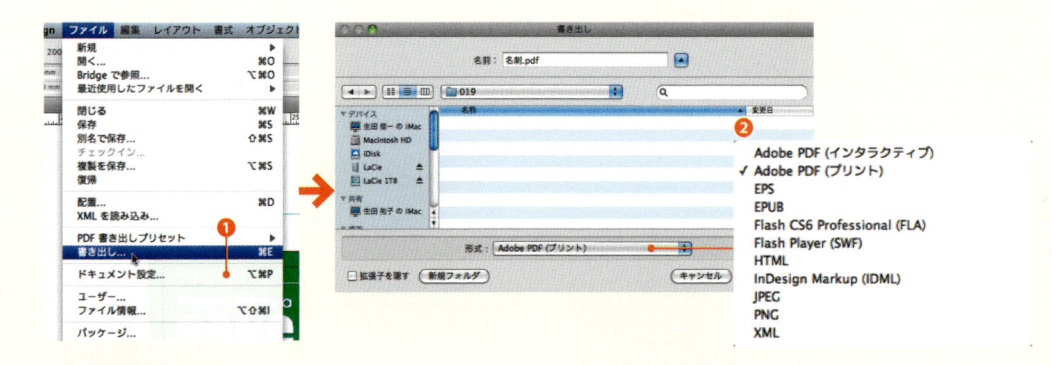

STEP 02

[書き出し] ダイアログの [形式]（Windows では［ファイルの種類］）で［JPEG］を選び、[保存]ボタンをクリックすると、[JPEG の書き出し] ダイアログが表示されます（選んだフォーマットにより、固有のダイアログが表示されます）❸。ここでは書き出すページを指定し、解像度を 350ppi に設定して、[書き出し] ボタンをクリックしました。

STEP 03

STEP-02 で書き出した JPEG 画像を Photoshop で開きました。STEP-02 の指定通りに画像が書き出されているのが確認できます。この画像は、たとえば Web ページに表示する画像データとして利用できます。このように [書き出し] コマンドは、目的に応じてフォーマットを選択し、ほかのさまざまなアプリケーションで InDesign ドキュメントを活用できる、便利なコマンドです。

第 2 章
基本操作と作業環境の設定

InDesign CS6
DESIGN REFERENCE
PLUS

023 InDesign の画面構成を知る

InDesign の画面構成を把握しておきましょう。ドキュメントの周囲に［ツール］パネル、［コントロール］パネルなどの各種パネルが配されています。

STEP 01

InDesign の画面は、机上でレイアウトをしているようなイメージになっています。ドキュメントの周囲には、［ツール］パネル❶などの各種パネルが置かれます。CS4 以降ではアプリケーションバー❷も表示されます。これらは不要時には非表示にすることができます。また、パネル類は画面上のどこにでも自由に置くことができます。

STEP 02

パネル類は、初期設定では画面の右にある「ドック」に収められています❸。ドック内のパネル類は、種類別にグループ化されています❹。ドックやパネル類は、必要に応じてコンパクトな表示に切り替えるができます（025「ドックやパネルの表示を切り替える」参照）。

STEP 03

ドキュメントの上部には横長の［コントロール］パネルがあります❺。［コントロール］パネルは、選択したアイテムの種類や選択内容に応じて内容が変化します。さまざまな基本設定は、［コントロール］パネル上で行うことができます。

STEP 04

ウィンドウ下部には、表示中のページを示すボックスや、ページを移動するためのボタン類があります❻。また、プリフライト機能でチェックした結果が表示されます。❼。

STEP 05

ドキュメントの周囲にはペーストボードがあり、未割付のアイテムを置いておくことができます❽。

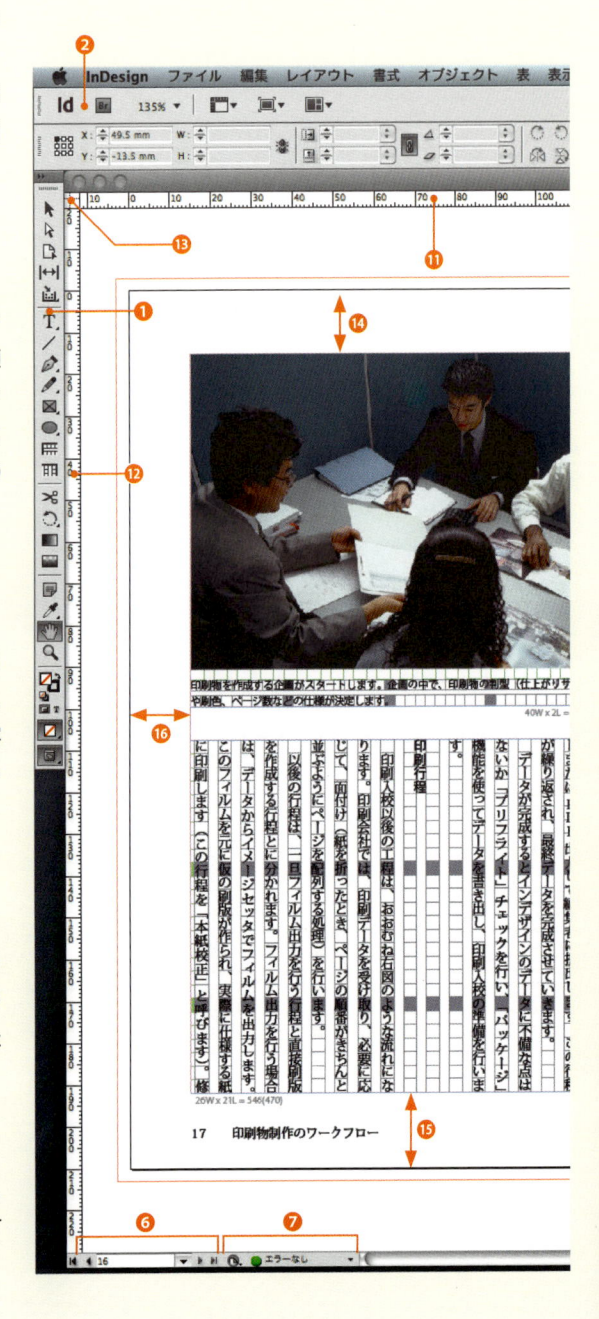

024 ツールパネルの表示を切り替える
025 ドックやパネルの表示を切り替える

InDesign CS6

STEP 06

その他の主な部分の名称は、次の通りです。

- ⑨ メニューバー
- ⑩ ドキュメント名
- ⑪ 水平定規
- ⑫ 垂直定規
- ⑬ 原点をリセットするボックス
- ⑭ 天のマージン
- ⑮ 地のマージン
- ⑯ 小口のマージン
- ⑰ ノドのマージン
- ⑱ レイアウトグリッド
- ⑲ マージンガイド
- ⑳ 段組ガイド
- ㉑ 裁ち落としのガイド
- ㉒ 裁ち落としの領域

024 ツールパネルの表示を切り替える

[ツール]パネルはデフォルトでは縦長1行ですが、2行にしたり、横長にすることができます。[ツール]パネルを置く位置も自由に設定できます。

STEP 01

InDesignの[ツール]パネルは、デフォルトでは画面の左端に置かれ、「縦長パネル」になっています。[ツール]パネル左上の▶▶ボタンをクリックすると❶、「縦長パネル」と「アドビ標準パネル」（縦長2行）とが切り替わります。[ツール]パネル上部のバーにカーソルを置いてドラッグすると、画面上の任意の位置にパネルを配置できる「フローティング」状態になります❷。

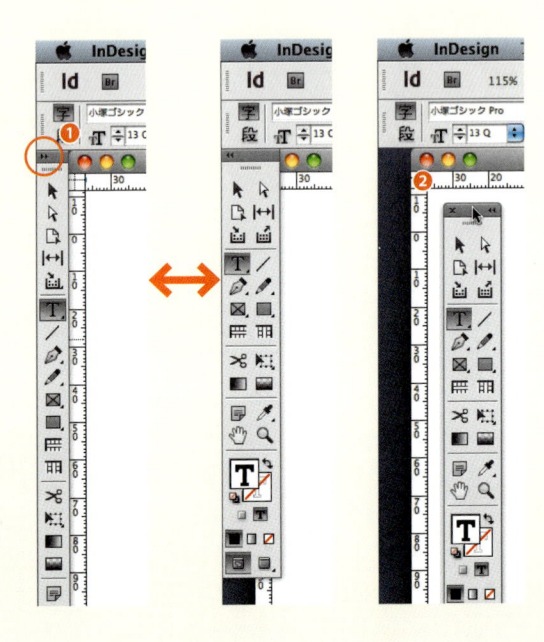

STEP 02

「フローティング」状態であれば、[ツール]パネル右上の▶▶ボタン❸をクリックするごとに[縦長パネル][横長パネル][アドビ標準パネル]に切り替わります。

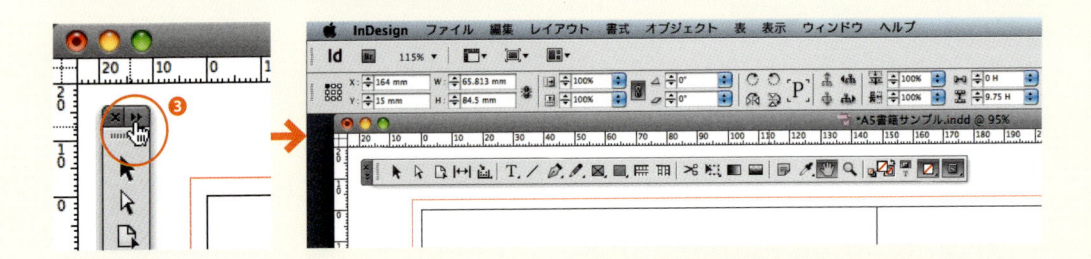

STEP 03

デフォルトでのツールパネルの形状を設定するには、[InDesign]（Windowsでは[編集]）メニューから[環境設定]→[インターフェイス]を選択し、[環境設定]ダイアログの[フローティングツールパネル]ポップアップメニューより選択します❹。

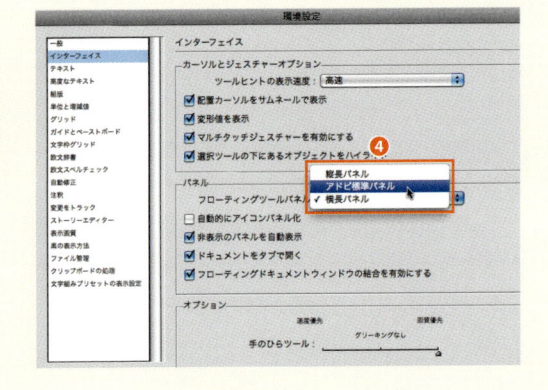

025 ドックやパネルの表示を切り替える

ドックやパネルの表示を変更する方法について解説します。カスタマイズしたパネル表示は保存して、いつでも呼び出すことができます。

STEP 01

InDesign の操作画面では、右側にパネル類がドックに格納されて表示されます。[ウィンドウ]メニューから[ワークスペース]を選ぶと、用途に応じたパネルの配列を選択することができます❶。

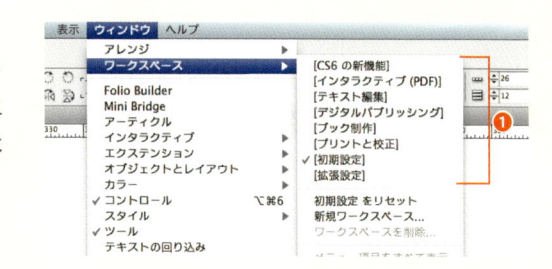

STEP 02

ドックの右上の▶▶ボタン❷をクリックすると、パネルをアイコン表示にするか、すべてのパネルを展開するかを切り替えることができます。パネルをアイコン表示にした場合は、アイコンやパネル名をクリックするとパネルが表示されます。

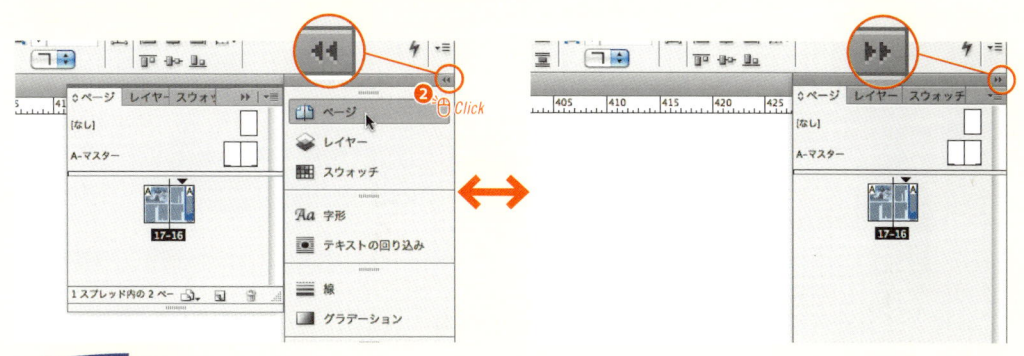

STEP 03

パネルはドッグ内にグループ別に格納されています。特定のパネルのタブを掴んでドラッグすると、ドックから分離できます❸。また、別のグループ内にドラッグして新しいグループを作成することもできます❹。このようにカスタマイズしたワークスペースは、保存しておくと便利です。[ウィンドウ]メニューから[ワークスペース]→[新規ワークスペース]を選び、名前を付けて[OK]ボタンをクリックします❺。保存したワークスペースは、[ウィンドウ]メニューから[ワークスペース]のサブメニューに表示されるようになります❻。

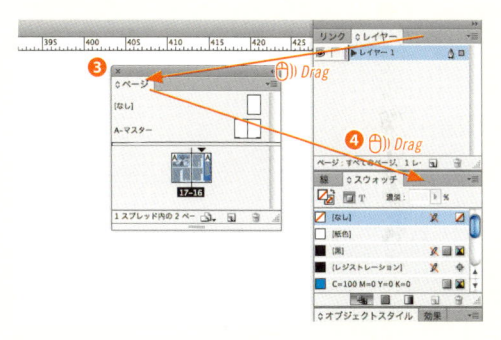

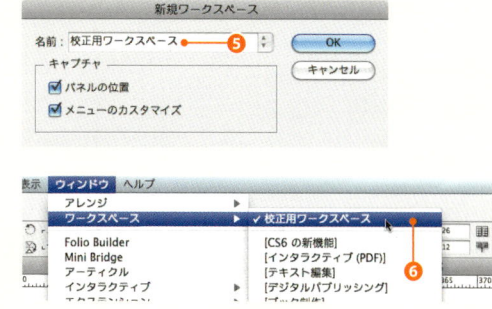

024 ツールパネルの表示を切り替える

026 アプリケーションフレームで表示する

Mac 版の InDesign でも、Windows の表示方法でもある**アプリケーションフレーム**で画面表示できます。

STEP 01

アプリケーションフレームの表示に切り替えるには、[ウィンドウ] メニューから [アプリケーションフレーム] を選択します❶。アプリケーションフレームの表示では、すべてのワークスペースの要素をグループ化して、ひとつの統合ウィンドウ上に表示します。アプリケーションを切り替えてもパネルは表示され続けるので、複数のアプリケーションを同時に開いて作業する場合に有効です。アプリケーションフレーム表示では、複数のドキュメントを開いている場合は、各ウィンドウがタブで開きます。別のドキュメントウィンドウに切り替えるには、タブをクリックして行います。

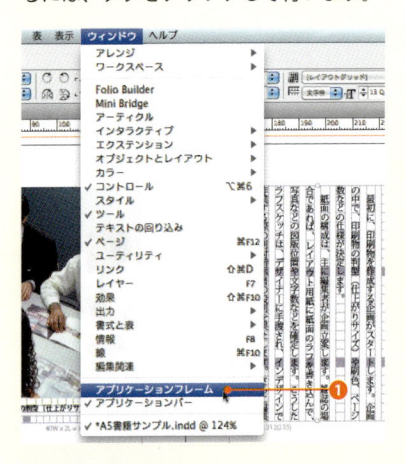

STEP 02

アプリケーションフレームのサイズを変更するには、カーソルをアプリケーションフレームの右下に合わせます。カーソルの形が❷のように変化したらドラッグ操作でサイズ変更を行います。サイズを変更すると、ウィンドウやパネル類が変化し、互いに重なり合うことなく自動的に表示が調整されます。

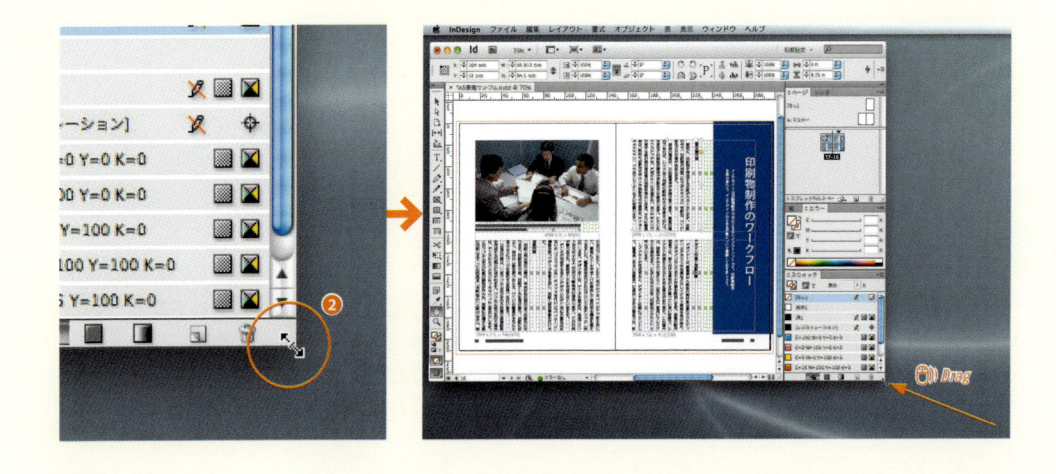

018 複数のドキュメントをタブで開く
019 複数のドキュメントを並べて表示する

027 クイック適用を利用する

[クイック適用]は、スタイルやメニューコマンドなどを検索してリスト表示し、素早く適用できる便利な機能です。

STEP 01

[編集]メニューから[クイック適用]を選ぶか、[コントロール]パネルや[段落スタイル]パネル、[文字スタイル]パネル、[オブジェクトスタイル]パネルにある❶のボタンをクリックすると、[クイック適用]のリストが表示されます❷。

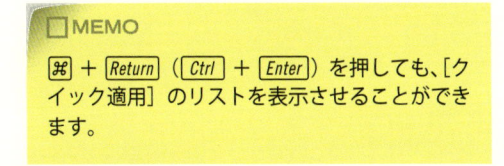

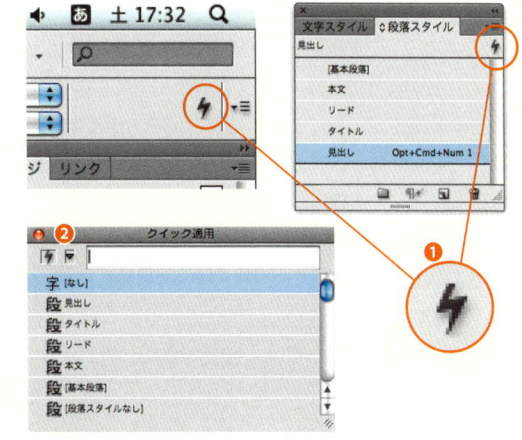

> **MEMO**
> ⌘+Return（Ctrl+Enter）を押しても、[クイック適用]のリストを表示させることができます。

STEP 02

入力ボックスに、リストに表示させたいスタイルやコマンド名を入力します。たとえば、「縦組み」と入力した場合は、縦組みに関するツールやメニューコマンドが表示されます❸。また、先頭に「p:」の接頭辞を入力すると、検索する項目を段落スタイルに絞り込むことができます❹。接頭辞は、入力ボックスの左側にある下向きの三角のボタン（▼）をクリックして調べることができます❺。

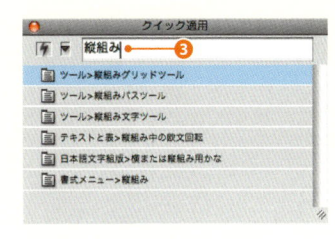

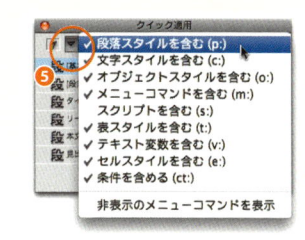

STEP 03

入力ボックスの中は、左右の矢印キー（←→）で移動できます。上下の矢印キー（↑↓）では、リスト内をスクロールして、目的のスタイルやコマンドを選択できます。[クイック適用]を実行するには、目的のスタイルやコマンドを選んで、Return（Enter）キーを押すか、❻のボタンをクリックします。[クイック適用]リストが閉じて、適用が実行されます（Shift+Return（Enter）キーを押すと、リストを閉じずに適用することができます）。

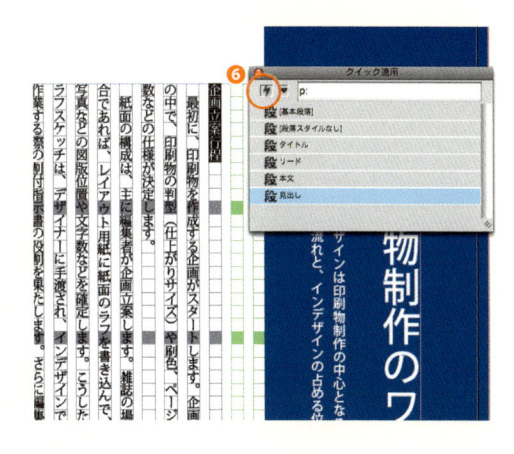

028 コントロールパネルの概要を知る

［コントロール］パネルは、選択したアイテムの種類によって表示される内容が変わります。作業効率を飛躍的に高める、使用頻度の高いパネルです。

STEP 01

［コントロール］パネルが表示されていない場合は、［ウィンドウ］メニューから［コントロール］を選択します❶。［コントロール］パネルは任意の場所に移動できます。デフォルトでは、ウィンドウの上部に表示されます❷。コントロールパネルのメニューから［下部で結合］を選ぶと、ウィンドウ下部に置くこともできます❸。

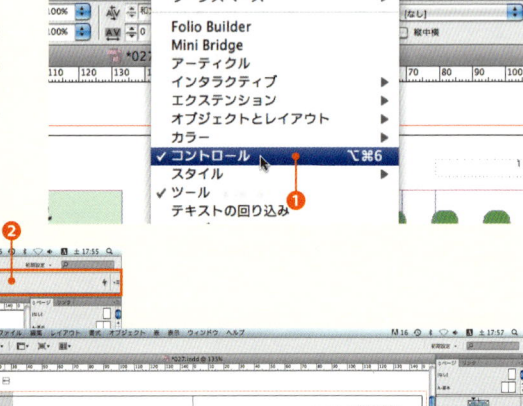

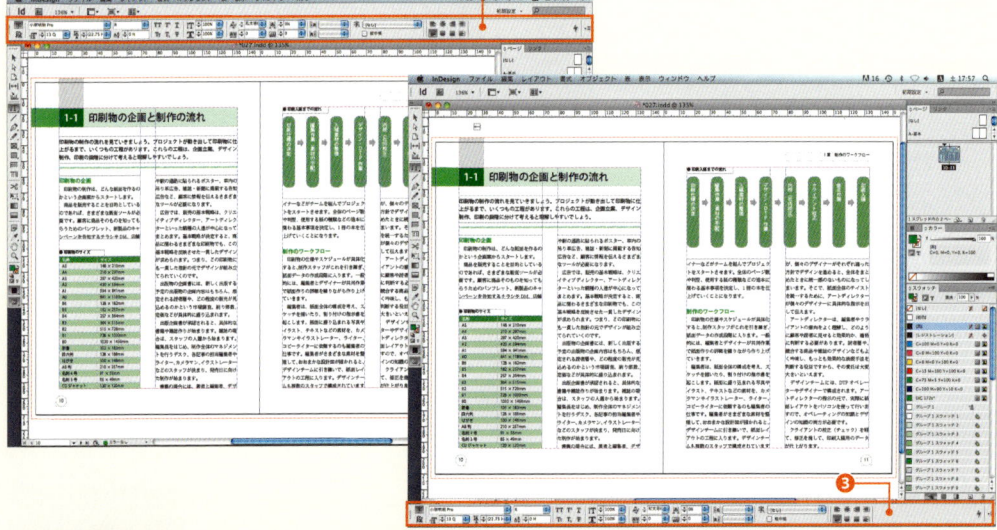

STEP 02

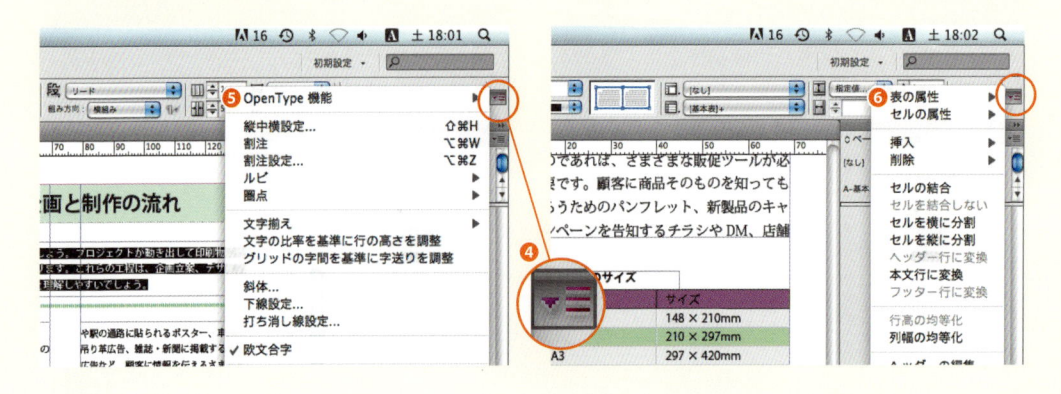

［コントロール］パネルの右端のボタン❹をクリックすると、パネルメニューが表示されます。表示されるメニューの内容は、選択しているアイテムの種類によって変わります。たとえば、❺はテキストを選択した時のメニュー項目です。❻は表内のセルを選択した時のメニュー項目です。

023 InDesign の画面構成を知る

STEP 03

［コントロール］パネルが表示する内容は、選択したアイテムの種類によって変わります。次の作業で使われる基本的な設定項目が表示され、多くは、個々のパネルとパネルメニューの合成か、複数のパネルを合成したような内容になります。下図は［横組み（縦組み）文字］ツール でテキストを選択し、［文字形式コントロール］❼をクリックしたときと、［段落形式コントロール］❽をクリックしたときのパネルの表示です。目的の操作が素早く行えるように、種々の設定項目が並んでいるのがわかります。

［横組み（縦組み）文字］ ツールでテキストを選択し、文字設定をする場合

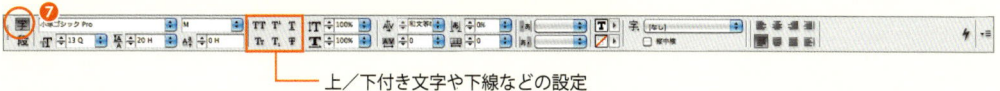

——— 上／下付き文字や下線などの設定

［横組み（縦組み）文字］ツール でテキストを選択し、段落設定をする場合

STEP 04

種々のアイテムを選択したときの［コントロール］パネルの内容を見ておきましょう。表示される内容は、バージョンによって異なりますし、パネルの長さによっても変わります。しかしながら、それぞれの場所にカーソルを合わせれば機能の詳細がヘルプ表示されますので、慣れてくれば基本的な設定のほとんどは［コントロール］パネルでできるようになります。

［選択］ツール でプレーンテキストフレームを選択した場合

——— テキストの回り込みを設定
——— オブジェクトの回転や反転などを設定
——— ドロップシャドウや透明などを設定

［選択］ツール でフレームグリッドを選択した場合

——— フレームグリッドの仕様を設定

［選択］ツール で線分を選択した場合

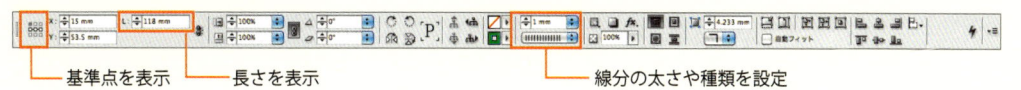

——— 基準点を表示　——— 長さを表示　——— 線分の太さや種類を設定

［選択］ツール でグラフィックフレームを選択した場合

——— 座標値・幅・高さを設定　——— 上：前のオブジェクトを選択／下：次のオブジェクトを選択

［ダイレクト選択］ツール でグラフィックフレーム内の画像を選択した場合

——— 画像の拡大・縮小率を設定　——— 上：コンテナを選択／下：内容を選択

［横組み（縦組み）文字］ツール で表のセルを選択した場合

——— セル内のテキストの配置を設定　——— セルの罫線や塗りのスタイル、幅・高さを設定

029 ガイドの種類を知る

InDesignには、レイアウト作業に役立つ各種のガイドがあります。ガイドの種類を理解しておきましょう。

STEP 01

InDesignで使用するガイドはその役割によって5種類あります。いずれも細い線状になっており、デフォルトでは、アイテムをガイドの近くに寄せた場合にスナップ（吸着）します。

STEP 02

定規ガイドは、水平❶、垂直❷の2種類があり、必要に応じて設定したり、削除できます。マージンガイド❸は、版面と余白を示すガイドで、［新規ドキュメント］→［レイアウトグリッド］あるいは［マージン・段組］で設定するほか、作業の途中でも、［レイアウト］メニューから［レイアウトグリッド設定］あるいは［マージン・段組］で変更ができます。デフォルトのカラーは乳紫色です。

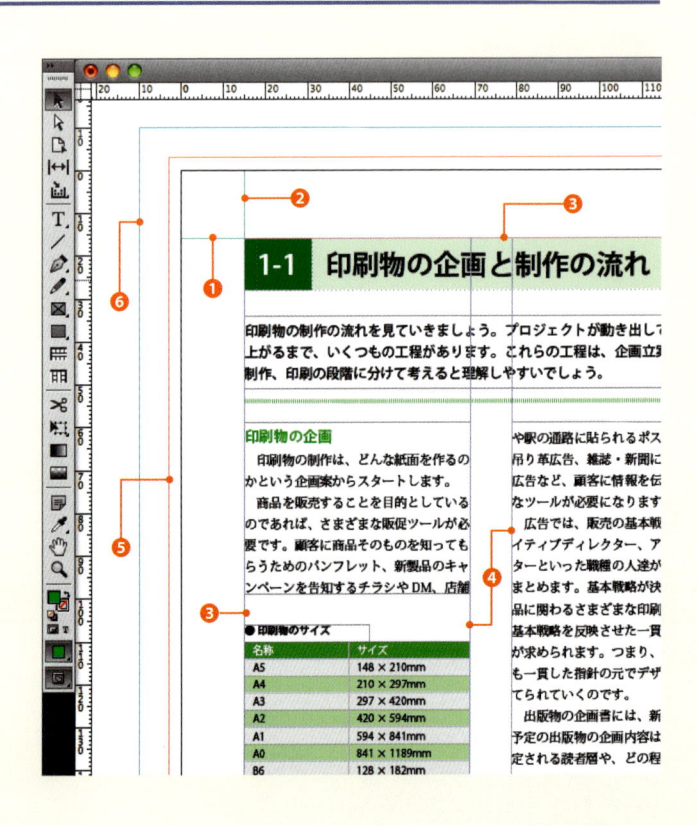

STEP 03

段組ガイド❹は、複数段のコラムがある場合に、段間を示すガイドで、［新規ドキュメント］→［レイアウトグリッド］あるいは［マージン・段組］で設定するほか、作業の途中でも、［レイアウト］メニューから［レイアウトグリッド設定］あるいは［マージン・段組］で変更ができます。デフォルトのカラーはラベンダーです。

STEP 04

裁ち落としガイド❺は、裁ち落としにするアイテムをこのガイドまではみ出させておくためのガイドで、通常は仕上り線より3mm外側に引かれます。デフォルトのカラーはいちご色です。印刷可能領域を示すガイド❻は、印刷情報や色玉などを配置しておくための領域を示すガイドです。デフォルトのカラーはスカイブルーです。いずれのガイドも［新規ドキュメント］の［詳細設定］で設定するほか、作業の途中でも［ファイル］メニューから［ドキュメント設定］で変更ができます❼。

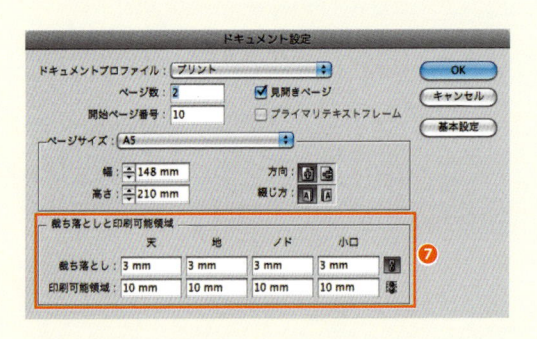

014 裁ち落とし領域、印刷可能領域、ガイド類の表示色を設定する
031 定規ガイドを引く・移動する

030 定規の原点を変更する

定規はオブジェクトの位置を X、Y の座標で指定するものです。定規を活用することで正確な位置合わせをすることができます。

STEP 01

定規の原点の位置（X 座標値＝ 0、Y 座標値＝ 0）を変更します。定規の上で Control ＋クリック（右クリック）してメニューを表示させます❶。原点の設定は以下の 3 種類の方法があります。

ページ単位の定規：見開きの左右のページのそれぞれ左上の角に原点が置かれます❷。

スプレッド単位の定規：スプレッド（見開き）全体の仕上りの左上の角に原点が置かれます❸。

定規をノド元から開始する：原点がノド元に設定され、右側のページの X 値が正の値になり、左側のページの X 値が負の値になります❹。

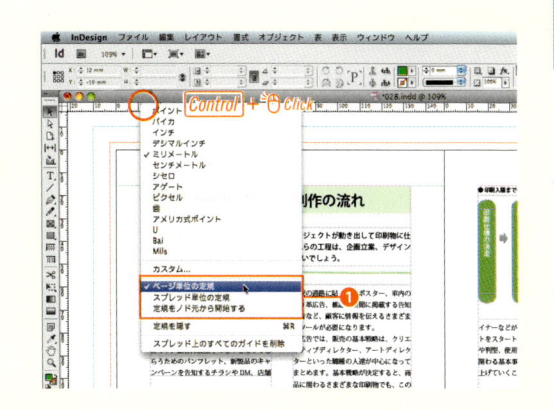

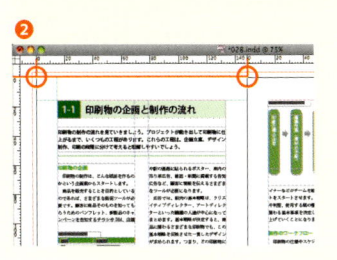

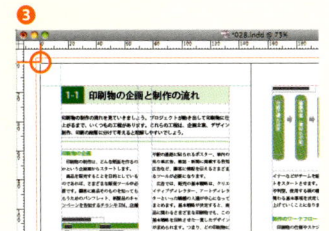

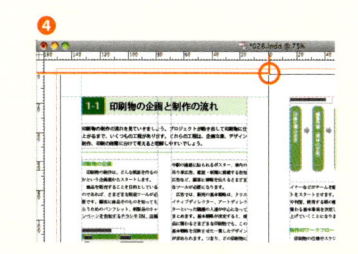

STEP 02

定規の原点は、任意の場所に移動することができます。水平・垂直の定規が交差する四角形内にカーソルを合わせ、ドキュメント上をドラッグすることで❺、任意の場所に原点を移動することができます❻。原点の移動は、原点が［スプレッド単位］あるいは［ページ単位］に設定されている場合に限られます。

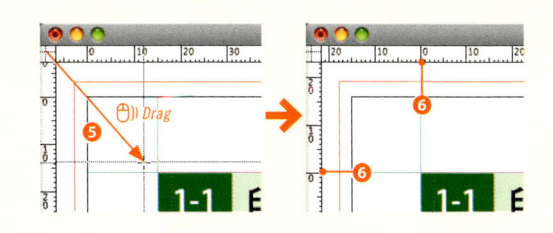

STEP 03

移動した原点をデフォルトの位置に戻したい場合は、水平定規と垂直定規の交点をダブルクリックします❼。

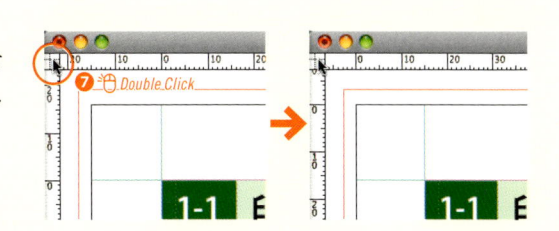

031 定規ガイドを引く・移動する

定規の上からドラッグすると、水平・垂直のガイドを引くことができます。ガイドの位置は［変形］パネルで、正確な位置を指定することができます。

STEP 01

水平定規、垂直定規の上にカーソルを置き、そのままドキュメント内にドラッグすると、任意の位置にガイドを引くことができます❶。マウスボタンをペーストボード上で放すと、ペーストボード上も含めてガイドを引くことができます❷。

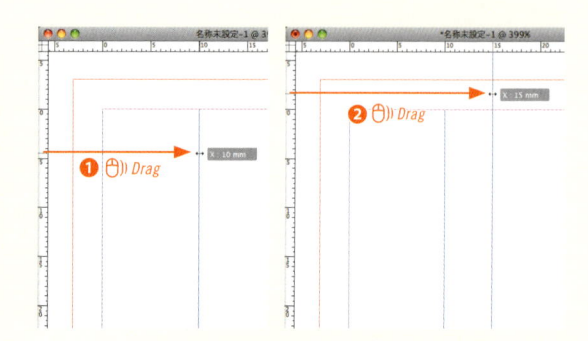

STEP 02

［選択］ツール でガイドを選択して、［コントロール］パネルや［変形］パネルに定規の原点からの距離の数値を入力すると、正確な位置にガイドを設定できます❸❹。

MEMO
ガイドを選択するためには、［表示］メニューから［グリッドとガイド］→［ガイドのロック］のチェックをはずしておきます。

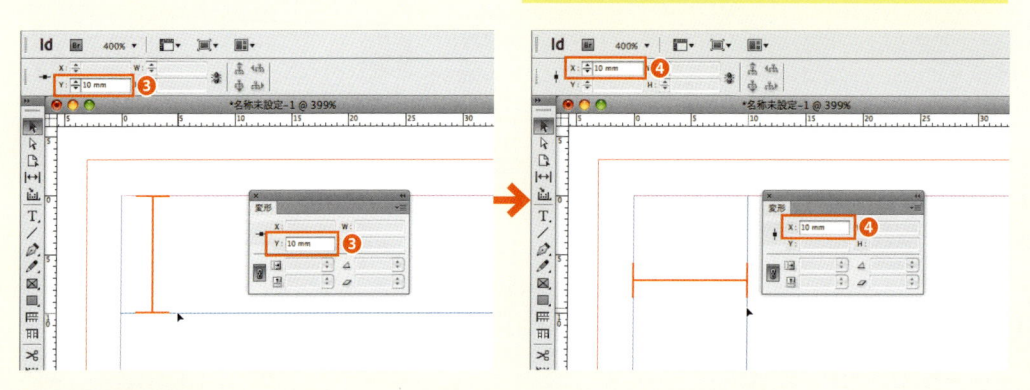

STEP 03

［レイアウト］メニューの［ガイドを作成］コマンドで、等間隔のガイドを作成することができます。［レイアウト］メニューから［ガイドを作成］で表示される［ガイドを作成］ダイアログに、作成したいガイドの行（天地方向）や列（左右方向）の数と行間、列間の間隔を入力します❺。また、［ガイドの適用］の範囲として［マージン］あるいは［ページ］を選ぶこともできます❻。

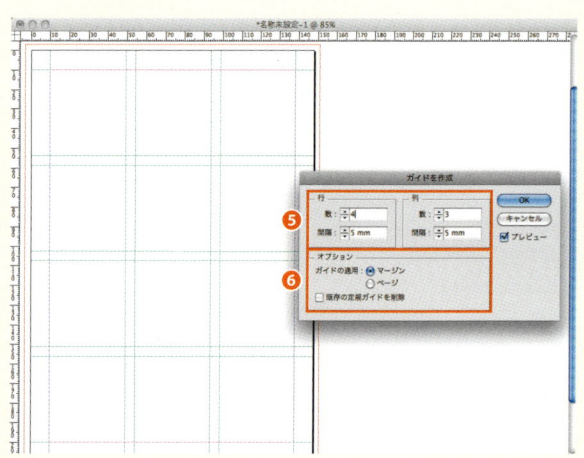

---

032 ガイドを非表示にする・ロック解除する・削除する・移動する
033 定規ガイドの色を変更する

032 ガイドを非表示にする・ロック解除する・削除する・移動する

定規ガイド・段組ガイドの表示／非表示の切り替えや、ロック／ロック解除の切り替え、削除、移動などの方法を紹介します。

STEP 01

レイアウト作業中に、定規ガイド・段組ガイドを非表示にしたい場合があります。これらのガイドを非表示にするには、[表示] メニューから [グリッドとガイド] → [ガイドを隠す] を選択します❶。ガイドが隠れてアイテムだけの表示になります。

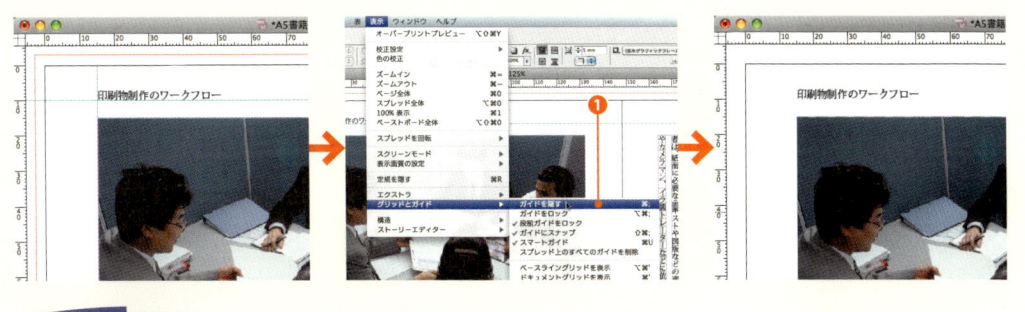

STEP 02

定規ガイドを移動したい場合は、[表示] メニューから [グリッドとガイド] → [ガイドのロック] を選択し、[ガイドのロック] コマンドについているチェックをはずします❷。[選択] ツールでガイドを選択し、任意の位置（水平ガイドは垂直方向、垂直ガイドは水平方向）に移動することができます。[選択] ツールでガイドを選択し、Delete キーを押せばガイドが削除されます。CS4 以降では、ガイドを一括して削除することができます。定規の上で Control キー＋クリック（右クリック）でメニューを表示させ、[スプレッド上のすべてのガイドを削除] を選択すると❸、現在のスプレッドまたはマスターページで選択可能なすべてのガイドを消去できます。

STEP 03

段組ガイドを移動したい場合は、[表示] メニューから [グリッドとガイド] → [段組ガイドをロック] を選択し、[段組ガイドをロック] コマンドについているチェックをはずします。[選択] ツールで段組ガイドを選択し、任意の位置（横組みの場合は水平方向、縦組みの場合は垂直方向）にドラッグして移動することができます❹。

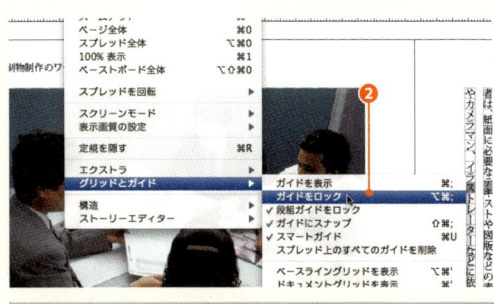

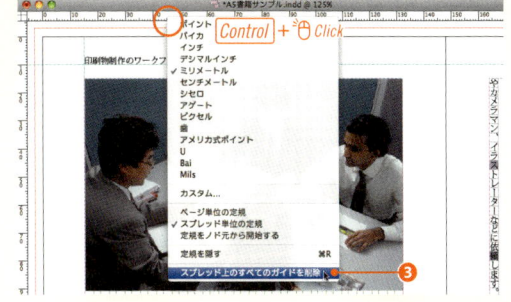

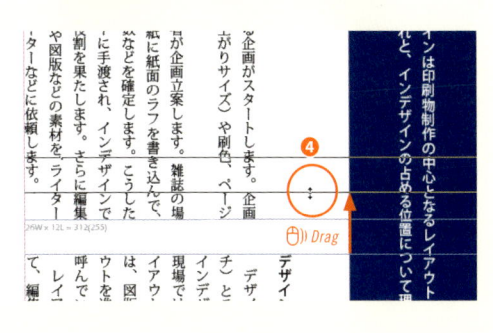

033 定規ガイドの色を変更する

定規ガイドは位置合わせなどに便利ですが、ガイドが多くなると混乱することがあります。種類別にガイドを色分けすると作業効率が良くなります。

STEP 01

既存の定規ガイドの色を変えたい場合は、［表示］メニューから［グリッドとガイド］→［ガイドのロック］のチェックをはずします。［選択］ツールで色を変えたいガイドを選択します。複数のガイドを選択する場合は、マウスで複数のガイドをドラッグして選択します❶。ひとつずつ選択を追加（あるいは解除）する場合は、Shiftキーを押しながら選択していきます。

STEP 02

［レイアウト］メニューから［定規ガイド］を選択します。［定規ガイド］ダイアログの［カラー］ポップアップメニューから好みの色を選択して［OK］ボタンをクリックすると、ガイドの色が変更されます。

> **MEMO**
> 新たに作成する定規ガイドのカラーを指定するには、あらかじめ［レイアウト］メニューから［定規ガイド］でガイドのカラーを選択しておきます。

STEP 03

種々のガイドやグリッドの色を変えたい場合は、［InDesign］（Windowsでは［編集］）メニューから［環境設定］を選択し、［グリッド］［ガイドとペーストボード］［文字枠グリッド］の項目で色の変更をします❷。色を変更できるのは、［ドキュメントグリッド］［ベースライングリッド］［マージン］［段数］［裁ち落とし］「印刷可能領域］［レイアウトグリッド］のガイドやグリッドです。

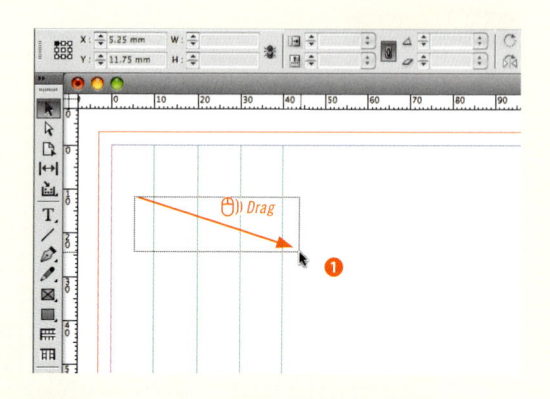

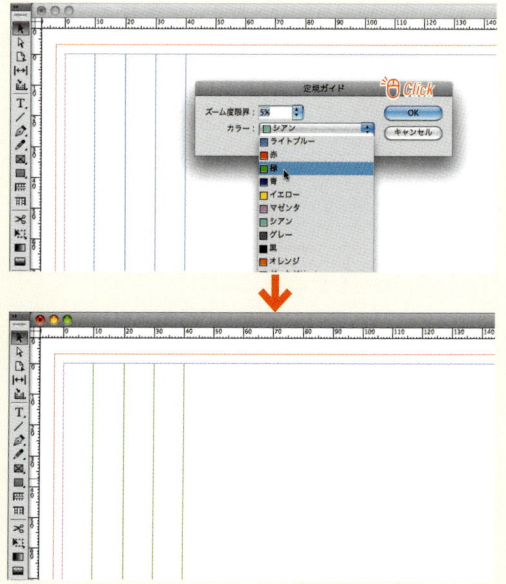

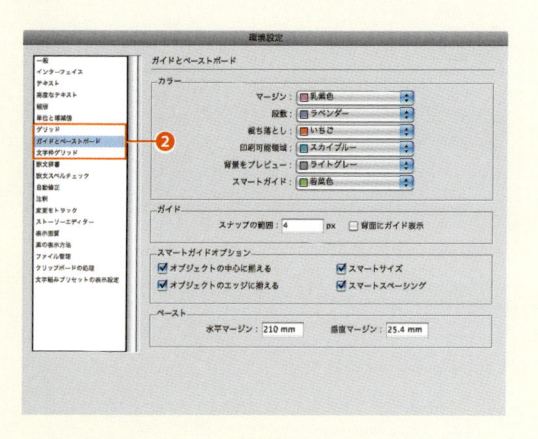

---

014 裁ち落とし領域、印刷可能領域、ガイド類の表示色を設定する
031 定規ガイドを引く・移動する

034 アイテムをガイドやグリッドにスナップさせる

オブジェクトをガイドやグリッドに沿って配置する場合には、スナップ機能を使うことで正確に配置することができます。

STEP 01

オブジェクトをガイドやグリッドにスナップさせるためには、[表示] メニューから [グリッドとガイド] → [ガイドにスナップ] ❶、[グリッドにスナップ] ❷、[レイアウトグリッドにスナップ] ❸ を選択します。

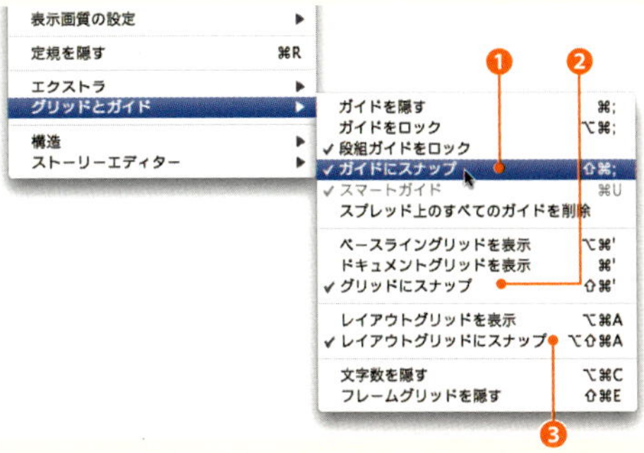

MEMO
[表示] メニューから [グリッドとガイド] → [グリッドにスナップ] は、オブジェクトを、ドキュメントグリッド（ペーストボード全体に配されている格子状のグリッド）へスナップする場合に選択します。

STEP 02

[ガイドにスナップ] をオンにすると、オブジェクトが定規ガイドに近づいた時に、ガイドにスナップ（吸着）するようになります。スナップは、オブジェクトの四辺や中央の位置で有効になります。

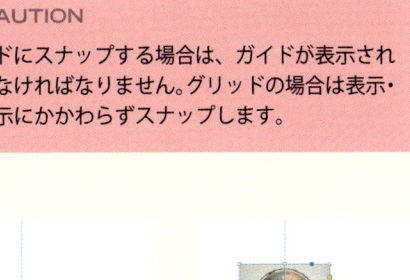

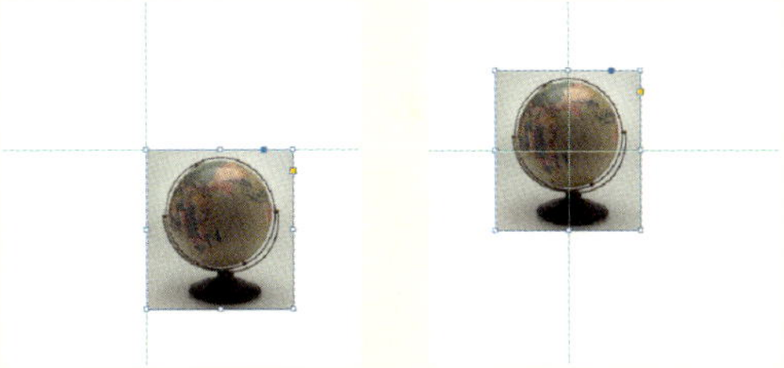

MEMO
作例では画像を配置したグラフィックフレームを用いましたが、画像がないグラフィックフレームでもスナップします。

STEP 03

「レイアウトグリッドへのスナップ」では、レイアウトグリッドの升目の9箇所の位置でオブジェクトの位置をスナップさせることができます❹。通常のドラッグ操作では、オブジェクトの角がレイアウトグリッドの升目の四隅へスナップします❺。さらに、オブジェクトを ⌘（Ctrl）キーを押しながらドラッグすることで、升目の四隅、四辺の中央、升目の中心にもスナップさせることができます❻。

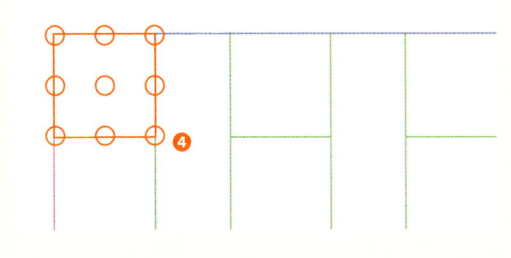

CAUTION
ガイドにスナップする場合は、ガイドが表示されていなければなりません。グリッドの場合は表示・非表示にかかわらずスナップします。

図版類がガイドにぴったりと沿って配置された状態

035 グリッドやフレーム枠を非表示にする

レイアウトグリッド、フレームグリッド、フレーム枠を非表示にする方法を紹介します。

STEP 01

通常のレイアウト画面は、レイアウトグリッドの上にテキストフレームやグラフィックフレームが乗った状態で表示されます。テキストフレームがフレームグリッドの場合は、グリッド枠も表示されます。

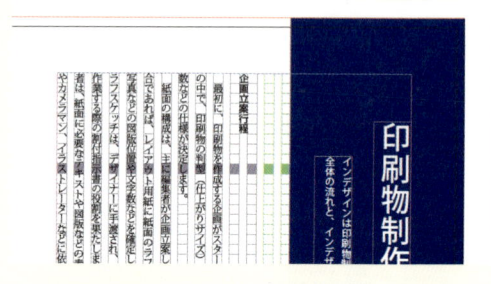

STEP 02

［表示］メニューから［グリッドとガイド］→［フレームグリッドを隠す］を選択すると❶、フレームグリッドのグリッド枠が非表示になります❷。同様に［表示］→［グリッドとガイド］→［レイアウトグリッドを隠す］を選択すると❸、レイアウトグリッドが非表示になります❹。非表示にしたグリッドやフレーム枠は、［表示］メニュー内のそれぞれ［〜を表示］を選択することにより表示した状態に戻すことができます。

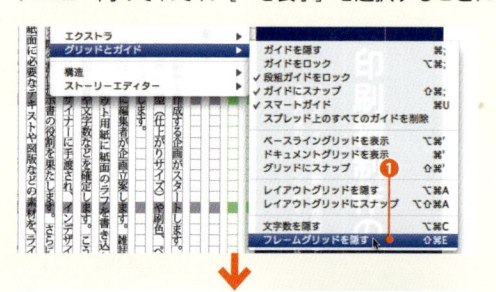

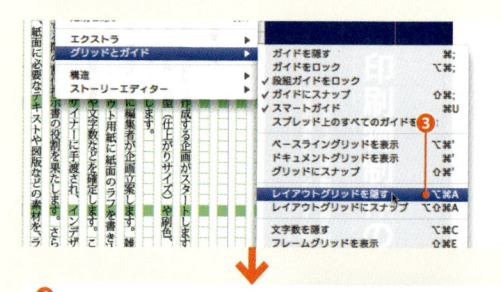

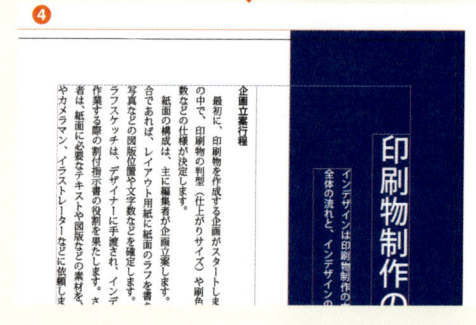

STEP 03

フレーム枠を非表示にするには、［表示］メニューから［エクストラ］→［フレーム枠を隠す］を選択します❺。

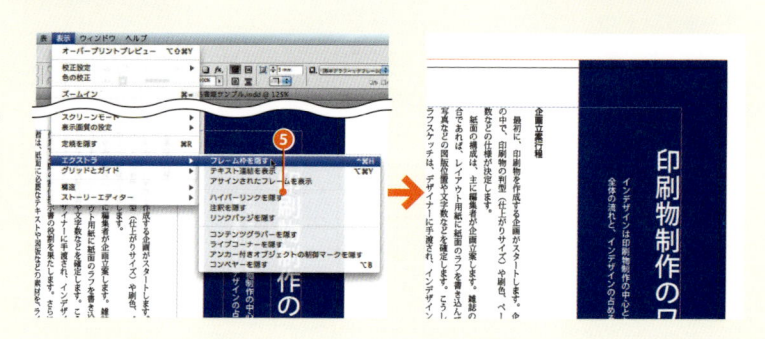

036 ベースライングリッドを表示する

本文テキストのベースラインをページ全体に表示させて、本文テキストをベースライングリッドに揃えることができます。

STEP 01

[表示] メニューから [グリッドとガイド] → [ベースライングリッドを表示] を選ぶと、ページ全体に水平線のグリッドが表示されます❶。このグリッドを本文テキストのベースラインに揃えることができます。

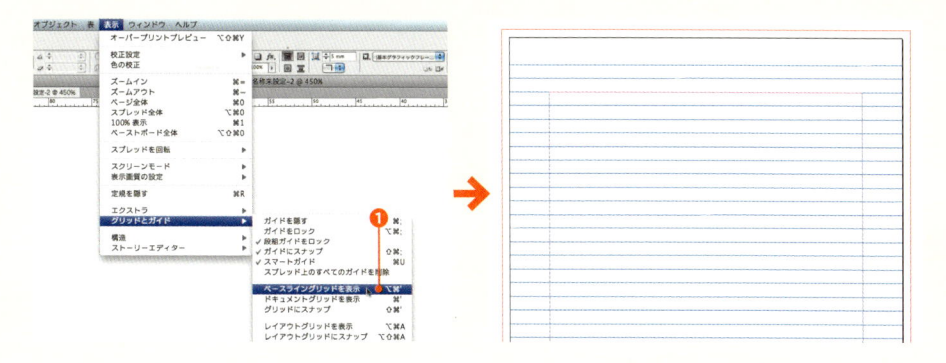

STEP 02

ベースライングリッドの開始位置やグリッドの間隔を変更するには、[InDesign]（Windowsでは[編集]）メニューから [環境設定] → [グリッド] を選び、[開始]❷の入力ボックスに開始位置、[グリッドの間隔]❸に本文の行送りに設定したい値を入力します。単位は「H」以外に「mm」や「Q」で指定することもできます。

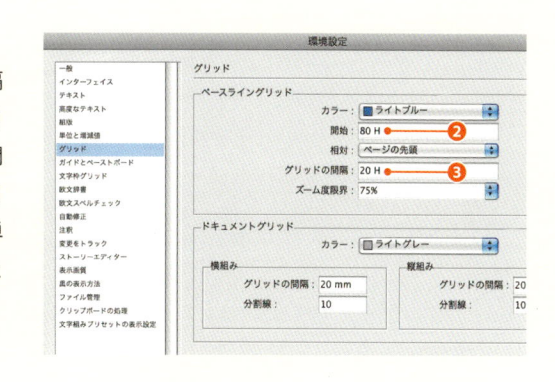

STEP 03

本文テキストをベースライングリッドに揃えるには、本文テキストを選択し、[段落] パネルのメニューから [グリッド揃え] → [欧文ベースライン] を選びます。この操作では、テキストに設定された行送りの値よりも、ベースライングリッドの間隔が優先され、本文テキストがベースラインに揃うようになります。

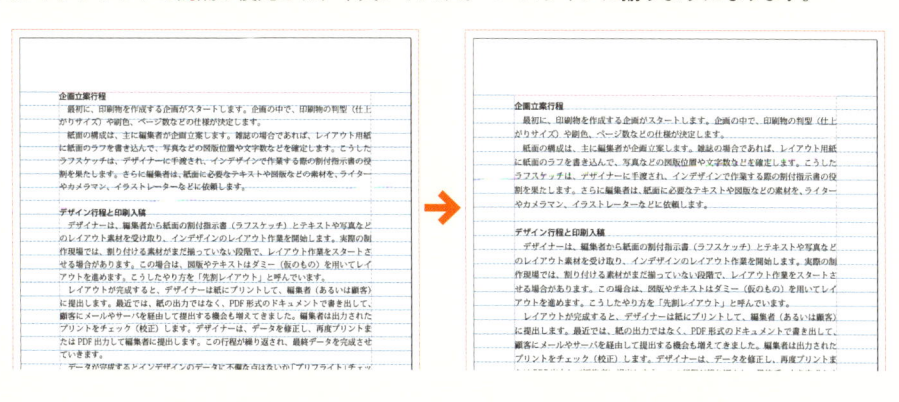

035 グリッドやフレーム枠を非表示にする

037 組版・レイアウトに使う単位を変更する

InDesignでは組版やレイアウトに使用する単位が数種類用意されていますので、扱いやすいものに変えることができます。

STEP 01

デフォルトでは、定規をはじめ長さの単位は「ミリメートル（mm）」❶、文字の大きさの単位は「級（Q）」、行送りなどを表す単位は「歯（H）」に設定されています❷。

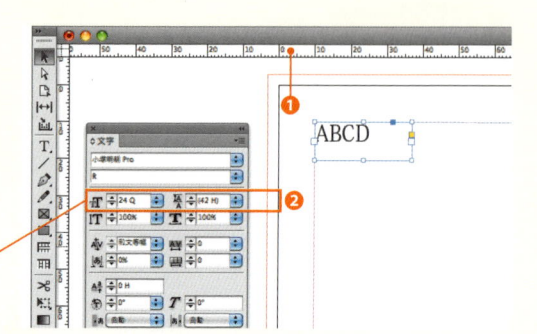

STEP 02

単位を変更したい場合は、［InDesign］（Windowsでは［編集］）メニューから［環境設定］→［単位と増減値］を選択します。［環境設定］ダイアログにある［定規の単位］や［他の単位］の項のポップアップメニューの中から、使いたい単位を選択し、［OK］ボタンをクリックします。

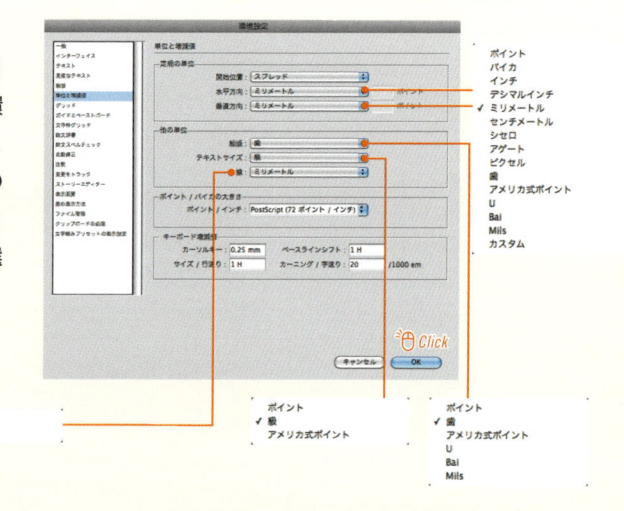

STEP 03

下図では、単位をすべて「ポイント」に変更しました。定規や［文字］パネルが変更した単位になっています。

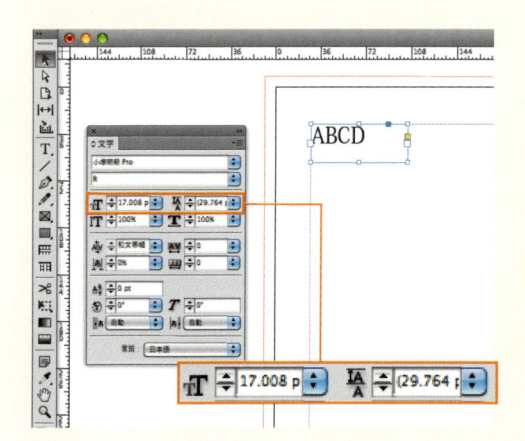

MEMO

使う単位を一時的に変更したい場合は、パネルの入力フィールドに数値を入力した後、続けて次のような単位記号を入力します。

級：q　歯：h　インチ：i、in、inch、"
ミリメートル：mm　　パイカ：p
ポイント：p〈数値〉、〈数値〉pt
アメリカ式ポイント：ap　　シセロ：c
パイカとポイント：〈パイカ数〉p〈ポイント数〉

011 テキストスペースを算出する

038 図版類の表示画質を変更する

写真やイラストなどの図版類の表示画質を変えることができます。高速描画を優先するか、見え方の品質を優先するかで3種類の画質を選択します。

STEP 01

配置された写真やイラストなどの図版類は3種類の画質で表示することができます。表示画質を切り替えるには、[表示] メニューから [表示画質の設定] を選び、サブメニューから [高速表示] [一般表示] [高品質表示] のいずれかを選択します❶。

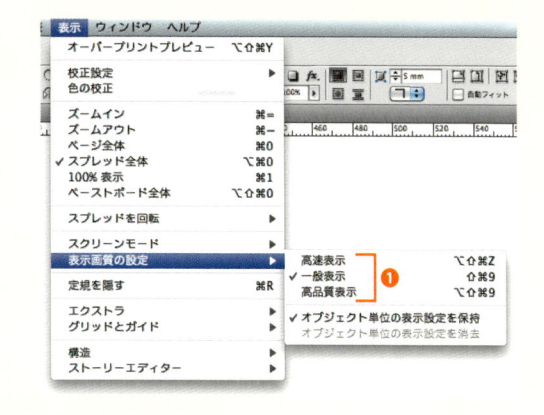

STEP 02

3種類の表示の切り替えによって、画像は以下のような見え方になります。

高速表示：図版のスペースをグレーのボックス状態で表示します。図版のスペースであることがわかります。
一般表示：図版を低解像度で表示します。図版の大まかな形状は判別できます。
高品質表示：図版を高解像度で表示します。描画速度は遅くなりますが、図版を微調整したい場合には有用です。

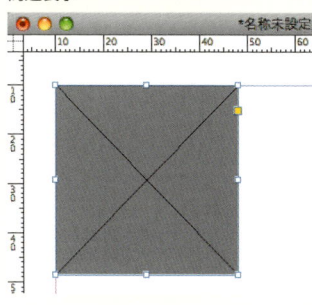

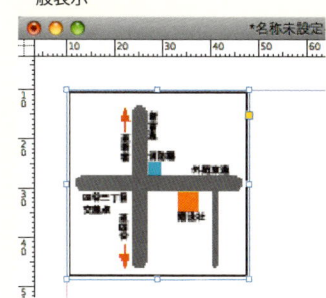

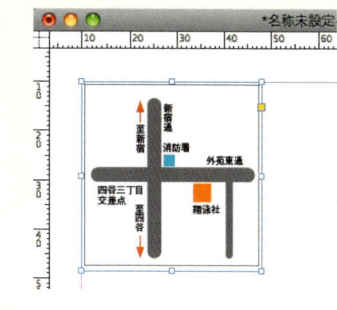

STEP 03

デフォルトの表示画質を設定するには、[InDesign]（Windowsでは [編集]）メニューから [環境設定] → [表示画質] を選択します。ダイアログで [デフォルト表示] ポップアップメニューから希望の画質を選択します❷。さらに [表示設定を調整] フィールドで画質を微調整します❸。[文字のグリーキング] は、設定したサイズ以下の文字をグレーで表示します。

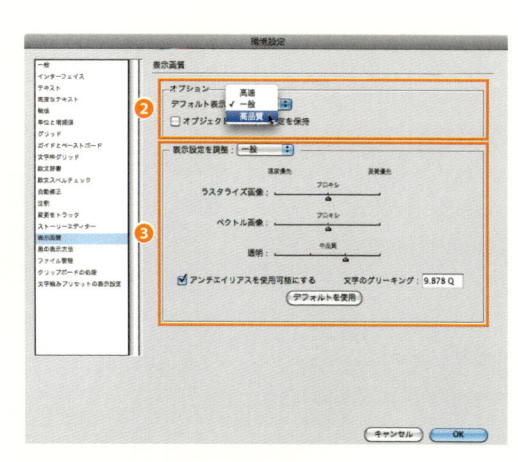

039 スプレッドビューを回転する

デザイン作業の中で、ページの方向を回転させて作業したい時は、［スプレッドビューを回転］を選び、特定のスプレッドを回転させて画面表示できます。

STEP 01

見開きページのドキュメントを作成します。この見開きページの表示を回転させてみましょう。ページパネルで回転したい見開きページを選択し、ページパネルメニューから［ページ属性］→［スプレッドビューを回転］を選びます❶。回転角度として［90°（時計回り）］［90°（反時計回り）］［180°］が選べます。

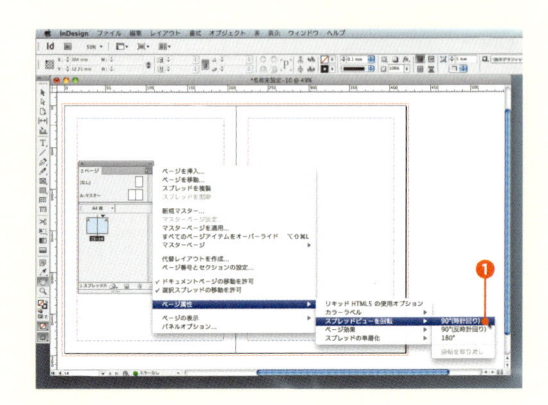

STEP 02

［90°（時計回り）］を選び、スプレッドビューを回転させました。画面表示が右図のように 90°回転した状態で表示されます。スプレッドビューが回転しているときは、ページパネルでは、ページアイコンの隣に のマークが表示されます❷。

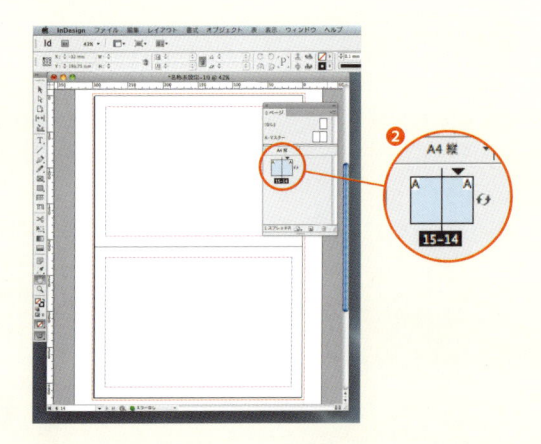

STEP 03

画面表示を回転させたまま、デザイン作業を行うことができます。元に戻したいときは、再びページパネルメニューから［ページ属性］→［スプレッドビューを回転］を選び、元に戻すための回転角度を選びます。

---

009 マージン・段組による新規ドキュメントを作成する
061 新規ページを挿入する

040 キーボードショートカットを カスタマイズする

キーボードショートカットをカスタマイズすることで、コマンドにショートカットを新たに割り当てたり、使いやすいキーに変更できます。

STEP 01

[オブジェクト] メニューの [オブジェクトサイズの調整] → [内容を中央に揃える] に新しいキーボードショートカットを割り当ててみましょう。[編集] メニューから [キーボードショートカット] を選択します❶。[キーボードショートカット] ダイアログが表示されるので、[新規セット] ボタンをクリックして❷、セット名を入力します❸。

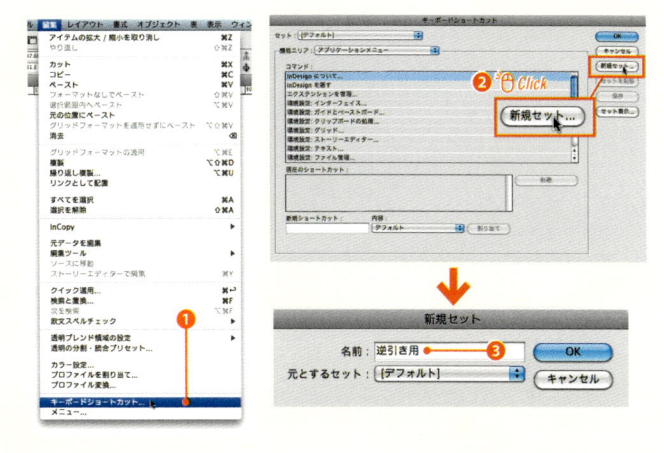

STEP 02

[機能エリア] ポップアップメニューから [オブジェクトメニュー] を選択します❹。[オブジェクトサイズの調整：内容を中央に揃える] のコマンドを選択すると、[現在のショートカット] が表示されます❺。[新規ショートカット] のフィールドに任意のショートカットを入力し (ここでは Option + ⌘ + F5 キー) ❻、[割り当て] ボタンをクリックします❼。[現在のショートカット] フィールドに新しいショートカットが追加されたことを確認し、[OK] ボタンをクリックします。これで新しいショートカットが使えるようになりました❽。

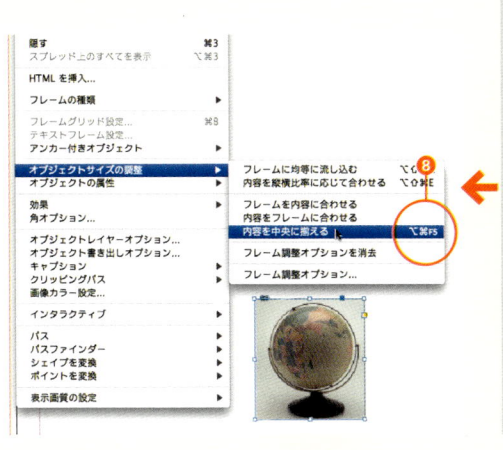

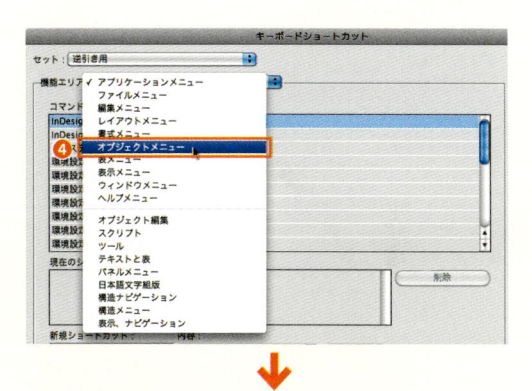

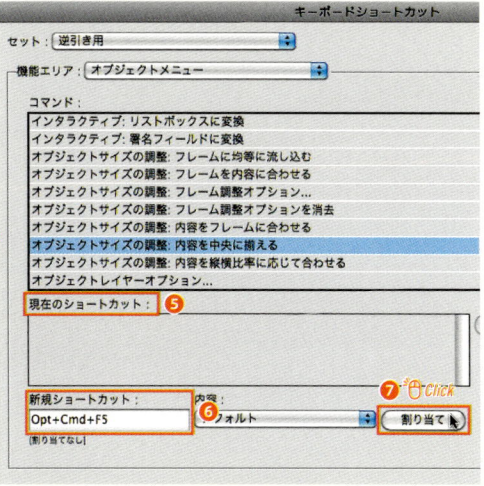

041 InDesign ヘルプを活用する

InDesign の使い方を調べたい場合には、［InDesign ヘルプ］を参照します。ヘルプはマニュアル構成になっていますが、キーワード検索もできます。

STEP 01

マニュアル構成のヘルプを参照するには、［ヘルプ］メニューから［InDesign ヘルプ］を選択します❶。

STEP 02

Web ブラウザが立ち上がり、「InDesign ヘルプ / トピック」画面が表示されます❷。「InDesign ヘルプ」のリンクボタン❸をクリックすると「InDesign & InCopy ヘルプ」画面が表示されます❹。これらはマニュアル構成のヘルプです。目次項目を探して目的の情報ページを表示します。

STEP 03

キーワードで検索してヘルプ情報を参照するには、アプリケーションバー右側にあるヘルプ検索ボックスにキーワードを入力し、Return（Enter）キーを押します❺。

STEP 04

Web ブラウザが立ち上がり、「Community Help」画面が表示されます❻。「Adobe.com」「サポート」のリンクボタン❼をクリックすると、「Adobe.com を検索」❽、「サポートを検索」❾の画面に切り替えることができます。

第3章
マスターページとドキュメントページの操作

InDesign CS6
DESIGN REFERENCE
PLUS

042 ページパネルを効率的に活用する

［ページ］パネルでは、ページの作成や追加、マスターページの作成など、ページを管理する作業を行います。

STEP 01

［ページ］パネルは［ウィンドウ］メニューから［ページ］を選択すると表示されます。［ページ］パネルはデフォルトでは、上段にマスターページアイコンが表示され（マスターページセクション）❶、下段にページアイコンが表示されます（ページセクション）❷。

STEP 02

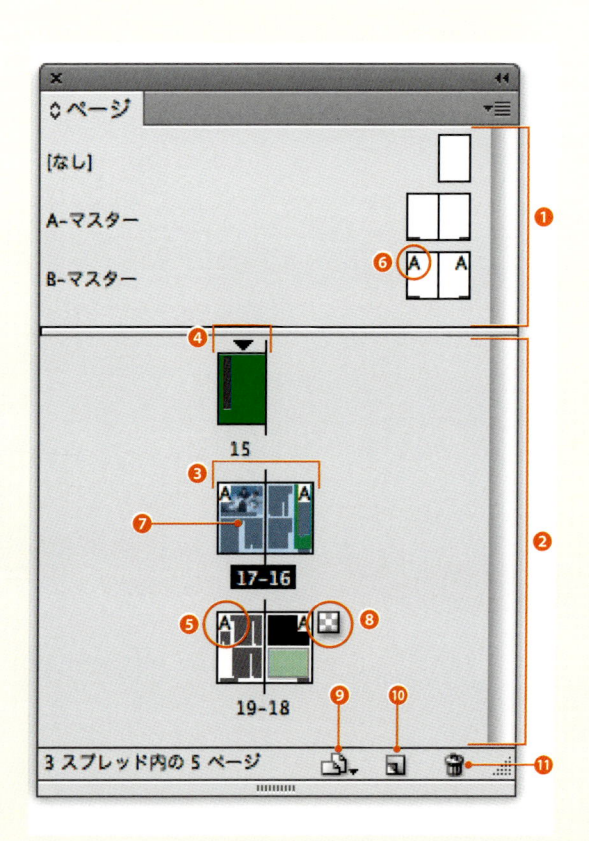

ページアイコンはスプレッド（見開き）❸、もしくは単ページ❹で表示され、ページのレイアウトの概要がサムネイル表示されます。また、ページアイコンの右上・左上には、適用されているマスターページのプレフィックス名（「A」「B」など）が記されています❺。マスターページアイコンの右上・左上に「A」などの記号が記されている場合は、そのマスターページがほかのマスターページを元にして作られた「子マスター」であることを示します❻。水色でハイライト表示されているページアイコンは、現在選択されているページを示します❼。透明効果が設定されているページは格子模様のアイコンが表示されます❽。

STEP 03

［ページ］パネル下部にある［ページサイズを編集］ボタンは、異なるページサイズを素早く適用します❾。［ページを挿入］ボタンは、マスターページの複製や、ページを挿入する場合に使います❿。［選択されたページを削除］ボタンは、マスターページやページの削除の際に使用します⓫。

> **MEMO**
> ページアイコンは、ドキュメントが右綴じ（縦組み）か左綴じ（横組み）かによって左右の並びの方向が変わります。

043 ページパネルの表示を変更する
044 表示されているページを切り替える

043 ページパネルの表示を変更する

［ページ］パネルの体裁を使いやすく変更することができます。ただし、小さいアイコンにすると、アイコン上のサムネール表示は省略されます。

STEP 01

［ページ］パネルのアイコンの大きさや位置関係を変える場合は、パネルメニューから［パネルオプション］を選択します❶。

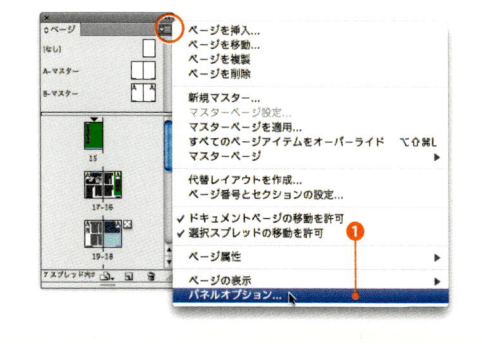

STEP 02

［パネルオプション］ダイアログが表示されるので、［ページ］［マスター］［アイコン］［パネルレイアウト］の各フィールドで、サイズや並べ方、サムネールの有無などを選択します。

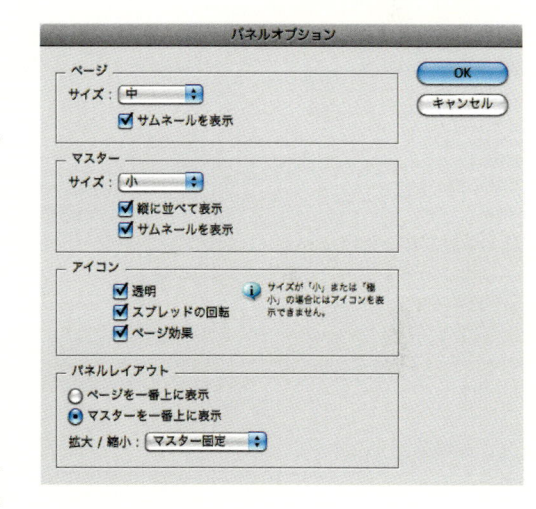

STEP 03

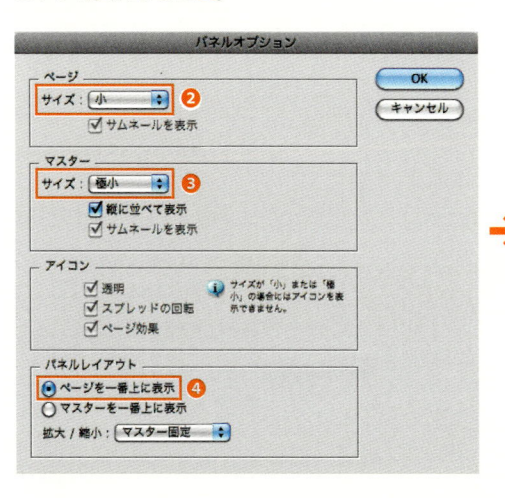

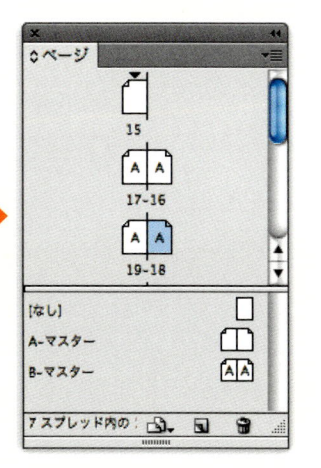

ここでは［ページ］の［サイズ］を［小］として❷、［マスター］の［サイズ］を［極小］とし❸、［パネルレイアウト］では［ページを一番上に表示］にチェックを入れました❹。

044 表示されているページを切り替える

044 表示されているページを切り替える

表示されているページやスプレッドを切り替えるには、［ページ］パネルのページアイコンをダブルクリックします。

STEP 01

表示されているページを別のページに切り替える場合は、［ページ］パネル上で表示したいページのページアイコンをダブルクリックします。目的のページのアイコンがハイライト表示になります❶。

STEP 02

別のスプレッド（見開き）を表示したい場合は、［ページ］パネル上のページ数の部分をダブルクリックします❷。目的のスプレッドがハイライト表示され、スプレッド全体が表示されます（拡大／縮小表示されている場合は、ノドが画面の中央になるように表示されます）。

STEP 03

ドキュメント枠の左下のページボックスには、現在表示されているページ数が示されますが、その左右にページ移動のための三角形のボタンが用意されています。下向きの三角形をクリックすると、ページのポップアップメニューが表示されるので❸、目的のページを選択すれば、ページを切り替えることができます。

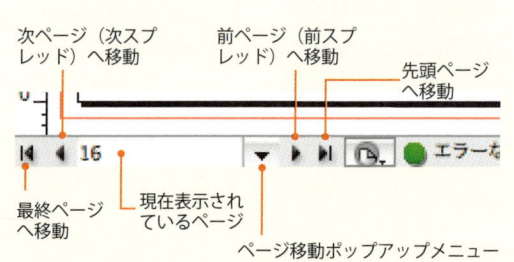

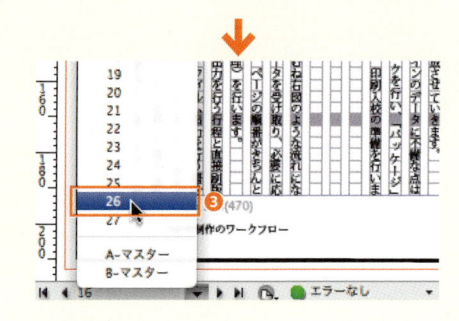

> **MEMO**
> 画面がスプレッド全体を表示している状態では、ページボックスの◀▶をクリックすると次スプレッド／前スプレッドに移動します。

043 ページパネルの表示を変更する
046 マスターページを表示する

045 マスターページの役割を知る

マスターページには、各ページに共通のアイテムを配置しておきます。マスターアイテムを変更すれば、各ページにもその変更が反映されます。

STEP 01

書籍・雑誌などのページ物の印刷物では、柱・ノンブルなど、各ページに共通の要素があります。これらをページごとに設定していては効率がよくありません。そこでInDesignでは、マスターページを設け、そこに各ページ共通のアイテムを配置しておき、個々のページには自動的にそれらが表示されるようにしています。

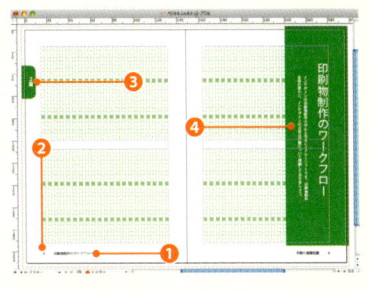

マスターページ

STEP 02

マスターページに配置しておく要素（マスターアイテム）としては、レイアウトグリッド（あるいは［マージン・段組］での設定）、柱❶、ノンブル❷、ツメ❸、共通の見出し❹、共通の罫線、グラフィックやテキストを配置するためのプレースホルダなどがあります。

マスターページが適用されていないページ

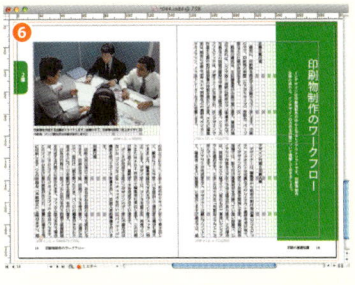

マスターページが適用されたページ

STEP 03

マスターページを適用していないドキュメント❺にマスターページを適用すると、マスターアイテムが個々のページに表示されます❻。マスターページ上でマスターアイテムを変更する❼と、個々のページでも変更が反映されます❽。

MEMO
マスターページに配置されているアイテムであっても、個々のページ上で変更することもできます（「059 ページ上でマスターページのアイテムを修正する」参照）。

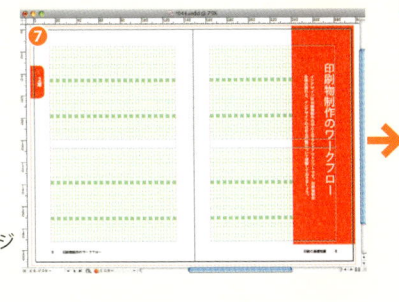

マスターページの変更

個々のページに反映

047 新しいマスターページを作成する
059 ページ上でマスターページのアイテムを修正する

046 マスターページを表示する

マスターページの修正などのためには、マスターページを表示する必要があります。マスターページの表示には、［ページ］パネルを使います。

STEP 01

表示されているページをマスターページに切り替える場合は、［ページ］パネル上で表示したいマスターページのマスターページアイコンをダブルクリックします❶。目的のマスターページアイコンがハイライト表示になります。

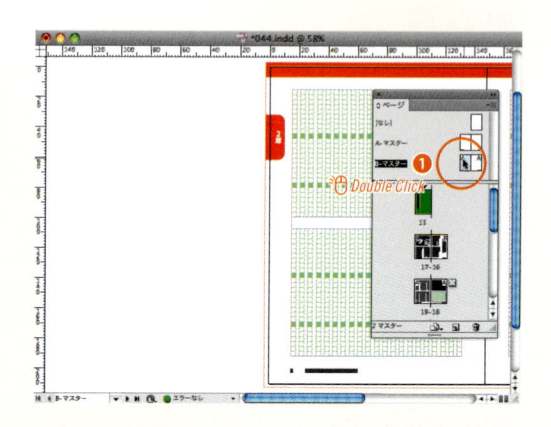

STEP 02

マスターページ名をダブルクリックしてもマスターページを表示することができます❷。この場合は、マスターページアイコンのスプレッド全体がハイライト表示になり、スプレッド全体が画面に表示されます。

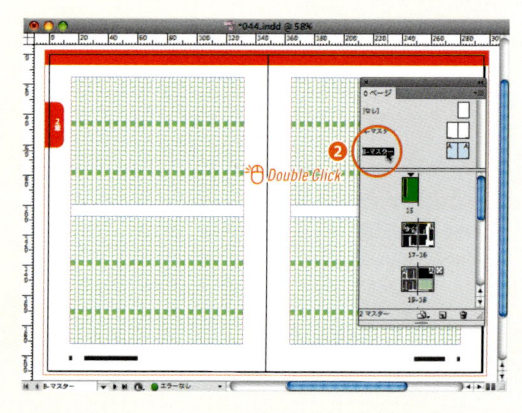

STEP 03

ドキュメント枠の左下のページボックスにある、▼ボタンをクリックすると表示されるポップアップメニューの、最下部にマスターページのリストがあります。目的のマスターページを選択すれば、マスターページに切り替えることができます❸。

STEP 04

［レイアウト］メニューの［ページへ移動］を選択、もしくは ⌘（Ctrl）+ J キーを押すと、ダイアログが表示され、ページ番号を入力することでそのページを表示できます。このとき、マスターページの「プレフィックス」（マスターページ名の頭に付ける文字）を入力することで、マスターページを表示できます❹。たとえば「A-マスター」であれば「a」を入力します。

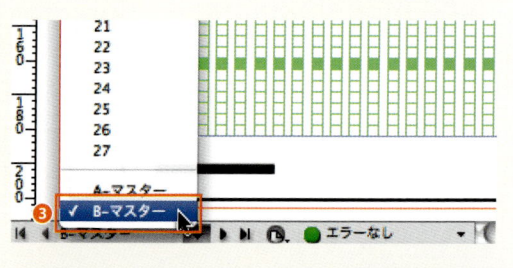

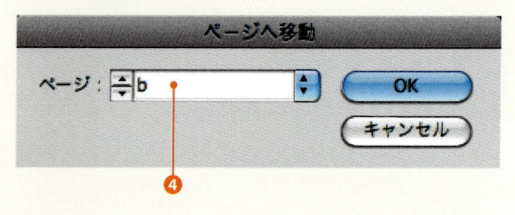

044 表示されているページを切り替える

047 新しいマスターページを作成する

マスターページは複数設定することができます。ここでは新しいマスターページの作成方法を解説します。

STEP 01

新しいマスターページを作成するには、[ページ]パネルのパネルメニューから[新規マスター]を選択します❶。

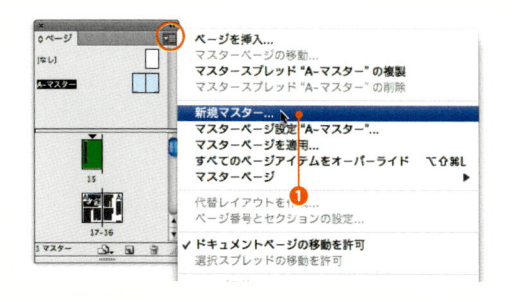

STEP 02

[新規マスター]ダイアログが表示されます。プレフィックス❷やマスターページの名前❸を入力し[OK]ボタンをクリックします。

> **MEMO**
> [プレフィックス]とは、[ページ]パネルでページアイコン上に表示される適用マスターページの識別記号です。通常は分かりやすいアルファベットや数字が使われますが、2バイト文字で4字までのプレフィックスをつけることができます。

STEP 03

[ページ]パネルに新しいマスターページアイコンが追加され❹、画面には新しいマスターページが表示されます。

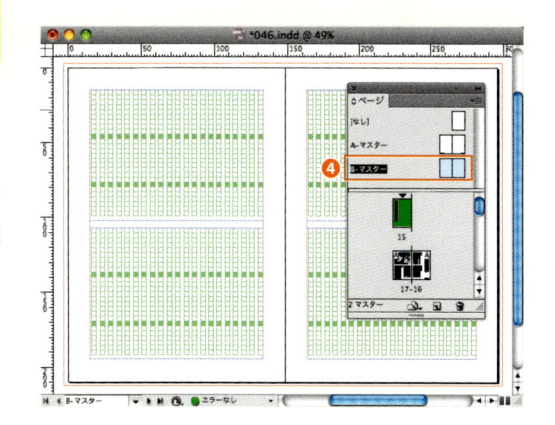

STEP 04

マスターページの名前を変更するには、[ページ]パネルで変更したいマスターページを選択し、パネルメニューから[マスターページ設定 " マスターページ名 "]を選び、あらわれるダイアログで[プレフィックス]や[名前]を変更します。

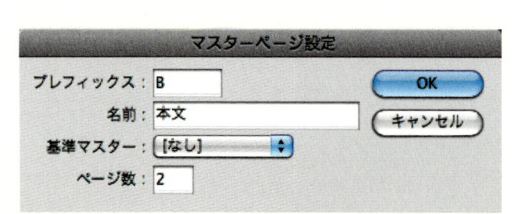

---

048 既存のマスターページを元に新しいマスターページを作成する
049 子マスターを作成する

048 既存のマスターページを元に新しいマスターページを作成する

既存のマスターページの版面設計を一部変更したマスターページを作成したい場合は、既存のマスターページを複製して作成すると便利です。

STEP 01

既存のマスターページを元にして新しいマスターページを作成するには、［ページ］パネルで元となるマスターページを選択（ハイライト表示）し❶、パネルメニューから［マスタースプレッド "（プレフィックス）-（マスターページ名）" の複製］を選択します❷。

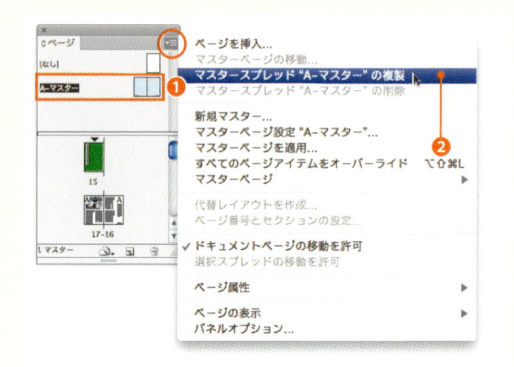

STEP 02

あるいは、［ページ］パネルで元になるマスターページを選択し、ハイライト表示されたマスターページアイコンをドラッグして、パネル下部の［ページを挿入］アイコンに重ねます❸。

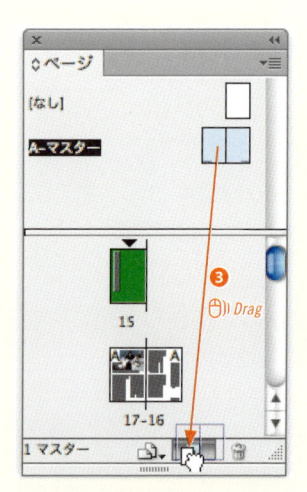

STEP 03

［ページ］パネルのマスターページセクションに、新しいマスターページアイコンが表示されます。プレフィックスとマスターページ名は自動的に「（アルファベット）-マスター」とつけられます❹。

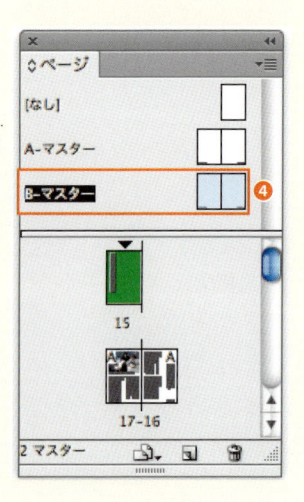

047 新しいマスターページを作成する
050 既存のページから新しいマスターページを作成する

049 子マスターを作成する

既存のマスターページ（親マスター）を基準にした別のマスターページ（子マスター）を作成することができます。

STEP 01

既存のマスターページを基準にした子マスターを作成すれば、版面などの要素が共通で、部や章によって地色などを変えたい場合などに便利です。「マスターページの複製」と違うところは、親マスターで共通要素を変更すれば、その変更が子マスターにも反映される点です。

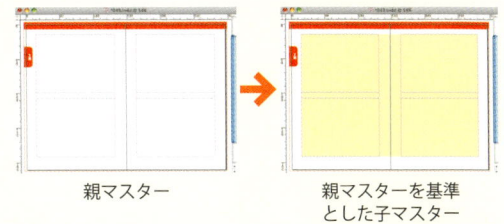

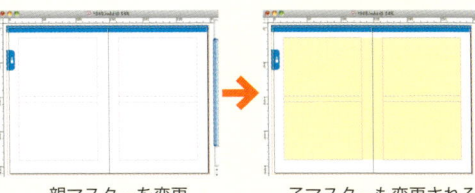

親マスター／親マスターを基準とした子マスター
親マスターを変更／子マスターも変更される

STEP 02

子マスターを作成するには、［ページ］パネルのパネルメニューから［新規マスター］を選択します❶。［新規マスター］ダイアログが表示されるので、［基準マスター］ポップアップメニューから、基準にするマスターページ名を選択し❷、［OK］ボタンをクリックします。［ページ］パネルのマスターページセクションに新しいマスターページが追加され、アイコンの上部に基準となるマスターページのプレフィックスが表示されます❸。

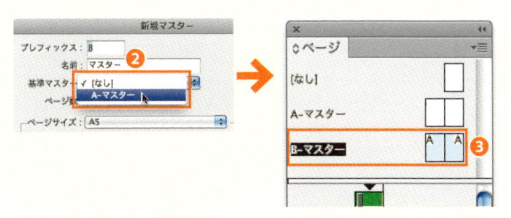

STEP 03

既存のマスターページをほかのマスターページの子マスターにしたい場合は、［ページ］パネルのマスターページセクション上で、基準になるマスターページアイコンを選択し（ハイライト表示）、適用したいほかのマスターページアイコンの上にドラッグします。スプレッドに適用する場合は、ページアイコンの四隅の位置にアイコンを重ね、適用するマスターページアイコン全体に黒枠が表示されるようにします❹。片ページに適用する場合は、適用するマスターページアイコンのみに黒枠が表示されるようにします❺。適用されたマスターページが子マスターとなり、アイコンの上部に、基準となるマスターページのプレフィックスが表示されます❻❼。

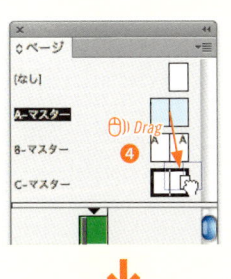

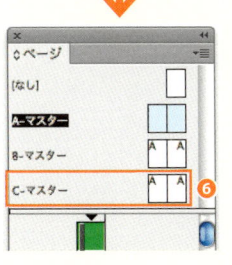

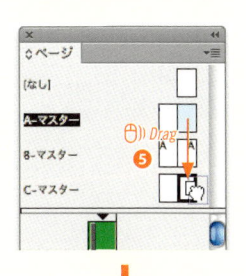

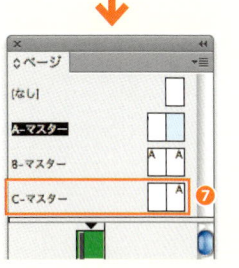

050 既存のページから新しいマスターページを作成する

既存のページを元にしてマスターページを作成することができます。[ページ]パネル上でドラッグするのみの簡単な方法もあります。

STEP 01

既存のページを元にして、マスターページを作成するには、[ページ]パネルで元にしたいページのページアイコンを選択（ハイライト表示）します❶。パネルメニューから[マスターページ]→[マスターページとして保存]を選択します❷。

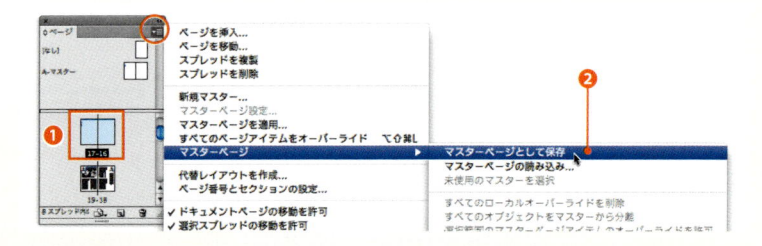

STEP 02

あるいは、選択したページアイコンを[ページ]パネルのマスターページセクションまでドラッグします❸。

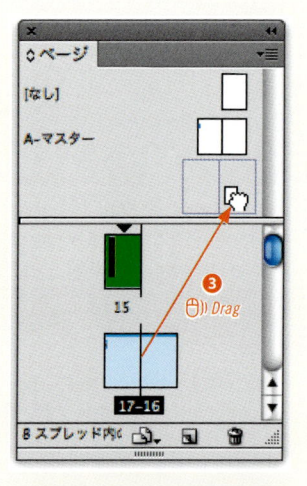

STEP 03

既存ページを元にした新しいマスターページとして追加されました❹。

> **MEMO**
> 既存のページにほかのマスターページが適用されている場合は、それを元に作られた新しいマスターページは、適用されているマスターページの子マスターになります。

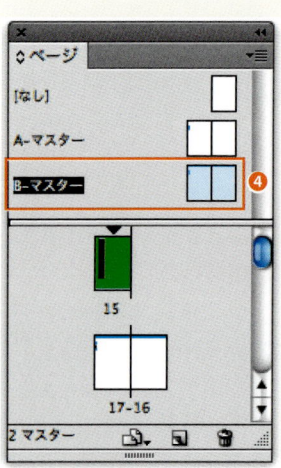

051 ほかのドキュメントのマスターページを読み込む

ほかのドキュメントで設定されているマスターページを読み込むことができます。同一のマスターページ名やページサイズの違いに注意します。

STEP 01

別のドキュメントで設定しているマスターページを読み込むためには、［ページ］パネルのパネルメニューから［マスターページ］→［マスターページの読み込み］を選択します❶。

STEP 02

マスターページを読み込みたいドキュメントを選択します❷。読み込もうとするドキュメントのマスターページに現在のマスターページ名と同じ名前がついている場合には、上書きするか、読み込むマスターページの名前を変更するかの警告が出ますので、［マスターページの置換］か［マスターページ名の変更］かを判断してクリックします❸。

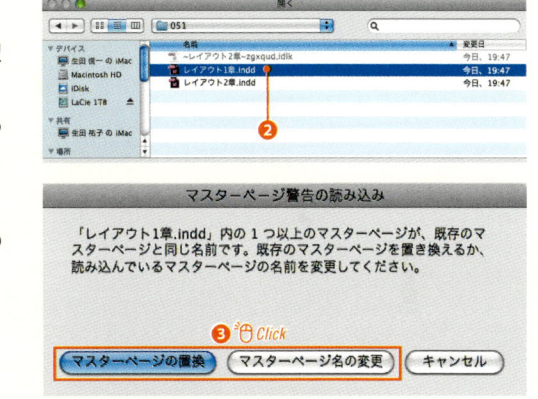

STEP 03

［ページ］パネルのマスタページセクションに、別のドキュメントで作られているマスターページが追加されました❹。

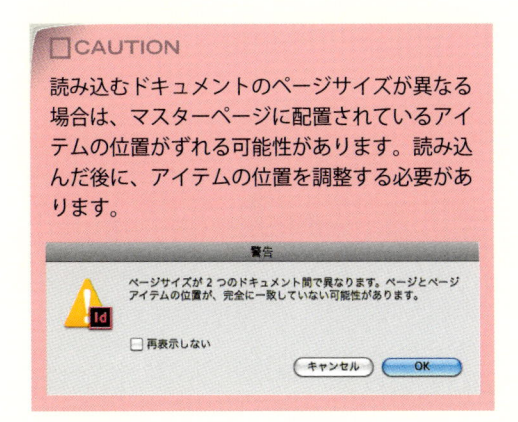

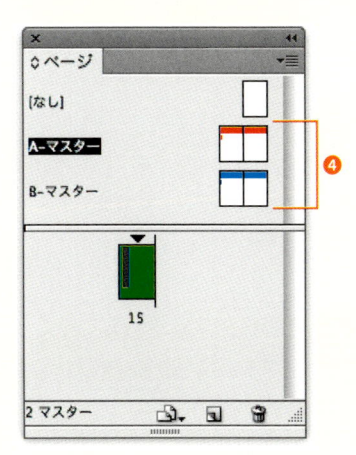

CAUTION

読み込むドキュメントのページサイズが異なる場合は、マスターページに配置されているアイテムの位置がずれる可能性があります。読み込んだ後に、アイテムの位置を調整する必要があります。

052 マスターページを変更する

マスターページは、レイアウト作業中はいつでも変更できます。ただし、マスターページの変更後は、各ページでレイアウトの調整が必要です。

STEP 01

右図のページに適用されているマスターページのアイテムを変更してみましょう。［ページ］パネルで適用されているマスターページアイコンかマスターページ名をダブルクリックして❶、マスターページを表示します❷。

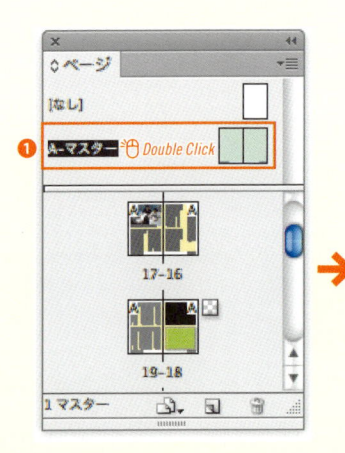

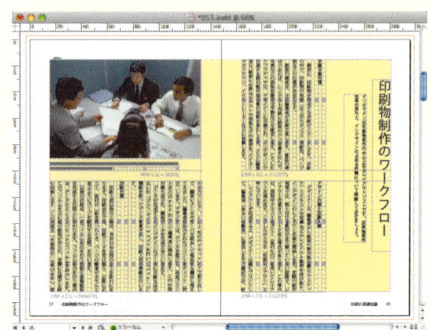

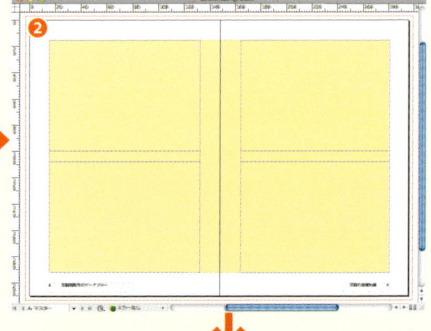

STEP 02

背景オブジェクトの大きさを変更して、さらにカラーを黄色から青色に変更しました❸。

STEP 03

［ページ］パネルで適用されているページアイコンをダブルクリックしてページを表示しました。マスターアイテムの変更が反映されているのがわかります❹。

MEMO

マスターページでテキストフレームなどをプレースホルダにして置いておき（「053 マスターページにプレースホルダを配置する」参照）、マスターページの変更時にプレースホルダの属性を変更すれば、ページでのテキストなどの体裁も自動的に変更されます。

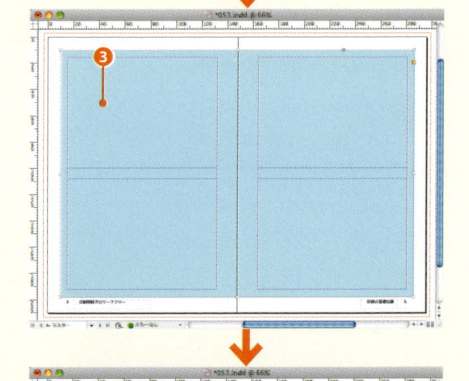

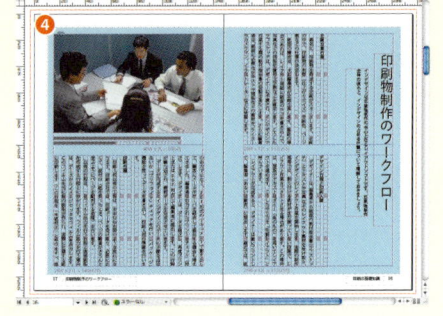

053 マスターページにプレースホルダを配置する

053 マスターページにプレースホルダを配置する

マスターページに**プレースホルダ**を配置しておくと、テキストや画像の割り付けが効率的にできます。

STEP 01

[ページ]パネルのパネルメニューから[新規マスター]を選択して、ダイアログで[ページ数]を「1」❶にした新規マスターを作成します。マスターページに空のテキストフレームや画像フレームを作成します❷。この空のフレームが「プレースホルダ」になります。

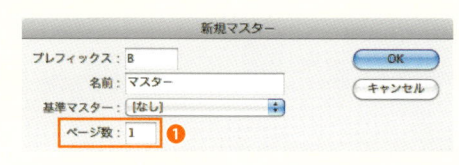

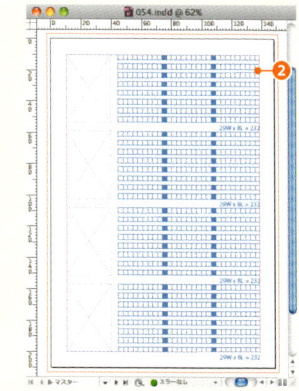

STEP 02

[ページ]パネルのページアイコンをダブルクリックして、ページを表示し、STEP-01で作成したマスターを適用させます❸（「057 ページにマスターページを適用する」参照）。[ファイル]メニューから[配置]を選択し、割り付けるテキストファイルを選択します。マウスポインタをプレースホルダ上に移動すると、括弧「( )」に囲まれたアイコンに変わります❹。クリックすると、テキストがプレースホルダ内に割り付けられます❺。

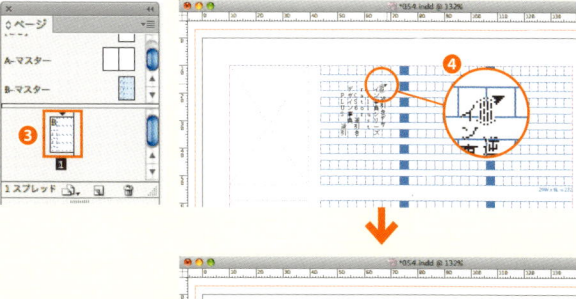

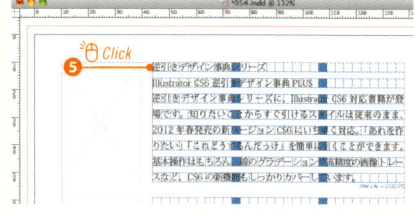

STEP 03

[ファイル]メニューから[配置]で画像ファイルを選択します。画像用のプレースホルダをクリックすることで、画像を配置できます❻。

> **MEMO**
> 複数の画像やテキストを選択して配置することもできます。詳細は「135 複数の画像やテキストを配置する」を参照ください。

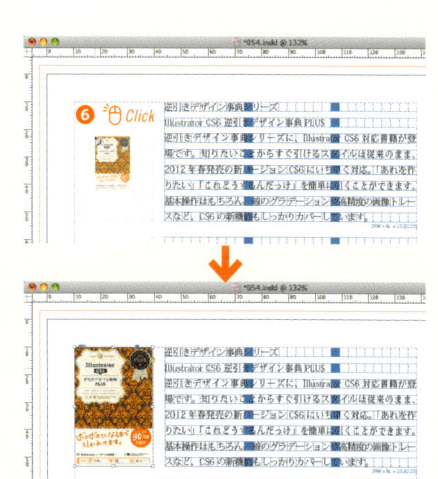

052 マスターページを変更する
133 フレームを作成して画像を配置する

054 マスターページに自動ノンブルを配置する

ページ物ではページ番号を表す**ノンブル**が入ります。ノンブルをマスターページに入れておけば、位置、サイズ、フォントなどの統一が容易です。

STEP 01

自動ノンブルは、通常、マスターページに配置します。［ページ］パネルでマスターページアイコンをダブルクリックして、マスターページを表示します。テキストフレームを作成し、［書式］メニューから［特殊文字の挿入］→［マーカー］→［現在のページ番号］を選択すると❶、マスターページ名の記号（プレフィックス）が表示されます❷。

STEP 02

［文字］パネル❸や［段落］パネルで記号に書式を設定します❹。

> **MEMO**
> ページ番号の記号を選択して、［段落］パネルの段落揃えで［ノド元から整列］をクリックすると、記号が小口側に揃います。このように設定することで、左右ページで対称になるようにノンブルを配置できます。

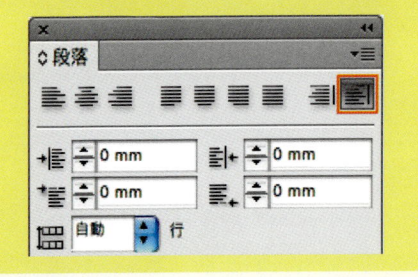

STEP 03

［ページ］パネルでページを表示させると、マスターページの記号が具体的なページ数に変更されています❺。

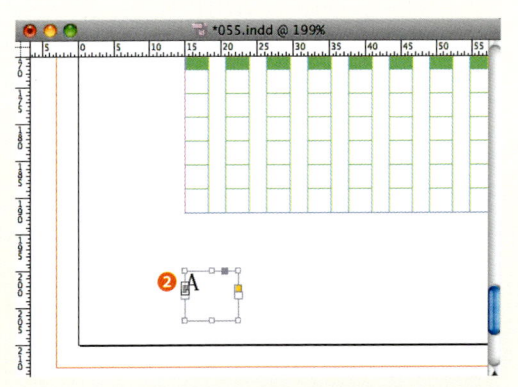

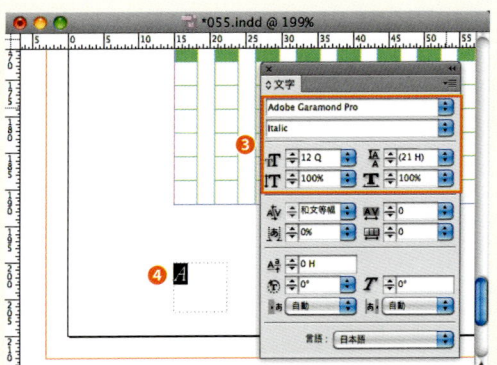

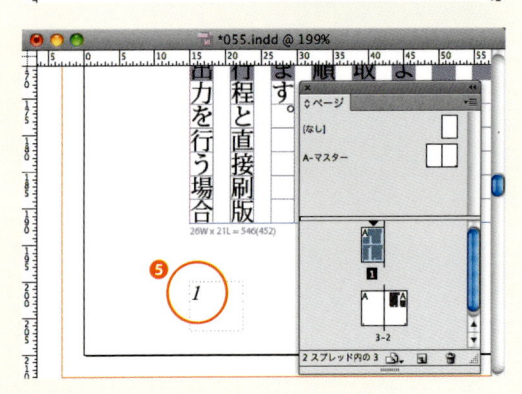

---

055 ノンブルの開始ページ番号を変更する
056 マスターページに柱を配置する

055 ノンブルの開始ページ番号を変更する

ノンブルを1から始めるのではなく、たとえば27ページから始めたい場合は、［ページ番号とセクションの設定］で変更します。

STEP 01

［ページ］パネルでページ番号を変更したいページをクリックし、［ページ］パネルのパネルメニューから［ページ番号とセクションの設定］を選択します❶。

MEMO
［ページ］パネルのページを Control ＋クリック（右クリック）して表示されるメニューから［ページ番号とセクションの設定］を選択する方法もあります。

STEP 02

ダイアログが表示されたら［ページ番号割り当てを開始］の入力欄に開始したいページ数を入力します❷。入力を終えたら［OK］ボタンをクリックします❸。

STEP 03

［現在のページ番号］（「054 マスターページに自動ノンブルを配置する」を参照）を入力したテキストフレームを表示すると、ノンブル番号が変更されたのを確認できます❹。

MEMO
［新規セクション］ダイアログの［ページ番号］にある［スタイル］欄をクリックして3桁の数字例を選択すると、ノンブルを「001」のような3桁の数字にできます。ほかにもいろいろなスタイルを選択できます。

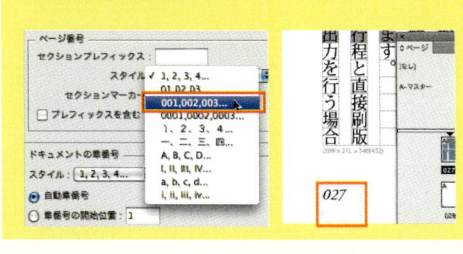

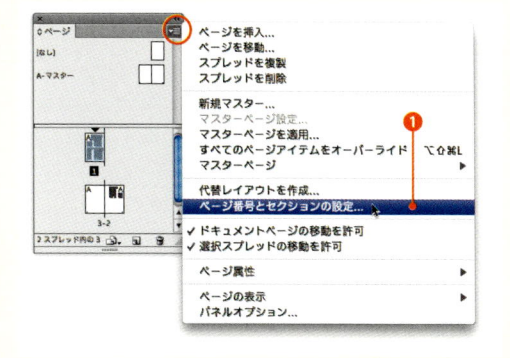

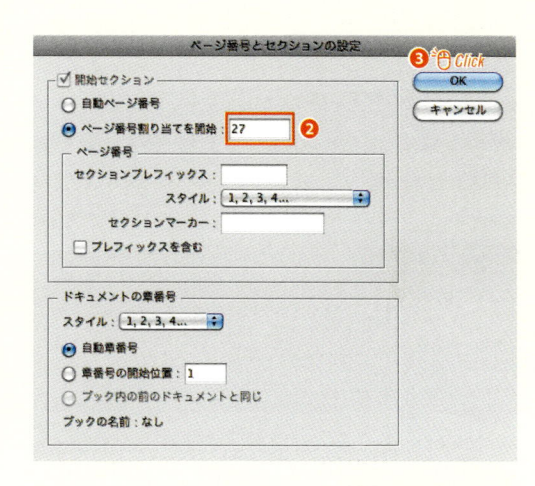

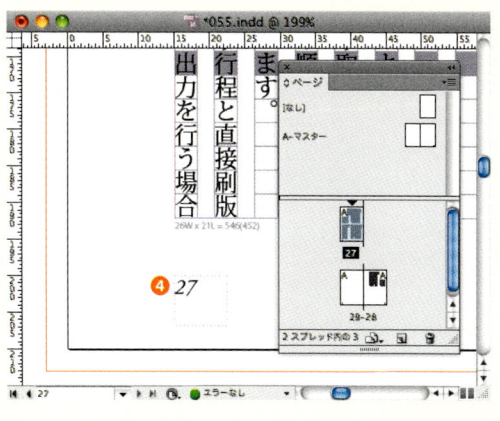

056 マスターページに柱を配置する

ページ物の紙面では**ノンブル**とともに**柱（セクションマーカー）**が入ります。柱の入れ方は、ノンブルと同様、マスターページに配置します。

STEP 01

「柱」（セクションマーカー）は、ノンブルと同様に版面の外側にある天または地の余白に入れます。［ページ］パネルでマスターページアイコンをダブルクリックしてマスターページを表示します❶。［横組み文字］ツール T で天または地の余白をドラッグし、テキストフレームを作成します❷。

STEP 02

テキストフレーム内にカーソルを置いてクリックし、［書式］メニューから［特殊文字の挿入］→［マーカー］→［セクションマーカー］を選択すると、テキストフレームに「セクション」と表示されます❸。「セクション」の文字を選択し、［文字］パネルや［段落］パネルで書式を設定します。

STEP 03

［ページ］パネルでセクションを設定する先頭ページをダブルクリックして表示し❹、パネルメニューから［ページ番号とセクションの設定］を選択します❺。

STEP 04

ダイアログが表示されたら［セクションマーカー］の入力ボックスに「柱名」（本の章名など）を入力します❻。ページに柱名が表示されます❼。

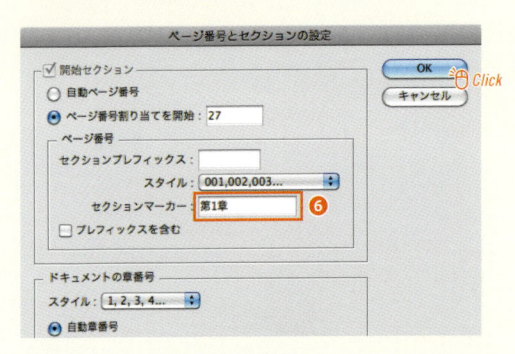

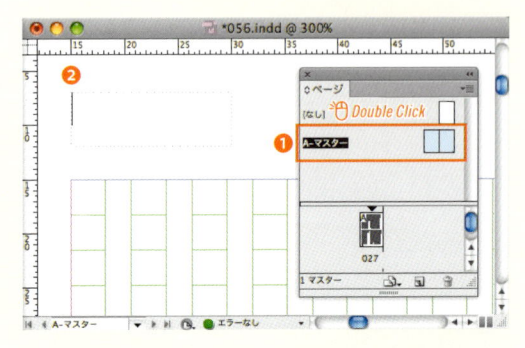

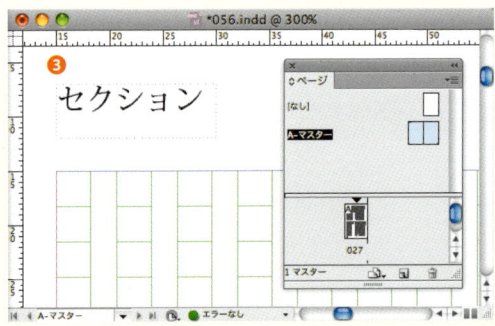

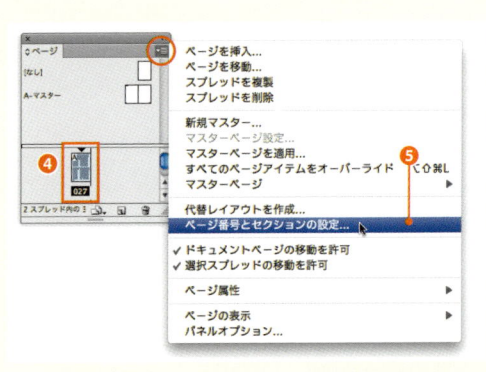

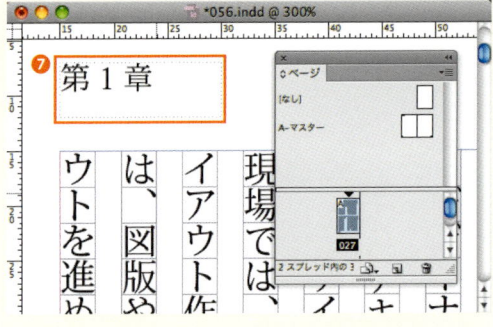

---

054 マスターページに自動ノンブルを配置する
238 テキスト変数で扉ページの題名を柱に挿入する

057 ページにマスターページを適用する

マスターページで設定したフォーマットを、各ページに適用します。マスターアイテムの適用は、[ページ]パネルを使います。

STEP 01

マスターページの設定を各ページに適用してみましょう。ここではふたつのマスターページを設定しました。これらを各ページに適用します。

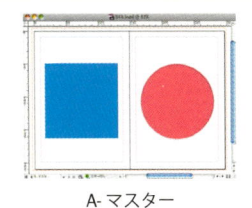

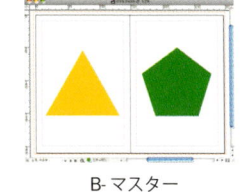

A-マスター　　　　B-マスター

STEP 02

[ページ]パネル上で、ページに適用したいマスターページアイコンをドラッグして、適用したいページに重ねます。左右いずれかのページに適用したい場合は、ページアイコンの真上にドラッグし、片ページのみ黒枠で囲まれるようにします❶。片ページのみにマスターアイテムが表示されました。ページアイコンには適用されているマスターページのプレフィックスが表示されています❷。

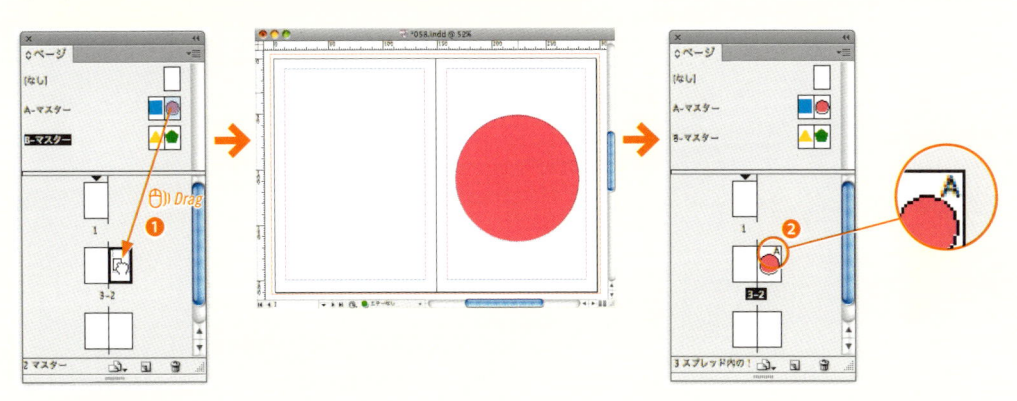

STEP 03

マスターアイテムをスプレッドに適用したい場合は、ページアイコンの四隅に向かってドラッグし、スプレッド全体が黒枠で囲まれるようにします❸。スプレッド全体にマスターアイテムが表示されました。ページアイコンには適用されているマスターページのプレフィックスが表示されています❹。

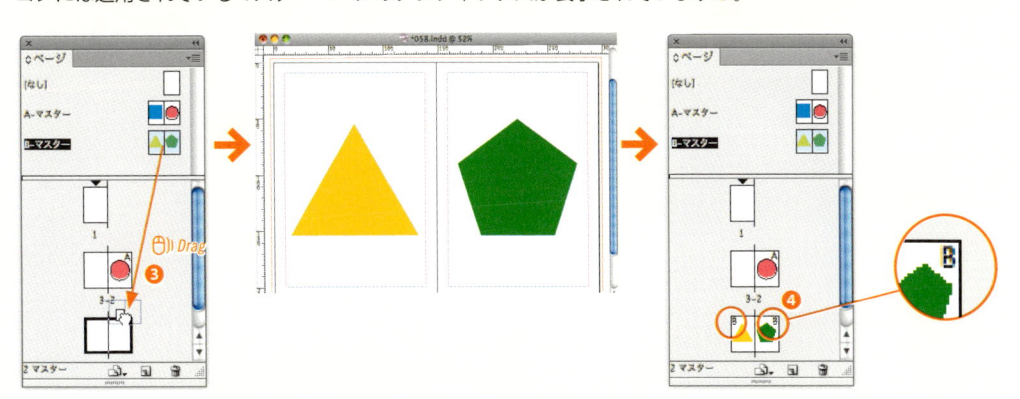

058 複数ページにマスターページを適用する

058 複数ページにマスターページを適用する

マスターページを複数のページに適用したい場合は、ひとつひとつドラッグして設定するのではなく、まとめて設定すると効率的です。

STEP 01

マスターページを複数のページに適用する場合は、[ページ] パネルのパネルメニューから [マスターページを適用] を選択します❶。

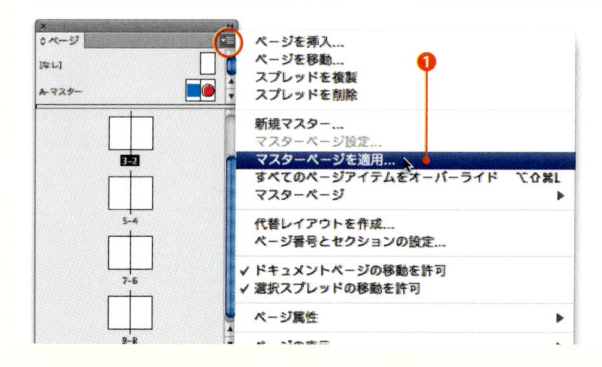

STEP 02

[マスターページを適用] ダイアログが表示されますので、[マスターページ] で適用したいマスターページを選択します❷。続いて[適用ページ]フィールドに、適用したいページを入力します❸。[適用ページ] の入力では、連続したページは「-」(ハイフン) でつなぎ❹、断続する場合には「,」(カンマ) を入れます❺。[OK]ボタンをクリックして適用します。

STEP 03

複数ページにまとめてマスターページが適用されました。[ページ] パネルのページセクションのアイコンの上部には、適用されているマスターページのプレフィックスが表示されています❻。マスターページが適用されたページのアイコンには、マスターページのサムネールが表示されます。

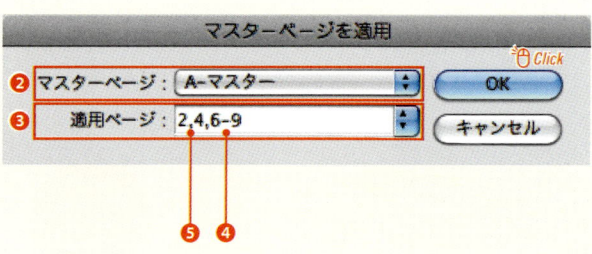

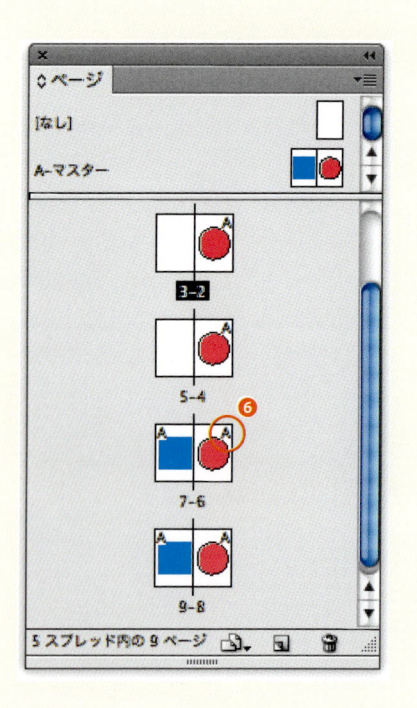

059 ページ上でマスターページのアイテムを修正する

マスターページ上のアイテムは個々のページ上では固定されて編集できませんが、特殊なクリック操作で編集可能になります。

STEP 01
マスターページにアイテムを配置します❶。

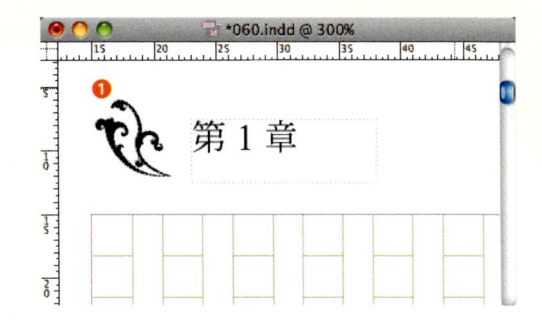

STEP 02
マスターページを適用しているページを表示します。マスターアイテムは通常のクリックでは選択できませんが、マスターアイテムの画像を[⌘]（[Ctrl]）+[Shift]キーを押しながらクリックすると、アイテムを選択できます❷。ここではアイテムを拡大しました❸。

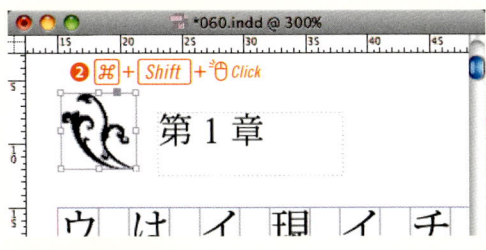

STEP 03
マスターページに戻ると、マスターアイテムの画像は元の大きさのままで、ページ上での変更はマスターページには反映されていません。次に、マスターアイテムの画像の色を変更します❹。

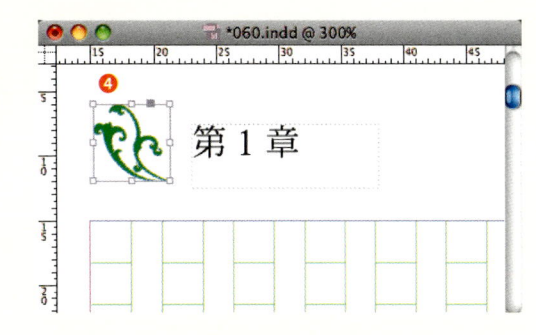

STEP 04
ふたたびマスターページを適用しているページを表示すると、画像の色が変更されています❺。マスターアイテムをページ上で編集できる状態にしましたが、マスターページからは完全には独立していないことがわかります。ページ上で編集しなかった色の情報は、マスターアイテムからの操作で変更が可能です。

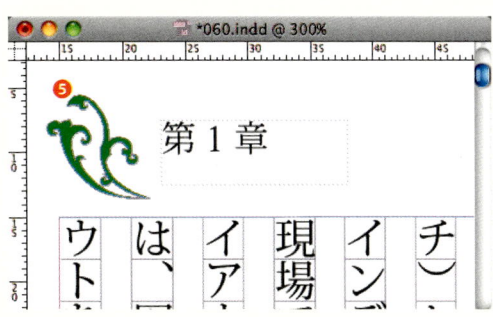

060 ローカルオーバーライドしたマスターアイテムを削除する

060 ローカルオーバーライドしたマスターアイテムを削除する

ページ上で修正したマスターアイテムを削除し、元のマスターページの状態にリセットできます。

STEP 01
マスターページ上で図のようなアイテムを配置しました❶。

STEP 02
ページ上でマスターページのアイテムを編集可能にし（「059 ページ上でマスターページのアイテムを修正する」参照）、拡大して色を変更しました❷。

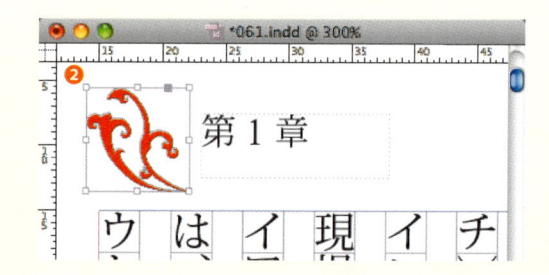

STEP 03
アイテムを選択した状態で、［ページ］パネルのメニューから［マスターページ］→［指定されたローカルオーバーライドを削除］を選ぶ❸と、編集したマスターアイテムが削除され、元のマスターアイテムが表示されます❹。

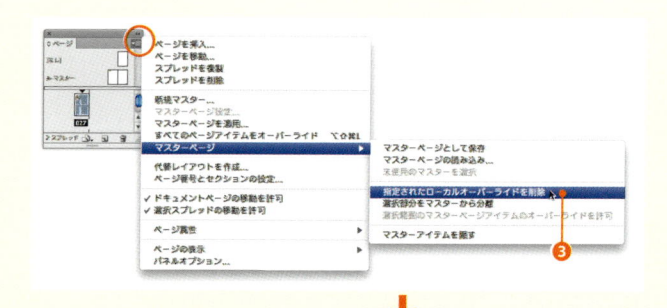

> **MEMO**
> マスターページからページ上のアイテムに変更することを「ローカルオーバーライド」（ローカルな修正）と呼びます。［ページ］パネルのパネルメニューから［すべてのローカルオーバーライドを削除］を選択すると、選択しているページ上で編集したマスターアイテムをすべて削除できます。

061 新規ページを挿入する

1ページを挿入するには［ページ］パネルの［ページを挿入］アイコンを使います。複数ページを挿入するにはパネルメニューを使います。

STEP 01

［ページ］パネルで、［ページを挿入］をクリックすると❶、現在アクティブになっているページの後ろに新規ページが挿入されます❷。

> **CAUTION**
> 新規ページに適用されるマスターページは、アクティブなページに使われているマスターページと同じになります。

STEP 02

複数ページを挿入したいときは、［ページ］パネルのパネルメニューから［ページを挿入］を選択します❸。

> **CAUTION**
> ページの先頭あるいは途中に単ページや奇数ページを挿入すると、後のページの左右が入れ替わり、ページ構成がずれることがあるので気をつけてください。

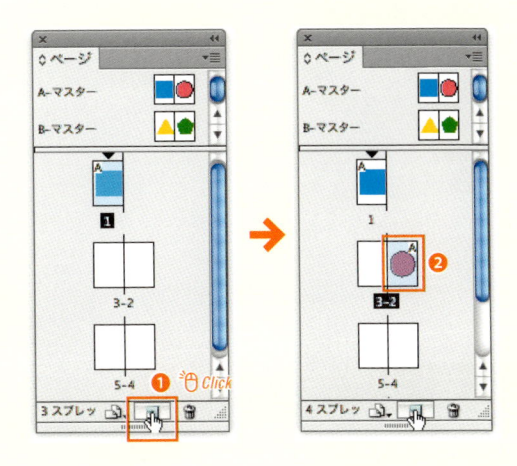

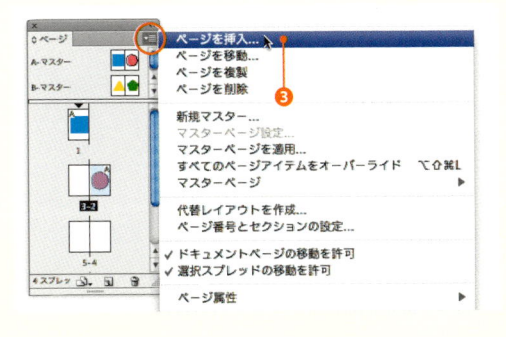

STEP 03

ダイアログが表示されます。挿入するページ数❹、ページの前か後ろか❺、どのページの前後に挿入するか❻、適用するマスターページの種類❼を設定します。［OK］ボタンをクリックすると、新規ページが挿入されます。

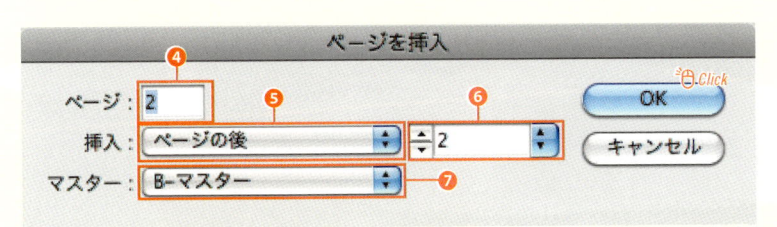

> **MEMO**
> [Option]（[Alt]）キーを押しながら［ページ］パネルの［ページを挿入］をクリックしても、［ページを挿入］ダイアログが表示できます。

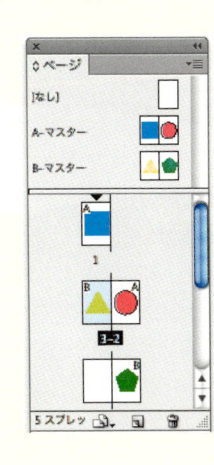

062 リキッドレイアウトの［拡大・縮小］［中央揃え］［ガイドごと］を利用する

リキッドレイアウトはページサイズを変更したときに、ページ内の要素を拡大縮小、中央揃えにしたり、ガイドごとに大きさを調整できます。

STEP 01

ここではタブレット型のデバイス用にInDesignでレイアウトを行うことを想定して解説しますが、印刷用途でも同様の効果を得ることができます。ページサイズで［iPad］を選び、レイアウトしました❶。

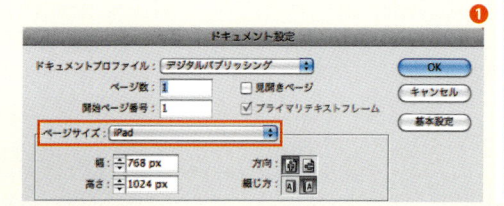

STEP 02

ページサイズを変更する際に、ページ内の要素がどのように変化するかを指定することができます。［ページ］ツールを選び、［ウィンドウ］メニューから［インタラクティブ］→［リキッドレイアウト］を選び、［リキッドレイアウト］パネルを表示します。［リキッドページルール］のポップアップメニューで、ページサイズが変更したときのルールを指定します❷。

STEP 03

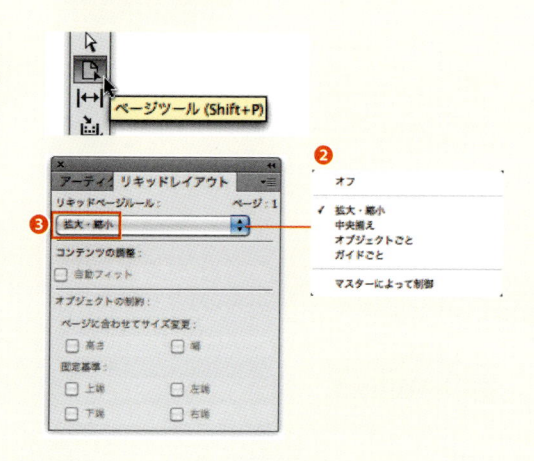

［リキッドページルール］のポップアップメニューで［拡大・縮小］を選びます❸。［ページ］ツールを選んでいる時は、ページの周囲にハンドルが表示されます。このハンドルを Option（Alt）キーを押しながらドラッグして、ページサイズを拡大・縮小します❹。あるいは［コントロール］パネルの［W］と［H］に値を指定してサイズ変更します。ページ内のアイテム（テキストや画像など）は、ページサイズの大きさに準じて拡大・縮小するようになります。

005 Web、デジタルパブリッシング用のドキュメントプロファイルを設定する
063 リキッドレイアウトの［オブジェクトごと］を利用する

STEP 04

今度は［リキッドページルール］のポップアップメニューで［中央揃え］を選びます❺。［ページ］ツールで Option （Alt）キーを押しながらドラッグしてページを拡大・縮小、あるいは［コントロール］パネルの［W］と［H］に値を指定してサイズ変更すると、ページ内のアイテムは、中央に揃ったままになります。

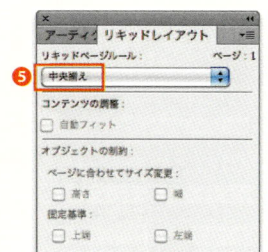

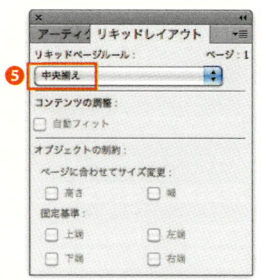

STEP 05

次に［リキッドページルール］のポップアップメニューで［ガイドごと］を選びます❻。このモードではリキッドガイドに応じてフレームが拡大・縮小します。［ページ］ツールを選んでいる時にガイドを作成するとガイドが破線になり、リキッドガイドを作れます。通常のモードの場合は、ガイド上に表示されるのボタンをクリックしてリキッドガイドに変換します。

STEP 06

右図のように、水平のリキッドガイド❼を作成し、画像やテキストのフレームに触れるようにします。水平のリキッドガイドに触れたフレームは、ページサイズを拡大・縮小した時に、フレームの水平方向のサイズが固定され、垂直方向にのみ拡大・縮小するようになります。

STEP 07

垂直のリキッドガイド❽に触れたフレームは、ページサイズを拡大・縮小した時に、フレームの垂直方向のサイズが固定され、水平方向にのみ拡大・縮小するようになります。

063 リキッドレイアウトの[オブジェクトごと]を利用する

リキッドレイアウトはページサイズを変更したときに、オブジェクトごとに大きさをどのように制御するのか指定することができます。

STEP 01

作例は「062 リキッドレイアウトの[拡大・縮小][中央揃え][ガイドごと]を利用する」で解説したものを使います。[選択]ツール でタイトル文字の入ったテキストフレームを選択し、[リキッドレイアウト]パネルの[リキッドページルール]ポップアップメニューで[オブジェクトごと]を選びます❶。このモードは、ページ内のオブジェクトごとに大きさの調整をどのようにするかを指定するものです。

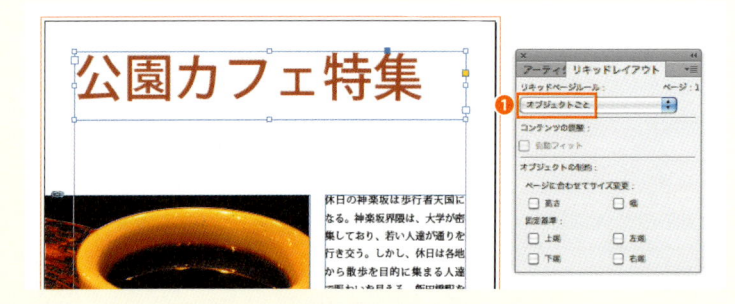

STEP 02

[オブジェクトごと]を選ぶと、[コンテンツの調整][オブジェクトの制約]のチェック項目がアクティブになります。[コンテンツの調整]❷では、画像を自動フィットさせて、大きさを調整することができます(「142 自動フィットを利用する」参照)。[オブジェクトの制約]❸は、フレームの[高さ][幅]ごとにサイズ変更させるか、[上端][下端][左端][右端]で固定させるかどうかを指定します。

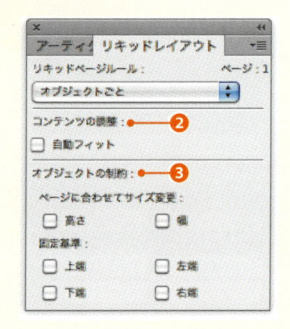

STEP 03

STEP-02のチェックボックスの操作はわかりにくいのですが、実際のオブジェクト上で[オブジェクトの制約]を指定することもできます。[ページ]ツール でフレームを選択すると、右図のような画面表示になり、フレームの上下左右に「○」「●」のアイコンが表示され、クリックして表示を切り替えます。「○」のアイコン表示の場合は❹、「○」の方向にサイズが変更されるようになります。「●」のアイコン表示の場合は❺、「●」の方向へはサイズが固定されます。「○」「●」のアイコンをクリックして、フレームのサイズ変更の条件を指定していきます。

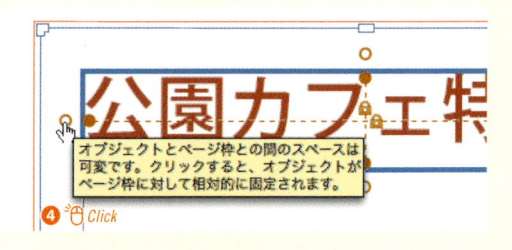

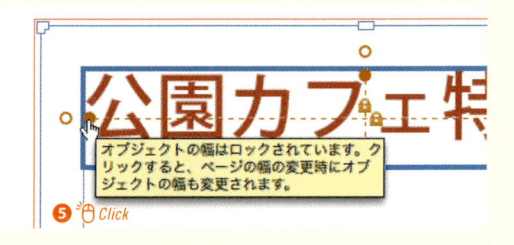

062 リキッドレイアウトの[拡大・縮小][中央揃え][ガイドごと]を利用する
142 自動フィットを利用する

STEP 04

上のタイトルのオブジェクトに［オブジェクトの制約］を指定しました❻。図中の鍵のアイコン🔒の方向へはサイズが固定されていることを示し、波線のアイコン〰の方向へはサイズが変更されることを示しています。［リキッドレイアウト］パネルを見ると、［幅］がサイズ変更し、［上端］［左端］が固定する設定になります。

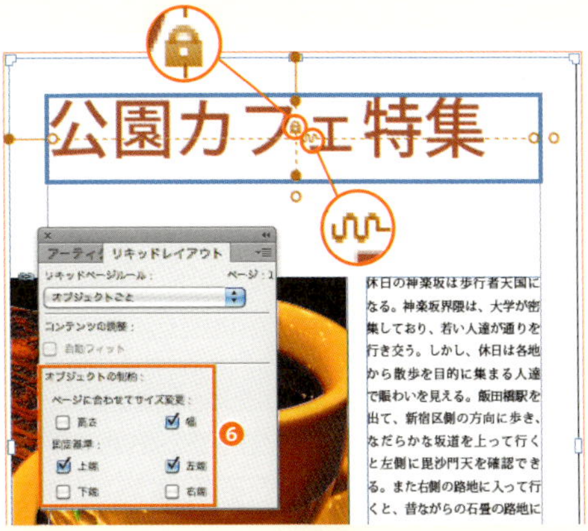

STEP 05

コーヒーカップとコーヒー豆の画像に［オブジェクトの制約］を指定しました❼❽。［自動フィット］をオンにし、［高さ］［幅］がサイズ変更し、［左端］が固定する設定です。
右側のテキストフレームのオブジェクトには、［オブジェクトの制約］を指定しました❾。［高さ］［幅］がサイズ変更し、［右端］が固定する設定です。

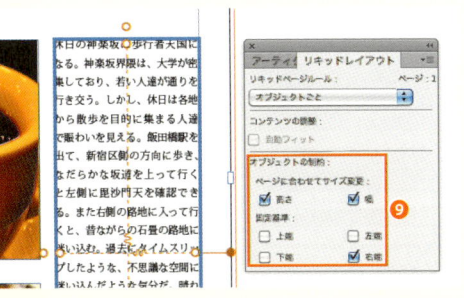

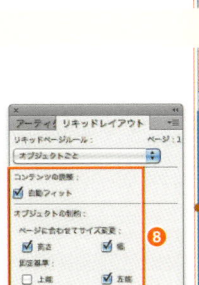

STEP 06

［ページ］ツール でページの四隅のハンドルを Option （ Alt ）キーを押しながらドラッグ、あるいは［コントロール］パネルで［W］と［H］に値を指定してページサイズを変更します。各オブジェクトは、個々の設定に応じて大きさが調整されていくのがわかります。

> **📝 MEMO**
>
> テキストフレームは、［オブジェクト］メニュー→［テキストフレーム設定］で［段組］のポップアップメニューから［固定幅］や［可変幅］を選ぶと、ページサイズの変更に応じて段組の数と幅を調整することもできます（詳細は「070 サイズに応じて段数が変わるテキストフレームを設定する」を参照）。

064 代替レイアウトで縦置き・横置きのレイアウトを同時に行う

代替レイアウトを利用すると、1つのドキュメントの中に異なるサイズのページレイアウトデータを作成することができます。

STEP 01

作例は「063 リキッドレイアウトの［オブジェクトごと］を利用する」で解説したものを使います。すでに、オブジェクトごとにリキッドレイアウトの［コンテンツの調整］［オブジェクトの制約］の指定を終えています。このページを元に、代替レイアウトを作成します。［ページ］パネルのパネルメニューから［ページの表示］→［代替レイアウト表示］を選びます。［ページ］パネルには「iPad 縦」の名前が表示されますが、その右側の三角（▼）をクリックして［代替レイアウトを作成］を選びます❶。同じコマンドは［ページ］パネルのパネルメニュー、［レイアウト］メニューからでも選ぶことができます。

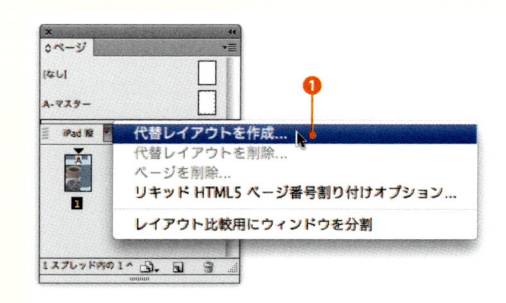

STEP 02

［代替レイアウトを作成］ダイアログが表示されます。［ページサイズ］を変更します。ここでは、方向を［縦置き］から［横置き］に変更します❷。［オプション］フィールドでは、［リキッドページルール］で［オブジェクトごと］を選び、3つのチェックボックスをすべてオンにします❸。［OK］をクリックして代替レイアウトを作成します。

STEP 03

作成した代替レイアウトに画面表示を切り替えるには、ページパネルでアイコンをダブルクリックします。レイアウト名の右側の三角（▼）をクリックして［レイアウト比較用にウィンドウを分割］を選ぶと❹、ウィンドウを分割して、縦置き・横置きのレイアウトを並べることもできます。

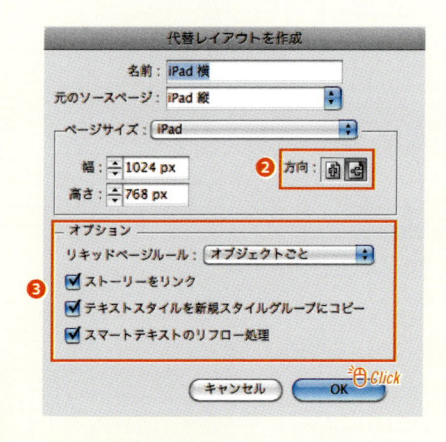

063 リキッドレイアウトの［オブジェクトごと］を利用する
147 画像のリンク状態をチェックする

STEP 04

［レイアウト比較用にウィンドウを分割］を選んで、縦置き・横置きの２つの画面を並べて表示しました。この表示を元に戻すには、同メニューから［ウィンドウを分割解除］を選びます。代替レイアウトを削除する場合は、同メニューから［代替レイアウトを削除］を選びます。

STEP 05

［代替レイアウトを作成］ダイアログの［オプション］の項目で［テキストスタイルを新規グループにコピー］を選んでいる場合は、縦置き用のスタイルパネルがコピーされ、横置き用のスタイルパネルが作成されます❺。複製されたスタイルは名前が同じですが、個別にスタイルを設定することができます。

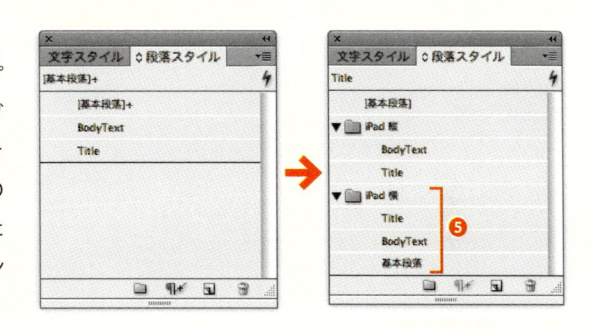

STEP 06

テキストや画像は、代替レイアウトとリンクしています。親元のレイアウト（ここでは縦置き用）でテキストや画像を変更すると、代替レイアウトでは、更新の手続きが必要になります。テキストを「公園」から「街中」に変更してみます❻。代替レイアウトで作業している場合は、［リンク］パネルやオブジェクトのフレーム上に更新の警告マークが表示されます❼。

STEP 07

Option（Alt）キーを押しながら警告マークをクリックすると、［リンク］パネルが開きます。［リンク］パネルでは、パネル下の［リンクを更新］ボタンをクリックして、リンクを更新します。あるいは、オブジェクトに表示される警告マークをクリックして更新することもできます❽。

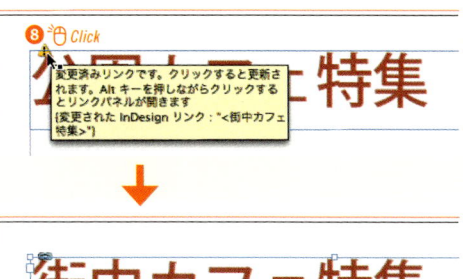

065 見開きページで開始する

最初のページを見開きでスタートするには、開始ページを偶数にします。ページの移動を禁止することで、自動ノンブルの設定も可能です。

STEP 01

開始ページを偶数にすることで、見開きページで開始できます。[ページ] パネルで開始ページを選択し❶、[ページ] パネルのパネルメニューから [ページ番号とセクションの設定] を選択します❷。

STEP 02

ダイアログが表示されたら、[ページ番号割り当てを開始] の入力欄に偶数の「2」を入力します❸。[OK] ボタンをクリックすると、ページが見開きで開始します❹。

STEP 03

自動ノンブルの機能を使って、最初のページに奇数ページのノンブルを設定したいときは、[ページ] パネルのパネルメニューから [選択スプレッドの移動を許可] を選択して❺、コマンド名の前に付いたチェックマークをはずします。

STEP 04

最初のページを選択し、もう一度 [ページ] パネルのパネルメニューから [ページ番号とセクションの設定] を選択します。ダイアログに奇数の「1」を入力し❻、[OK] ボタンをクリックします。

STEP 05

[ページ] パネルのページアイコンの下のページ番号の表示が、括弧付きで「[1-2]」になります❼。自動ノンブル（[現在のページ番号]）を設定した場合には、最初のページが「1」になります❽。

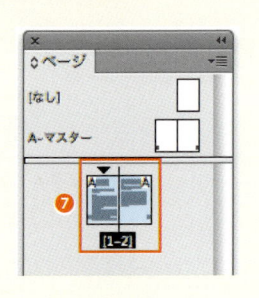

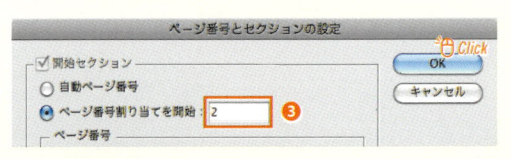

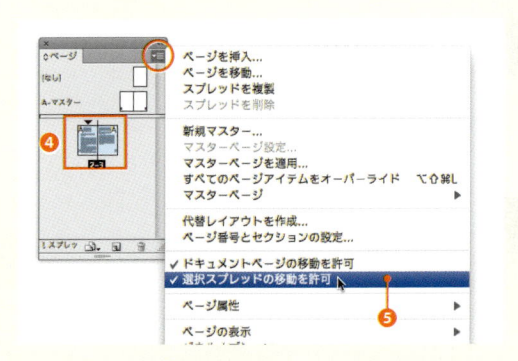

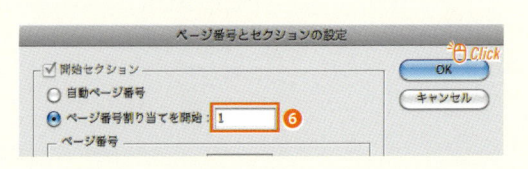

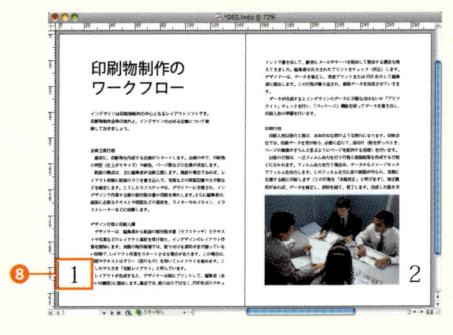

---

054 マスターページに自動ノンブルを配置する
055 ノンブルの開始ページ番号を変更する

第4章

文字の操作

InDesign CS6
DESIGN REFERENCE
PLUS

066 テキストフレームを作成する

テキストフレームとはテキストの入れ物となるフレームのことで、**プレーンテキストフレーム**と**フレームグリッド**の2種類があります。

STEP 01

プレーンテキストフレームは、フレーム自体は書式属性（書体、サイズ、行送り値など）を持たないテキストフレームです。［横組み文字］ツール T か［縦組み文字］ツール IT ❶でドキュメント上の任意の場所をドラッグすることでテキストフレームが作成されます❷。マウスボタンを放すとフレーム内の先頭にカーソルがあらわれ、そのままテキストの入力や配置が可能となります❸。

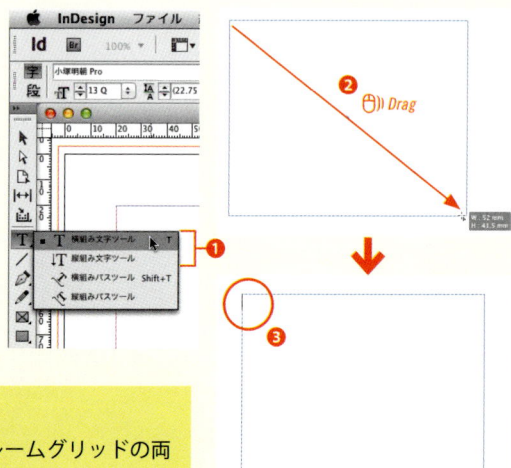

> **MEMO**
> InDesign では、プレーンテキストフレームとフレームグリッドの両方を合わせて「テキストフレーム」と定義しています。

STEP 02

フレームグリッドは、フレーム自体がフォントやサイズ、字間、行間といった属性を持つテキストフレームで、原稿用紙のようなグリッドが表示されます。入力されるテキストは、フレームの属性にしたがったものになります。［横組みグリッド］ツール か［縦組みグリッド］ツール ❹でドキュメント上の任意の場所をドラッグして作成します❺。ドラッグした範囲にフレームグリッドが作成されます。［横組み文字］ツール T や［縦組み文字］ツール IT でフレーム内をクリックすると先頭位置にカーソルがあらわれ、テキストの入力や配置が可能となります。

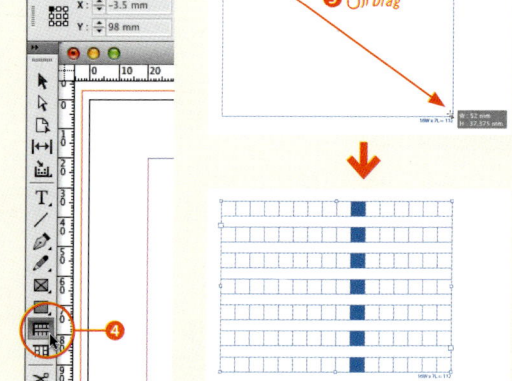

STEP 03

フレームグリッドの書式属性は後から変更できますが、あらかじめ設定しておきたい場合は、フレームを何も選択していない状態で［オブジェクト］メニューから［フレームグリッド設定］を選択、あるいはグリッドツールをダブルクリックし、あらわれるダイアログで必要事項を設定しておけば、最初から思い通りのフレームグリッドを作成できます。

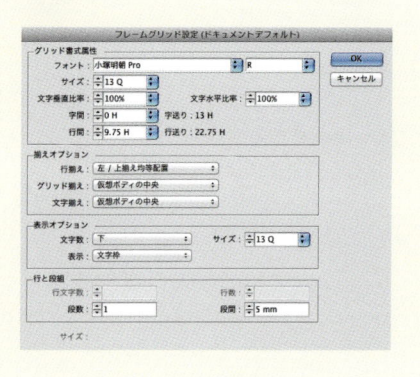

068 フレームグリッドの属性を設定する
069 テキストフレームの属性を設定する

067 パス上にテキストを入力する

[横組み（縦組み）パス]ツール を使うことで、パスに沿ってテキストを配置できます。パステキストは、位置や効果、整列などを設定できます。

STEP 01

[横組み（縦組み）パス]ツール でパス上にマウスを重ねると、図のようにマウスポインタに「+」のマークが表示されます❶。クリックするとカーソルが表示され、テキストが入力可能になります❷。

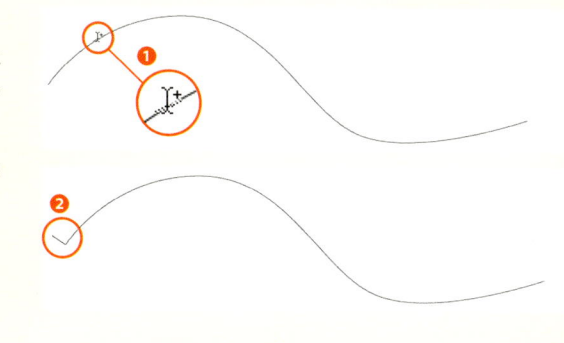

STEP 02

入力したテキストの位置を調整するには、[選択]ツール で選択後、始点や終点をドラッグします❸。

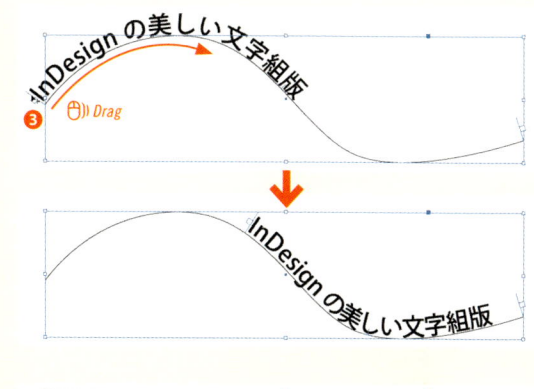

STEP 03

また、テキストカーソルの始点と終点の中心部分にマウスポインタを移動させ、マウスポインタの表示が図のようになったところで、反対方向にドラッグすれば、テキストを反転させることも可能です❹。

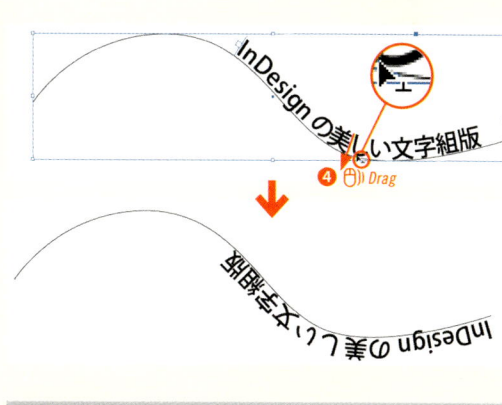

STEP 04

なお、[書式]メニューから[パス上文字]→[オプション]を選択すると、[パス上文字オプション]ダイアログが表示され、[効果]や[整列]などを設定することもできます。

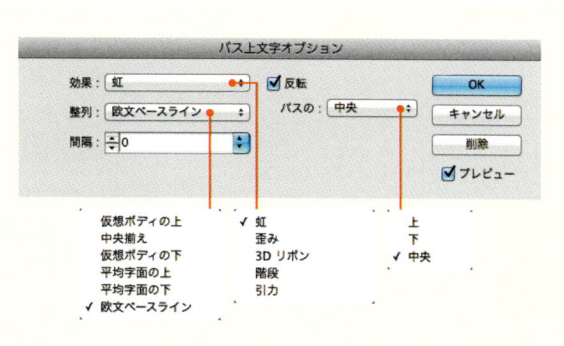

068 フレームグリッドの属性を設定する

フレームグリッドはフレーム自体がフォントやサイズ、字間、行間などの書式属性を持っています。

STEP 01

フレームグリッドの属性を変更してみましょう。［選択］ツール で フレームグリッドを選択し、［オブジェクト］メニューから［フレームグリッド設定］を選択します❶。

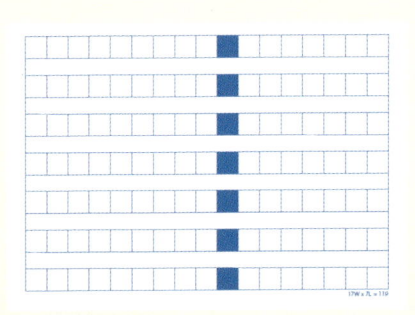

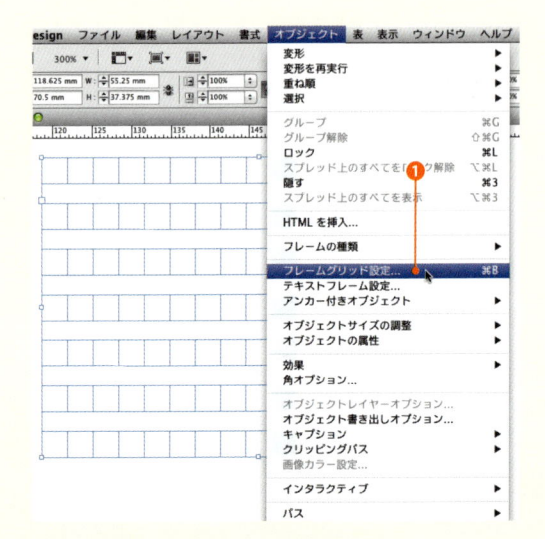

STEP 02

［フレームグリッド設定］ダイアログがあらわれます。このダイアログでは［フォント］［サイズ］［文字垂直比率］［文字水平比率］［字間］（サイズ＋字間＝字送り）［行間］（サイズ＋行間＝行送り）［揃えオプション］［表示オプション］［行文字数］［行数］［段数］［段間］を設定することができます。それぞれ任意の値を入力し、必要な項目を選択して［OK］ボタンをクリックします。

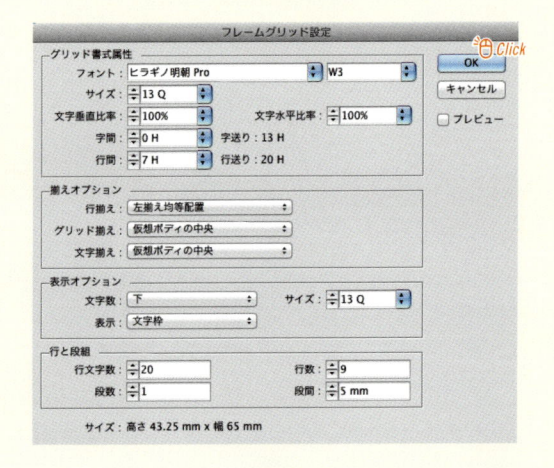

STEP 03

フレームグリッドの属性が変更されました。

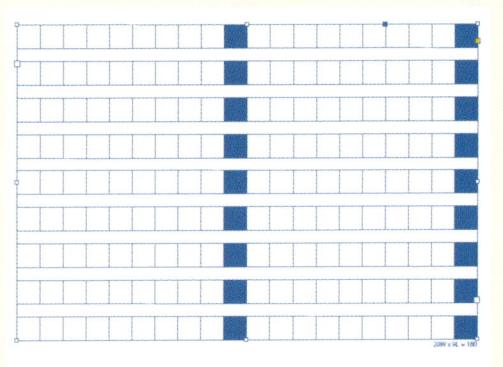

069 テキストフレームの属性を設定する

テキストフレーム（プレーンテキストフレーム、フレームグリッド）は、フレームそのものに属性を設定することができます。

STEP 01

テキストフレームにフレーム内マージンを設定します。［選択］ツールでテキストフレームを選択し、［オブジェクト］メニューから［テキストフレーム設定］を選択します❶。

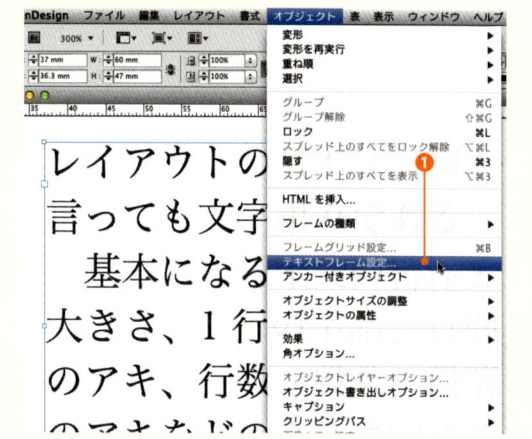

STEP 02

［テキストフレーム設定］ダイアログがあらわれます。［フレーム内マージン］の上下左右のフィールドにマージンの数値を入力し❷、［OK］ボタンをクリックします。テキストフレームの四辺にマージンが作られます。マージンにはテキストは入力できません❸。

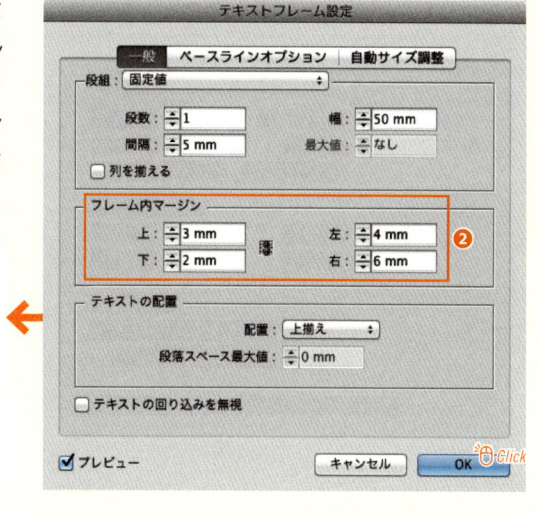

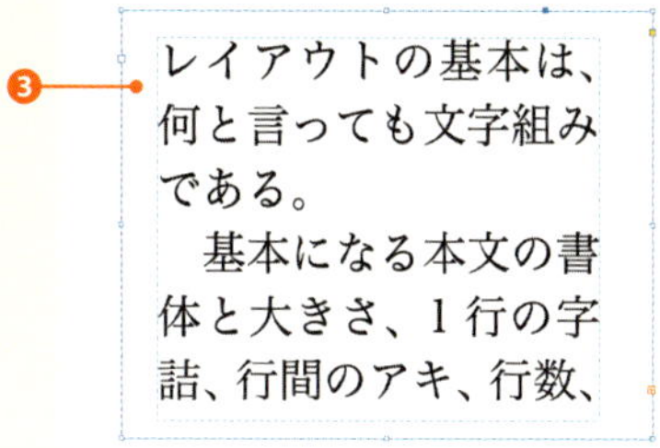

STEP 03

［テキストの配置］は、フレーム内のどの位置にテキストを配置するかの指定で、「上揃え（縦組は右）」「中央」「下（縦組は左）」「均等配置」が選択できます❹。

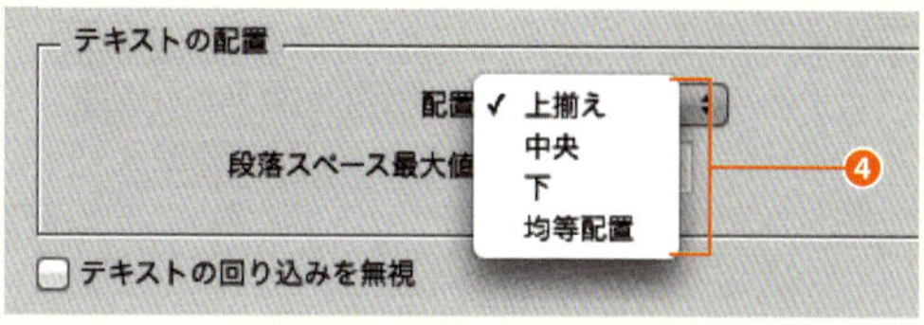

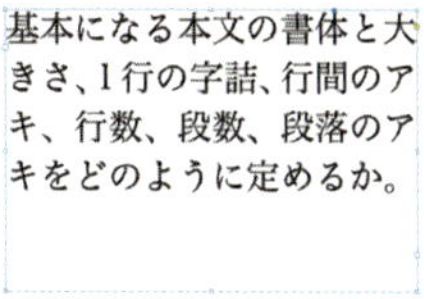

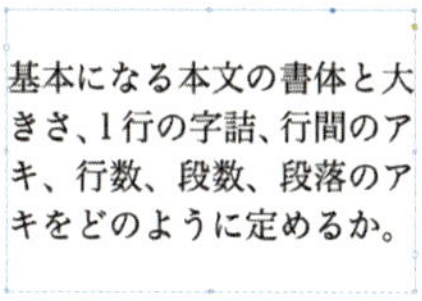

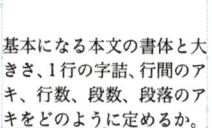

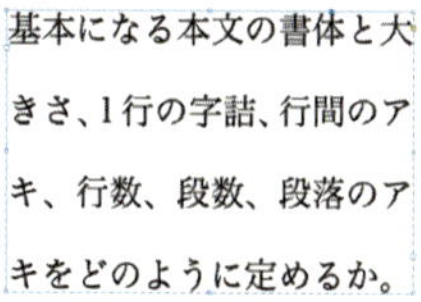

070 サイズに応じて段数が変わるテキストフレームを設定する
071 テキスト量に応じて自動的にサイズが可変するテキストフレームを設定する

070 サイズに応じて段数が変わるテキストフレームを設定する NEW

テキストフレームのサイズを変更することで、自動的に段数を変更させる設定が可能になりました。「固定幅」と「可変幅」のいずれかを指定可能です。

STEP 01

フレームグリッドを選択した状態で、[オブジェクト]メニューから[テキストフレーム設定]を選択します❶。

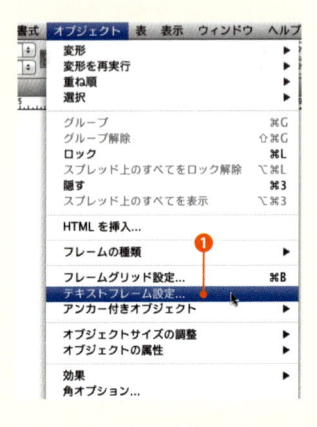

STEP 02

[テキストフレーム設定]ダイアログが表示されるので、[段組]に[固定幅]を選択して❷、[OK]ボタンをクリックします。フレームグリッドのハンドルを掴んで横方向にサイズ変更しようとすると、自動的に2段組みに変更されます。[段組]に[固定幅]を選択したことで、段の幅は固定され、サイズ変更に合わせて段数が増えていくように設定されたわけです。

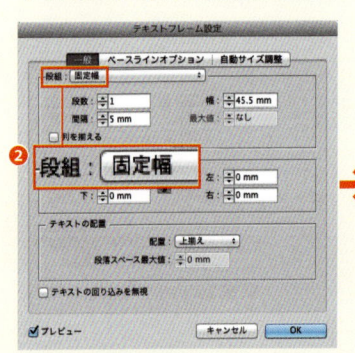

STEP 03

再度、[テキストフレーム設定]ダイアログを表示させ、今度は[段組]に[可変幅]を選択します❸。すると、[最大値]の設定が可能となるので❹、任意の値を指定し[OK]ボタンをクリックします。フレームグリッドのハンドルを掴んで横方向にサイズ変更すると、フレームサイズが[最大値]に指定した値を超えた際に、自動的に段数が増加します。

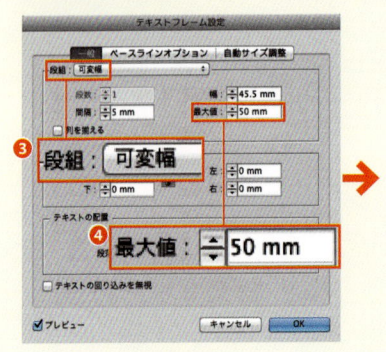

064 代替レイアウトで縦置き・横置きのレイアウトを同時に行う

071 テキスト量に応じて自動的にサイズが可変するテキストフレームを設定する

自動サイズ調整を設定しておくことで、テキストがぴったり収まるようテキストフレームの高さや幅を自動的に調整してくれます。

STEP 01

テキストフレームを選択した状態で、[オブジェクト]メニューから[テキストフレーム設定]を選択します❶。

STEP 02

[テキストフレーム設定]ダイアログが表示されるので、[自動サイズ調整]タブを選択します❷。まず、[自動サイズ調整]に[幅のみ]を選択して❸、[OK]ボタンをクリックします。すると、テキストフレームの幅は、センターを中心としてテキストがぴったり収まるサイズに縮小されます。では、文字を追加してみましょう。テキストが収まるよう、テキストフレームの幅が自動的に調整されます。

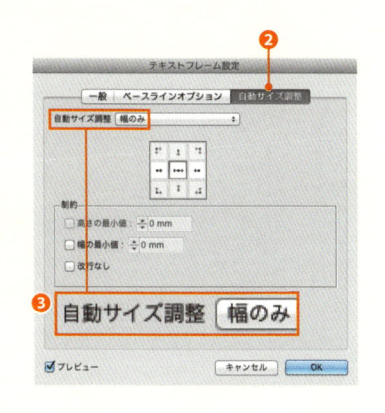

STEP 03

再度、[テキストフレーム設定]ダイアログを表示させ、今度は[自動サイズ調整]に[高さのみ]を選択し❹、上部基準点を選択します❺。すると、テキストフレームの高さは、上を基準としてテキストがぴったり収まる高さに縮小されます。では、文字を追加してみましょう。テキストが収まるよう、テキストフレームの高さが自動的に調整されます。

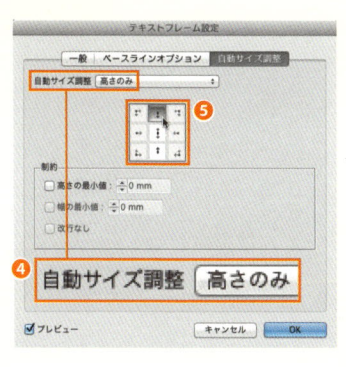

> **MEMO**
> [テキストフレーム設定]ダイアログの[自動サイズ調整]には、[高さのみ]や[幅のみ]以外にも、[高さと幅][高さと幅(縦横比を固定)]が用意されています。
>
> ✓ オフ
> 高さのみ
> 幅のみ
> 高さと幅
> 高さと幅(縦横比を固定)

076 テキスト量に応じて自動的にページを追加する

072 テキストフレームを連結・連結解除する

複数のテキストフレームを連結することができます。テキストは、連結されたテキストフレームをまたがって入力されます。

STEP 01

テキストフレームには右上（横組みは左上）に「インポート」が表示され❶、左下（横組みは右下）に「アウトポート」が表示されます❷。「インポート」が空白ならばそのテキストフレームがストーリー（連続したテキスト全体）の先頭であることを示し、「アウトポート」が空白ならばストーリーの終わりを示します。「インポート」「アウトポート」の中に三角形があれば、別のテキストフレームと連結されています❸。「アウトポート」の中に「+」があれば、後に連結されているテキストフレームがなく、テキストがあふれていることを示します❹。

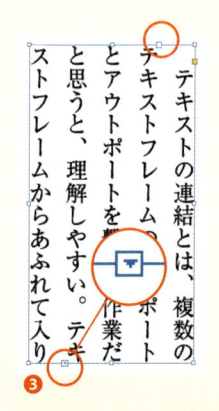

STEP 02

［選択］ツールでテキストフレームの「アウトポート」をクリックします❺。マウスポインタが「テキスト配置アイコン」に変わるので、連結したいテキストフレーム上に置いてクリックすると❻、ふたつのテキストフレームが連結されます。［表示］メニューから［エクストラ］→［テキスト連結を表示］を選択すると、テキストフレームの連結状態を表示することができます❼。

MEMO
連結先のテキストフレームがない場合は、「テキスト配置アイコン」の状態で任意の場所をドラッグすると、連結された新しいテキストフレームが作成されます。

STEP 03

連結を解除する場合は、「インポート」か「アウトポート」をクリックします。マウスポインタが「テキスト配置アイコン」に変化したら、前か後のテキストフレーム上に移動し、「連結解除アイコン」（鎖が切れた状態）に変わったところでクリックします。

連結解除アイコン

073 連結されたテキストフレームの間にテキストフレームを追加する
075 テキストを自動で流し込む

073 連結されたテキストフレームの間にテキストフレームを追加する

連結されたテキストフレームの間に新しいテキストフレームを追加したり、連結されたテキストフレームの一部を削除することができます。

STEP 01

連結されたふたつのテキストフレームの間に新しいテキストフレームを追加するためには、前のテキストフレームの「アウトポート」をクリックします❶。

STEP 02

マウスポインタが「テキスト配置アイコン」に変わるので、そのまま任意の場所をドラッグすると❷、ふたつのテキストフレームの間に新しいテキストフレームが追加され、後ろのテキストフレームとも連結されます。

> **MEMO**
> あらかじめ別のテキストフレームを作成しておき、「テキスト配置アイコン」をそのテキストフレームの上に置いてクリックすると、ふたつのテキストフレームの間にそのテキストフレームが連結されます。

STEP 03

連結されたテキストフレームから一部のテキストフレームを削除するには、[選択]ツールで削除したいテキストフレームを選択し❸、Delete キーを押します。

> **MEMO**
> 連結されたテキストフレームの一部を削除すると、削除されるのはテキストフレームだけで、中に入っているテキスト(ストーリー)は、自動的に後のフレームに移動します。

074 テキストを流し込む

テキストを配置する方法はいろいろありますが、ここでは作成済みのテキストフレームにテキストを配置する方法を解説します。

STEP 01

まずは、[横組み（縦組み）文字]ツール、または[横組み（縦組み）グリッド]ツールでテキストを配置するためのテキストフレームを作成します。

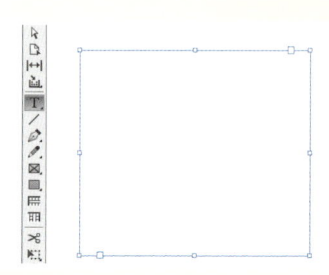

STEP 02

作成済みのテキストフレームへのテキストの配置は、以下の3種類の方法があります。ひとつめは、テキストフレーム内にカーソルを置き、[ファイル]メニューから[配置]を選択する方法です❶。[配置]ダイアログが表示されるので、目的のファイルを選択し、[開く]ボタンをクリックします❷。

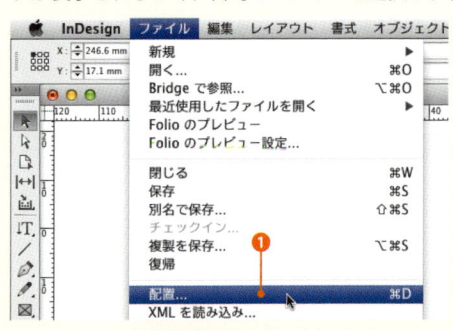

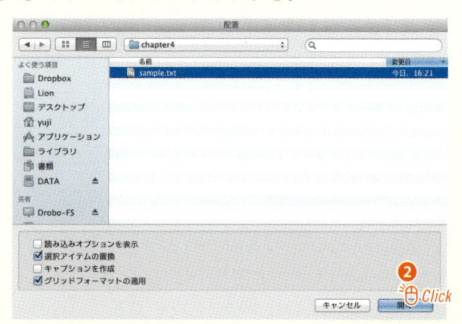

ふたつめは、Adobe Bridge や Mini Bridge、またはデスクトップ上から目的のファイルを配置したいテキストフレーム上に直接ドラッグ＆ドロップする方法です❸。3つめが、エディタなどのほかのアプリケーション上でコピーしたテキストを、[編集]メニューから[ペースト]を選択して目的のテキストフレーム内にペーストする方法です❹。

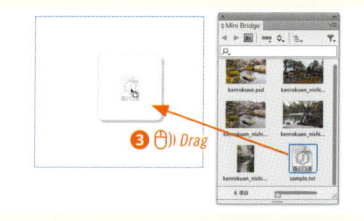

STEP 03

STEP-02のいずれかの操作で、テキストが配置されます。

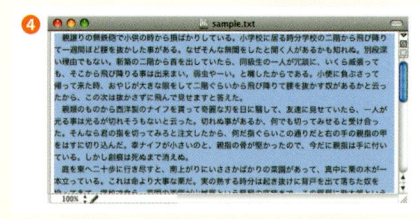

> **MEMO**
> ファイルをどのように読み込むかのオプションを指定したい場合には、[ファイル]メニューから[配置]を選択します。[配置]ダイアログが表示されるので[読み込みオプションを表示]にチェックを入れ、[開く]ボタンをクリックすると、配置するファイル形式に応じたオプションダイアログが表示されます。

075 テキストを自動で流し込む
137 Mini Bridge を活用する

075 テキストを自動で流し込む

長文テキストを配置する場合には、テキスト量に合わせて自動的にテキストフレームやページを増やしながら配置する方法もあります。

STEP 01

[ファイル]メニューから[配置]を選択します❶。[配置]ダイアログが表示されるので、目的のファイルを選択し、[開く]ボタンをクリックします。

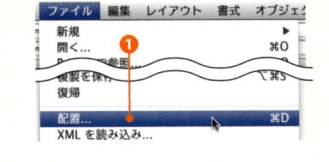

STEP 02

カーソルが[テキスト配置アイコン]に変化するので❷、以下のいずれかの方法でテキストを配置します。

自動流し込み❸：[Shift]キーを押しながら、テキスト配置を開始したい位置でクリックします。テキストがすべて収まるまで自動的にテキストフレームやページを増やしながら配置されます。

半自動流し込み❹：[Option]([Alt])キーを押しながら、テキスト配置を開始したい位置でクリックします。テキストがマージンガイドや段組ガイドに合わせて流し込まれますが、カーソルはテキスト配置アイコンのままなので、続けてテキストを配置できます。

固定流し込み❺：[Shift]+[Option]([Alt])キーを押しながら、テキスト配置を開始したい位置でクリックします。既存のページ内にテキストが流し込まれますが、ページを自動的に追加することはありません。

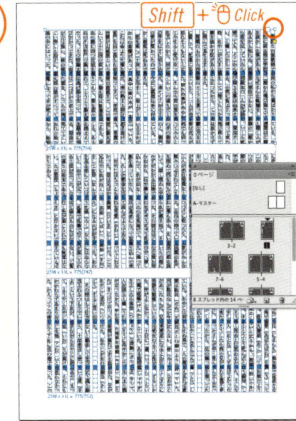

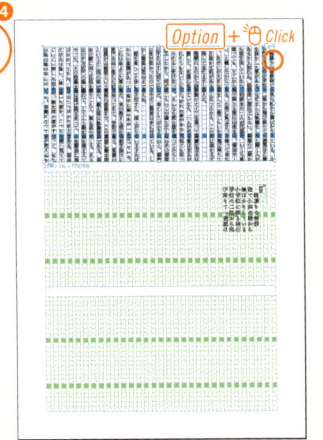

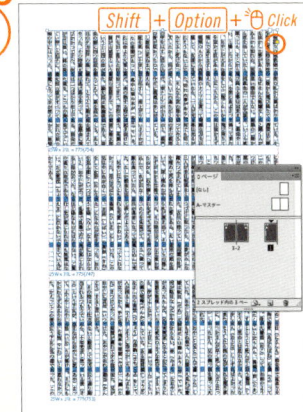

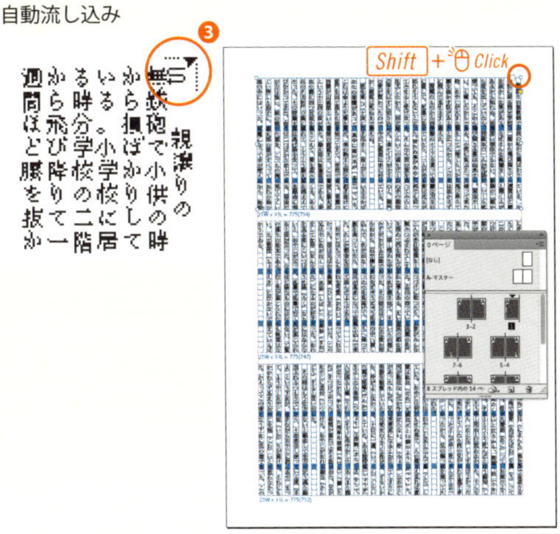

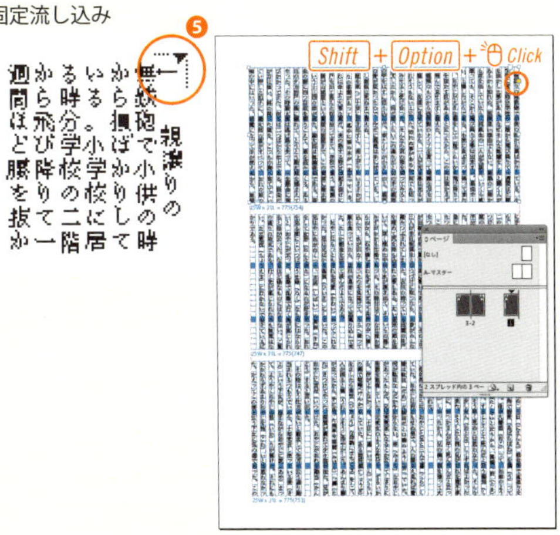

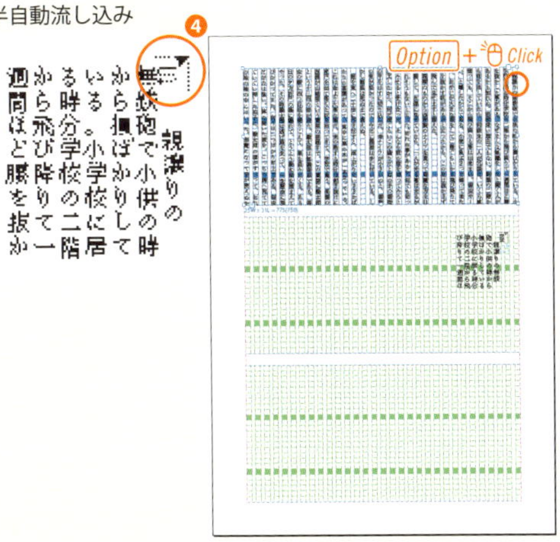

076 テキスト量に応じて自動的にページを追加する

テキストを入力・配置時に、テキストがあふれないよう自動的にページを追加してくれる機能が［スマートテキストのリフロー処理］です。

STEP 01

マスターページ上にテキストフレームを作成します。なお、見開きドキュメントの場合には、左右ページのテキストフレームを連結しておく必要があります❶。

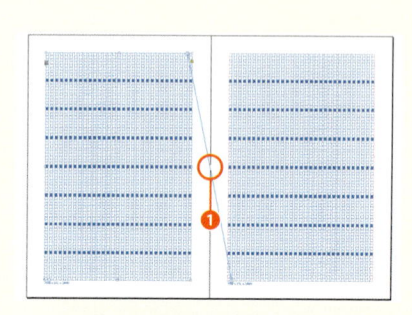

STEP 02

テキストを配置したいページに移動し、［ファイル］メニューから［配置］を選択します❷。［配置］ダイアログが表示されるので、目的のファイルを選択し、［開く］ボタンをクリックします❸。

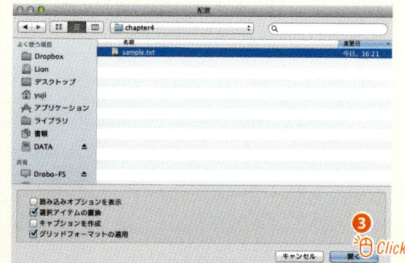

STEP 03

カーソルがテキスト配置アイコンに変化するので、テキストを配置したいテキストフレーム上でクリックします❹。テキストがすべて収まるまで自動的にページを追加して配置されます❺。

STEP 04

なお、デフォルト設定では、マスターページ上に作成したテキストフレームに対してのみ［スマートテキストのリフロー処理］が行われます。［スマートテキストのリフロー処理］を行いたくない場合や、ドキュメントページ上のテキストフレームに対してもリフロー処理を行いたい場合には、［InDesign］（Windowsでは［編集］）メニューから［環境設定］→［テキスト］で設定を変更します。空のページを削除したり、どのようにページを追加するかなどの詳細な設定も可能です。

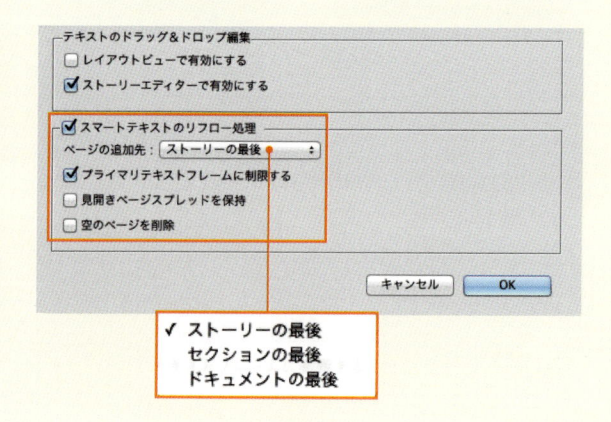

075 テキストを自動で流し込む

077 テキストのサイズと行間を変更する

テキストの文字サイズや行送りを変更するには、[文字] パネルや [コントロール] パネルのフォントサイズ、行送りのフィールドに数値を入力します。

STEP 01

[文字] パネル（あるいは [コントロール] パネル）のフォントサイズ・行送りのフィールド❶を使って、文字のサイズや行送りを設定してみましょう。

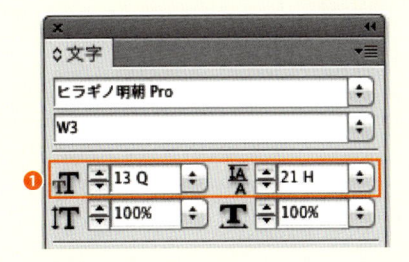

STEP 02

[横組み（縦組み）文字] ツール でテキストの任意の場所を選択し❷、[文字] パネルの [フォントサイズ] のフィールドに、設定したい文字サイズを入力します❸。選択部分の文字サイズが変更されます。

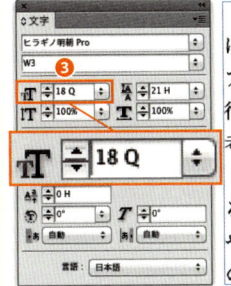

STEP 03

続いて行間を設定します。[横組み（縦組み）文字] ツール でテキストの任意の場所を選択し❹、[文字] パネルの [行送り] のフィールドに、設定したい行送りの数値を入力します❺。選択部分の行間が変更されます。

CAUTION

行送りを変更する際には、[段落] パネルのパネルメニュー内にある [行送りの基準位置] で選択されている基準位置によって、行間の広狭の結果が変わります。また、[グリッド揃え] が設定されていると、[段落] パネルの行送り値ではなく、グリッドの行間が優先されます。

078 テキストのフォントを変更する

078 テキストのフォントを変更する

テキストに適用するフォントは、[文字] パネル、または [コントロール] パネルのフォントメニューから選択します。

STEP 01

[文字] パネル（あるいは [コントロール] パネル）のフォントファミリ・フォントスタイルの部分❶を使って、フォントを変更してみましょう。

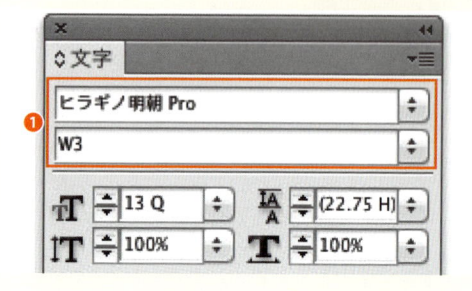

STEP 02

[横組み（縦組み）文字] ツール T でテキストの任意の場所を選択し❷、[文字] パネルのフォントファミリ部分の ♦ 印をクリックし、目的のフォントを選択します❸。選択部分のフォントが変更されます。

MEMO
フォントファミリにウエイト（太さ）の違いや（欧文では）イタリック体などが存在する場合は、[文字] パネルのフォントスタイル部分にウエイトなどが示されます。

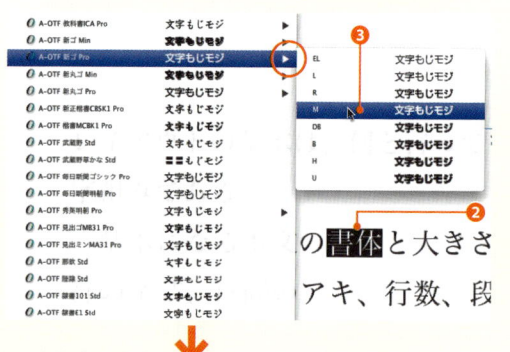

STEP 03

デフォルトでは、フォントファミリのポップアップメニュー（フォントリスト）が「フォントプレビュー」の形で表示されますが、プレビューを表示する分スペースをとり、リストの表示速度も若干遅くなります。[InDesign]（Windows では [編集]）メニューから [環境設定] → [テキスト] で、フォントプレビューのオン／オフやプレビューのサイズを変更できます❹。

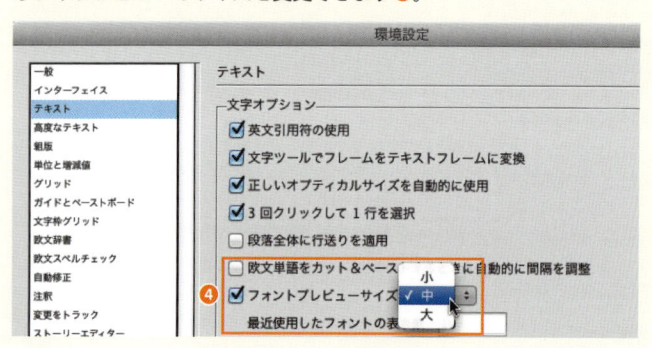

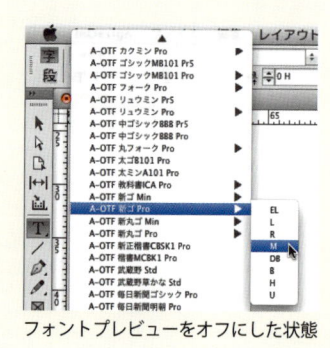

フォントプレビューをオフにした状態

079 テキストを平体・長体にする

テキストの縦幅を狭める平体、横幅を狭める長体は、［文字］パネルの垂直比率、水平比率のフィールドに数値を入力して設定します。

STEP 01

［文字］パネル（あるいは［コントロール］パネル）の［垂直比率］［水平比率］のフィールド❶を使って、文字を平体・長体にしてみましょう。

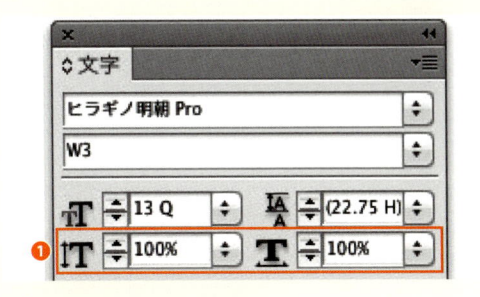

STEP 02

［横組み（縦組み）文字］ツール でテキストの任意の場所を選択し❷、［文字］パネルの［垂直比率］（［水平比率］）に任意の値を入力します❸。選択部分が平体❹、あるいは長体❺に変更されます。

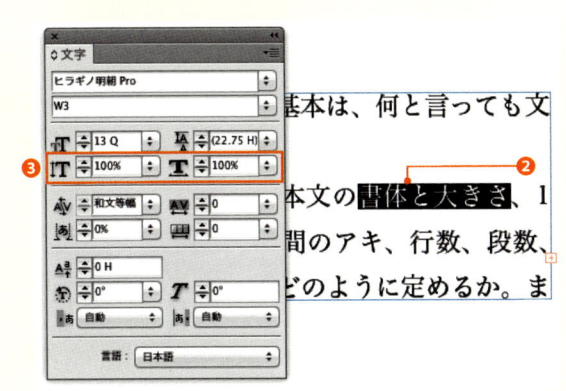

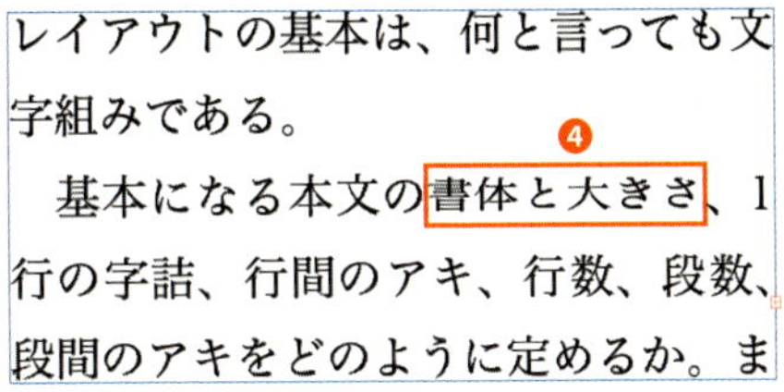

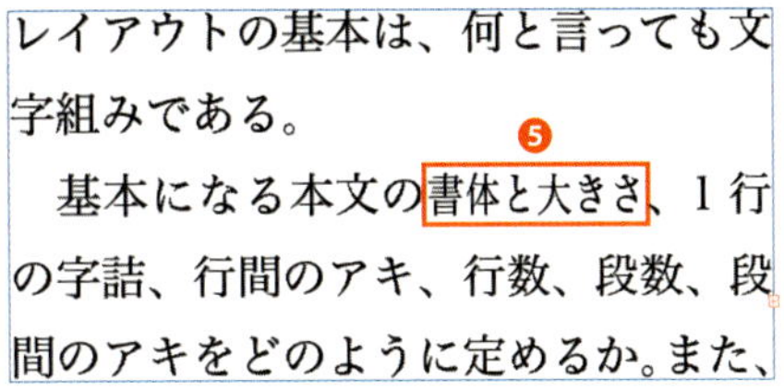

STEP 03

［文字］パネルの［垂直比率］（［水平比率］）の印をクリックして、200％、150％、90％、80％、70％、60％、50％の固定変形比率を選択することもできます❻。

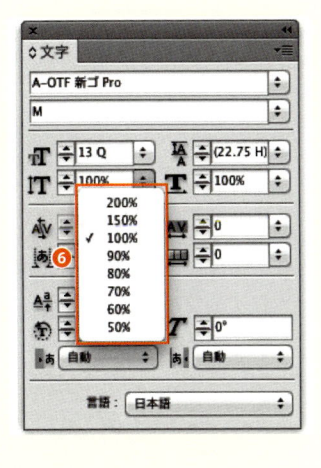

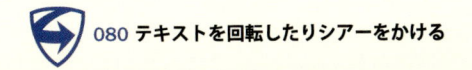

080 テキストを回転したりシアーをかける

テキストを回転したり、シアー（傾き）をかけるには、［文字］パネルの文字回転フィールド、歪みフィールドに数値を入力して設定します。

STEP 01

［文字］パネル（あるいは［コントロール］パネル）の［文字回転］［歪み］のフィールド❶を使って、文字を回転したり、シアーをかけたりしてみましょう。

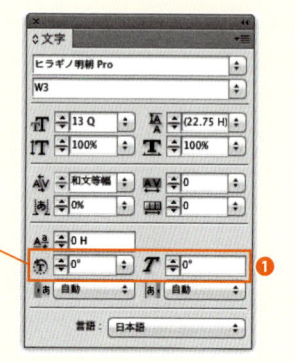

STEP 02

［横組み（縦組み）文字］ツールでテキストの任意の場所を選択し❷、［文字］パネルの［文字回転］フィールドに任意の値を入力します❸。選択したテキストが回転されます❹。

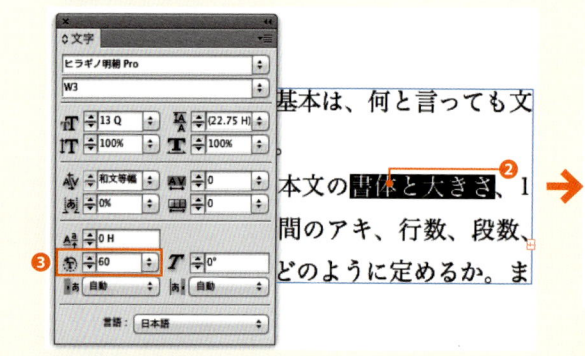

STEP 03

同様に［歪み］フィールドに任意の値を入力します❺。選択したテキストにシアーが適用されます❻。

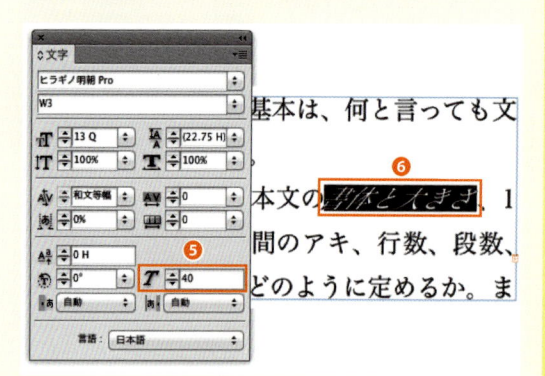

MEMO

文字に斜体を適用したい場合には［文字］パネルのメニューから［斜体］を適用します。［斜体］では、縮小率や角度、ライン揃え、ツメの調整が可能です。

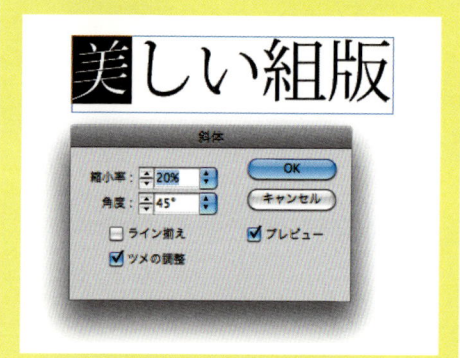

081 テキストのベースラインを調整する

テキストを、横組みでは上下方向、縦組みでは左右方向に位置を移動したい場合には、**ベースラインシフト**を適用して対処します。

STEP 01

和欧混植のテキストで、欧文のベースラインを上げて文字の並びを調整してみましょう。ベースラインの調整には、[文字]パネル(あるいは[コントロール]パネル)の[ベースラインシフト]のフィールドを使います❶。

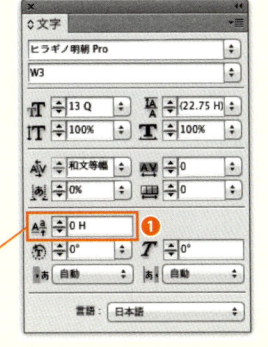

STEP 02

[横組み(縦組み)文字]ツール で欧文の部分を選択し❷、[文字]パネルの[ベースラインシフト]のフィールドに調整する値を入力します❸。なお、横組みではプラス値を入力すると上方向、マイナス値を入力すると下方向にシフトされます。

MEMO
欧文書体はベースラインを基準線に設計されているので、和文と混植すると欧文が上がって見えます。ベースラインをやや下げることで和文とのなじみがよくなります。さらに、欧文の文字サイズを若干大きめにするとなおよいでしょう。

STEP 03

欧文の部分のベースラインが下がり、文字の並びが自然になりました。

MEMO
欧文が頻繁に出てくるようなテキストでは、和文に、あらかじめベースラインを下げた欧文とを組み合わせて「合成フォント」として登録しておく方が効率的です。

→ 119 合成フォントを作成・使用する

082 テキストを一定の比率で詰める・開ける

字間を詰めたり開けたりする方法はいくつかありますが、ここでは全体の字間を一定の比率で詰めたり開けたりする**トラッキング**を学びます。

STEP 01

テキスト全体の字間を一定の比率で詰めたり開けたりすることを、「トラッキング」といいます。トラッキングの設定は、［文字］パネル（あるいは［コントロール］パネル）の［字送り］のフィールドを使います❶。

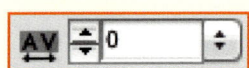

STEP 02

［横組み（縦組み）文字］ツール でテキストを詰めたい（開けたい）部分を選択し❷、［文字］パネルの［字送り］のフィールドに、任意の数字を入力します❸。文字サイズの1／1000単位で字間を詰めたり開けたりすることができます。マイナス値の入力で字間が詰まり❹、プラス値の入力で字間が開きます❺。

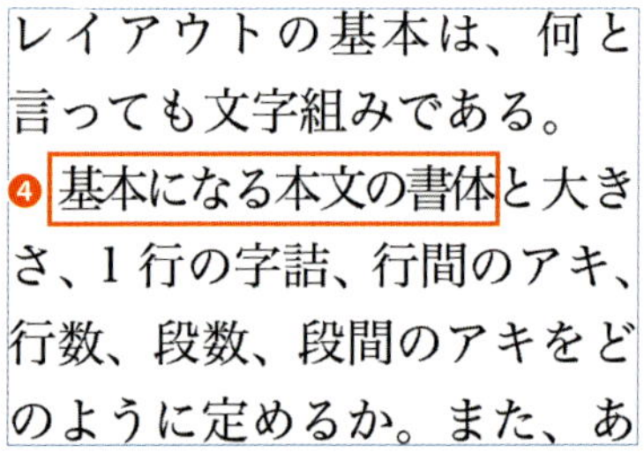

トラッキング値がマイナスの場合（詰め組み）

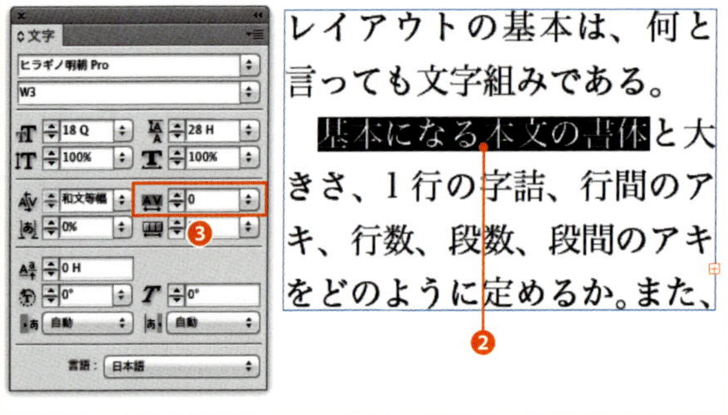

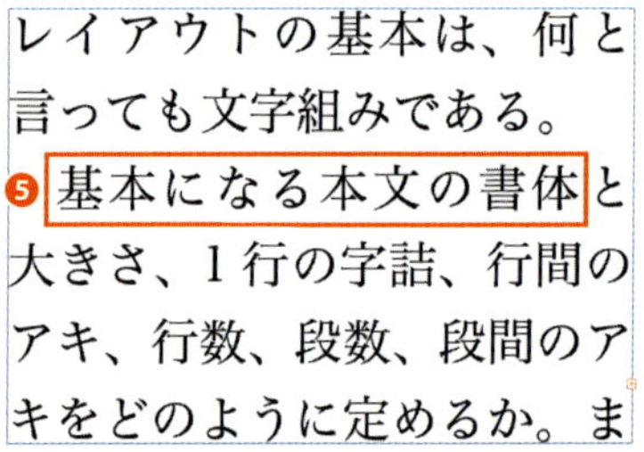

トラッキング値がプラスの場合（開け組み）

STEP 03

［文字］パネルの［字送り］フィールドの▼印をクリックすると、200から−100までの固定トラッキング値が選択できます❻。

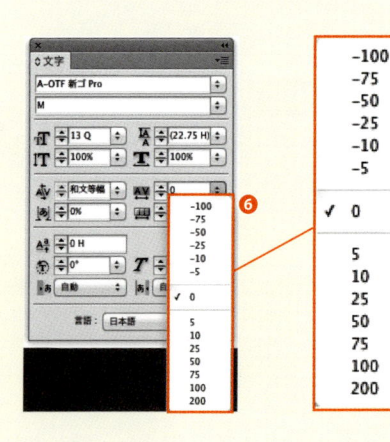

MEMO

「トラッキング」は字間を一律に詰める（開ける）ものなので、文字の形状に合わせた微妙な詰め（開け）はできません。文字の形状に合わせて調整するには次ページの「カーニング」を利用します。

083 テキストをプロポーショナルで詰める・開ける
084 テキストの字間を字面に応じて詰める

083 テキストをプロポーショナルで詰める・開ける

隣り合う文字の間隔を、字面に合わせて（プロポーショナルで）手動で詰めたり開けたりして調整する方法が**カーニング**です。

STEP 01

テキストの隣り合う文字の間隔を、字面に合わせて手動で詰めたり開けたりすることを、「カーニング」といいます。カーニングの設定は、［文字］パネル（あるいは［コントロール］パネル）の［カーニング］のフィールドを使います❶。

STEP 02

［横組み（縦組み）文字］ツール で、テキストの詰めたい（開けたい）字間にカーソルを置き❷、［文字］パネルの［カーニング］のフィールドに、任意の数字を入力します❸。文字サイズの１／1000単位で字間を詰めたり開けたりすることができます。マイナス値の入力で字間が詰まり❹、プラス値の入力で字間が開きます。

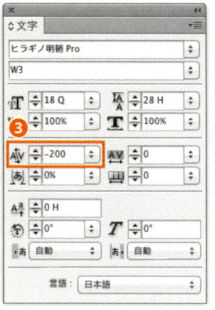

STEP 03

［文字］パネルのカーニングフィールドの▼印をクリックすると、200から−100までの固定カーニング値が選択できます❺。

MEMO

［オプティカル］は、文字の形状に基づき、隣り合う文字同志の間隔をInDesignが自動的に調整する機能です。［メトリクス］は、フォントの持つ「ペアカーニング」情報を基に字間を詰める機能で、「T」と「o」の組み合わせのように、字間が開いて見える特定の文字が並ぶ場合に字間を詰めます。［和文等幅］は、和文は詰めを行わず、欧文のみメトリクスを適用します。

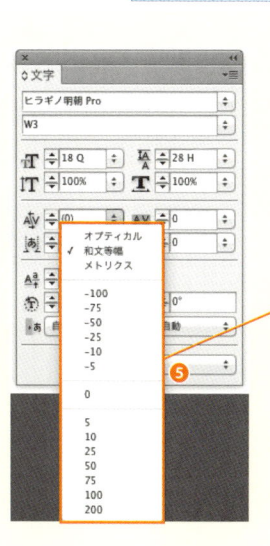

084 テキストの字間を字面に応じて詰める

仮想ボディと字面とのアキに応じて文字の前後のアキを詰める方法が**文字詰め**です。和文組版に最適な詰め機能です。

STEP 01

文字は仮想ボディの内側に設計されていますが、字面は文字によって異なります。仮想ボディと字面とのアキ（文字同士の実アキ）の部分を狭めて字間を詰める方法が「文字詰め」です。文字詰めの設定は、［文字］パネル（あるいは［コントロール］パネル）の［文字ツメ］のフィールドを使います❶。

STEP 02

［横組み（縦組み）文字］ツール🅣で、テキストの詰めたい部分を選択し❷、［文字］パネルの［文字ツメ］のフィールドに、任意の数字を入力します❸。選択された部分の文字が詰まります❹。詰める度合いは、0～100％の間で0.01％刻みで指定できます。字間を開けることはできません。

もとの組み

↓

文字詰め後の組み

STEP 03

［文字］パネルの［文字ツメ］フィールドの◆印をクリックすると、0％から100％までの固定の文字詰め値が選択できます❺。

> **MEMO**
> 「文字ツメ」がほかの文字を詰める機能と大きく異なるのは、次の文字との字間のみを詰めるのではなく、文字の前後のアキを詰めることができる点です。行頭や行末のアキも詰めることが可能です。

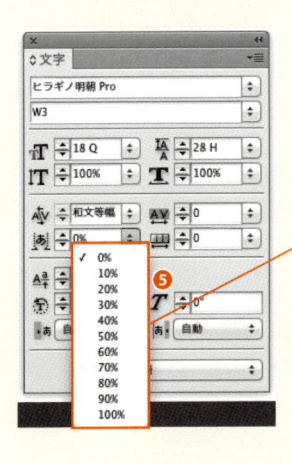

085 テキストの前後を一定量のアキで固定する

文字の前後のアキを一定量にしたい場合は、[文字]パネルの[文字前（文字後）のアキ量]機能を使います。

STEP 01

文字の前後を一定量で開けたり、句読点や括弧類の前後を一定量に保ちたい場合には、[文字]パネル（あるいは[コントロール]パネル）の[文字前のアキ量][文字後のアキ量]を使います❶。

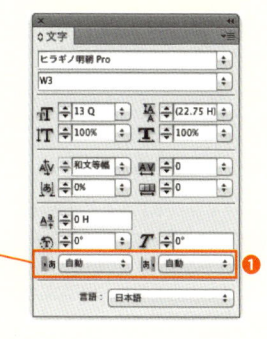

STEP 02

[横組み（縦組み）文字]ツール[T]で、前（後）に一定量のアキを設定したい部分を選択し❷、[文字]パネルの[文字前のアキ量][文字後のアキ量]のポップアップメニューから任意のアキ量を選択します❸。選択された部分の前（後）が指定したアキで固定されます❹。アキ量は文字サイズを基準に設定されます。

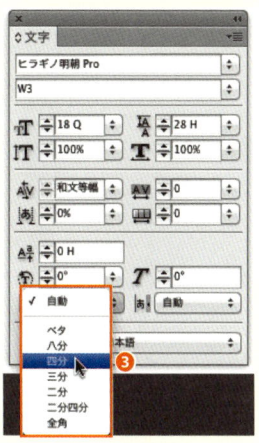

もとの組み

文字の前を四分アキに設定した例

STEP 03

[文字前のアキ量][文字後のアキ量]のフィールドのポップアップメニューでは、7つのアキ量が選択可能です。

ベタ：アキを作らない
八分：使用サイズの1／8のアキ
四分：使用サイズの1／4のアキ
三分：使用サイズの1／3のアキ
二分：使用サイズの1／2のアキ
二分四分：使用サイズの3／4のアキ
全角：使用サイズ分のアキ

> **MEMO**
> 全角扱いの句読点や括弧を部分的に半角扱いで組みたいといったケースでは、[文字後のアキ量]を[ベタ]にします。

082 テキストを一定の比率で詰める・開ける

086 テキストに縦中横を設定する

縦組み内の数字や欧文のブロックを 90 度回転させる機能が［縦中横］です。頻出する場合は［自動縦中横］を設定する方が便利です。

STEP 01

縦組みの中に日付や単位など 1 バイト文字のアラビア数字や欧文が入ると、デフォルトでは横倒しになります。これを［縦中横］機能で 90 度回転させます。
［縦中横］機能は、［文字］パネル（あるいは［コントロール］パネル）のパネルメニューの中にあります。

STEP 02

［縦組み文字］ツール で、縦中横にしたい部分を選択し❶、［文字］パネルのパネルメニューから［縦中横］を選択します❷。文字が 90 度回転されます❸。

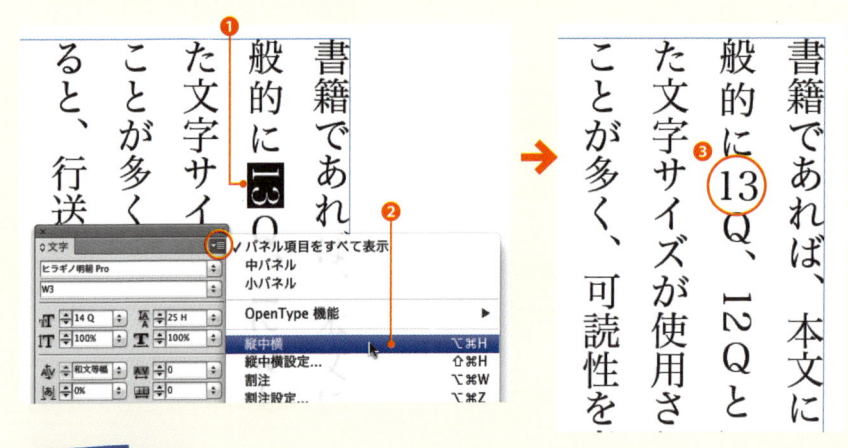

STEP 03

段落内に縦中横にする箇所が多い場合には、［自動縦中横］を設定しておくと効率的です。［縦組み文字］ツール で、段落内にカーソルを置き❹、［段落］パネル（あるいは［コントロール］パネル）のパネルメニューから［自動縦中横設定］を選択します❺。［自動縦中横設定］ダイアログで桁数を入力して［OK］ボタンをクリックすると、指定した桁数までの組み数字に対して縦中横が適用されます。なお、［欧文も含める］にチェックを入れると指定した桁数までの欧文も回転します。

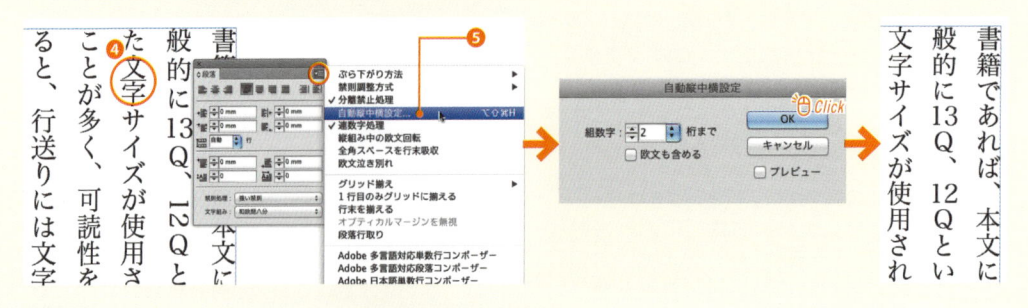

087 縦組み内の半角英数字を自動回転させる

縦組み内の数字や欧文を1文字単位で90度回転させる機能が［縦組み中の欧文回転］です。段落単位で設定が可能です。

STEP 01

縦組みの中に1バイト文字のアラビア数字や欧文が入ると、デフォルトでは横倒しになります。これを1文字単位で90度回転させたい場合には、［縦組み中の欧文回転］を使用します。［縦組み中の欧文回転］機能は、［段落］パネル（あるいは［コントロール］パネル）のパネルメニューの中にあります。

STEP 02

［縦組み文字］ツール で、回転させたい半角英数字のある段落内にカーソルを置き❶、［段落］パネルのパネルメニューから［縦組み中の欧文回転］を選択します❷。

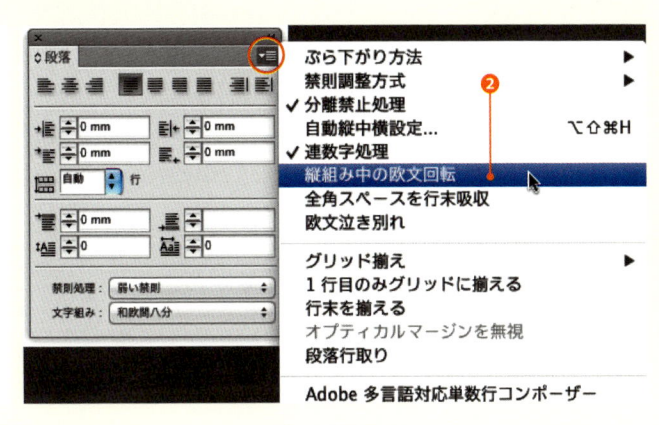

STEP 03

段落内の半角英数字が1文字単位で90度回転されます。

> **MEMO**
> ［自動縦中横］と［縦組み中の欧文回転］は併用することが可能です。この場合、［自動縦中横］で指定した桁数までは組数字として半角英数字が回転し、それ以上の桁数の半角英数字は1文字単位で回転します。

088 ドロップキャップを作る

段落の先頭の文字を大きくして目立たせたものを**ドロップキャップ**といいます。InDesign では、この効果を簡単に作ることができます。

STEP 01

「ドロップキャップ」は段落に対して設定するため、［段落］パネル（あるいは［コントロール］パネル）を使います。［横組み（縦組み）文字］ツール で、ドロップキャップを設定したい段落内にカーソルを置き❶、［段落］パネルの［行のドロップキャップ数］に、何行分を使うのかの数値を入力します❷。

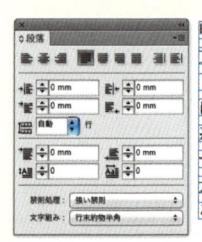

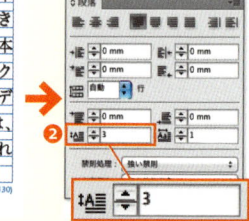

STEP 02

続いて［1 またはそれ以上の文字のドロップキャップ］にドロップキャップを適用する字数を入力します❸。その他、2 行分 2 字、4 行分 1 字の効果の例も示します。

2 行分 2 字のドロップキャップ

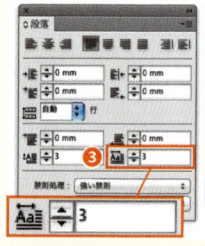

4 行分 1 字のドロップキャップ

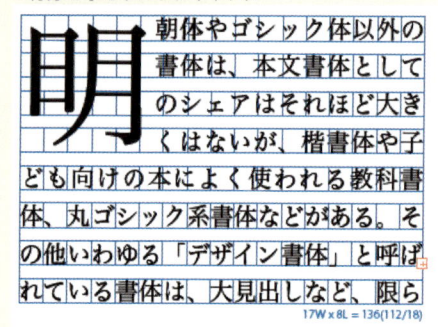

STEP 03

本文に使われるフォントをそのまま大きくすると、弱い印象になります。そのような時には、ドロップキャップが適用された部分のフォントを太くするなどの工夫が必要です❹。また、ドロップキャップ後の文字の位置が乱れることがありますので、その場合はドロップキャップの字間を「カーニング」などで調整します。

---

083 テキストをプロポーショナルで詰める・開ける
106 段落にインデントを設定する

089 テキストにルビをふる

ルビ（振り仮名）は日本語組版になくてはならないものです。ルビは、［ルビ］ダイアログで設定します。

STEP 01

［横組み（縦組み）文字］ツール でルビを振りたい文字（親文字）を選択し❶、［文字］パネルの［パネルメニュー］から［ルビ］→［ルビの位置と間隔］を選択します❷。

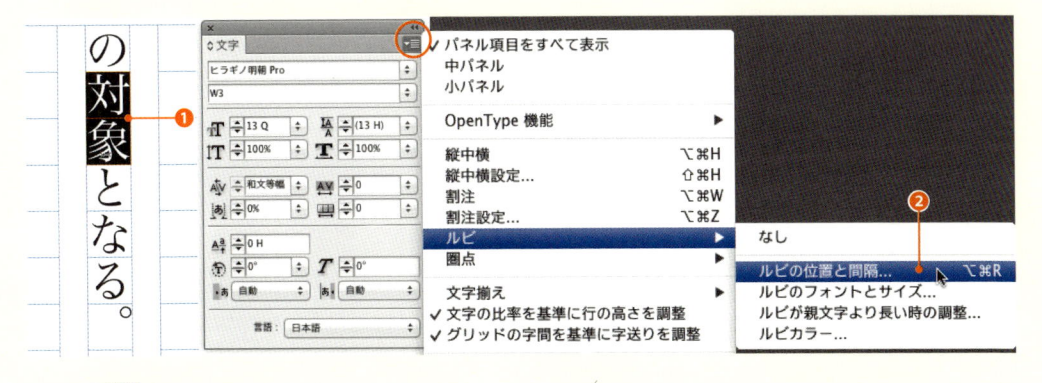

STEP 02

［ルビ］ダイアログの［種類］に［モノルビ］❸か［グループルビ］❹のいずれかを選択し、［ルビ］フィールドにルビを入力します。［モノルビ］（親文字ごとにルビを振る）の場合には、親文字単位で間に全角または半角スペースを入れます❺。［グループルビ］（親文字全体にルビを振る）の場合にはスペースを入れません❻。また、用途に応じて［揃え］や［位置］などを設定します。［OK］ボタンをクリックすると、親文字にルビが振られます。

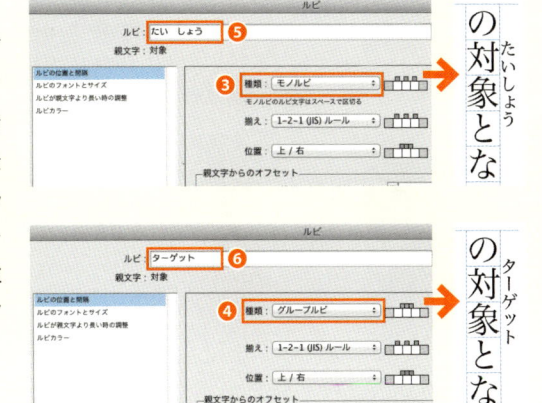

STEP 03

ルビは親文字と同じ書体にするのが基本ですが、書体を変えたい場合、また大きいサイズの親字に小さいルビを振りたい場合は、［ルビ］ダイアログの［ルビのフォントとサイズ］で設定します❼。また、親文字よりもルビが長い場合の字間の調整は、［ルビが親文字より長い時の調整］で設定します❽。

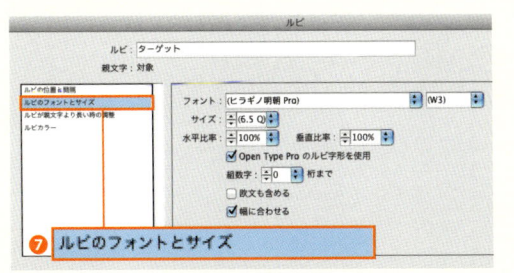

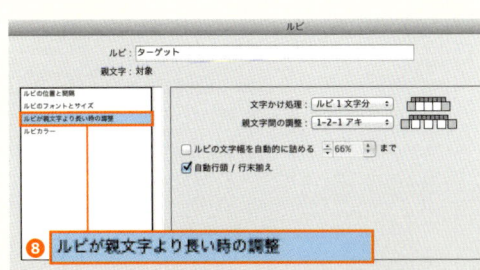

❼ ルビのフォントとサイズ
❽ ルビが親文字より長い時の調整

090 テキストに圏点をつける

090 テキストに圏点をつける

文章の中で強調したい語句に圏点（傍点）をつけることがあります。InDesignには、あらかじめ数種類の圏点が用意されています。

STEP 01

［横組み（縦組み）文字］ツール T． で圏点を付けたい文字（親文字）を選択します❶。

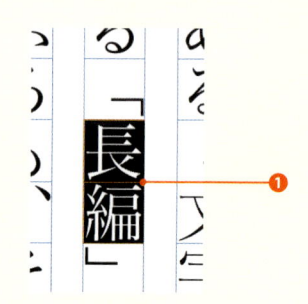

STEP 02

［文字］パネルのパネルメニューから［圏点］を選択し、メニュー内の任意の圏点を選択します❷。親文字に圏点が付きます❸。

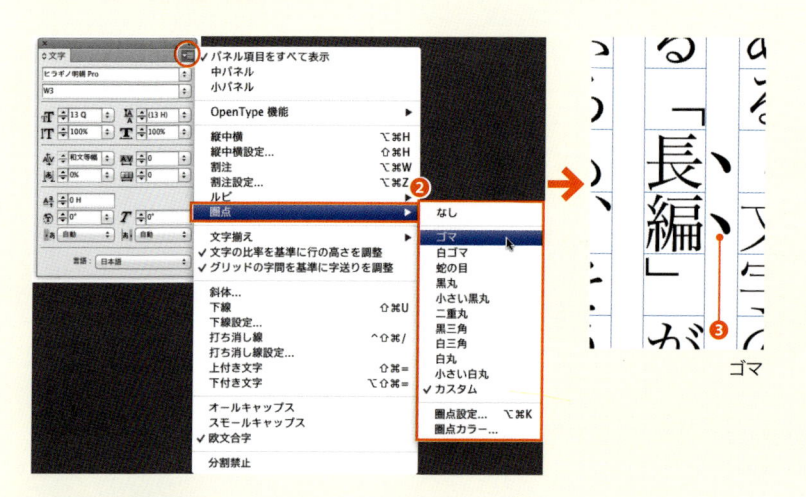

圏点の種類

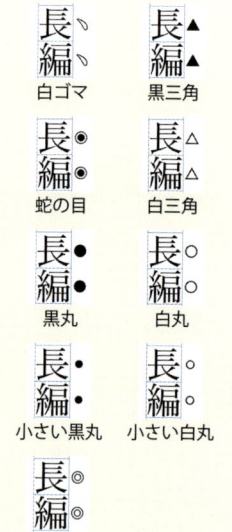

- 長編　白ゴマ
- 長編　黒三角
- 長編　蛇の目
- 長編　白三角
- 長編　黒丸
- 長編　白丸
- 長編　小さい黒丸
- 長編　小さい白丸
- 長編　二重丸

STEP 03

［文字］パネルのパネルメニューから［圏点］→［カスタム］（あるいは［圏点設定］）を選択すると［圏点］ダイアログがあらわれます。ここでは、親文字からの距離、圏点の位置、圏点のサイズなどの調整のほか、好みの文字や記号を圏点に設定することができます❹❺。

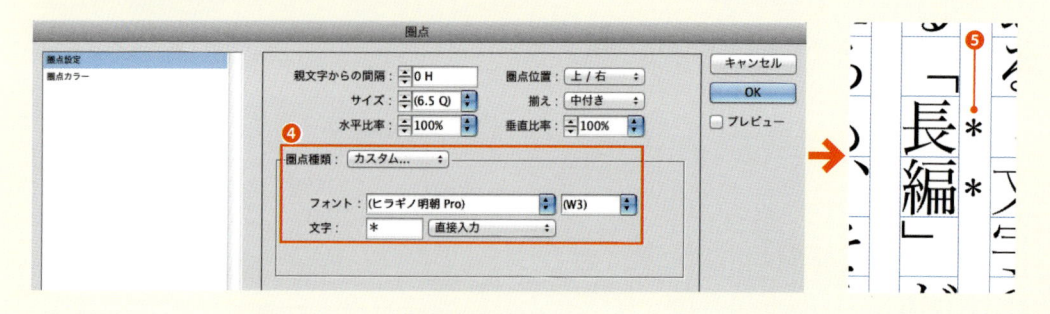

091 テキストに下線・打ち消し線をつける

テキストに下線（縦組の場合は傍線）や打ち消し線をつけることがあります。これらの設定は、［文字］パネルのパネルメニューから実行します。

STEP 01

下線を付けたいテキストを選択し❶、［文字］パネルのパネルメニューから［下線］を選択すると❷、テキストに下線が付きます❸。縦組みでは、傍線が文字の右側に付きます❹。

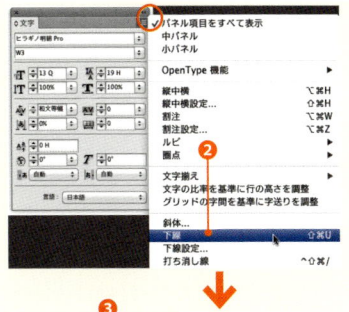

STEP 02

続いて打ち消し線を付けてみましょう。打ち消し線を付けたいテキストを選択し、［文字］パネルのパネルメニューから［打ち消し線］を選択すると❺、テキストに打ち消し線が付きます❻。

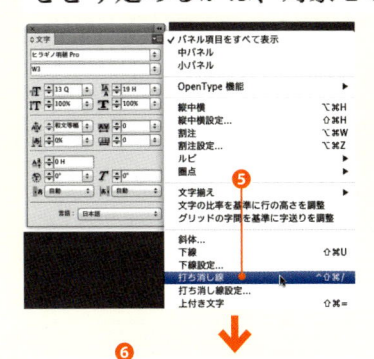

STEP 03

［文字］パネルのパネルメニューから［下線設定］あるいは［打ち消し線設定］を選択すると、［下線設定］（［打ち消し線設定］）ダイアログがあらわれます。ここで線幅、テキストとのアキ（オフセット値）、線の種類、カラーなどをカスタマイズすることができます❼❽。

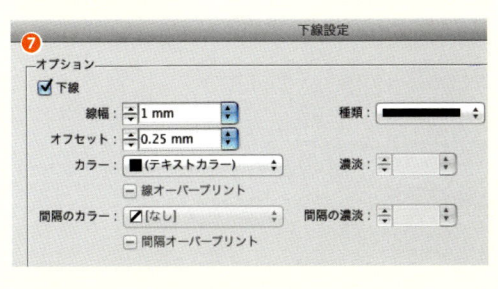

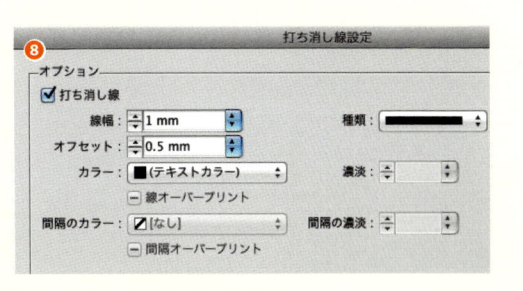

092 条件テキストを設定する

レイアウトが同じで異なる内容のドキュメントを作成する場合には［条件テキスト］を使用します。ふたつのドキュメントに分けて作成する必要はありません。

STEP 01

ここでは［条件テキスト］を使用して、ひとつのドキュメント内に異なるバージョン（円表記とドル表記）を作成してみたいと思います。まず、テキストを用意します。この時、円表記とドル表記は続けて入力します❶。

- Creative Cloud
  年間プラン　月額5,000円 US$49.99 per month
- Creative Suite 6 Design & Web Premium
  製品版　249,900円 US$1,899
- Creative Suite 6 Design Standard
  製品版　166,950円 US$1,299
- Creative Suite 6 Master Collection
  製品版　334,950円 US$2,599

STEP 02

［ウィンドウ］メニューから［書式と表］→［条件テキスト］を選択して❷、［条件テキスト］パネルを表示させます。

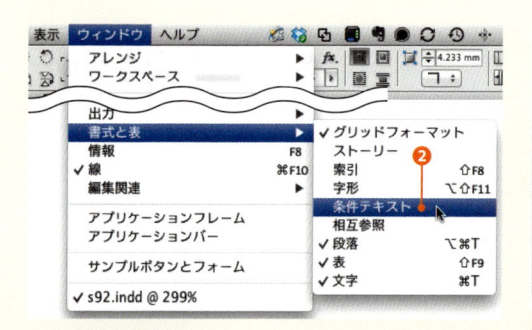

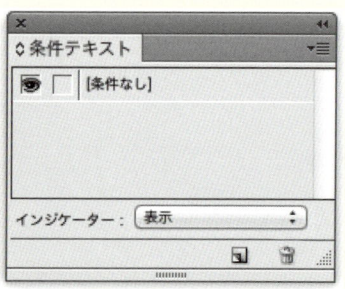

STEP 03

円表記とドル表記のふたつのバージョンを作成したいので、［条件テキスト］パネルの［新規条件］ボタンをクリックして❸、ふたつの条件を作成します。ここでは「ドル」と「円」を作成しました❹。

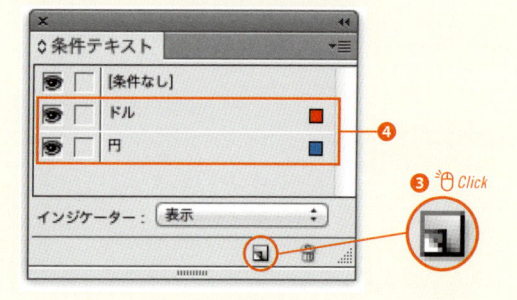

STEP 04

まず、［横組み（縦組み）文字］ツール T で円表記のテキスト部分を選択し❺［条件テキスト］パネルの「円」をクリックします❻。

STEP 05

続いて、ドル表記のテキスト部分を選択し❼［条件テキスト］パネルの「ドル」をクリックします❽。

STEP 06

同様の手順で、すべての円表記・ドル表記のテキスト部分に対して、それぞれ「条件」を適用していきます❾。

STEP 07

［条件テキスト］パネルで各条件の目のアイコンを切り替えると、それぞれの条件に合うテキストのみが表示されます。なお、［インジケーター］では、［表示］［表示と印刷］［隠す］のいずれかを選択できます。作業内容に応じて切り替えて下さい。

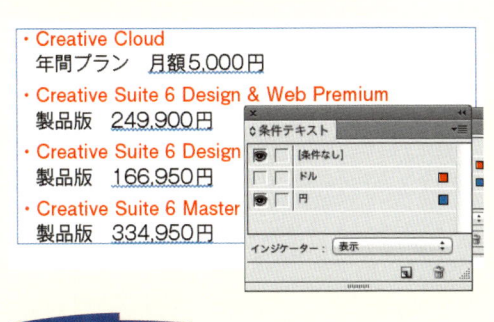

STEP 08

ちなみに、［条件テキスト］パネルのパネルメニューから［オプションを表示］を選択すると❿、［新規セット］が作成可能となり、いくつかの条件を組み合わせたセットを使用することもできます⓫。

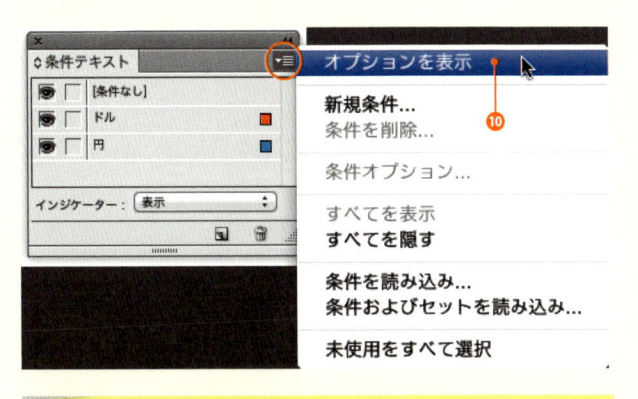

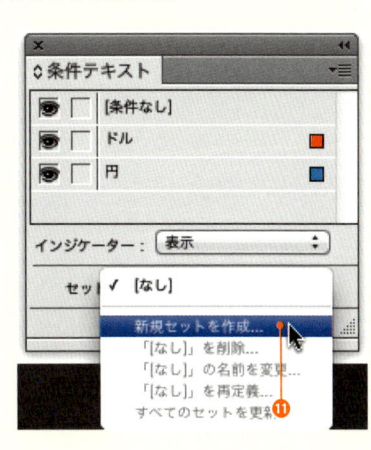

MEMO
条件テキストでは、非表示になったテキスト部分に続くテキストが送り込まれるのが大きなポイントです。

093 見出しを複数行取りにする

[行取り]を利用すると、文中にある見出し類を、本文の複数行分使用した体裁（2行取り、3行取りなど）にすることができます。

STEP 01

見出し類の「複数行取り」は段落に対して設定するので、［段落］パネル（あるいは［コントロール］パネル）の［行取り］で指定します❶。

STEP 02

［横組み（縦組み）文字］ツール で、複数行取りを設定したい見出し内にカーソルを置き❷、［段落］パネルの［行取り］のフィールドに、行取りの数値を入力します❸。ポップアップメニューには、1行取りから5行取りまでの数値が用意されています❹。下図は3行取りを指定した例です。

CAUTION
複数行取りの設定は、フレームグリッドを使用していて、テキストの段落設定に［グリッド揃え］が適用されている場合に、スムーズな効果が得られます。その他の場合には、複数行取りを設定した後に、行送りやグリッド揃えなどを設定し直す必要があります。

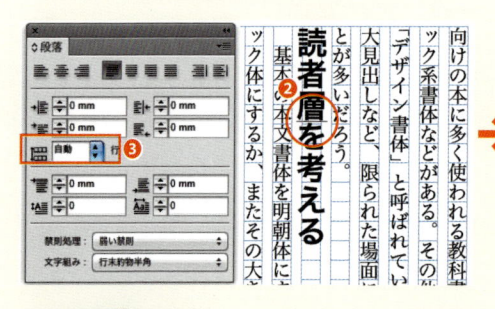

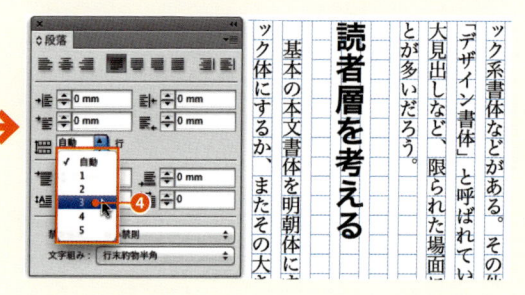

STEP 03

見出し自体が複数行になると、上記の方法では、それぞれの行で複数行取りになるため行間が開きすぎてしまいます。そのような場合には、［段落］パネルのパネルメニューから［段落行取り］を選択します❺。［段落行取り］を選択すると、複数行に対して［行取り］が適用されます❻。

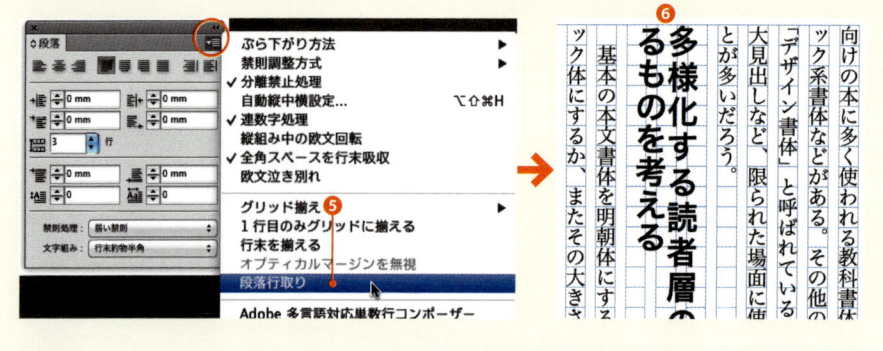

094 見出しを段抜きにする

見出しなど、段をまたいで作成することが可能です。これを「段抜き見出し」と呼び、段抜きする段数や段落前後のアキを指定できます。

STEP 01

段抜きしたい見出しにカーソルをおいた状態で❶、[段落]パネルのパネルメニューから[段抜きと分割]を選択します❷。

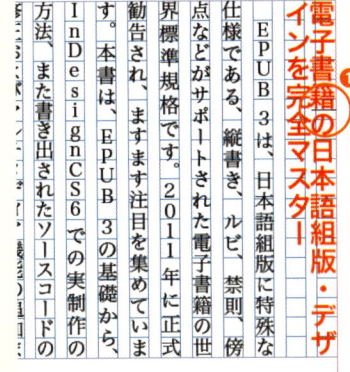

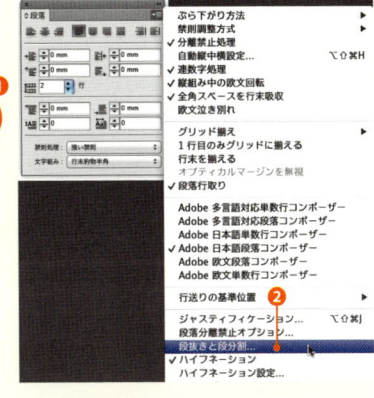

STEP 02

[段抜きと分割]ダイアログが表示されるので、[段落レイアウト]に[段抜き]を選択して❸、[段抜きする段数]を指定します❹。ここでは「2段」とし、[OK]ボタンをクリックします。なお、[段抜き]は[コントロール]パネルからも指定可能ですが、より詳細に設定したい場合には[段落]パネルから[段抜きと分割]コマンドを実行します。

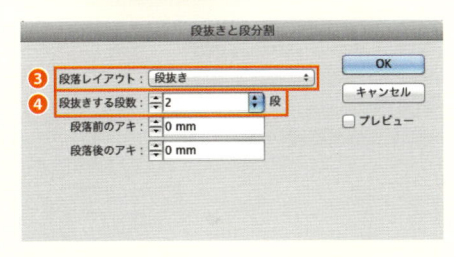

STEP 03

指定した段数で段抜き見出しが適用されます❺。

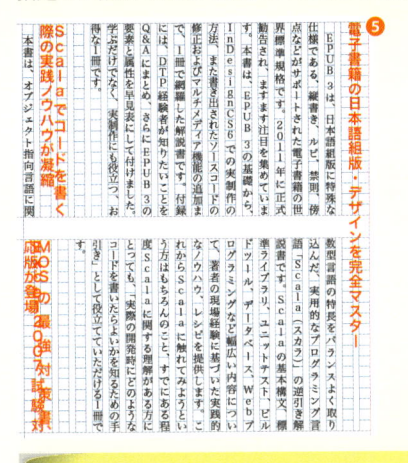

STEP 04

同様の手順でほかの見出しにも段抜きを設定します。

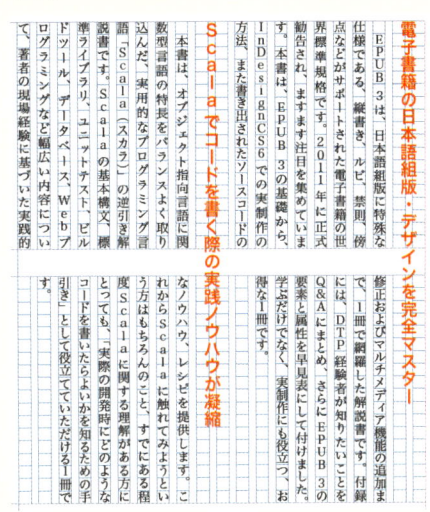

> **MEMO**
> 段抜き見出しは、連結されたテキストフレームをまたいで作成することはできません。必ず、ひとつのテキストフレーム内で段組みされている必要があります。

093 見出しを複数行取りにする
095 テキストを段分割する

095 テキストを段分割する

第4章 文字の操作

テキストフレーム内のテキストを部分的に段組みすることが可能です。これを「段分割」と呼び、分割する段数や段落間の間隔などを指定できます。

STEP 01

［横組み（縦組み）文字］ツール ｜T｜ で、段分割したいテキストを選択し❶、［段落］パネルのパネルメニューから［段抜きと段分割］を選択します❷。

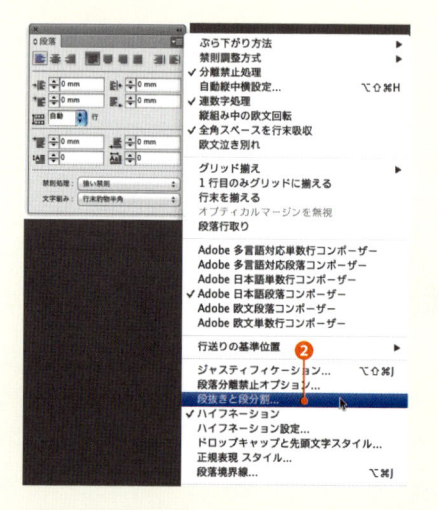

STEP 02

［段抜きと段分割］ダイアログが表示されるので、［段落レイアウト］に［段分割］を選択して❸、［分割する段数］を指定します❹。また、［段落前（後）のアキ］や［段落間の間隔］［フレームとの間隔］などを指定して❺、［OK］ボタンをクリックします❻。なお、［段分割］は［コントロール］パネルからも指定可能ですが、より詳細に設定したい場合には［段落］パネルから［段抜きと段分割］コマンドを実行します。

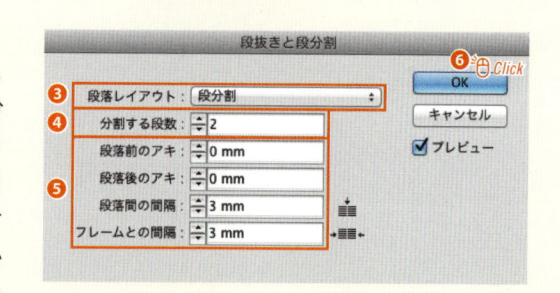

STEP 03

指定した内容で、段分割が適用されます❼。

□ MEMO
段抜きや段分割を解除したい場合には、［段抜きと段分割］ダイアログの［段落レイアウト］を［なし］に戻します。

094 見出しを段抜きにする

第 5 章
日本語組版

InDesign CS6
DESIGN REFERENCE
PLUS

096 テキストを検索・置換する

InDesign の［検索と置換］機能は非常に充実しており、文字列の検索・置換だけでなく、検索範囲の指定や文字種の変換も可能です。

STEP 01

［編集］メニューから［検索と置換］を選択すると、［検索と置換］ダイアログが表示されます。通常の文字列の検索・置換では、［テキスト］タブを選択し、［検索文字列］フィールドに検索する文字列を、［置換文字列］フィールドに置換後の文字列を入力します❶。

STEP 02

［検索］ボタン❷をクリックすると検索文字列が画面上で反転表示します❸。続いて［置換］ボタン❹をクリックすると文字列が修正されます。続けて検索・置換を行う場合には、［置換して検索］ボタン❺をクリックして検索文字列を表示し、確認しながら進めることができます。また、［すべてを置換］ボタン❻をクリックすると、当該文字列をすべて修正することができます。

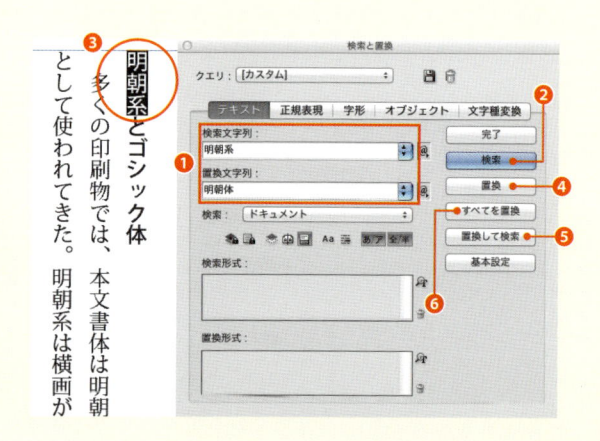

STEP 03

検索・置換する範囲を定めることができます。ダイアログ中央の［検索］ポップアップメニューには、［すべてのドキュメント］［ドキュメント］［ストーリー］［ストーリーの最後へ］［選択範囲］の選択肢があります❼。

すべてのドキュメント：開かれているすべてのドキュメントで検索・置換を実行します。

ドキュメント：現在作業中のドキュメント全体で検索・置換を実行します。

ストーリー：現在選択されているテキストフレーム内のすべてのテキストで検索・置換を実行します。連結されているテキストフレーム内のテキストやあふれているテキストも含みます。

ストーリーの最後へ：カーソルが挿入されている箇所以降のテキストで検索・置換を実行します。

選択範囲：現在選択されているテキストの範囲内で検索・置換を実行します。

STEP 04

［検索と置換］ダイアログの［文字種変換］タブでは、半角カタカナ文字を全角カタカナ文字へ、全角英数字を半角英数字へといったように、異なる文字種へ変換することができます❽。

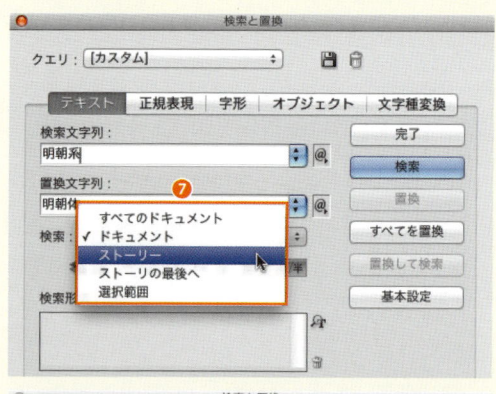

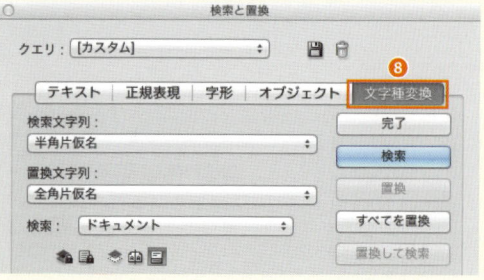

---

097 文字属性・段落属性を指定して検索・置換する
223 文字種を検索・置換する

097 文字属性・段落属性を指定して検索・置換する

[検索と置換] ダイアログでは、文字サイズやフォントなどの文字属性やインデントなどの段落属性から検索・置換ができます。

STEP 01

特定の文字列のみフォントを変更してみましょう。[編集] メニューから [検索と置換] を選択し、[検索と置換] ダイアログを表示させます。[検索文字列] と [置換文字列] に同じ語句を入力し、[置換形式] の [変更する属性を指定] アイコンをクリックします❶。

STEP 02

[置換形式の設定] ダイアログが表示されるので、左側のメニューから [基本文字形式] を選択します❷。[フォント] のポップアップメニューからフォントを、[スタイル] のポップアップメニューからスタイルを設定し、[OK] ボタンをクリックします❸。

> **MEMO**
> 同様に [検索形式] の [検索する属性を指定] アイコンをクリックして表示される [検索形式の設定] ダイアログで文字属性・段落属性を設定すれば、特定の属性を持った文字列のみを検索することができます。

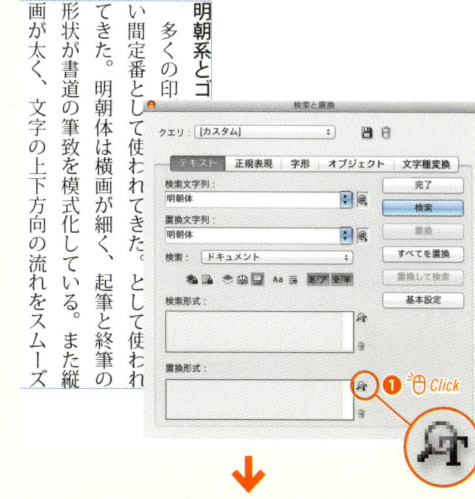

STEP 03

[検索と置換] ダイアログで [すべてを置換] ボタンをクリックすると、「明朝体」という文字列が、すべて「新ゴ Pro M」に変更されました。

> **MEMO**
> [検索と置換] ダイアログの [検索形式] [置換形式] の [検索する (変更する) 属性を指定] アイコンをクリックすると表示される [検索 (置換) 形式の設定] ダイアログでは、文字列や段落の持つ個々の属性だけでなく、[文字スタイル] や [段落スタイル] での検索・置換も可能です。

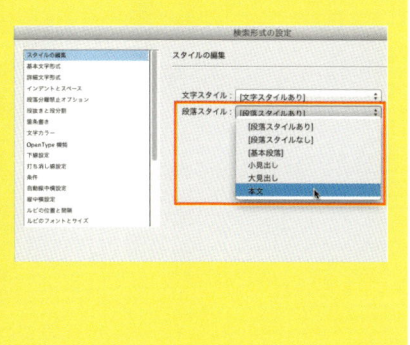

096 テキストを検索・置換する　　129

098 スポイトツールで文字属性を変更する

あるオブジェクトの持つ属性をほかのオブジェクトに適用する場合に有用な［スポイト］ツール❶は、文字属性の変更にも使えます。

STEP 01

選択されていない文字列にほかの文字列の属性を適用したい場合は、［スポイト］ツール❶で属性のコピー元の文字列をクリックします❷。［スポイト］ツールに文字属性が取り込まれ、ツールアイコンが満杯状態に変わります（向きも反転します）。

STEP 02

続いて属性を適用したい文字列をドラッグ選択すると❸、［スポイト］ツール から文字属性が移植され、文字列の属性が変更されます❹。

> **MEMO**
> ［スポイト］ツール が満杯状態であれば、そのまま別の文字列をドラッグ選択して属性を変更することができます。

STEP 03

選択された文字列にほかの文字列の属性を適用したい場合には、［縦組み（横組み）文字］ツールで属性を適用したい文字列を選択します❺。［スポイト］ツール を選択して、移植したい属性をもつ文字列上をクリックします❻。［スポイト］ツール が満杯状態になり（向きも反転）、最初に選択していた文字列に属性が適用されます❼。

099 異体字に変更する

同音同義で字形の異なる異体字への変更は、［字形］パネルから実行します。

STEP 01

吉田の「吉」を「𠮷」に変換してみましょう。「吉」の字を選択し❶、［書式］メニューから［字形］を選択します❷。

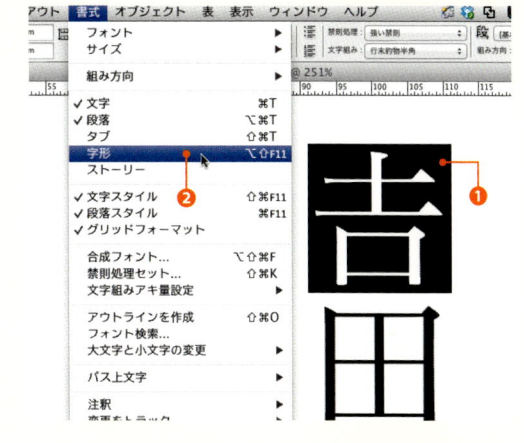

STEP 02

［字形］パネルが表示され、「吉」が選択されています❸。右下の▶（異体字が存在することを示すマーク）を押し続けると、「吉」の異体字が表示されます❹。

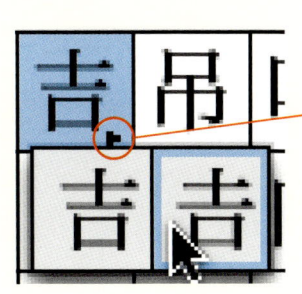

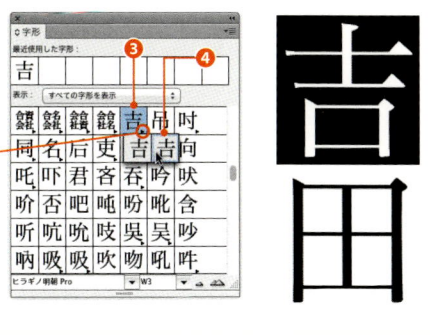

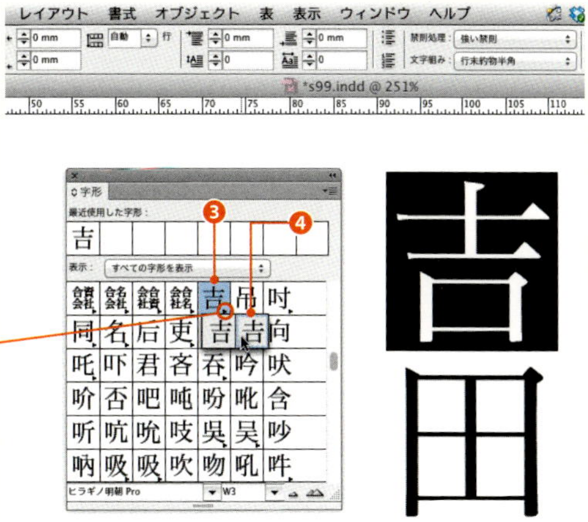

STEP 03

「𠮷」を選択すると、「吉」が「𠮷」に切り替わります❺。

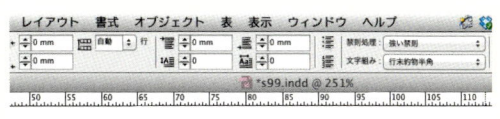

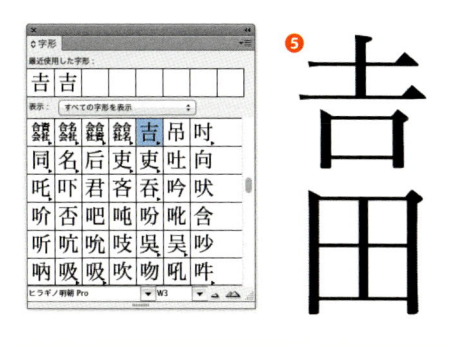

> **MEMO**
> ［字形］パネルで選択した異体字は、パネル上部の［最近使用した字形］フィールドに登録されます。再度、同じ字形を使用する際には、このフィールドから選択・入力することができます。

100 特殊な文字や記号を入力する

［字形］パネルを使えば、OpenType フォントに含まれる多彩な約物、記号類などを効率的に入力することができます。

STEP 01

「黒丸白抜き数字」を入力してみましょう。テキストの入力したい部分にカーソルを置き❶、［書式］メニューから［字形］を選択します❷。

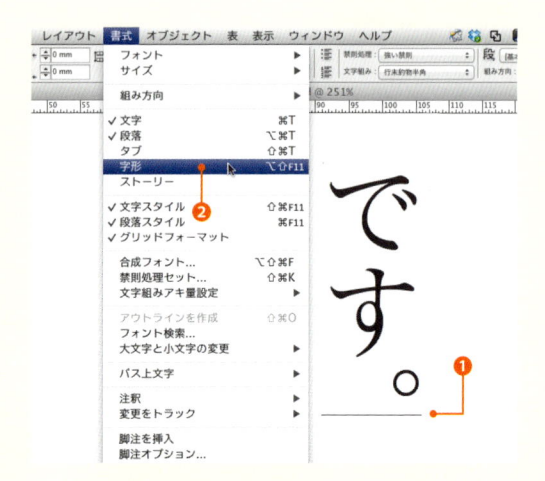

STEP 02

［字形］パネルが表示されるので、［表示］ポップアップメニューから［数字］を選択します❸。

STEP 03

［字形］パネルの表示が数字のみとなるので、必要な数字の右下にある▶を押し続けます。その数字の修飾字形（枠付き、括弧付き、丸付き、白抜きなど）が表示されるので、使用したい字形を選択します❹。

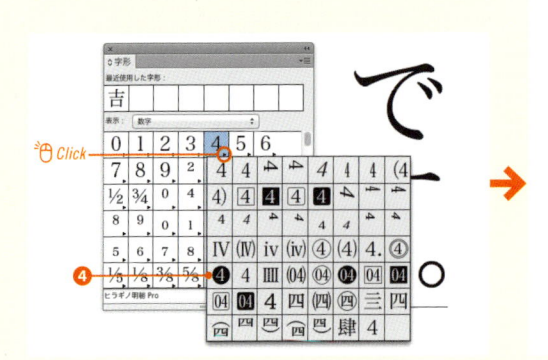

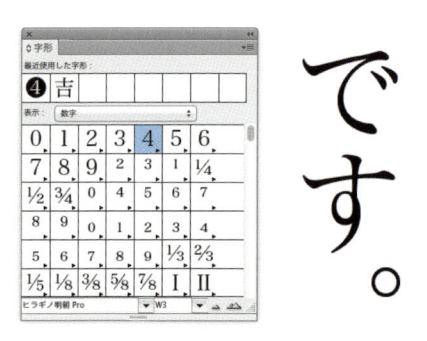

099 異体字に変更する

101 タブを使って文字を揃える

[タブ] 機能を使って文字を揃える方法を覚えましょう。簡単な表組みや目次を作成する際に役に立ちます。

STEP 01

[横組み（縦組み）文字] ツール でテキストフレームを作り、テキストを入力します。項目と項目の間で Tab キーを押し、タブを挿入します❶。

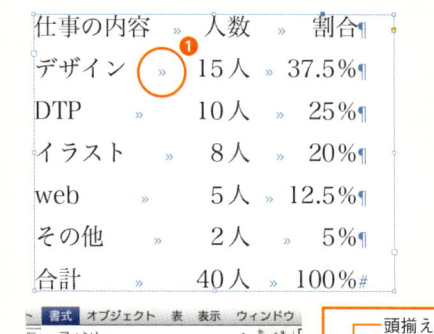

> **MEMO**
> [書式] メニューから [制御文字の表示] を選択すると、タブや改行などの制御文字を表示することができ、入力の確認に役立ちます。

STEP 02

[選択] ツール でテキストフレームを選択し、[書式] メニューから [タブ] を選択します❷。

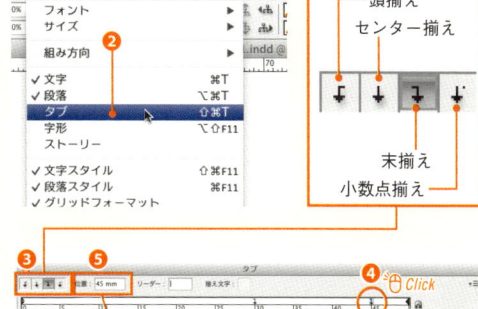

STEP 03

選択しているテキストフレームの上部に [タブ] パネルが現れます。任意の「タブ揃えボタン」を選択し❸、「タブ定規」の上部をクリックし、タブを挿入します❹。タブを移動して位置を調整しますが、位置を正確にコントロールしたい場合には、タブを選択した状態で、[位置] フィールドに数値（mm）を入力します❺。

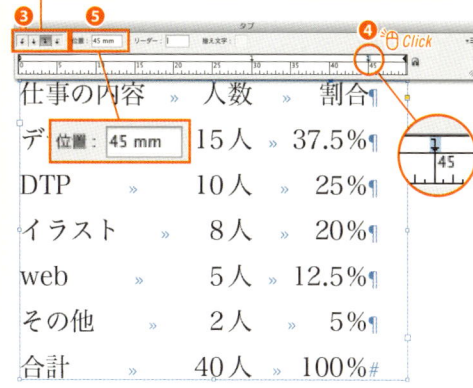

STEP 04

タブによってできたアキの部分にリーダー（「…」）などを作成することができます。タブ定規上のタブを選択して❻、[リーダー] フィールドに使用したい記号など（ここではピリオド）を入力します❼。

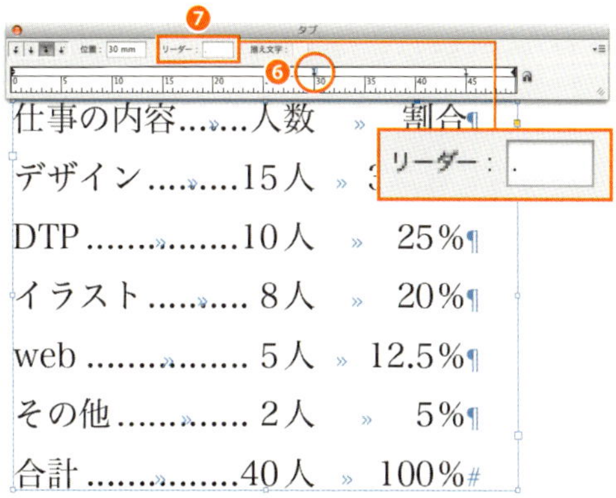

> **MEMO**
> タブを使って文字を揃えた後、[段落境界線] 機能を使って行間に線を入れれば、簡単な表を作ることができます（「107 段落境界線を設定する」参照）。

107 段落境界線を設定する
236 目次ページを自動で作成する

102 文字揃えの基準線を変更する

同一の行に異なるサイズの文字を使用する場合に、その揃え方の基準を定めることができます。InDesign には 6 種類の基準が用意されています。

STEP 01

「文字揃え」は、同一行に異なるサイズの文字を使用する場合に、その揃え方を定めるものです。InDesign のデフォルトでは「仮想ボディの中央」になっていますが、それを含めて 6 種類の揃え方があり、［文字］パネル（あるいは［コントロール］パネル）のパネルメニューから変更することができます❶。「文字揃え」を変更したい場合は、［横組み（縦組み）文字］ツール T で変更したいテキストを選択し、［文字］パネルのパネルメニューから［文字揃え］→［（変更したい文字揃えのコマンド）］を選択します。

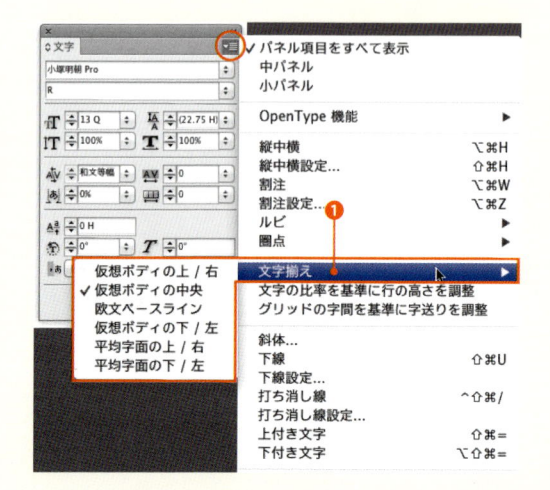

STEP 02

6 種類の「文字揃え」は次の通りです。

仮想ボディの上／右：小さい文字を、大きい文字の仮想ボディの上（縦組みは右）に揃えます❷。
仮想ボディの中央：小さい文字を、大きい文字の仮想ボディの中央に揃えます（デフォルト）❸。
欧文ベースライン：小さい文字を、大きい文字の欧文ベースラインに揃えます❹。
仮想ボディの下／左：小さい文字を、大きい文字の仮想ボディの下（縦組みは左）に揃えます❺。
平均字面の上／右：小さい文字を、大きい文字の平均字面の上（縦組みは右）に揃えます❻。
平均字面の下／左：小さい文字を、大きい文字の平均字面の下（縦組みは左）に揃えます❼。

❷ 仮想ボディの上／右
❸ 仮想ボディの中央
❹ 欧文ベースライン
❺ 仮想ボディの下／左
❻ 平均字面の上／右
❼ 平均字面の下／左

103 行送りの基準位置を変更する

103 行送りの基準位置を変更する

InDesignには、行送りの基準位置が4種類用意されています。これらは[段落]パネルを使用して変更することができます。

STEP 01

[行送りの基準位置]は、複数行にわたる文章の場合に、行のどのラインを基準にして行送りを定めるかの基準です。InDesignのデフォルトでは「仮想ボディの上／右」になっていますが、それを含めて4種類の基準位置があり、[段落]パネル（あるいは[コントロール]パネル）のパネルメニューから変更することができます❶。[行送りの基準位置]を変更したい場合は、[横組み（縦組み）文字]ツール T で変更したい段落内にカーソルを置き、[段落]パネルのパネルメニューから[行送りの基準位置]→[（変更したい基準位置のコマンド）]を選択します。

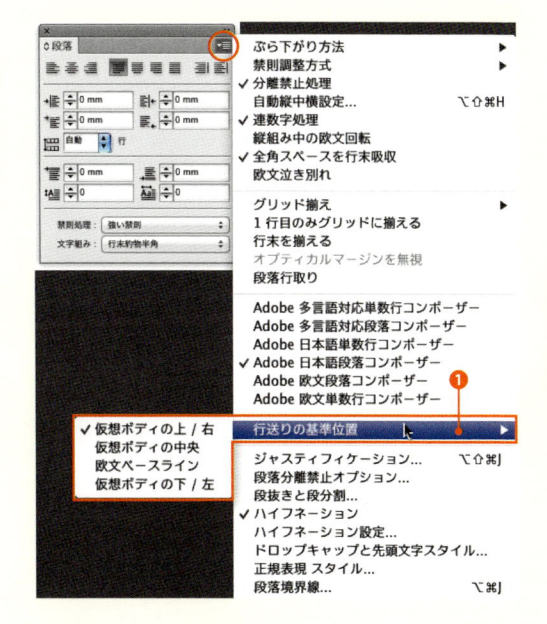

STEP 02

4種類の「行送りの基準位置」は次の通りです。
仮想ボディの上／右：仮想ボディの上（縦組みでは右）を基準にして行を送ります❷。
仮想ボディの中央：仮想ボディの中央を基準にして行を送ります❸。
欧文ベースライン：欧文ベースラインを基準にして行を送ります❹。
仮想ボディの下／左：仮想ボディの下（縦組みでは左）を基準にして行を送ります❺。

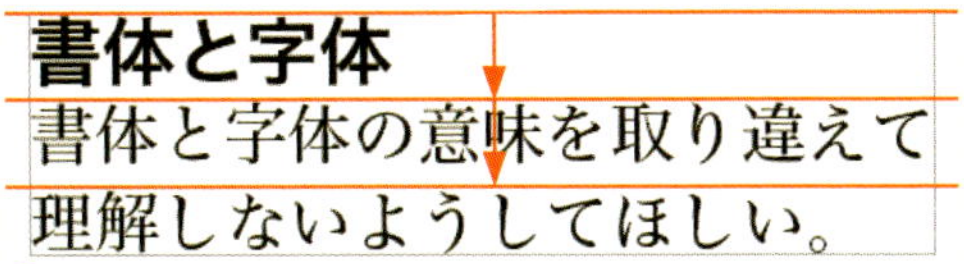

❷ 仮想ボディの上／右

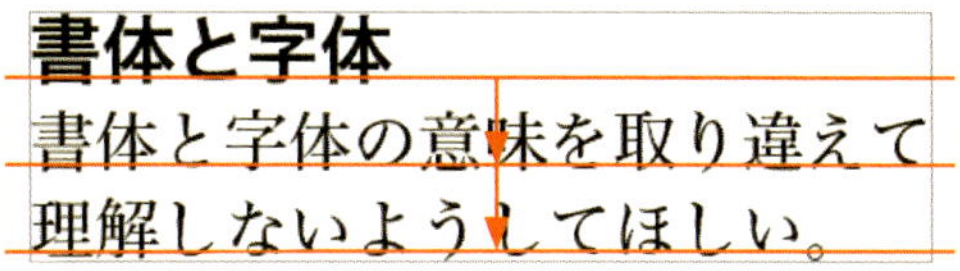

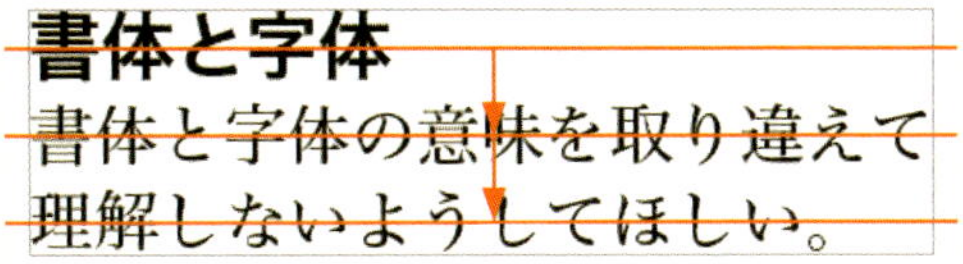

❸ 仮想ボディの中央

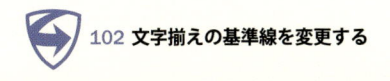

❹ 欧文ベースライン

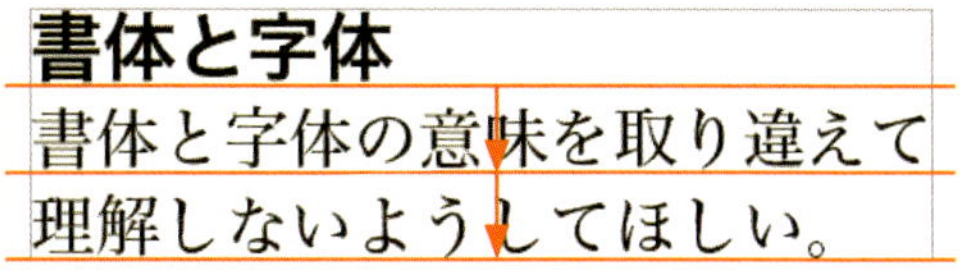

❺ 仮想ボディの下／左

104 段落に行頭揃え・中央揃え・行末揃え・均等配置を使う

複数行の段落の揃え方には、大別して行頭揃え、中央揃え、行末揃え、均等配置の4種類があります。

STEP 01

［段落］パネル（あるいは［コントロール］パネル）には、行揃えのアイコンが搭載されています。
左揃え：行頭を揃え、行末は成り行き❶。
中央揃え：各行の中央を揃えます❷。
右揃え：行末を揃え、行頭は成り行き❸。
均等配置：行頭と行末を揃えます。
均等配置には、以下のような種類があります。
最終行左／上揃え：最終行が行頭揃えになります❹。
最終行中央揃え：最終行が行長の中央揃え❺。
最終行右／下揃え：最終行が行末揃えになります❻。
両端揃え：最終行の行頭・行末が揃い、字間が均等になります❼。

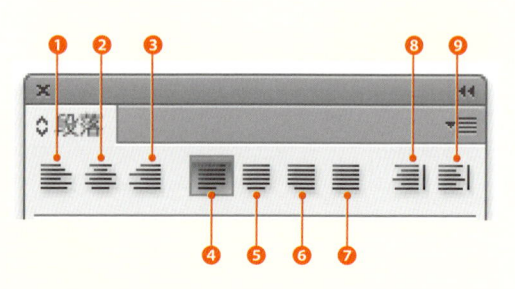

このほかに、横組みの場合の行揃えとして、
ノド元に向かって整列：左ページのテキストは右揃えとなり、それが右ページに移動した場合には左揃えになります❽。
ノド元から整列：左ページのテキストは左揃えとなり、右ページのテキストは右揃えになります❾。

STEP 02

行揃えの設定をしてみましょう。［横組み（縦組み）文字］ツール T で段落内にカーソルを置き❿、［段落］パネルの［左揃え］ボタンをクリックします⓫。横組みならば左揃え、縦組みなら天揃えになり、行末は成り行き（フレームに入るまでテキストが入り、自動改行される）になります。

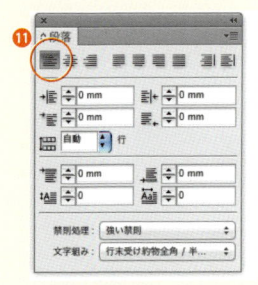

STEP 03

別の行揃えを適用してみましょう。［均等配置（最終行中央揃え）］ボタンをクリックします⓬。

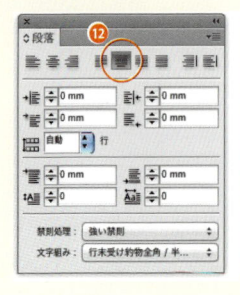

105 段落前・段落後のアキを設定する

段落の前後を行間よりも開けることができます。長い文章で段落間に適宜アキを入れる場合に便利です。

STEP 01

［段落］パネルを使って、段落の前後にほかの行間よりも広いアキを作ります❶。この方法では、設定してある行間にプラスされて行間が広がります。

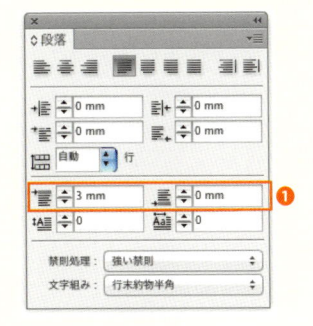

STEP 02

［横組み（縦組み）文字］ツール T. で段落内にカーソルを置き❷、［段落］パネルの段落前のアキのフィールドに開けたい値を入力します❸。ここでは3mmと入力しました。

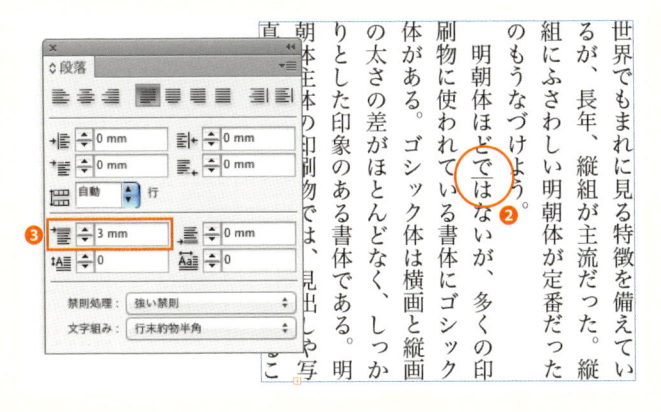

STEP 03

行間プラス段落前のアキが設定されました❹。

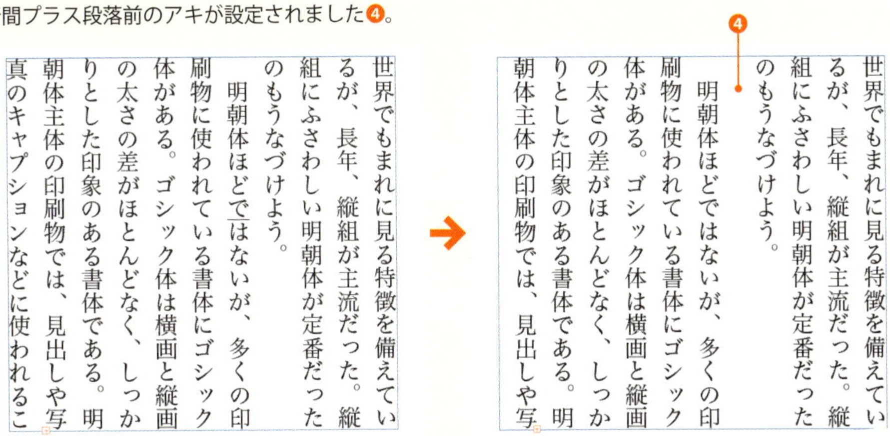

> **CAUTION**
> 版面を設定している場合には、段落前（段落後）のアキを設定すると、版面の左右（天地）の並びが崩れることがあります。版面の並びを揃える場合には、段落前（段落後）のアキを調整して、版面ぴったりにテキストが入るように調整します。

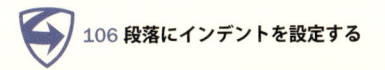

106 段落にインデントを設定する

インデントとは、テキストとテキストフレームとのアキ（字下り）のことで、InDesign では**行頭インデント**と**行末インデント**が設定できます。

STEP 01

「インデント」は、テキストとテキストフレームとのアキのことですが、多くの場合は段落の「字下り」の意味で使われます。インデントの設定は、［段落］パネル（あるいは［コントロール］パネル）のインデント設定のフィールドを使います❶。

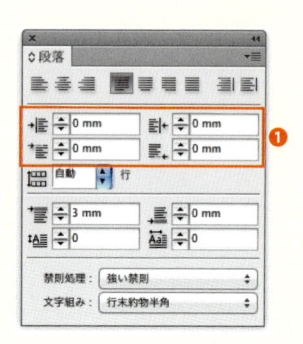

STEP 02

［横組み（縦組み）文字］ツール で段落内をクリックし❷、［段落］パネルの［左／上インデント］のフィールドに、字下げをしたい数値を入力します❸。段落全体が下がります❹。

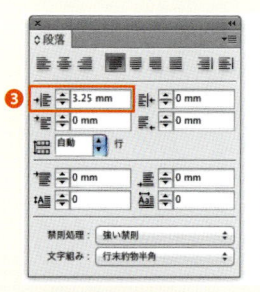

STEP 03

1 行目だけを字下げしたい場合は、［1 行目左／上インデント］のフィールドに数値を入力します❺❻。段落全体を下げ、［1 行目左／上インデント］のフィールドにマイナスの値を入力すると、1 行目が飛び出した形の「突き出しインデント」になります❼❽。

CAUTION
テキストフレームの範囲外に突き出たインデントを作成することはできません。

MEMO
行末にアキを作成したい場合は、［右／下インデント］のフィールドに数値を入力します。

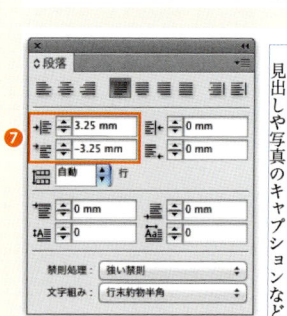

107 段落境界線を設定する

段落の前後に付けることのできる線が段落境界線です。段落の前や後、太さや線種、カラー、テキストとの位置関係などが設定できます。

STEP 01

「段落境界線」を付けるには、[段落] パネル（あるいは [コントロール] パネル）のパネルメニューにある [段落境界線] コマンドを使用します。[横組み（縦組み）文字] ツール T で段落内にカーソルを置き❶、[段落] パネルのパネルメニューから [段落境界線] を選択します❷。

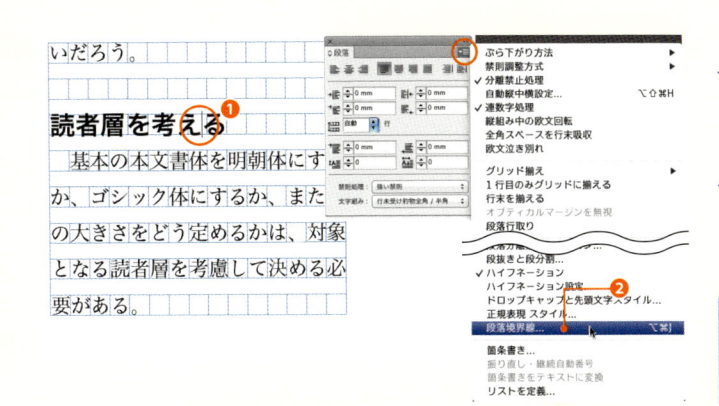

STEP 02

[段落境界線] ダイアログが表示されます。ここで [前境界線] [後境界線] いずれか（または両方）の [境界線を挿入] にチェックを入れ❸、線幅、種類、カラー、幅、オフセット、インデントなどを設定し、[OK] ボタンをクリックします。段落に段落境界線が付きます。

STEP 03

「段落境界線」の前境界線と後境界線では、「オフセット」の数値の考え方に違いがあります。
前境界線の場合：オフセット値＝文字サイズ＋段落境界線とテキスト上端（縦組みは右端）とのアキ❹。
後境界線の場合：オフセット値＝テキスト下端（縦組みは左端）とのアキ❺。

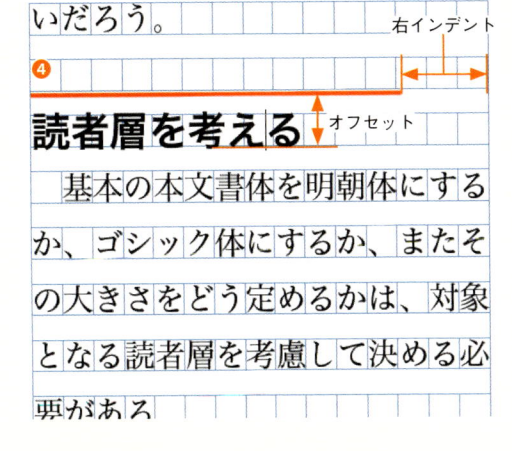

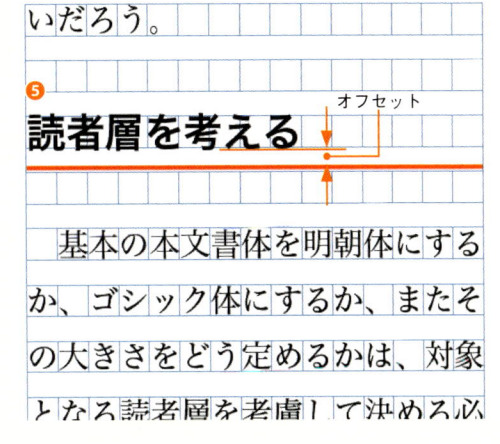

091 テキストに下線・打ち消し線をつける

108 禁則処理やぶら下げ組みを設定する

日本語組版の重要なルールのひとつに禁則処理があります。InDesign には、禁則処理をスムーズに行うための機能が充実しています。

STEP 01

「禁則処理」とは、行頭や行末にきてはならない記号類や約物などを処理する方法のことです。InDesign には、禁則文字のセットがあらかじめ用意されており、カスタムで文字・記号などを追加することも可能です。禁則文字のセットは、［書式］メニューから［禁則処理セット］を選択❶、あるいは［段落］パネルの［禁則処理］から［設定］を選択すれば表示されます。

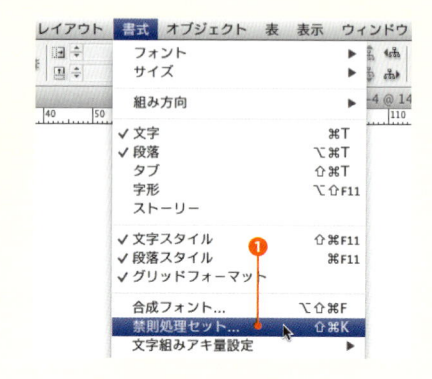

STEP 02

禁則処理セットでは、以下の内容を設定できます。
行頭禁則文字：行頭に置いてはならない記号類などで、句読点、受けの括弧類などです❷。
行末禁則文字：行末に置いてはならない記号類などで、起こしの括弧類などです❸。
ぶら下がり文字：ぶら下がりを指定した際に、ぶら下げ処理する文字です❹。
分離禁止文字：2 字分セットで使う記号類で、行末と行頭に分かれてはならないものです❺。
InDesign の［禁則処理セット］には「強い禁則」と「弱い禁則」とがありますが、［新規］ボタンをクリックすることでオリジナルの禁則処理セットを作成することもできます。

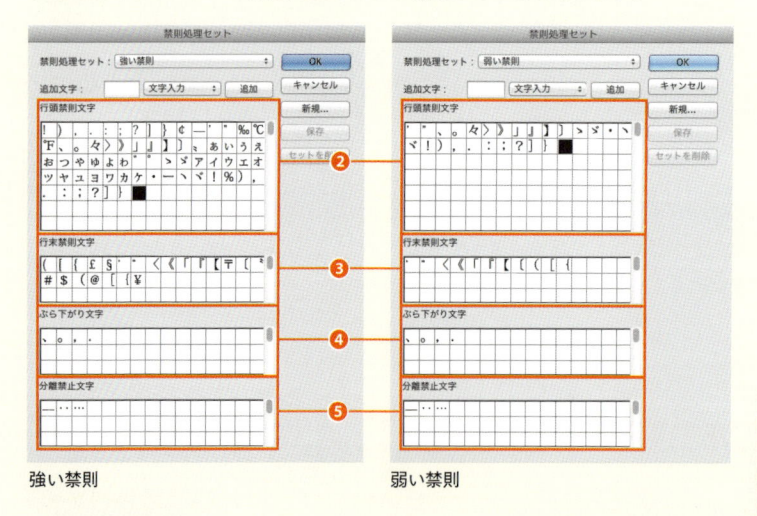

強い禁則　　　　　　　　　弱い禁則

STEP 03

禁則処理を適用するには、［横組み（縦組み）文字］ツール で段落内にカーソルを置き、［段落］パネルの下部にある［禁則処理］ポップアップメニューより、［強い禁則］［弱い禁則］など、目的のものを選択します❻。

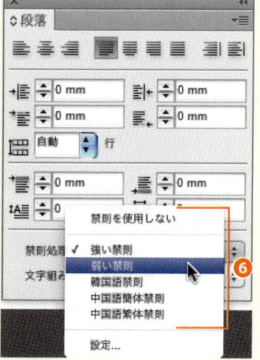

117 新規で文字組みアキ量設定を作成する

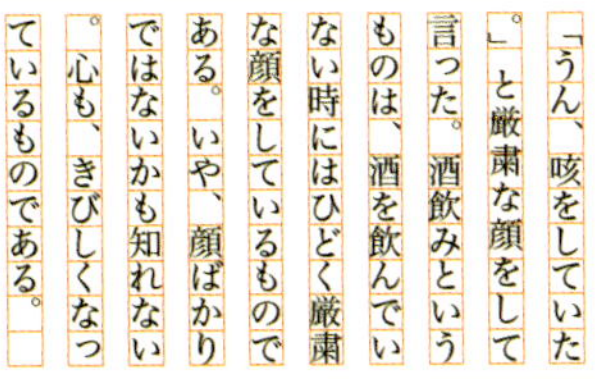

禁則を使用しない 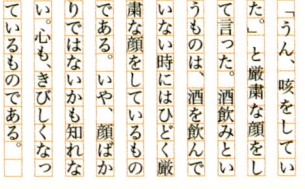　　　　強い禁則 　　　　弱い禁則

STEP 04

禁則処理が行われる場合は、行内の字間を調整しなければなりません。字間を詰めて調整する方法が「追い込み」、字間を開けて調整する方法が「追い出し」です。どの方法で調整するかは、［段落］パネルのパネルメニューの［禁則調整方式］から選択します❼。

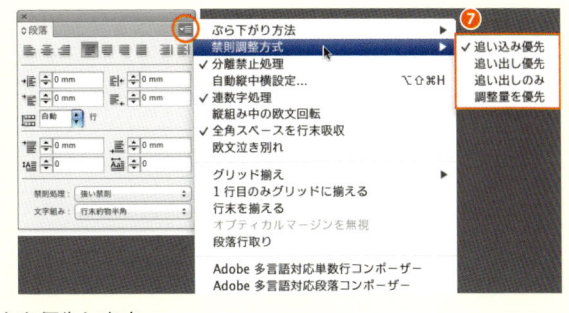

追い込み優先：禁則文字を同じ行で調整することを優先します。
追い出し優先：禁則文字を次の行に移動することを優先します。
追い出しのみ：禁則文字を必ず次の行に移動します。
調整量を優先：追い出した場合の字間が、追い込んだ場合の字間に比べて極端に広くなるのであれば追い込みます。

STEP 05

句読点（「。」「、」「.」「,」）は行頭禁則文字ですが、文中に頻出するため、禁則処理による字間の乱れが随所に生じます。これを回避するため、句読点に限って版面の外に飛び出して組んでもよいとする方式が「ぶら下がり」です。ぶら下がりを設定するには、［段落］パネルのパネルメニューの［ぶら下がり方式］から［標準］または［強制］を選択します❽。

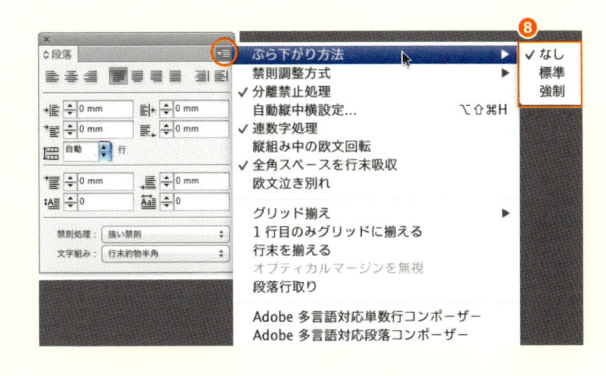

標準：行中に句読点が収まる場合はぶら下げず、行頭に句読点が置かれてしまう場合のみぶら下げます❾。
強制：行末に句読点がきた場合は必ずぶら下がりにします❿。

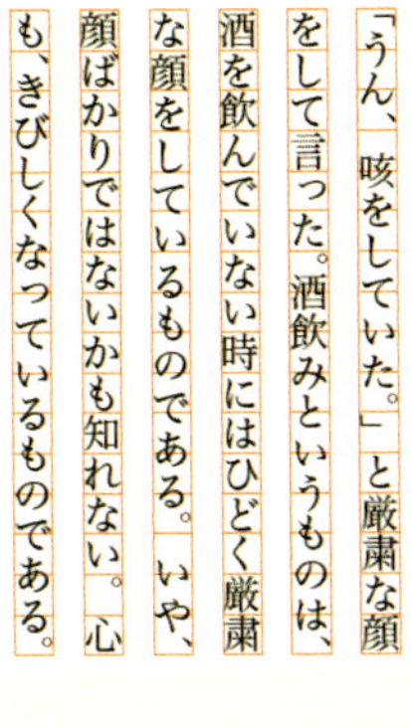

> **CAUTION**
> ぶら下がりの「強制」は、行末に句読点があると行内の字間が開いてしまうので、通常は使わない方がよいでしょう。

ぶら下がりなし　　　ぶら下がり　標準❾　　　ぶら下がり　強制❿

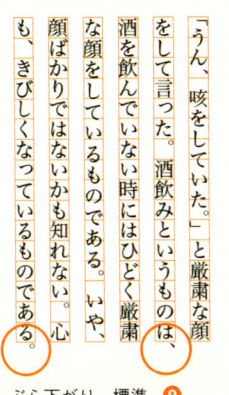

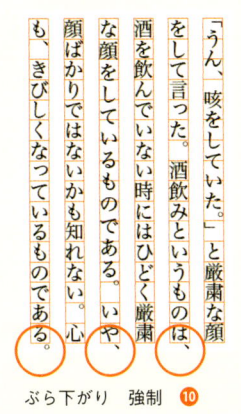

109 OpenType 機能を使用する

InDesign では、OpenType フォントがフォント内に持つさまざまな情報を呼び出して使用することができます。

STEP 01

使用しているフォントが OpenType フォントであれば、フォント内に含まれる情報を呼び出して使用できます。これを OpenType 機能と呼びます。OpenType 機能は、［文字］パネル（あるいは［コントロール］パネル）のパネルメニューの［OpenType 機能］から選択して使用します❶。

CAUTION
OpenType フォントにすべての［OpenType 機能］が含まれているとは限りません。そのフォントで使えない［OpenType 機能］のコマンドは、メニュー内において［ ］がついています。

STEP 02

［OpenType 機能］の［任意の合字］を使用してみましょう。［横組み文字］ツールでテキストフレームを作成し、「株式会社」と入力して選択し、フォントを OpenType フォントに設定します。［文字］パネルのパネルメニューから［OpenType 機能］→［任意の合字］を選択します❷。4 文字で全角の「株式会社」になります。

STEP 03

代表的な［OpenType 機能］を例示してみました。

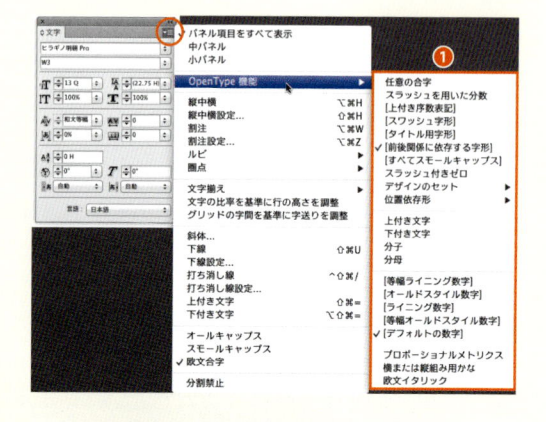

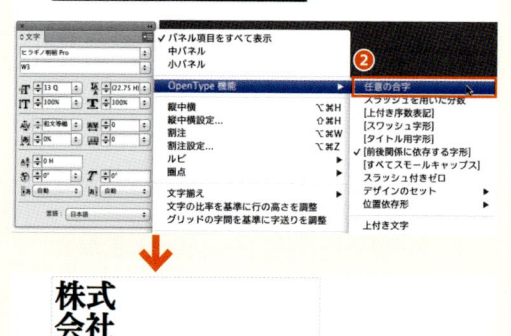

	入力時	OpenType 機能
分数	3/4	¾
上付き序数表記	2nd	2nd
スワッシュ字形	Dinner	*Dinner*
上付き文字	10m2	10m^2
下付き文字	CO2	CO_2
オールドスタイル数字	12345	12345
プロポーショナルメトリクス	もしも	もしも
欧文イタリック	Italic	*Italic*

110 段落スタイルを作成する

本文や見出しなど、繰り返し出てくる同一書式の段落には、段落スタイルを設定すると便利です。設定は［段落スタイル］パネルから行います。

STEP 01

段落スタイルの作成方法は大きくふたつあります。ひとつは、テキストに書式を設定し、それを段落スタイルとして登録する方法です。もうひとつは、新規で段落スタイルを作成し、その内容を指定していく方法です。前者の方が作業しやすいので、ここではテキストに設定した書式を段落スタイルとして登録する方法を解説します。まず、テキストに書式を設定します❶。

STEP 02

［ウィンドウ］メニューから［スタイル］→［段落スタイル］を選択して❷、［段落スタイル］パネルを表示させます。書式を適用したテキストを選択した状態で、［段落スタイル］パネルの［新規スタイルを作成］ボタンをクリックします❸。

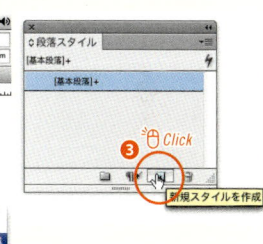

STEP 03

新しく段落スタイル（図では「段落スタイル 1」）が登録されるので、スタイル名をダブルクリックして❹、［段落スタイルの編集］ダイアログを表示させます。［スタイル名］に任意の名前を付け❺、［OK］ボタンをクリックすると、［段落スタイル］パネルのスタイル名が設定されます❻。

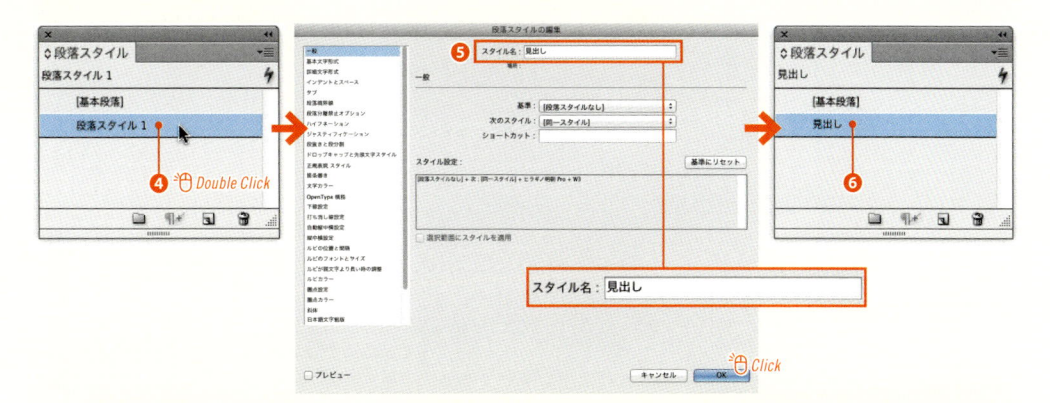

📝 MEMO

STEP-02 の手順までで段落スタイルは作成されていますが、この段階ではまだテキストと段落スタイルは関連付け（リンク）がされていません。段落スタイル名をクリックすることで初めて関連付けがなされますが、ここではスタイル名をダブルクリックすることでスタイルとの関連付けと名前の設定を同時に行っています。

111 段落スタイルを適用する
112 段落スタイルを再定義する

111 段落スタイルを適用する

段落スタイルを具体的に適用してみます。段落スタイルを設定して適用すれば、文字組みを効率的に進められます。

STEP 01

あらかじめ作成しておいたふたつの段落スタイル（「見出し」と「本文」）を、具体的にテキストに適用してみましょう。［縦組み文字］ツール ￼ でテキストすべてを選択します。［段落スタイル］パネルの「本文」をクリックします❶。テキスト全体に「本文」の段落スタイルが適用されます。

> **MEMO**
> 段落スタイルは段落内の任意の場所にカーソルを置いて［段落スタイル］パネルのスタイル名をクリックすれば適用されますが、ここでは本文の個々の段落それぞれにスタイルを適用するのは効率的ではないので、テキスト全体を選択してスタイルを適用しました。

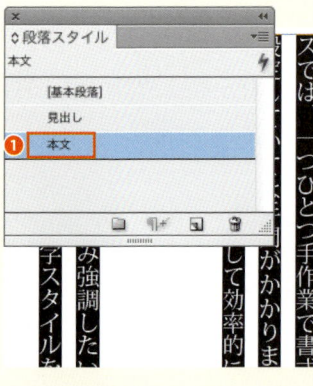

STEP 02

続いて見出しに段落スタイルを適用します。［縦組み文字］ツール ￼ で見出しの部分にカーソルを置き❷、［段落スタイル］パネルの「見出し」をクリックします❸。同様の手順で、ほかの見出し部分にも段落スタイルを適用します。

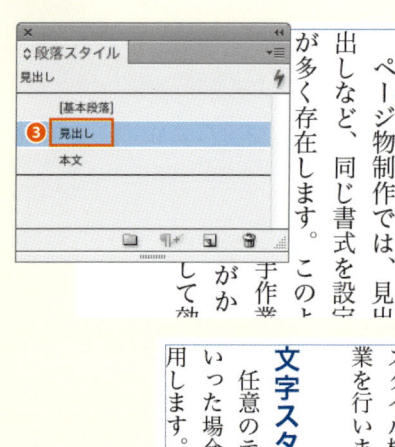

---

110 段落スタイルを作成する
112 段落スタイルを再定義する

112 段落スタイルを再定義する

段落スタイルの書式を変更する場合には、段落スタイルの内容を直接変更しなくても、テキストの書式を修正し［スタイル再定義］を実行すると便利です。

STEP 01

例えば、見出しの書式が変更になったケースで、［スタイル再定義］を実行してみましょう。まず、「見出し」の段落スタイルを適用したテキストに対して直接書式を修正します。図では文字カラーを変更しました❶。

STEP 02

書式を変更したテキストを選択した状態で❷、［段落スタイル］パネルのパネルメニューから［スタイル再定義］を選択します❸。

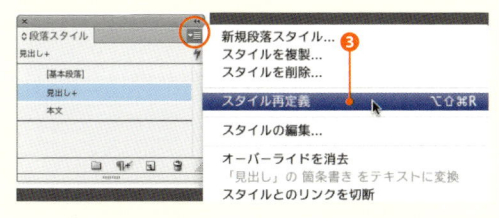

STEP 03

スタイル名の後に付いていた「+」記号がなくなり、同じ段落スタイルを適用したテキストすべての書式が一気に修正されます。

> **MEMO**
> スタイル名の後に「+」記号が表示される場合、現在選択しているテキスト内に、適用しているスタイルと異なる内容（または追加された内容）があることをあらわします。この状態を「オーバーライド」と呼びます。

> **MEMO**
> 文字スタイルにおいても、同様の手順で［スタイル再定義］が行えます。

113 文字スタイルを作成する

段落内の任意のテキストを強調表示するなど、部分的に書式を変更する箇所が複数あるケースでは、文字スタイルを作成すると便利です。

段落スタイル

ページ物制作では、見出しや小見出しなど、同じ書式を設定する段落が多く存在します。このようなケースでは、一つひとつ手作業で書式を設定していては手間がかかります。スタイル機能を利用して効率的に作業を行います。

STEP 01

文字スタイルの設定には、[文字スタイル]パネルを使います。[ウィンドウ]メニューから[スタイル]→[文字スタイル]を選択して、[文字スタイル]パネルを表示します。文中の強調したいテキストを選択して、[文字]パネルでフォント、サイズなどを設定します❶。

STEP 02

そのテキストを選択したまま[文字スタイル]パネルの下部にある[新規スタイルを作成]ボタンをクリックすると新規に文字スタイル(ここでは「文字スタイル1」)が登録されます❷。

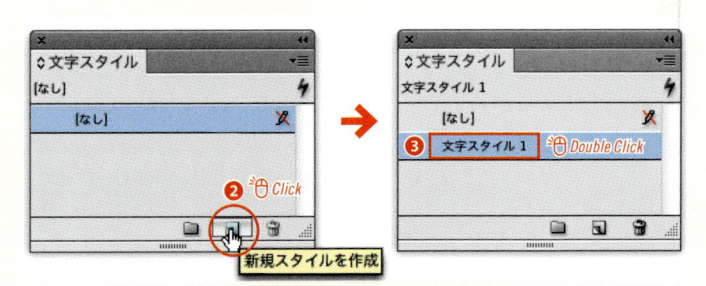

STEP 03

登録された「文字スタイル1」をダブルクリックします❸。表示される[文字スタイルの編集]ダイアログには、すでに設定した強調文字のフォントやサイズなどが反映されています❹。[スタイル名]を入力し❺、[OK]ボタンをクリックすると文字スタイル名が変更されます❻。

□MEMO
[文字スタイルの編集]ダイアログでは、変更のない部分のフィールドは空白になっています。

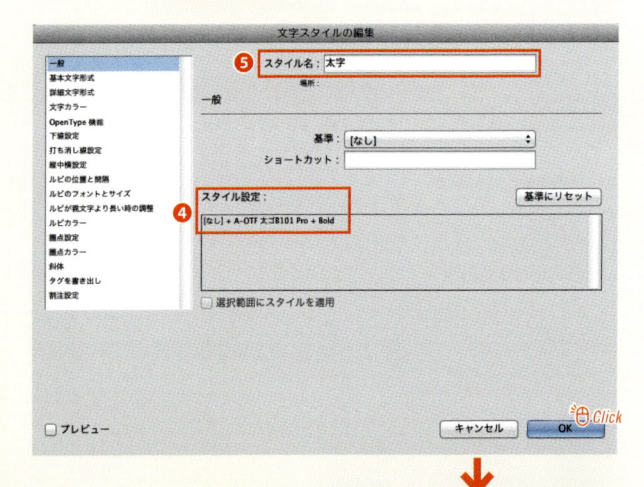

□MEMO
STEP-02の手順までで文字スタイルは作成されていますが、この段階ではまだテキストと文字スタイルは関連付け(リンク)がされていません。文字スタイル名をクリックすることで初めて関連付けがなされますが、ここではスタイル名をダブルクリックすることでスタイルとの関連付けと名前の設定を同時に行っています。

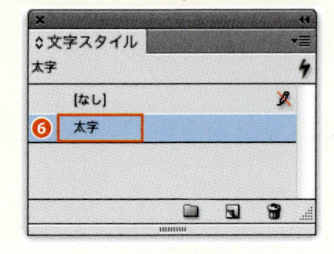

114 文字スタイルを適用する

114 文字スタイルを適用する

文字スタイルを具体的に適用してみます。文字スタイルを設定して適用すれば、文字組みが効率的に進められます。

STEP 01

前ページで作成した文字スタイルを、具体的にテキストに適用してみましょう。［縦組み文字］ツール で文字スタイルを適用したいテキストを選択し❶、［文字スタイル］パネルの「太字」という文字スタイル名をクリックします❷。選択した部分に文字スタイルが適用されます❸。

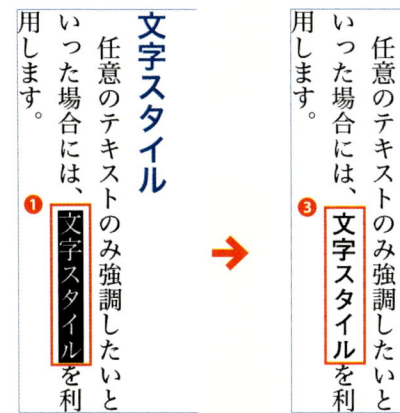

STEP 02

文字スタイルの適用をはずしたい場合は、文字スタイルが適用された部分を選択し❹、［文字スタイル］パネルの［なし］をクリックします❺。文字スタイルの適用がはずれ、段落スタイルだけの適用に変わりました❻。

> **MEMO**
> 文字スタイルの書式を変更する場合には、書式を変更したテキストを選択した状態で、［文字スタイル］パネルのパネルメニューから［スタイル再定義］を選択します。「112 段落スタイルを再定義する」と同様の手順で実行できます。

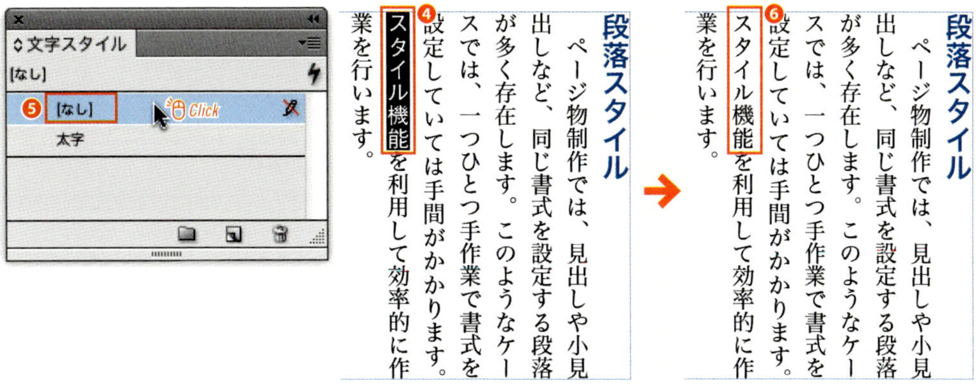

112 段落スタイルを再定義する
113 文字スタイルを作成する

115 先頭文字スタイルを設定する

段落内の任意の文字や記号をトリガーとして、段落スタイル内に文字スタイルを指定することができます。この機能を［先頭文字スタイル］と呼びます。

STEP 01

先頭文字スタイルとは、段落内に指定した文字や記号が現れるまで、段落の先頭から文字スタイルを適用する機能です。インタビュー形式のテキストなどに使用すると便利です。まずテキストに書式を設定し、段落スタイルとして登録します（段落スタイルの適用は、「110 段落スタイルを作成する」「111 段落スタイルを適用する」を参照）。ここでは「本文」という名前の段落スタイルを作成しました❶。

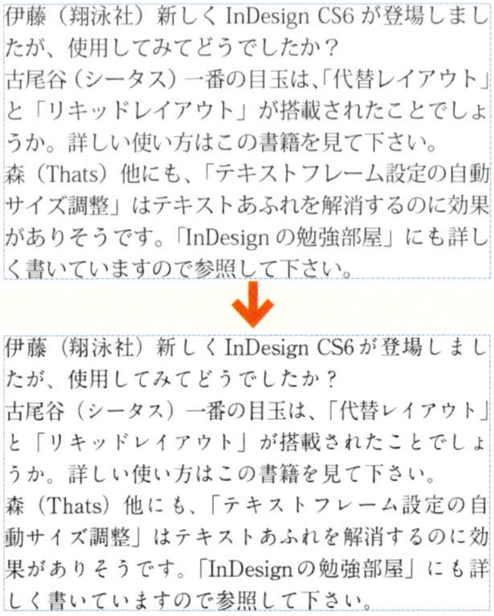

STEP 02

文字スタイルを作成します。ここでは、名前用に「Name」という文字スタイルを作成しました❷（文字スタイルの作成は、「113 文字スタイルを作成する」を参照）。

MEMO
あとで、段落スタイル内に文字スタイルを設定するので、文字スタイルを作成したら、テキストに適用した文字スタイルは解除しておくとよいでしょう。

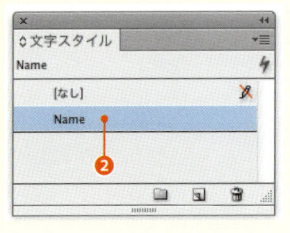

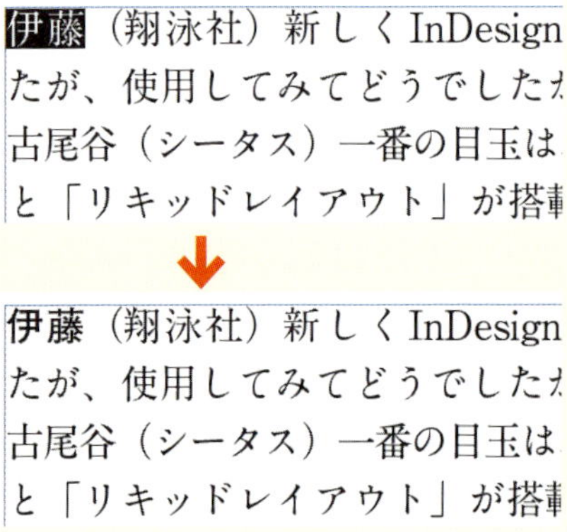

STEP 03

テキストに適用されている段落スタイル名（ここでは STEP-01 で作成した「本文」）をダブルクリックして、［段落スタイルの編集］ダイアログを表示させます。左側のメニューから［ドロップキャップと先頭文字スタイル］を選択し❸、［先頭文字スタイル］欄の「新規スタイル」ボタンをクリックします❹。

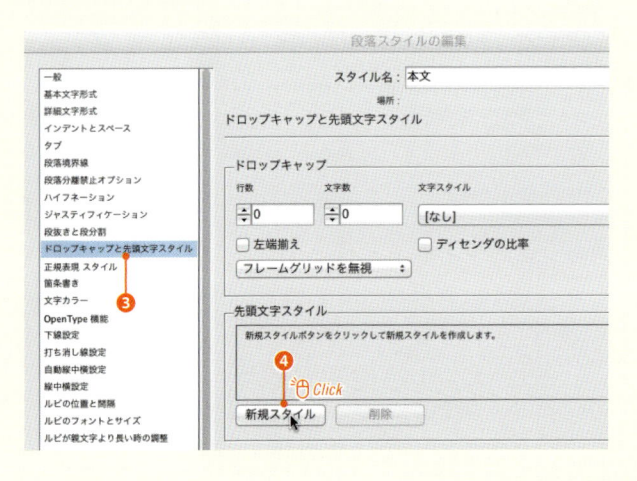

---

110 段落スタイルを作成する
113 文字スタイルを作成する

STEP 04

新規スタイルが作成されたら、［先頭文字スタイル］のポップアップメニューから目的の文字スタイル（ここでは STEP-02 で作成した「Name」）を選択し❺、「文字」フィールドに「（」を入力❻、そして一番右側のポップアップメニューから［で区切る］を選択します❼。こうすることで、「（」の前の文字までに対して指定した文字スタイルが適用されるというわけです。［OK］ボタンをクリックすると、テキストに先頭文字スタイルが適用されます❽。

> **MEMO**
> ［先頭文字スタイル］は文字数で指定することも可能です。また、［文字］フィールドには、直接文字を入力するだけでなく、ポップアップメニューから目的のものを選択することもできます。

STEP 05

同様の手順で別の文字スタイルも作成します。

STEP 06

段落スタイル名（ここでは「本文」）をダブルクリックして、［段落スタイルの編集］ダイアログを表示させます。STEP-03 〜 04 と同様の手順で「新規スタイル」を作成し、「）」までの文字に対して「Company」という文字スタイルを設定します❾。［OK］ボタンをクリックすると、テキストに先頭文字スタイルが適用されます❿。

> **MEMO**
> 先頭文字スタイルは、段落スタイル内に複数指定することが可能です。また、三角ボタン（▲▼）で行の順番を入れ替えて、指定した各文字スタイルの優先順位の変更が可能です⓫。

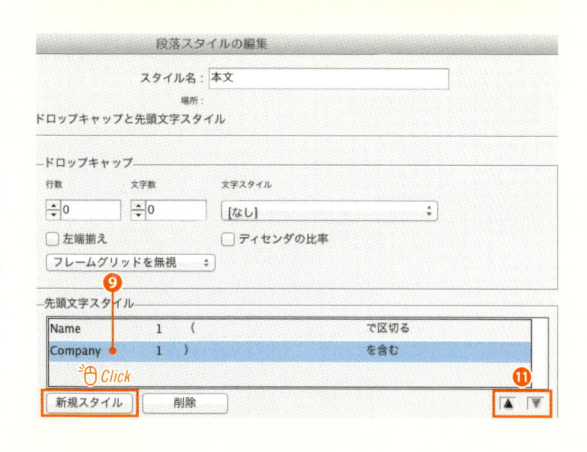

116 正規表現スタイルを設定する

正規表現に合致するテキストに自動的に文字スタイルを適用する機能が、［正規表現スタイル］です。かなり高度なスタイル処理が可能となります。

STEP 01

InDesign CS3では、「検索と置換」機能で正規表現の使用が可能でしたが、InDesign CS4以降ではさらに、指定した正規表現に合致するテキストに文字スタイルを適用できます。これが「正規表現スタイル」という機能で、段落スタイルの属性として指定することもできます。ここでは、山括弧〈 〉で囲まれた文字列に文字スタイルを適用する正規表現スタイルを作成し、適用してみたいと思います。まずテキストに書式を設定し、段落スタイルとして登録します（段落スタイルの適用は、「110 段落スタイルを作成する」「111 段落スタイルを適用する」を参照）。ここでは「本文」という名前の段落スタイルを作成しました❶。

STEP 02

山括弧〈 〉で囲まれた文字列に適用する文字スタイルを作成します。ここでは、「山括弧」という名前の文字スタイルを作成しました❷（文字スタイルの作成は、「113 文字スタイルを作成する」を参照）。

> **MEMO**
> あとで、段落スタイル内に文字スタイルを設定するので、文字スタイルを作成したら、テキストに適用した文字スタイルは解除しておくとよいでしょう。

110 段落スタイルを作成する
113 文字スタイルを作成する

STEP 03

テキストに適用されている段落スタイル名（ここでは STEP-01 で作成した「本文」）をダブルクリックして、[段落スタイルの編集] ダイアログを表示させます。左側のメニューから [正規表現スタイル] を選択し❸、[新規正規表現スタイル] ボタンをクリックします❹。

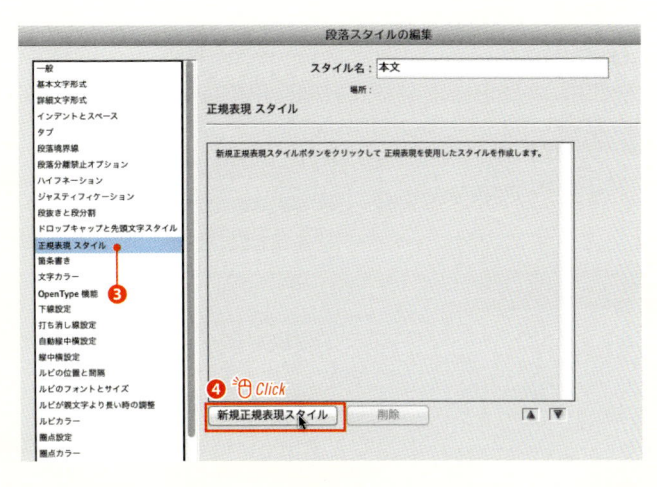

STEP 04

新規スタイルが作成されたら、[スタイルを適用] に目的の文字スタイル（ここでは STEP-02 で作成した「山括弧」）を選択し❺、[テキスト] フィールドに「〈.+?〉」と入力します❻。これにより、〈 〉で囲まれたテキストに対して指定した文字スタイルが適用されます。

[テキスト] フィールドには、ポップアップメニューから目的のメタキャラクタを指定することもできます❼。今回のケースでは、以下のような意味となります。

- 〈 ：文字としての始め山括弧
- . ：「ワイルドカード」→「文字」を選択すると入力される。すべての文字をあらわす。
- +? ：「繰り返し」→「1 回以上（最小一致）」を選択すると入力される。
- 〉：文字としての終わり山括弧

つまり、「〈」で始まる文字列にマッチさせ、最初に「〉」が現れたらマッチを終了するという意味になります。なお、正規表現の使い方に関する詳細は、InDesign のヘルプ、または専門の書籍などで確認して下さい。

STEP 05

[OK] ボタンをクリックすると、テキストに正規表現スタイルが適用されます❽。

> **MEMO**
> 正規表現スタイルは、段落スタイル内に複数指定することができます。また、優先順位の指定も可能です。

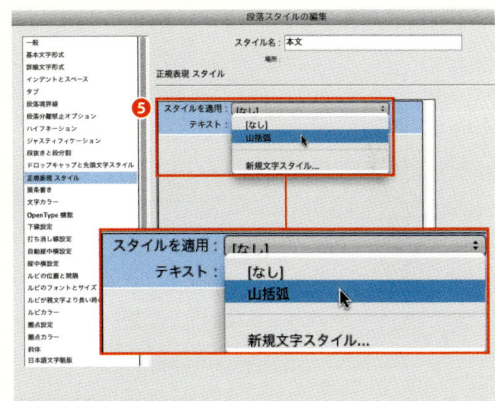

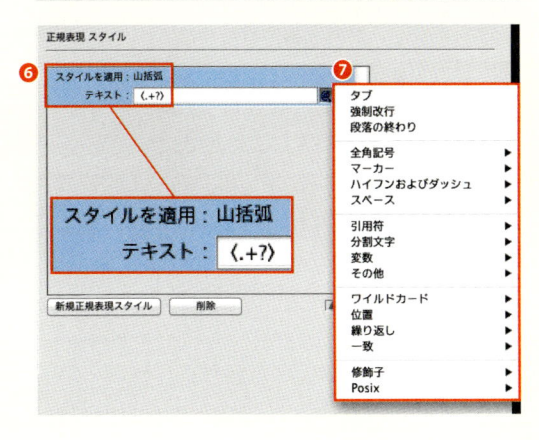

117 新規で文字組みアキ量設定を作成する

文字組みアキ量設定はカスタマイズが可能です。ハウスルールに合わせた文字組みを実現したい場合には、カスタマイズして使用します。

STEP 01

［書式］メニューの［文字組みアキ量設定］、あるいは［段落］パネルの［文字組み］から［基本設定］を選択します❶。［文字組みアキ量設定］ダイアログが表示されます。

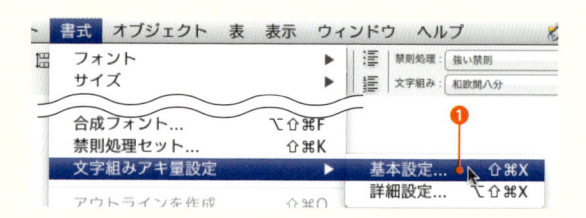

STEP 02

［新規］ボタンをクリックすると❷、［新規文字組みセット］ダイアログが表示されるので、名前を付け❸、［元とするセット］に自分が作成したい文字組みアキ量設定に一番近いセットを選択します❹。

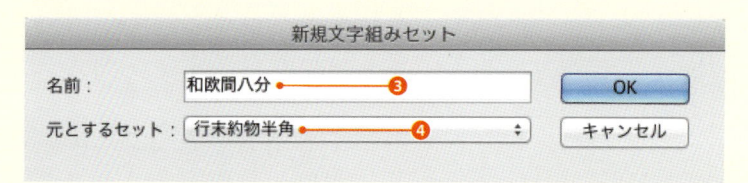

STEP 03

［OK］ボタンをクリックすると［文字組みアキ量設定］ダイアログに戻るので、［詳細設定］ボタン❺と［基本設定］ボタン❻をクリックしてモードを切り換えながら、目的に応じて各文字クラスのアキ量を設定していきます。ここでは「和欧間」のアキ量を変更しました❼。なお、設定を変更した箇所は、保存するまで赤字で表示されます。

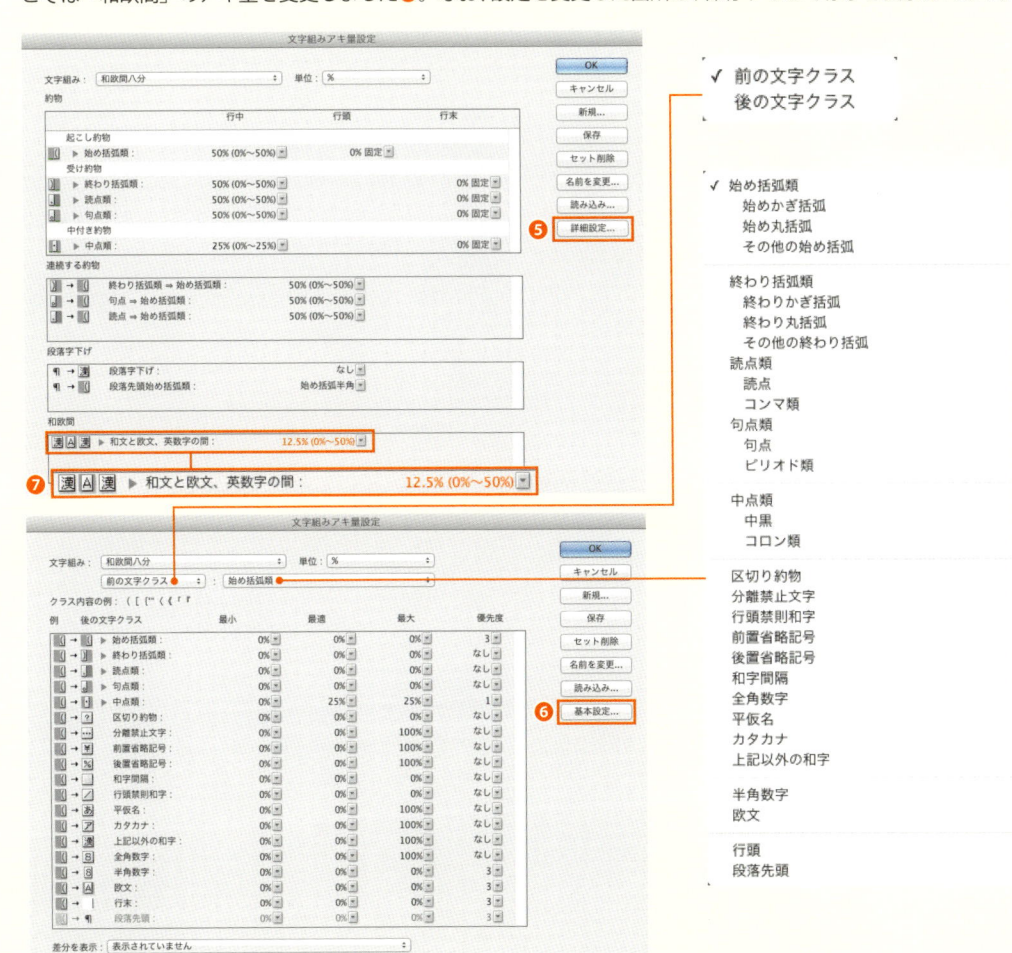

STEP 04

［OK］ボタンをクリックして文字組みセットを保存すると、［段落］パネルの［文字組み］から、カスタマイズした文字組みセットを選べるようになります❽。

> **MEMO**
>
> 文字組みアキ量設定では、文字クラスと文字クラスのアキ量を設定します。基本的に「最適」に設定したアキ量で文字組みがなされますが、均等配置で文字組みしている場合には、行長のアキを「最小」から「最大」に設定したアキ量の範囲内で調整を行います。アキ量には、マイナス値も設定可能です。なお、文字組みアキ量設定は、書き出したり読み込んだりすることもできます。

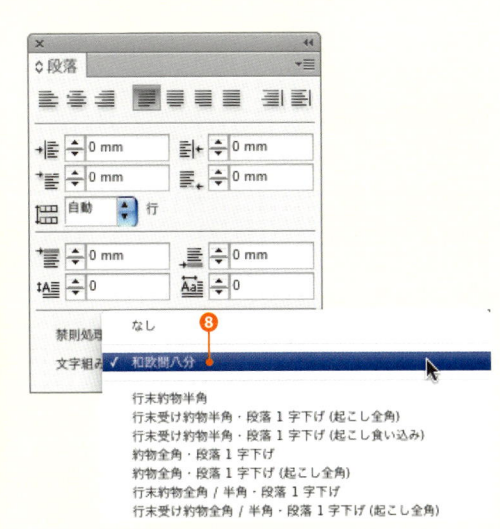

118 文字組みアキ量設定を適用する

InDesignには、あらかじめ14種類の文字組みアキ量設定が用意されています。用途に応じていずれかの文字組みセットを使用します。

STEP 01

印刷物を制作する際には、日本語組版のルールを統一して適用する必要があります。InDesignには、JIS規格で定められた日本語組版の基準をもとにして作成された14種類の「文字組みアキ量設定」があらかじめ用意されています。これらの文字組みセットは、［段落］パネル下部の［文字組み］ポップアップメニューから選択できます❶。

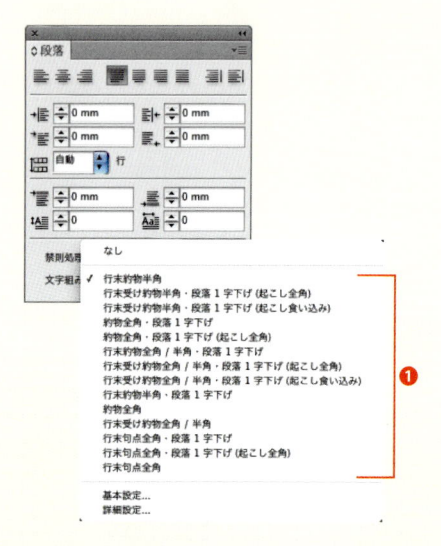

STEP 02

［なし］を除く14種類の文字組みセットは、行末や文中の約物（記号類）の組み方と、段落行頭の字下げによって分類されています。文字組みセットの作例は次の通りです（禁則処理は［弱い禁則］を適用）。

| なし | 行末約物半角 | 行末受け約物・段落1字下げ（起こし全角） | 行末受け約物・段落1字下げ（起こし食い込み） | 約物全角・段落1字下げ |

| 約物全角・段落1字下げ（起こし全角） | 行末受け約物全角／半角・段落1字下げ | 行末受け約物全角／半角・段落1字下げ（起こし全角） | 行末受け約物全角／半角・段落1字下げ（起こし食い込み） | 行末約物半角・段落1字下げ |

| 約物全角 | 行末受け約物全角／半角 | 行末句点全角・段落1字下げ | 行末句点全角・段落1字下げ（起こし全角） | 行末句点全角 |

119 合成フォントを作成・使用する

和文と欧文を混植したい場合には、和文フォントと欧文フォントを組み合わせて［合成フォント］を作れば、ひとつのフォントのように使うことができます。

STEP 01

合成フォントを作成するには、［書式］メニューから［合成フォント］を選択します❶。

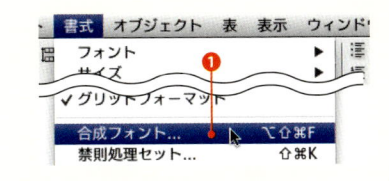

STEP 02

［合成フォント］ダイアログが表示されるので、［新規］ボタンをクリックします❷。［新規合成フォント］ダイアログが表示されるので、［名前］を入力し、［元とするセット］がある場合には、そのセットを選択し❸、［OK］ボタンをクリックします。

STEP 03

［漢字］［かな］［全角約物］［全角記号］［半角欧文］［半角数字］のそれぞれを選択し、［フォント］［スタイル］を指定、［サイズ］［ライン］［垂直比率］［水平比率］の各フィールドに必要な数値を入力します。［サンプル］フィールドを参照し❹、バランスのよい組み合わせになるよう調整し、［OK］ボタンをクリックします。

> **MEMO**
> ⌘（Ctrl）キーを押しながらクリックすることで、複数の項目を一度に選択可能です。

STEP 04

作成した合成フォントは、通常のフォントと同様に使うことができます。［文字］パネルのフォントのポップアップメニュー上部に作成した合成フォント名がリストされます❺。

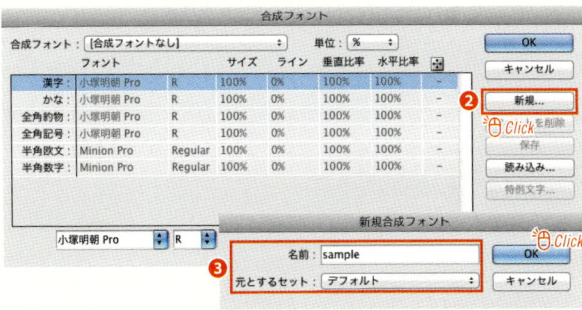

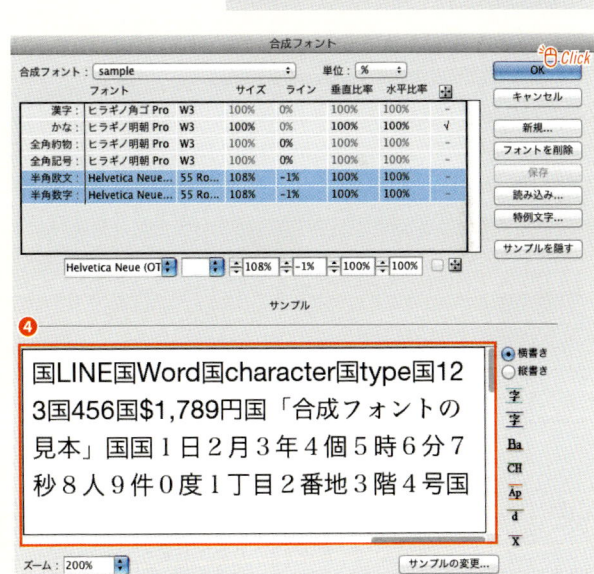

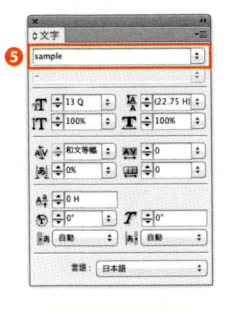

120 テキストを図版の周囲に回り込ませる

テキストが画像などに隠れてしまうようなケースでは、テキストが画像に重ならないように［テキストの回り込み］パネルで設定します。

STEP 01

［テキストの回り込み］パネルを表示するには、［ウィンドウ］メニューから［テキストの回り込み］を選択します。デフォルトでは、［テキストの回り込み］パネル上部左端の［回り込みなし］が選択されており❶、回り込みはされません。

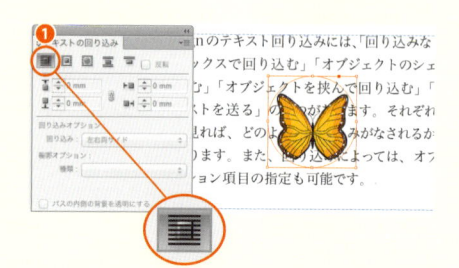

STEP 02

2番目のボタンは［境界線ボックスで回り込む］で、図版の境界線の外側にテキストが回り込みます❷。パネルのボタンの下の［オフセット］フィールドに境界線からの距離を入力すると、オフセット値分だけ外側にテキストが回り込みます❸。［回り込み］ポップアップメニューでは、回り込む場所を選択できます。デフォルトは［左右両サイド］で、作例では［左サイド］を選択しました❹。

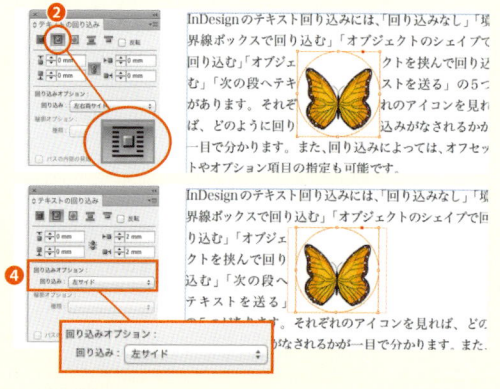

3番目のボタンは［オブジェクトのシェイプで回り込む］で、画像形状に合わせて、その外側にテキストが回り込みます❺。

4番目のボタンは［オブジェクトを挟んで回り込む］で、オブジェクトの天地（縦組みでは左右）のみにテキストが回り込みます❻。

右端のボタンは［次の段へテキストを送る］で、画像の後の部分にはテキストは配置されず、次段（次ページ）に送られます❼。

なお、［反転］にチェックを入れると、画像の境界線の内部にテキストが配置されます❽。

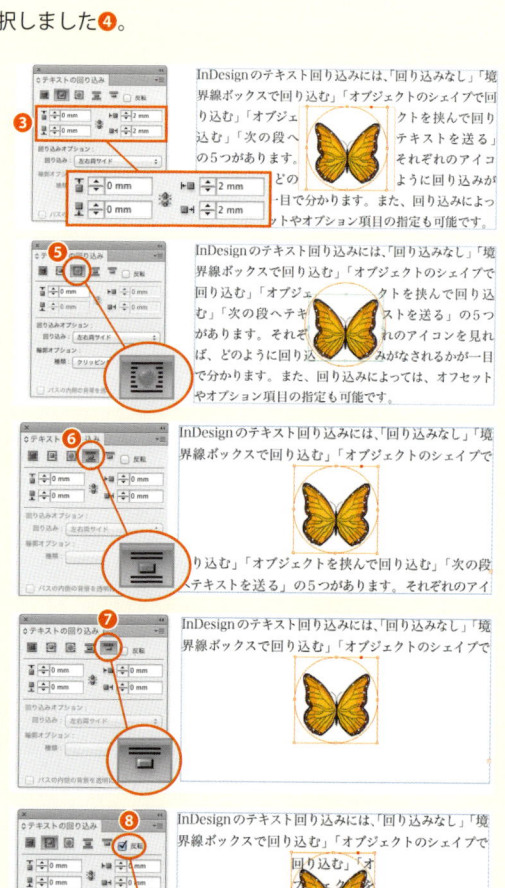

121 テキスト中にオブジェクトを挿入する

イラストや画像などを文中に挿入したものが**インライングラフィック**です。インライングラフィックは、文章の加除に応じて自動的に移動します。

STEP 01

イラストを「インライングラフィック」としてテキスト内に挿入してみましょう。［ファイル］メニューから［配置］を選択し、Illustratorや Photoshopで作成した画像をドキュメント内に配置します。

STEP 02

［選択］ツール で配置した画像を選択して❶［編集］メニューから［カット］を選択します。［横組み（縦組み）文字］ツール で画像を挿入したい部分にカーソルを置き❷、［編集］メニューから［ペースト］を実行します。

STEP 03

テキスト内に画像が「インライングラフィック」として挿入されました❸。なお、挿入した画像のサイズによっては、行送りが変わってしまうケースがあります❹。このような場合は、［選択］ツール でインライングラフィックを選択し、下方向（縦組みの場合は左方向）にめいっぱいドラッグします。すると行送りが元に戻りますので❺、あとはベースラインシフトで位置を調整します❻。

> **MEMO**
> 「インライングラフィック」として挿入された画像は、テキストの増減とともに移動します。また、テキスト同様に前後の字間やベースラインを調整したりすることができます。

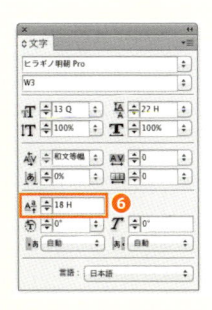

関連 081 テキストのベースラインを調整する
　　 122 アンカー付きオブジェクトを設定する

122 アンカー付きオブジェクトを設定する

アンカー付きオブジェクトは、テキストフレーム外のオブジェクトを、任意のテキスト中にアンカー付けすることが可能です。

STEP 01

[選択]ツールで、オブジェクトを選択すると、オブジェクトの右上にレイヤーカラーで塗りつぶされた四角形が表示されます❶。

[アンカー付きオブジェクトのオプション]ダイアログ
アンカー付きオブジェクトの位置をコントロールするためのダイアログ。

STEP 02

その四角形を[選択]ツールでつかんで❷、アンカー付けしたいテキスト中にドラッグします❸。

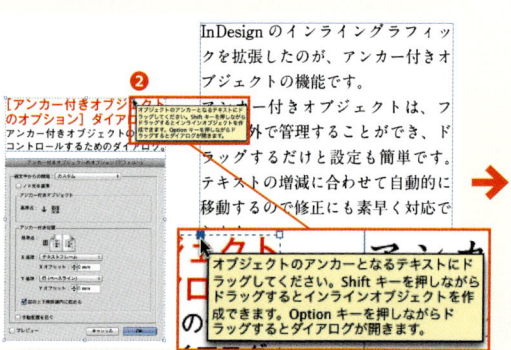

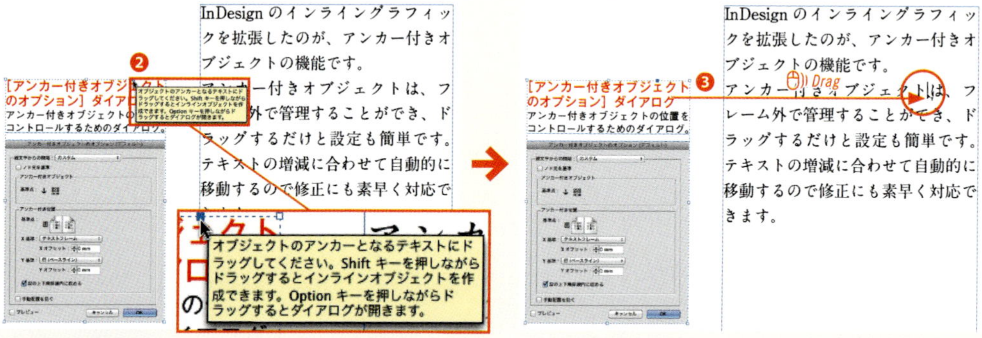

オブジェクトのアンカーとなるテキストにドラッグしてください。Shiftキーを押しながらドラッグするとインラインオブジェクトを作成できます。Optionキーを押しながらドラッグするとダイアログが開きます。

STEP 03

[書式]メニューから[制御文字を表示]を実行したり、[表示]メニューから[エクストラ]→[テキスト連結を表示]を実行すると分かりますが、アンカー付けしたオブジェクトに錨(アンカー)のマークが表示され、テキスト中に関連付けられているのが分かります❹。

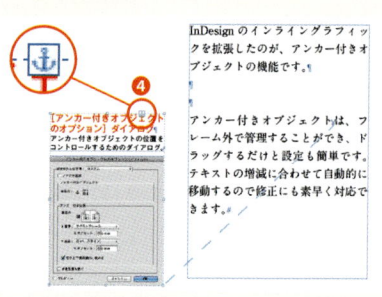

STEP 04

テキストに増減があると、それに合わせてアンカー付きオブジェクトも移動します。

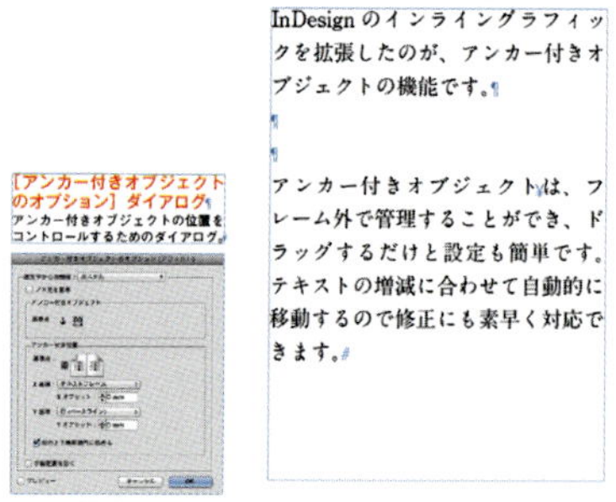

> **MEMO**
> 画像やテキスト、パスオブジェクトをはじめ、グループ化されたオブジェクトもアンカー付けすることが可能です。

123 テキストをアウトライン化する

InDesignにはテキストをアウトライン化する機能が備わっています。アウトライン化すると、テキストの編集はできなくなります。

STEP 01

アウトライン化にはふたつの方法があります。ひとつは［選択］ツールでテキストフレームを選択し❶、［書式］メニューから［アウトラインを作成］を選択する方法です❷。この場合には、アウトライン化後の位置は、もとのテキストの位置のままになります。

STEP 02

もうひとつの方法は、［横組み（縦組み）文字］ツールでアウトライン化したい部分を選択し❸、［書式］メニューから［アウトラインを作成］を選択する方法です❹。この場合には、アウトライン化された部分は「インライングラフィック」となり、前後の文字とのアキが詰まり、もとのテキストの位置ではなくなります❺。「インライングラフィック」については、「121 テキスト中にオブジェクトを挿入する」を参照して下さい。

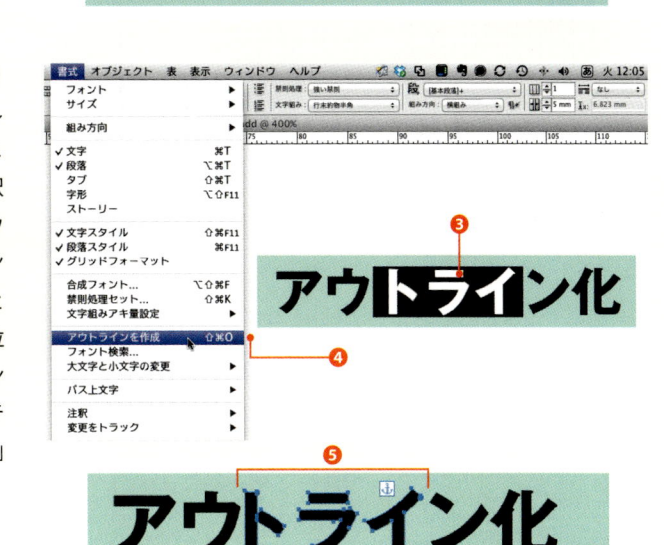

STEP 03

アウトライン化後には、輪郭のパスやアンカーポイントを編集したり、画像を配置したりすることができます。

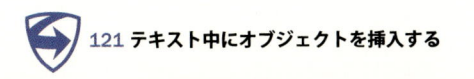

124 行末の全角スペースを吸収させる

これまで、行末にきた全角スペースは行末に残るか、次行に送られていました。InDesign CS4 以降ではこれを吸収できます。

STEP 01

InDesign CS3 までは、行末に全角スペースがきた場合、全角スペースはそのまま行末に残るか❶、次行に送られていました❷。

STEP 02

行末の全角スペースを吸収させたい場合には、段落内にカーソルがある状態で、[段落]パネル（または[コントロール]パネル）のパネルメニューから[全角スペースを行末吸収]を選択してオンにします❸。

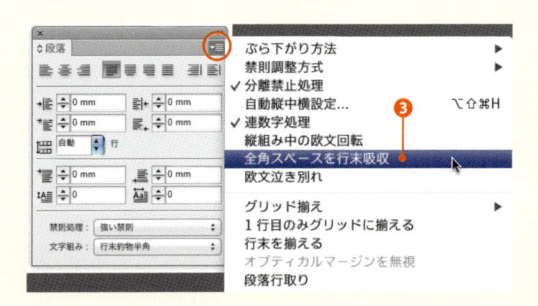

STEP 03

行末の全角スペースが吸収されました。もちろん、行末に全角スペースがこない場合には吸収されません。

> **MEMO**
> デフォルトでは、[全角スペースを行末吸収]はオフになっていますが、一般的な作業ではオンにしておくとよいでしょう。何もドキュメントを開いていない状態で[全角スペースを行末吸収]をオンにすれば、以後新規で作成するドキュメントでは[全角スペースを行末吸収]はオンがデフォルト設定となります。

125 欧文テキストを泣き別れにする

通常、泣き別れにはならない欧文単語を、泣き別れにすることが可能です。ハイフネーション処理をせずに、欧文単語を途中で改行したい場合に使用します。

STEP 01

図のように文中にURLがあるため、1行目の字間が開きすぎているテキストを例に、［欧文泣き別れ］の機能を適用して、任意の箇所で改行させたいと思います。

翔　泳　社（http://www.shoeisha.co.jp/）では、質の高いコンテンツを集積させ、新しい出版ビジネスを行っております。

STEP 02

段落内にカーソルがある状態で、［段落］パネル（たまは［コントロール］パネル）のパネルメニューから［欧文泣き別れ］を選択してオンにします❶。

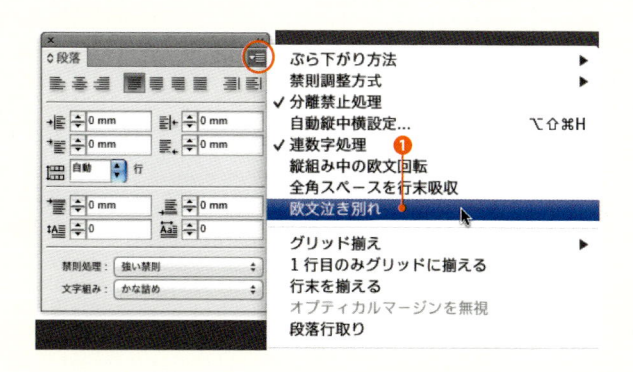

STEP 03

ハイフネーション処理をせずに、欧文単語が途中で改行されました❷。

翔　泳　社（http://www.shoeisha.co.jp/）では、質の高いコンテンツを集積させ、新しい出版ビジネスを行っております。

> **CAUTION**
> ［欧文泣き別れ］の機能は、［文字］パネルの［言語］が「日本語」になっていないと動作しないので注意して下さい。

> **CAUTION**
> URLなどのように、ハイフネーション処理をして改行してはいけないようなケースで使用しますが、本来は欧文単語を途中で改行する組み方はすべきではありません。なお、デフォルトでは［欧文泣き別れ］はオフになっています。

126 箇条書きを設定する

箇条書きには、記号と自動番号の2種類が使用できます。さまざまな設定が可能で、箇条書きを高度にコントロールできます。

STEP 01

［横組み（縦組み）文字］ツール T で、箇条書きを適用したいテキスト選択し、［段落］パネルのパネルメニューから［箇条書き］を選択します❶。

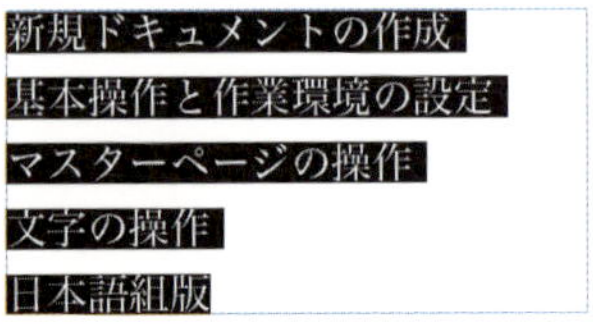

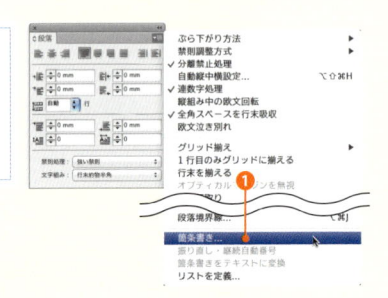

> **MEMO**
> ［書式］メニューの［箇条書きリスト］から［記号を適用］、あるいは［番号を適用］を選択してもかまいません。

STEP 02

［箇条書き］ダイアログが表示されるので、まず［リストタイプ］に［記号］を選択し❷、使用する［記号スタイル］を設定します❸。さらに、目的に応じて［記号または自動番号の位置］の各項目を設定して❹［OK］ボタンをクリックすると、指定した内容で箇条書きが適用されます。

※新規ドキュメントの作成
※基本操作と作業環境の設定
※マスターページの操作
※文字の操作
※日本語組版

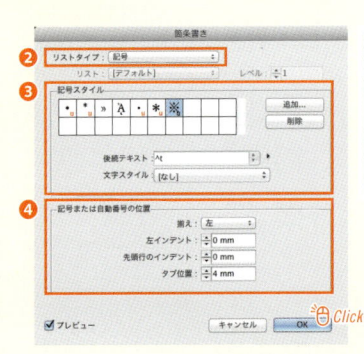

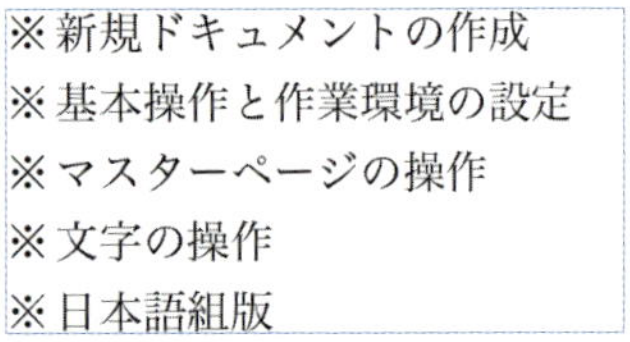

STEP 03

今度は、自動番号を設定してみます。［箇条書き］ダイアログの［リストタイプ］に［自動番号］を選択し❺、目的に応じて［自動番号スタイル］や［記号または自動番号の位置］の各項目を設定します❻。［OK］ボタンをクリックすれば、指定した内容で箇条書きが適用されます。

1. 新規ドキュメントの作成
2. 基本操作と作業環境の設定
3. マスターページの操作
4. 文字の操作
5. 日本語組版

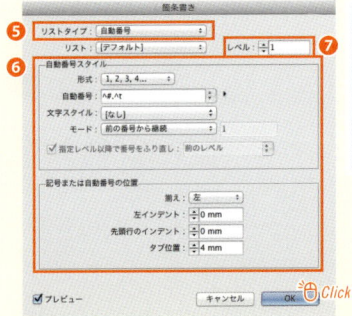

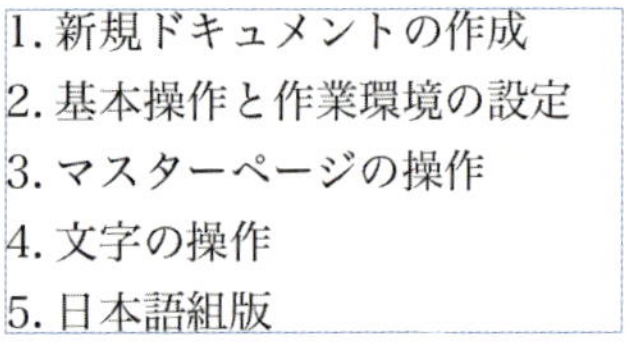

> **MEMO**
> ［リストタイプ］に［自動番号］を指定した場合には、［レベル］の設定も可能です❼。［レベル］を設定すると、階層化した箇条書きを作成することができます。

127 脚注を設定する

脚注の設定も可能です。脚注のフォーマットをはじめ、境界線の設定、脚注の前の最小スペースや脚注間のスペースなど、詳細な指定が可能です。

STEP 01

[横組み（縦組み）文字] ツール T で、脚注を挿入したい位置にカーソルを置き❶、[書式] メニューから [脚注を挿入] を選択します❷。

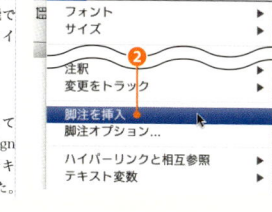

STEP 02

脚注が挿入されるので、脚注として使用するテキストを入力します。

STEP 03

[書式] メニューから [脚注オプション] を選択すると❸、[脚注オプション] ダイアログが表示されるので、目的に応じて各項目を設定します。ここでは [レイアウト] タブを選んで、前境界線の [線幅] や [幅] を変更しました❹。

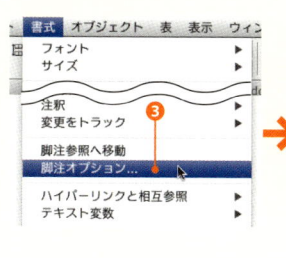

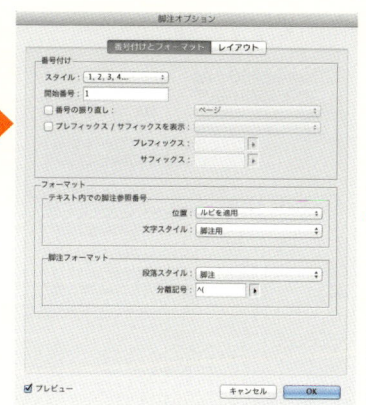

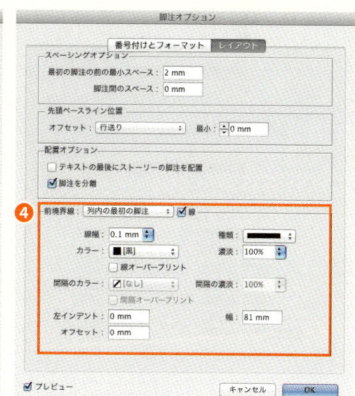

STEP 04

[OK] ボタンをクリックすると、設定した内容が脚注に反映されます。

128 相互参照を設定する

段落スタイルを適用した任意のテキストや、あらかじめ設定したテキストアンカーから、相互参照を設定できます。

STEP 01

まず、[ウィンドウ] メニューから [書式と表] → [相互参照] を選択して❶、[ハイパーリンク] パネルを表示しておきます。

STEP 02

[横組み（縦組み）文字] ツール [T] で、相互参照を挿入したい位置にカーソルを置き❷、[ハイパーリンク] パネルの [新規相互参照を作成] ボタンをクリックします❸。

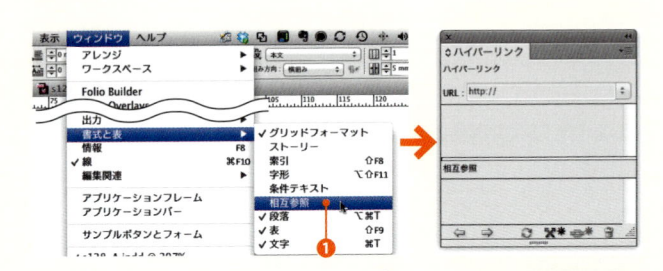

STEP 03

まず、段落に対して相互参照を適用したいと思います。[新規相互参照] ダイアログが表示されるので、[リンク先] に [段落] を選択し❹、相互参照としてリンクさせる段落スタイルと、その段落スタイルが適用された段落を選択します❺。また、目的に応じて [相互参照形式] の [形式] を指定します❻。ここでは [段落全体とページ番号] を選択しました。

> **MEMO**
> [相互参照形式] の [形式] の横にある [相互参照形式を作成または編集] ボタンをクリックすると、新しい形式を作成したり、相互参照の表示内容を変更できます。また、[画像優先] では、あくまでも編集時の相互参照の見た目を設定するもので、実際には印刷されません。

STEP 04

[OK] ボタンをクリックすると、設定した内容で相互参照が反映され、[ハイパーリンク] パネルに相互参照が登録されます❼。

> **MEMO**
> [ハイパーリンク] パネルに登録された相互参照をダブルクリックすると、[相互参照を編集] ダイアログが表示され、相互参照の内容を編集できます。

110 段落スタイルを作成する
111 段落スタイルを適用する

STEP 05

今度は、テキストアンカーを設定して相互参照を作成します。まず、[横組み（縦組み）文字］ツール T で テキストアンカーとして設定したいテキストを選択し、[ハイパーリンク]パネルのオプションメニューから［新規ハイパーリンク先］を選択します❽。

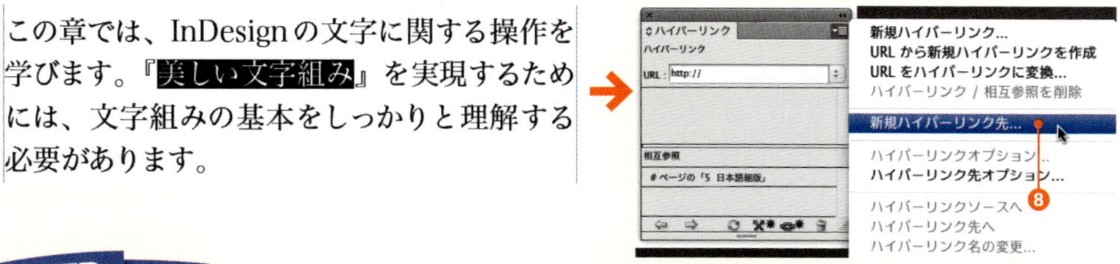

STEP 06

[新規ハイパーリンク先] ダイアログが表示されるので、[種類] が [テキストアンカー] になっているのを確認し、[名前] を入力したら [OK] ボタンをクリックします。なお、[名前] はそのままでもかまいません。

STEP 07

[横組み（縦組み）文字］ツール T で、相互参照を挿入したい位置にカーソルを置き❾、[ハイパーリンク] パネルの [新規相互参照を作成] ボタンをクリックします❿。

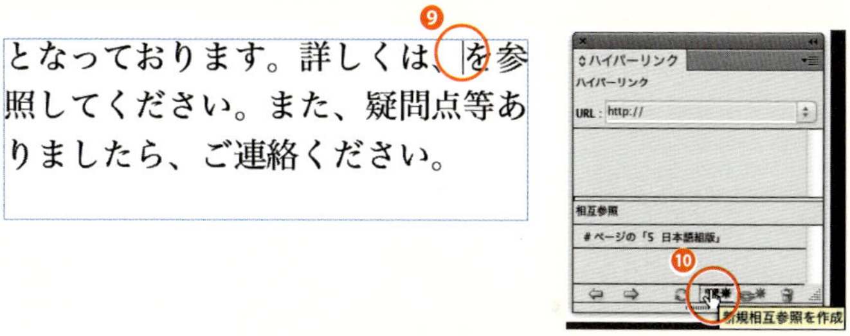

STEP 08

[新規相互参照] ダイアログが表示されるので、[リンク先] に [テキストアンカー] を選択し⓫、相互参照としてリンクさせる [テキストアンカー] を選択します⓬。また、目的に応じて [相互参照形式] の [形式] を指定します。ここでは [テキストアンカー名とページ番号] を選択しました⓭。

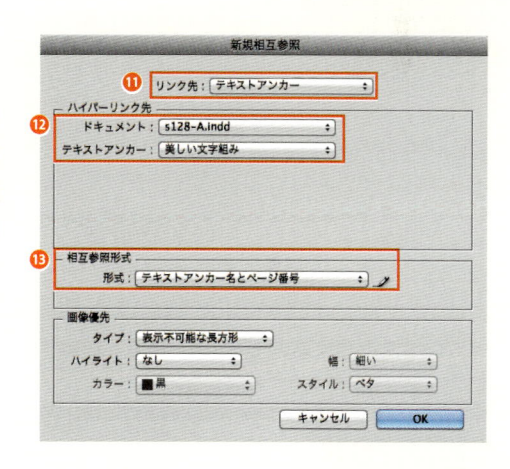

STEP 09

[OK] ボタンをクリックすると、設定した内容で相互参照が反映され、[ハイパーリンク] パネルに相互参照が登録されます⓮。

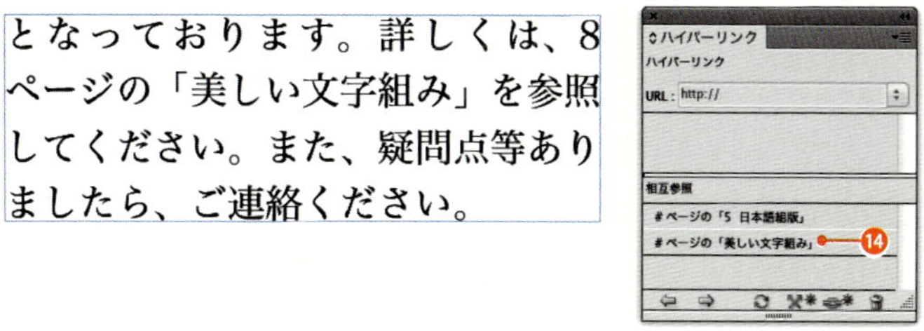

129 ストーリーエディターを使って テキストを編集する

［ストーリーエディター］は、テキストのみを表示する InDesign のエディターです。テキストのみを表示するので軽快な操作が可能です。

STEP 01

［ストーリーエディター］は、レイアウト画面のテキスト部分を別ウィンドウで表示し、エディターのように編集できる機能です。［横組み（縦組み）文字］ツール でテキストの任意の箇所にカーソルを置き❶、［編集］メニューから［ストーリーエディターで編集］を選択します❷。

MEMO
InDesign CS4 以降では、表中テキストをストーリーエディターで表示・編集することも可能です。

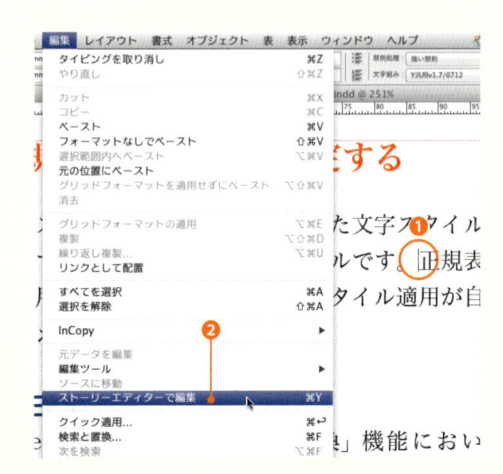

STEP 02

［ストーリーエディター］が別ウィンドウで開きます。レイアウト画面でカーソルを置いた位置に、ストーリーエディターでもカーソルが置かれています❸❹。

STEP 03

ストーリーエディター上での編集作業が、即座にレイアウト画面上に反映されます❺❻。文字サイズなどの書式の変更や検索／置換などの作業も可能です。ストーリーエディターでの作業が完了したら、左上（Windows では右上）のクローズボタンをクリックするか、［編集］メニューから［レイアウトで編集］を選択すると、もとのレイアウト画面に戻ります。

MEMO
［ストーリーエディター］には、あふれたテキストも表示されます。あふれたテキスト部分は、オーバーセットテキストインジケータ（赤い線）により確認できます。

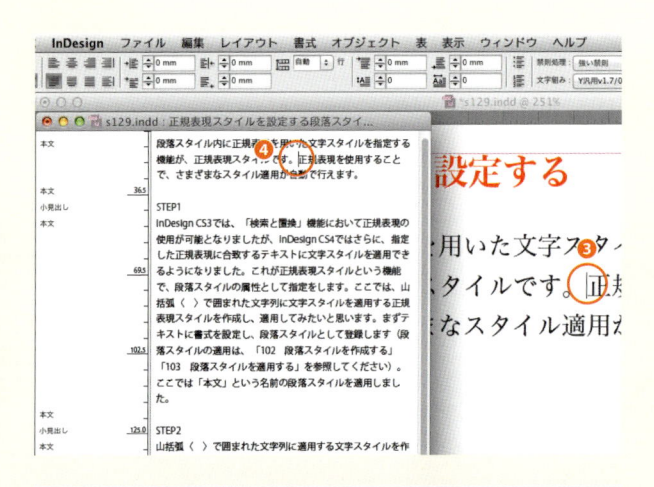

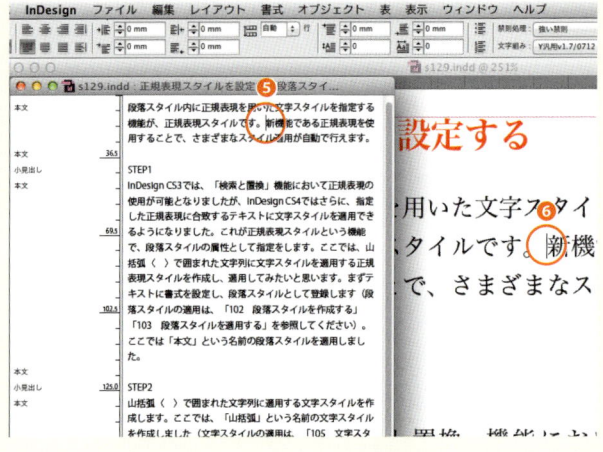

第 6 章
画像の配置とレイアウト

InDesign CS6
DESIGN REFERENCE
PLUS

130 印刷目的で InDesign に配置する画像を用意する

InDesign に配置するビットマップ画像は、Photoshop で開き、画像サイズや画像解像度を設定し、カラーモードを CMYK カラーに変更しておきます。

STEP 01

印刷目的でビットマップ画像を InDesign に配置する場合は、Photoshop で画像を開き、[イメージ] メニューから [画像解像度] を選び、画像サイズや画像解像度を適切な値に設定しておきます。画像サイズは [ドキュメントのサイズ] の [幅] と [高さ] を InDesign で使用するサイズに設定しておきます。[解像度] は、印刷線数の約 2 倍の値に設定します。InDesign に配置した後で画像を拡大すると、画像解像度が不足して画質が荒れてしまうので注意して下さい。

STEP 02

印刷目的で使用する場合はカラーモードを CMYK カラーに設定します。Photoshop では、[イメージ] メニューから [モード] → [CMYK カラー] を選んでカラーモードの変換を行います❶。画像が RGB カラーのままだと印刷トラブルになるので、この工程は忘れないで下さい。RGB カラー画像が残っていた場合は、InDesign のプリフライト機能で問題のある画像を検出することもできます(「264 プリフライトする項目を設定する」参照)。

STEP 03

DTP で一般的な EPS 形式で保存する場合は、本来レイヤーを保存できませんので、Photoshop で [レイヤー] メニューから [画像を統合] を選び、レイヤーを統合します。レイヤーを保持したまま [Photoshop EPS] 形式で保存しようとすると、[別名で保存] ダイアログで警告マークが表示され❷、保存時に自動的にレイヤーが統合されます。

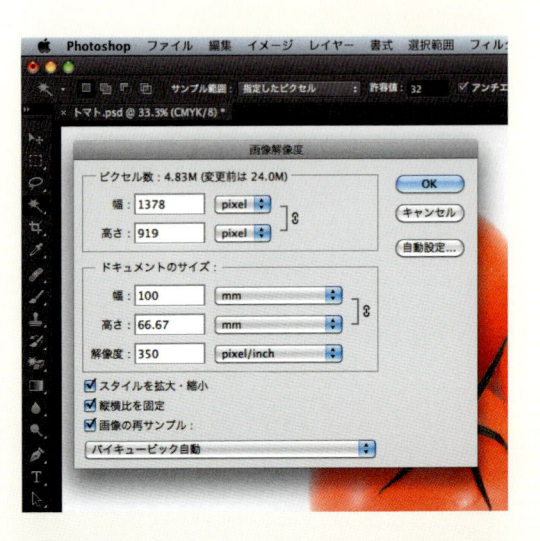

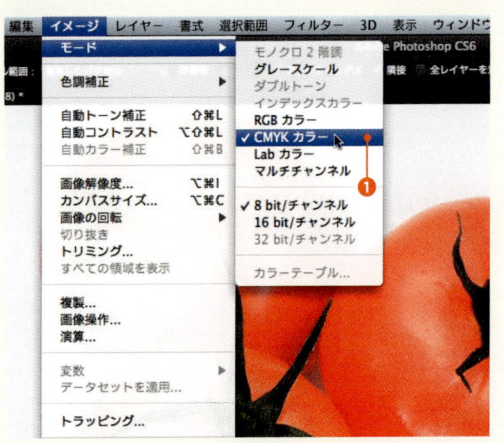

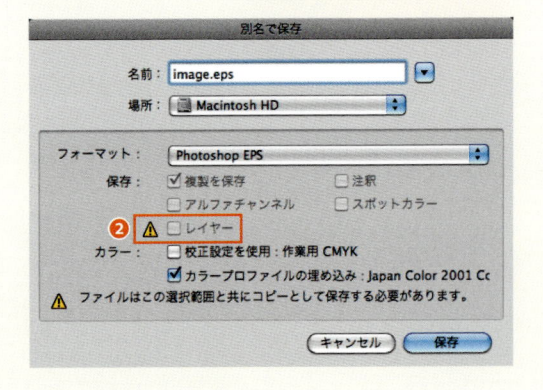

131 InDesign に配置する画像を印刷用途に適したファイル形式で保存する
264 プリフライトする項目を設定する

131 InDesignに配置する画像を印刷用途に適したファイル形式で保存する

InDesignでは各種のファイル形式を読み込むことができますが、用途に適したファイル形式を選んで利用するようにします。

STEP 01

ここでは、印刷することを条件にした場合のファイル形式を解説します。Illustratorで作成したベクトルグラフィックの画像を保存する場合は、「Illustrator」「EPS」「PDF」の保存形式を利用します。右図は、Illustratorのアートワークを保存する時のダイアログです。[フォーマット](Windowsでは[ファイルの種類])のポップアップメニューで目的のファイル形式を選んで画像を保存します❶。

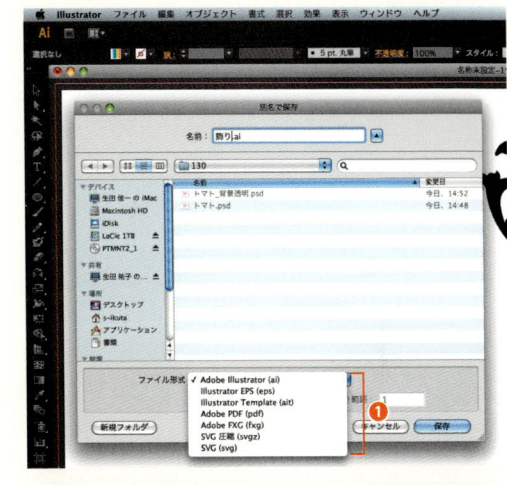

STEP 02

Photoshopでビットマップ画像を保存する場合は、「Photoshop」「TIFF」「EPS」「PDF」「DCS」の保存形式を利用します。右図は、Photoshopの画像を保存する時のダイアログです。[フォーマット](Windowsでは[ファイルの種類])のポップアップメニューで目的のファイル形式を選んで画像を保存します❷。どの形式がよいか迷った場合には、入稿先の印刷会社に確認してください。

STEP 03

InDesignでグラフィックを配置する時にあらわれる[配置]ダイアログで[読み込みオプションを表示]❸をチェックして[開く]ボタンをクリックすると、読み込んだ画像のファイル形式に応じた[画像読み込みオプション]が表示され、画像を配置するための各種設定が行えるようになっています。

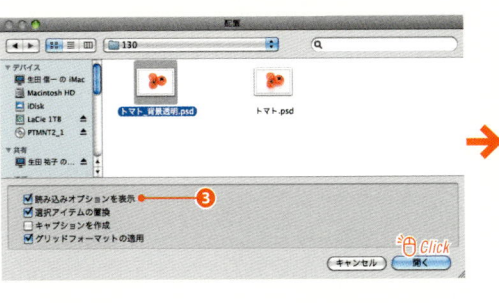

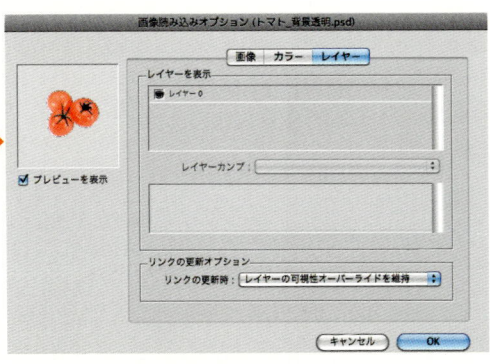

132 配置コマンドで画像を配置する

[配置]コマンドを使うと、InDesignに画像を読み込むことができます。画像は、クリックやドラッグ操作でフレーム内に読み込まれます。

STEP 01

InDesignのドキュメントを開き、オブジェクトがなにも選択されていないことを確認します。[ファイル]メニューから[配置]を選び、[配置]ダイアログで読み込む画像を選択します。ここでは[読み込みオプションを表示]をオフにして❶、[開く]ボタンをクリックします。

KEYBOARD SHORTCUT

配置 ▶ ⌘ (Ctrl) + D キー

STEP 02

カーソルの形がブラシのアイコンに変わり、読み込む画像のサムネール画像が淡く表示されます❷。任意の位置でクリックすると、クリックした位置を左上として100%の実寸で画像が配置されます❸。画像は自動的に作成されたグラフィックフレームの中に配置されます。

STEP 03

STEP-02の操作で、カーソルの形がブラシのアイコンに変わった後で、ドラッグして四角形のフレームを作成し❹、マウスボタンを放すと、作成したフレームサイズに合わせて画像が配置されます❺。画像の拡大縮小率は、作成したフレームサイズに応じて変わります。

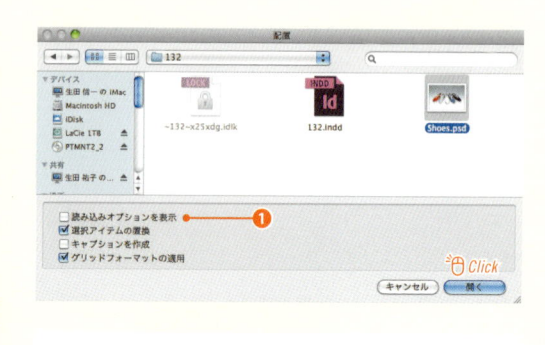

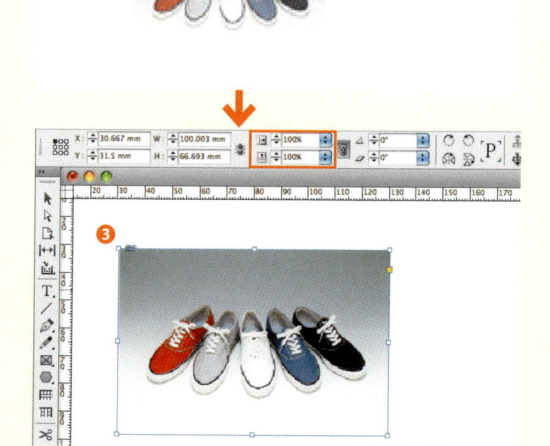

MEMO

マウスをドラッグすると、配置する画像の縦横比が固定されてフレームが作成されます（ Shift キーを押すと縦横比の固定が解除されます）。

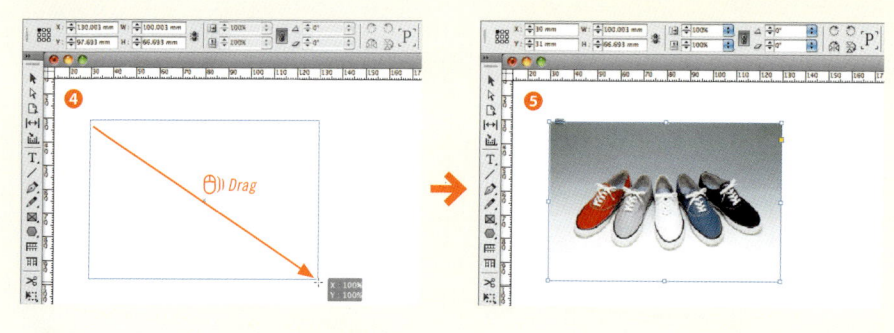

133 フレームを作成して画像を配置する

事前にフレームツールなどで空白のフレームを作成しておけば、配置したいフレームの中に画像を配置することができます。

STEP 01

ツールパネルから［長方形フレーム］ツール を選び、画面上でドラッグして四角形を描きます❶。このフレームを選択した状態で、［ファイル］メニューから［配置］を選び、画像を選択して［開く］ボタンをクリックします。すると、事前に選択したフレームの中に画像が配置されます❷。

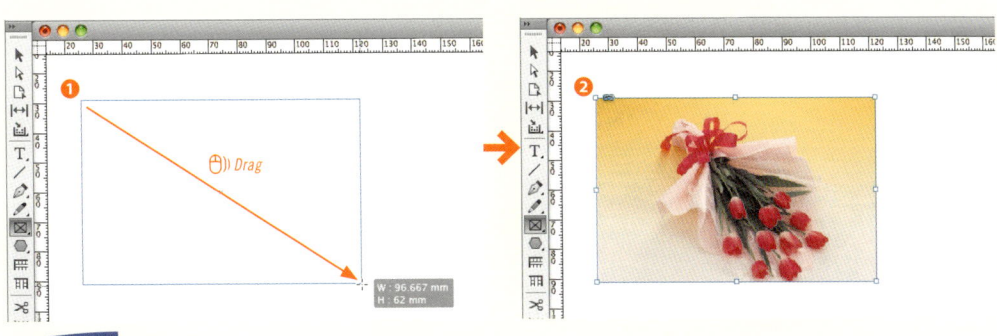

STEP 02

フレームを選択していない場合は、［配置］コマンドで画像を読み込んだ後、カーソルがブラシのアイコンになった時に❸、フレームの上にカーソルを合わせてクリックすれば、フレームの中に画像を配置することができます。また、すでに配置されている画像を差し替える場合は、Option（Alt）キーを押しながらクリックします。

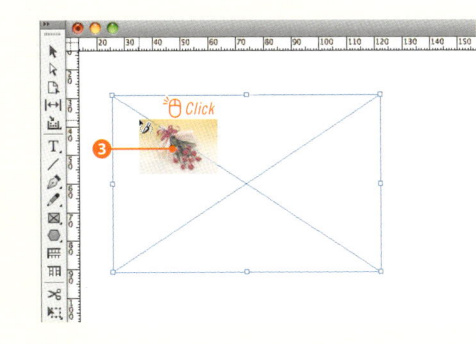

STEP 03

画像を配置する前に、空白のフレームを選択し、［オブジェクト］メニューから［オブジェクトサイズの調整］→［フレーム調整オプション］を選び、画像を読み込んだ後のトリミングやサイズ調整を事前に設定しておけます（「146 フレーム調整オプションを利用する」参照）。下図は、［サイズ調整］のポップアップメニューから［フレームに均等に流し込む］を選び❹、画像を配置した例です。こうしておけば、フレーム枠に合わせて画像が均等に流し込まれます。

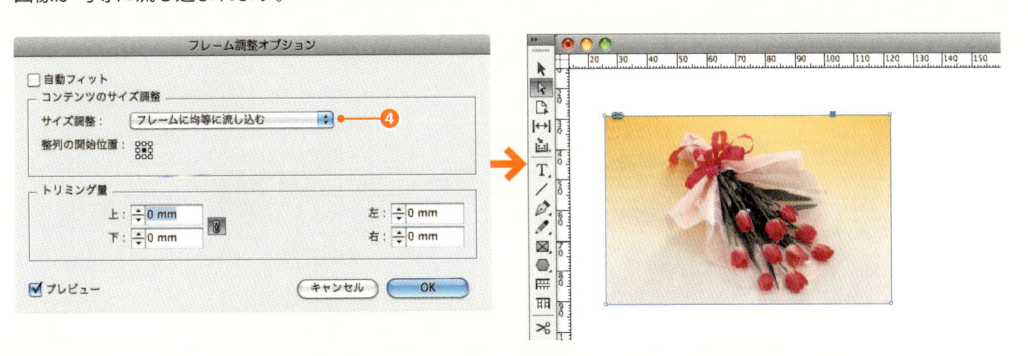

135 複数の画像やテキストを配置する
146 フレーム調整オプションを利用する

134 コンテンツインジケーターを利用して画像を選択・編集する

［選択］ツール を使用中に画像を編集したい時はフレーム中央に表示されるコンテンツインジケーターを選択すると、そのまま画像を編集できます。

STEP 01

一般的には、［選択］ツール ではフレームを選択してフレームの編集作業を行います。［選択］ツール で画像の上にカーソルを重ねると、グラフィックフレーム中央にドーナツ状の形が表示されます。ドーナツ状の形の上にカーソルを置くと、［手のひら］ツール のアイコンに変わるので、そのままドラッグして画像の移動が可能になります。

STEP 02

［手のひら］ツール アイコンに切り替わり、そのままドラッグして画像を移動すると、画像の隠れている部分が淡く表示されます。

STEP 03

画像を選択している間は、四隅のハンドルを掴んでドラッグする操作で拡大縮小ができます❶。また、四隅のハンドルの外側にカーソルを置くと、カーソルが円弧状の矢印の形になり、この状態でドラッグする操作で画像の回転が可能になります❷。

141 フレームと画像のサイズをドラッグ操作で変更する

135 複数の画像やテキストを配置する

［配置］ダイアログで複数の画像やテキストファイルを選択して、配置する画像やテキストを確認しながら配置できます。

STEP 01

［ファイル］メニューから［配置］を選び、［配置］ダイアログで画像やテキストのファイルを複数選択し❶、［開く］ボタンをクリックします❷。

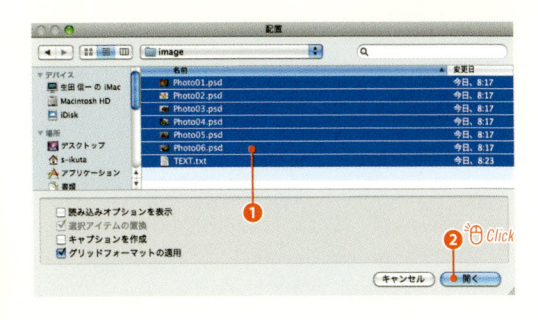

□ KEYBOARD SHORTCUT

Shiftキーを押しながらファイルを選択すると連続した一連のファイルを選択できます。連続していないファイルを複数選択したい場合は、⌘（Ctrl）キーを押しながらクリックします。

STEP 02

ドキュメントウィンドウでは、カーソルがブラシの形のグラフィック配置アイコンに変わります❸。グラフィック配置アイコンの横に、配置可能なグラフィックの数が示されます。選択した最初のファイルのサムネール画像が表示されますが、矢印キーを押すと画像が次の表示に切り替わります。テキストデータの場合は、テキストの最初の部分が示されます❹。

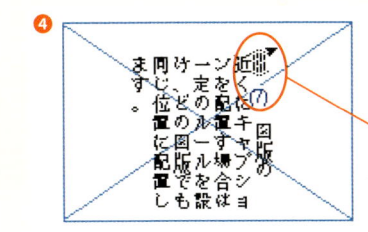

STEP 03

事前に作成したフレームに複数の画像を配置していきましょう。サムネール画像を確認して、よければクリックして画像を配置します。右図は、フレームの上にカーソルを置いてクリックし、複数の画像を連続して配置しているところです。

□ KEYBOARD SHORTCUT

すべての画像を一度にドキュメント内に読み込むには、⌘（Ctrl）+ Shiftキーを押しながらクリックします。

133 フレームを作成して画像を配置する

136 複数の画像をグリッド配置する

複数の画像を選択して配置する時、ドラッグを開始してから矢印キーを使うと、配置する画像の列数と行数を変更しながらグリッド状に配置できます。

STEP 01

6点の画像を3列×2行のグリッド状のフレームで配置してみましょう。複数の画像をまとめて配置するために、ファイルメニューから［配置］を選択し、Shiftキーを押しながら6点の画像を選択して❶、［開く］ボタンをクリックします。

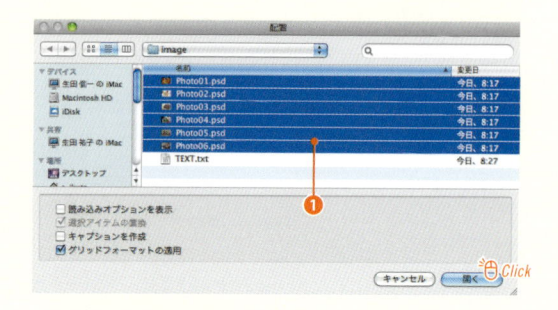

STEP 02

配置時、ドラッグして大きめの四角形を描きます。まず列数を3にするため、右向きの矢印キー（→）を2回押します。さらに行数を2にするため、上向きの矢印キー（↑）を1回押します。この操作で3列×2行のグリッド状のフレームになります。マウスボタンを放すと、画像が取り込まれます。

ドラッグして四角形を描く

右向きの矢印キーを2回押す

マウスボタンを放し、画像を配置する

上向きの矢印キーを1回押す

MEMO
列間または行間の間隔を変更するには、⌘（Ctrl）キーと矢印キーを押します。

STEP 03

グリッド状にフレームを作成するショートカットは、フレームを作成するツール（文字ツール、長方形フレームツール、長方形ツールなど）でも有効です。下の作例は、長方形フレームツールで、矢印キーを使用して3列×3行のグリッド状のフレームを作成したところです。

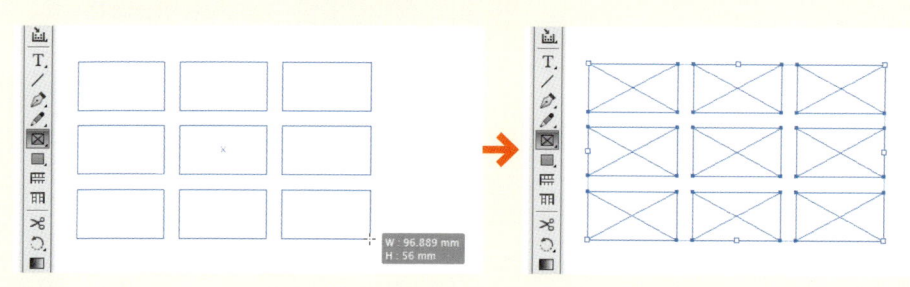

137 Mini Bridge を活用する

Mini Bridge は Adobe Bridge の縮小版のようなパネルです。Mini Bridge ではプレビュー画像を見ながら InDesign のドキュメントに画像を配置できます。

STEP 01

Mini Bridge を表示させるには、[ウィンドウ] メニューから [Mini Bridge] を選びます。目的のフォルダを開くと、フォルダ内の画像がプレビュー表示で一覧できます。パネル下のスライダをドラッグすると、プレビュー画像の大きさを変更できます❶。

STEP 02

従来は Adobe Bridge を別に開いて、アプリケーションを切り替えながらドラッグ＆ドロップの操作で画像を配置していましたが、Mini Bridge を使うと InDesign の中だけで画像の配置が行えます。複数の画像を選択してまとめて配置することもできます。

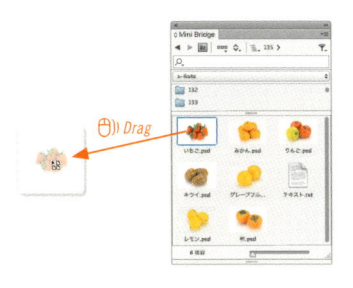

STEP 03

パネル上部にあるツールバーのボタンをクリックすると下図のようにメニューが表示されます。Adobe Bridge に搭載されているスライドショーや表示の並び替え、レーティング（星の数）の表示などの主要な機能は、Mini Bridge でも使えます。

138 画像のメタデータからキャプションを作成する

画像に埋め込まれたメタデータのテキストを利用して、配置した画像に自動的にキャプションを割り振ることができます。

STEP 01

メタデータは画像に埋め込まれたデータのことで、例えば撮影データなどがテキストデータとして保存されています。メタデータを画像に直接書き込むには、Adobe Bridge を開き、画像を選択し、メタデータパネル内の［IPTC Core］の中で、目的の項目を探して、キャプションのテキストを入力することができます。以下では、2 枚の画像をそれぞれ選択し、［説明］の入力ボックスにテキストを入力しました❶❷。

STEP 02

InDesign ドキュメントを開き、右図のように写真を配置しました。この写真の下側にキャプションを作成してみましょう。

STEP 03

［選択］ツール でキャプションを作成する画像を選択し、［オブジェクト］メニューから［キャプション］→［キャプション設定］を選びます❸。［キャプション設定］ダイアログで、抽出するメタデータや、キャプションのスタイル、位置などを指定します。

［メタデータキャプション］フィールド❹では、キャプションのテキストを指定します。ここでは［メタデータ］のポップアップメニューで［説明］を選択しました。メタデータの前後に［先行テキスト］［後続テキスト］を付け加えることもできます。

［位置とスタイル］フィールド❺では、キャプション［揃え］の位置を［画像の下］［画像の上］［画像の左］［画像の右］から選び、その他キャプションに適用する［段落スタイル］や、画像からの距離（［オフセット］）などを指定します。

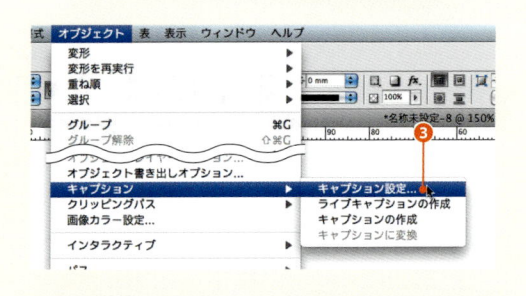

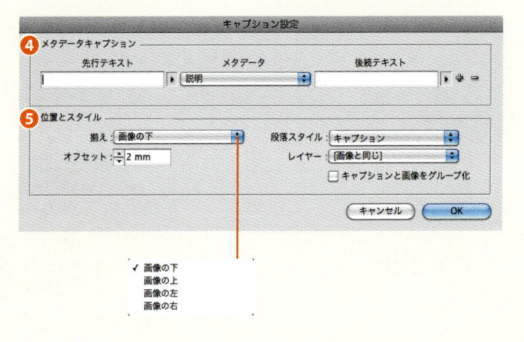

STEP 04

キャプションを作成する方法は2種類あります。［選択］ツール で キャプションを作成する画像を選択し、オブジェクトメニューから［キャプション］→［キャプションを作成］を選ぶ方法❻と、同メニューから［ライブキャプションを作成］を選ぶ方法です❼。どちらを選んでも同じような効果が得られますが、その後の編集作業でこの2つの方法には大きな違いがあります。

STEP 05

右はキャプションを作成した直後の様子です。［キャプションを作成］を選んで作成すると、キャプションのテキストは元画像から切り離されます。従って、InDesign 上でテキストの追加・削除などの編集作業が行えます。［ライブキャプションを作成］を選んで作成した場合は、キャプションのテキストは元画像とのリンクを保っています。元画像のメタデータを変更すると、InDesign 側で画像の更新が必要になります。

STEP 06

［ライブキャプションを作成］を選んで作成したキャプションテキストを更新してみましょう。Adobe Bridge に戻り、画像を選択し、メタデータのテキストを加筆して修正しました❽。InDesign に切り替えると、リンクパネルで画像が更新されたことを示す警告マークが表示されます❾。リンクパネル下の［リンクを更新］ボタンをクリックすると❿、警告マークが消え、キャプションのテキストも最新のものに置き換わります⓫。

> **MEMO**
> ［ファイル］メニューから［配置］を選び画像を配置する際に、［キャプションを作成］をチェックすると⓬、画像を配置後、［キャプション設定］で指定したキャプションテキストを配置できます。

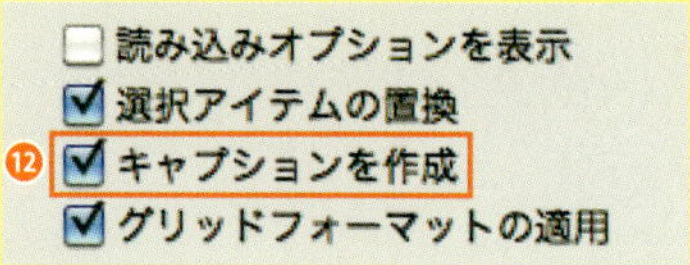

139 図版の近くにキャプションを正確に配置する

キャプションの位置は、図版の近くに空き量を設定して正確に配置します。［整列］パネルを利用したり、座標値を参考にしながら設定していきます。

STEP 01

図版の近くにキャプションを配置する場合は、一定のルールを設け、どの図版でも同じ位置に配置します。ここでは図版の下にキャプションを左揃えで整列させ、2mmの空きを設けて配置することにします。

STEP 02

図版とキャプションを左揃えにするには、整列パネルを利用します。図版とキャプションを両方選択し、キーオブジェクトにするオブジェクトをワンクリックすると、そのオブジェクトが太い線で囲まれます。キーオブジェクトは、整列の基準となるオブジェクトで、整列の際に位置が固定されます。この状態で整列パネルで［左端揃え］のボタンをクリックします❶。

MEMO
オブジェクトの位置を揃えるには、XY座標値を数値入力して指定したり、スマートガイドを利用する方法も有効です。

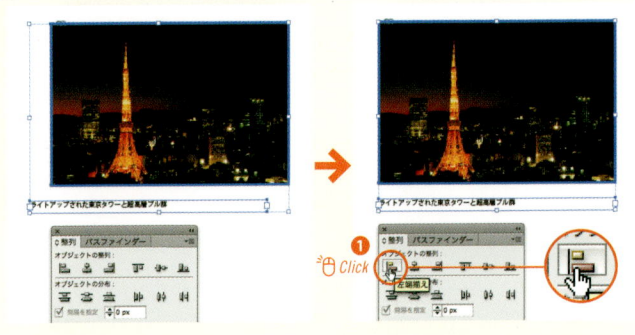

STEP 03

間隔を指定するには、整列パネルの［等間隔に分布］を利用します。まず［間隔を指定］にチェックを入れ、入力ボックスに間隔の値を入力します。ここでは2mmと入力します❷。キーオブジェクトになる図版のフレームをクリックし、［垂直方向に等間隔に分布］のボタンをクリックします❸。この操作で、2mm間隔の空きでキャプションが配置されます。

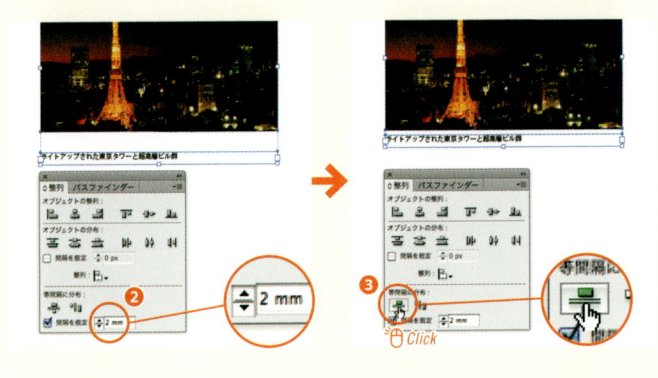

140 スマートガイドでオブジェクトを配置する

スマートガイド機能を利用すると、画像などのオブジェクトを配置する時、一時的なガイドが表示され、別のオブジェクトと揃えることができます。

STEP 01

スマートガイド機能を利用するには、[表示]メニューから[グリッドとガイド]→[スマートガイド]を選びます❶。CS4以降では、初期設定で[スマートガイド]が選ばれた状態になっています。

STEP 02

スマートガイドの表示をオンにすると、オブジェクトをドラッグして配置する時、別のオブジェクトの上辺・中央・下辺と水平方向に揃う位置❷、左辺・中央・右辺と垂直方向に揃う位置❸で、一時的に緑色のガイドが表示されます。また、ページの中央に位置する場合にも一時的に紫色のガイドが表示されます❹。回転を行った場合には、回転値が表示され、別の回転したオブジェクトの角度と揃った場合には、ガイドの色が一時的に緑色に変化します❺。これらのガイドが表示されたタイミングでマウスボタンを放すと、希望する位置に正確に配置することができます。

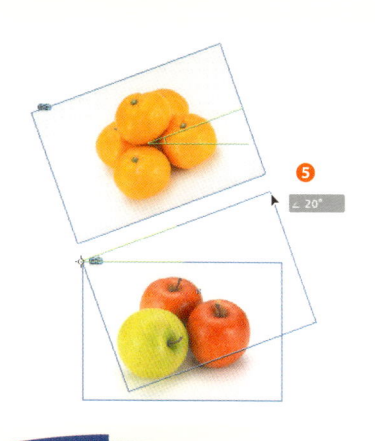

STEP 03

スマートスペーシングは、オブジェクトの間隔を均等にしたい場合に便利です。右図は、右側の画像をドラッグし、左側の画像との間隔がほかと同じになった時に表示されるスマートスペーシングのガイドラインです。

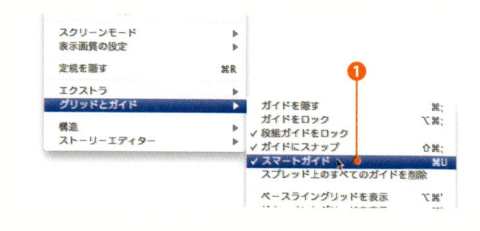

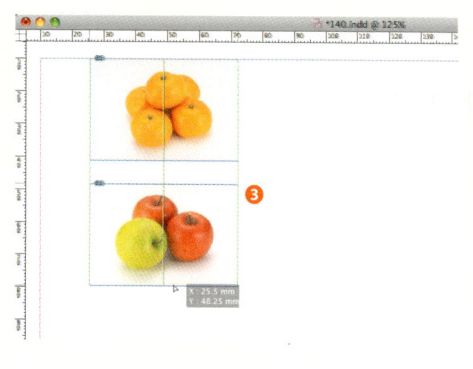

141 フレームと画像のサイズをドラッグ操作で変更する

フレームに画像を配置した後で、ドラッグ操作でフレームサイズを変更してトリミングしたり、画像サイズを変更する方法を解説します。

STEP 01

画像を配置したフレームのサイズだけを変更するには、［選択］ツール でフレームを選択します。フレームに表示されるハンドルを掴んでドラッグすると、画像はそのままの状態でフレームだけのサイズを変更できます。この操作で画像のトリミングが行えます。

STEP 02

画像を配置したフレームの中の画像だけを移動したり、サイズ変更するには、［ダイレクト選択］ツール で画像の上をクリックします。CS5 以上では、コンテンツインジケーターをクリックして画像を選択できます（詳細は「134 コンテンツインジケーターを利用して画像を選択・編集する」を参照）。手のひらのアイコンが表示されたらドラッグして画像を移動できます❶。また、画像の周囲に表示されたハンドルを掴んでドラッグすると画像だけのサイズを変更できます❷。

STEP 03

フレームとフレーム内の画像を同時に拡大・縮小するには、選択ツールで ⌘（Ctrl）キーを押しながらハンドルをドラッグします❸。⌘（Ctrl）+ Shift キーを押しながらドラッグすると、画像の縦横比を維持しながら拡大・縮小できます。

134 コンテンツインジケーターを利用して画像を選択・編集する
143 フレームと画像のサイズを数値指定で変更する

142 自動フィットを利用する

［自動フィット］をオンにすると、画像を拡大・縮小する際に、フレームと画像を連動させて拡大・縮小することができます。

STEP 01

右図のように画像を配置したグラフィックフレームがあります。このフレームを選択した状態で、コントロールパネルの［自動フィット］のチェックをオンにします❶。

> **MEMO**
> ［自動フィット］の機能は InDesign CS5 以降のバージョンで利用できます。

STEP 02

［選択］ツール を選び、グラフィックフレームを選択します。［自動フィット］がオンになっていると、四隅のハンドルを掴んで拡大・縮小の操作を行った時に、フレーム内の画像も連動して拡大・縮小するようになります。フレームサイズの縦横比を固定して拡大・縮小するには [Shift] キーを加えてドラッグします。

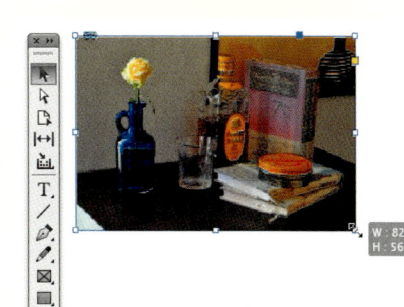

> **MEMO**
> ［自動フィット］を使わずに、フレームと画像を連動させて拡大・縮小するには、⌘（[Ctrl]）＋[Shift] キーを押しながらフレームの四隅のハンドルをドラッグします。

STEP 03

［自動フィット］のオプションは、［オブジェクト］メニューから［オブジェクトサイズの調整］→［フレーム調整オプション］を選んだ時にも設定できるようになっています❷。

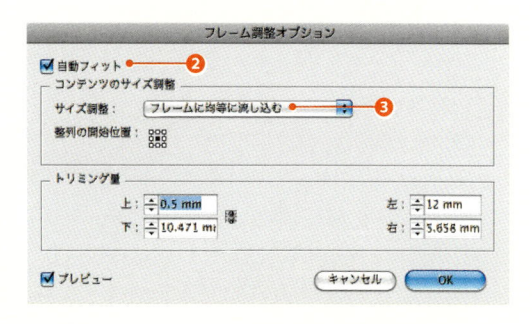

> **MEMO**
> フレーム調整オプションで［自動フィット］をオンにすると、［サイズ調整］で［フレームに均等に流し込む］が自動的に選択されます❸。

---

145 オブジェクトサイズの調整コマンドを利用する
146 フレーム調整オプションを利用する

143 フレームと画像のサイズを数値指定で変更する

フレームや画像の座標値やサイズを数値で指定するには、［コントロール］パネルを利用して行います。

STEP 01

フレームの設定を数値指定します。画像を配置したフレームを［選択］ツールでクリックします。［コントロール］パネルには、フレームの［X］座標値、［Y］座標値、［W］（幅）、［H］（高さ）が数値で表示されます❶。これらの入力ボックスに数値を直接入力して指定できます。［コントロール］パネルの基準点❷では、座標を表示する時の基準点を変更できます。図ではオブジェクトの左上のコーナーが基準点に設定されています。

STEP 02

画像の設定を数値指定します。画像を［ダイレクト選択］ツールでクリックします（図では、フレームをわかりやすくするために黄色で塗っています。選択されているオブジェクトが画像です）。［コントロール］パネルには、画像の［X］座標値、［Y］座標値、［W］（幅）、［H］（高さ）が数値で表示されます❸。画像の［X］座標値、［Y］座標値は、フレームの左上コーナー❹が原点（0, 0）です。これらの入力ボックスに数値を直接入力して指定できます。

STEP 03

画像のサイズは拡大・縮小率で設定することもできます。画像を［ダイレクト選択］ツールでクリックします。［拡大 / 縮小 X パーセント］、［拡大 / 縮小 Y パーセント］にパーセントの数字を入力したり❺、ポップアップメニューから数値を選んで指定します❻。［拡大 / 縮小の縦横の比率を固定］❼をオンにする（チェーンが繋がった状態にする）と、X、Y いずれかの値を指定すれば、もう一方の値が同じパーセント値で自動入力されます。

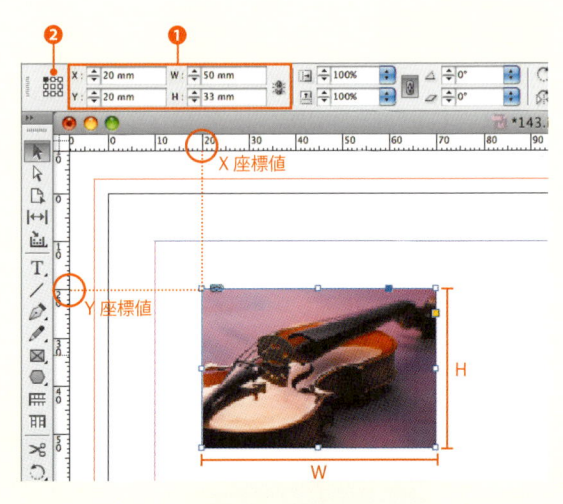

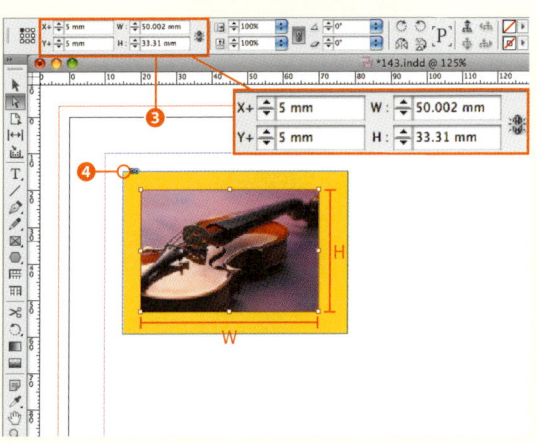

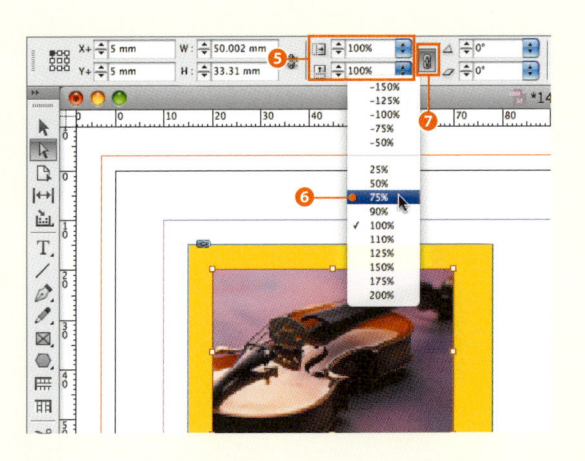

144 画像やフレームを回転・傾斜させる

[コントロール]パネルを使えば、角度を指定してフレームや画像を回転させたり、傾斜させることができます。

STEP 01

右図のボタンは[コントロール]パネルに表示された、[回転角度]❶、[傾斜X角度]❷、[90度回転（時計回り）]❸、[90度回転（反時計回り）]❹、[水平方向に反転]❺、[垂直方向に反転]❻、[反転／回転インジケータ]❼です。以下にこれらボタンの操作を解説します。

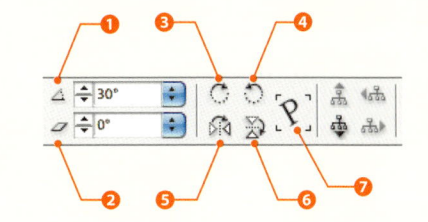

STEP 02

[選択]ツールで、フレームや画像を選択して、[回転角度]❶に任意の角度を入力すると、下図のように回転が実行されます❽。[選択]ツールで、フレームや画像を選択して、[傾斜X角度]❷に任意の角度を入力すると、下図のように傾斜による変形が実行されます❾。[反転／回転インジケータ]❼の表示が変わり、「P」の文字が回転・傾斜したようになります。

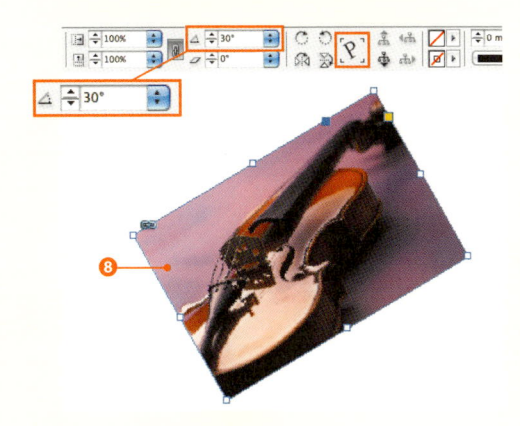

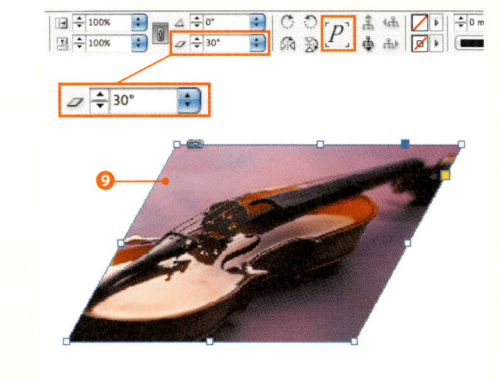

STEP 03

下左図は、フレームを選択して、[90度回転（時計回り）]❸のボタンを1回クリックした結果です。連続してボタンをクリックすると、90度単位で回転が行えます。下右図は、フレームを選択して、[水平方向に反転]❺のボタンを1回クリックした結果です。

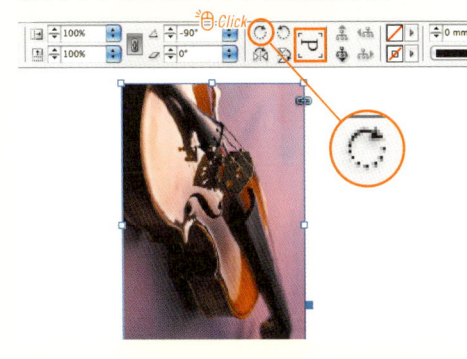

145 オブジェクトサイズの調整コマンドを利用する

フレームに画像を配置した後で、コマンド操作で画像とフレームのサイズを調整することができます。

STEP 01

まず、画像を配置したフレームを用意します。[選択]ツール または [ダイレクト選択] ツール を使って、フレームまたは画像を選択します。[オブジェクト]メニューから [オブジェクトサイズの調整] コマンドを選ぶと、右図のようなサブメニューが表示されます❶。これらのコマンドは [コントロール] パネルでも操作できます❷。

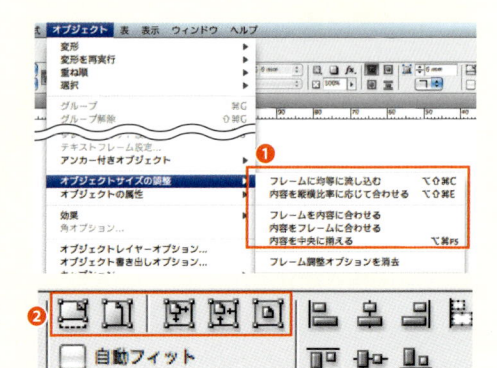

STEP 02

[オブジェクトサイズの調整] コマンドのサブメニューから、5つのコマンドを実行した結果を下図に示します。[フレームに均等に流し込む] は、内容がフレームの全体に合わせて流し込まれます❸。[内容を縦横比に応じて合わせる] は、内容がフレームの縦横いずれかを基準にフィットします❹。[フレームを内容に合わせる] は、フレーム枠が内容にフィットします❺。[内容をフレームに合わせる] は、内容の縦横が変倍されてフレームにフィットします❻。[内容を中央に揃える] は、内容がフレーム中央に配置されます❼。

実行前

[フレームに均等に流し込む] を実行

[内容を縦横比に応じて合わせる] を実行

[フレームを内容に合わせる] を実行

[内容をフレームに合わせる] を実行

[内容を中央に揃える] を実行

142 自動フィットを利用する
146 フレーム調整オプションを利用する

146 フレーム調整オプションを利用する

［フレーム調整オプション］を利用すると、画像を配置する前にトリミング量やフレームの合わせ方を指定できます。

STEP 01

［長方形フレーム］ツール ⊠ を使って、図のような四角形を描き、空のフレームを作成します。このフレームは、後で画像を配置する予定のオブジェクトです。

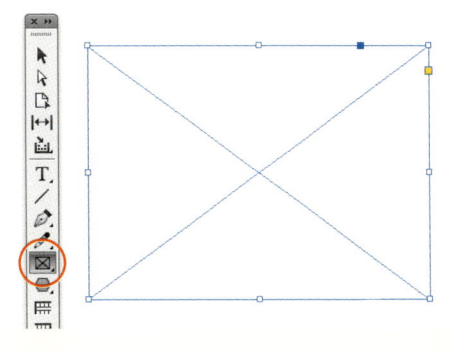

STEP 02

STEP-01 で作成した空のフレームを選択し、［オブジェクト］メニューから［オブジェクトサイズの調整］→［フレーム調整オプション］を選択します❶。

STEP 03

［フレーム調整オプション］ダイアログが表示されます。ここでは、［コンテンツのサイズ調整］フィールドで［サイズ調整］の方法を指定したり❷、［整列の開始位置］の基準点を設定したり❸、配置する画像の［トリミング量］を設定します❹。下図では、［サイズ調整］のポップアップメニューで［フレームに均等に流し込む］を指定、［整列の開始位置］を中央に指定し、画像を配置した結果を示しました。

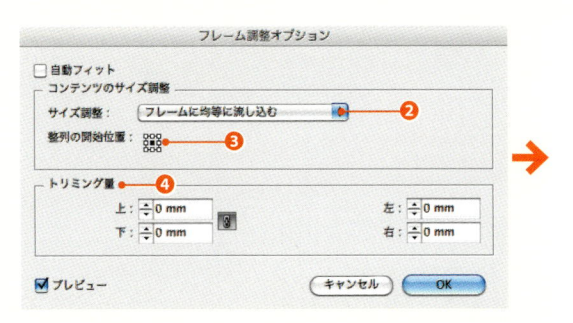

147 画像のリンク状態をチェックする

一般的に InDesign では、画像をリンクで配置し、管理します。［リンク］パネルは、画像のリンク状態を一覧でチェックできます。

STEP 01

［ウィンドウ］メニューから［リンク］を選び、［リンク］パネルを表示します。［リンク］パネルのリストには、現在アクティブになっているドキュメントに配置したすべての画像が表示されます。リストでは、配置した画像のファイル名❶と、ページ番号❷が確認できます。CS4 以降は、ドキュメント内に同じ画像が 2 回以上配置されている場合には、三角形アイコンの中に入れ子になります❸。また、［リンク情報の表示／非表示］ボタン❹をクリックすると、選択した画像のリンク情報の詳細が表示されます。

STEP 02

［リンク］パネルでは、画像のリンクの状態がアイコンで表示されます。❺のマークは、リンクした画像の日付が更新されていて、リンクを最新の状態にする必要がある場合に表示されます（「149 元データを編集してリンクを更新する」参照）。❻のマークは、リンクした時の場所にファイルが見つからないため、リンクが無効である場合に表示されます（「150 リンク先が不明な画像を再リンクする」参照）。❼のマークは、画像が埋め込まれていることを示します。

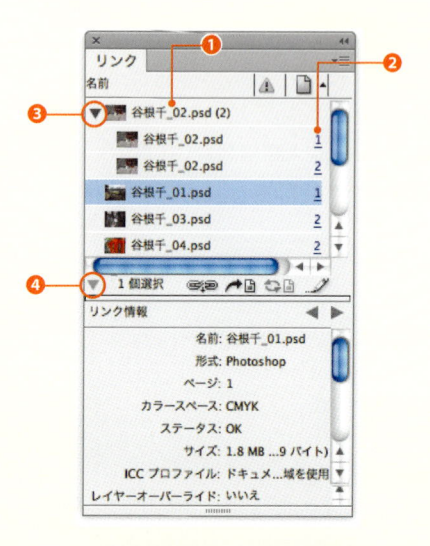

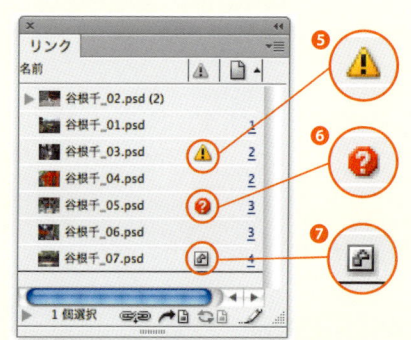

STEP 03

［リンク］パネル上の［ステータス］ボタン❽、［ページ］ボタン❾をクリックすることで、ファイル名の並び方を切り替えることができます。さらに、アイコンをクリックする操作で、三角の上下の向きが変わり、昇順／降順を切り替えることができます。［ステータス］は、リンクに問題のあるファイル名をトップに示したい時に便利です。

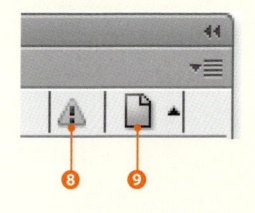

［ページ］を選択（昇順）　　［ページ］を選択（降順）　　［ステータス］を選択（昇順）

149 元データを編集してリンクを更新する
150 リンク先が不明な画像を再リンクする

148 画像のファイル情報を確認したり、保存場所を表示させる

リンクした画像の詳細な情報は、[リンク情報]で確認できます。また、画像を保存した場所を素早くFinderやBridgeで表示することもできます。

STEP 01

[リンク]パネルでファイル名をダブルクリック、またはファイル名を選択し[リンク情報の表示/非表示]ボタン(パネルの左下にある三角形)❶をクリックすると、パネルの下にリンク情報が表示されます。

STEP 02

[リンク]パネルメニューから[パネルオプション]を選び❷、表示されるダイアログで、[リンク]パネルに表示させるカテゴリーをカスタマイズできます。たとえば、[サイズ]と[カラースペース]の情報を[リンク]パネルで表示させたい場合には、[パネルオプション]ダイアログで、[コラムを表示]の列でそれぞれのカテゴリーをチェックします❸。[OK]ボタンをクリックすると、[リンク]パネルに[サイズ]と[カラースペース]の列が加わります❹。列の順序は、その列を別の位置にドラッグすることで変更できます。列の幅は、列の境界をドラッグして変更できます。ファイル名をカテゴリーを基準に並び替えるには、そのカテゴリーのタイトルをクリックします。

STEP 03

[リンク]パネルでは、配置した画像を保存した場所を探して、FinderやBridgeに表示させることができます。[リンク]パネルメニューから[Finderで表示](Windowsでは[エクスプローラーで表示])を選ぶとFinder(Windowsではエクスプローラー)に切り替わり、目的の画像ファイルが示されます❺。[Bridgeで表示]を選ぶと、Bridgeに切り替わり、目的の画像ファイルが示されます❻。

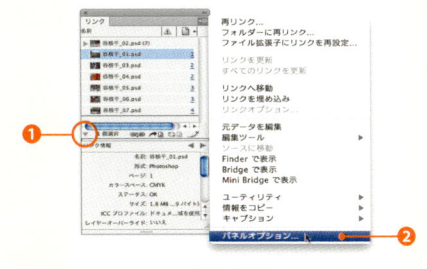

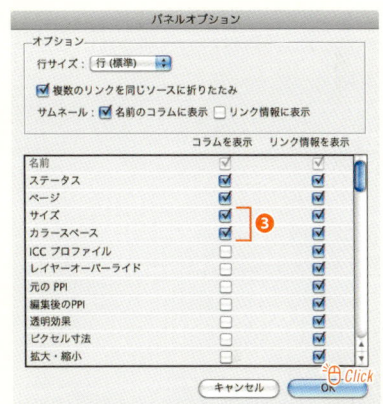

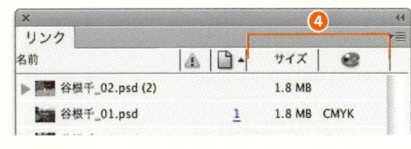

149 元データを編集してリンクを更新する

画像を配置した後で、画像の修正作業が生じた場合は、［リンク］パネルを使って効率的に作業することができます。

STEP 01

ドキュメント上で、すでに配置した画像を選択します。［リンク］パネルでは、選択された画像が強調表示されています。この状態で、［リンク］パネル下部の［元データを編集］ボタンをクリック❶、あるいはパネルメニューから［元データを編集］を選びます❷。自動的にPhotoshopやIllustratorなどのアプリケーションが立ち上がり、画像が開きます。CS4 以降では、パネルメニューから［編集ツール］を選び、アプリケーションを指定して画像を開くこともできます❸。

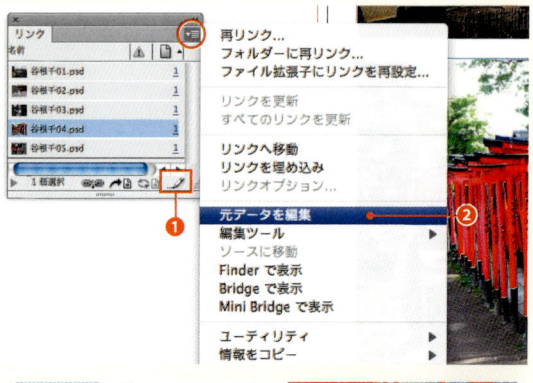

STEP 02

右に示した例は、Photoshopを立ち上げて、画像補正を行っているところです。［レベル補正］で画像の明るさを調整しました。補正が終わったら、［ファイル］メニューから［保存］を選び、上書き保存します。ファイル名を変えて保存すると、InDesignに戻った時に再リンクが必要になります。

STEP 03

STEP-02で上書き保存した後、アプリケーションをInDesignに切り替えます。InDesignでは、リンクが更新されて、画像プレビューも最新のものに差し替わります。右図のように警告マークが表示される場合は、［リンク］パネル下部の［リンクを更新］ボタンをクリック❹、あるいはパネルメニューから［リンクを更新］を選び、リンクを最新のファイルと同期させます。

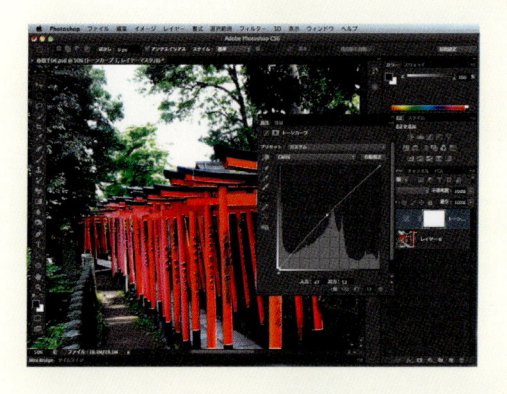

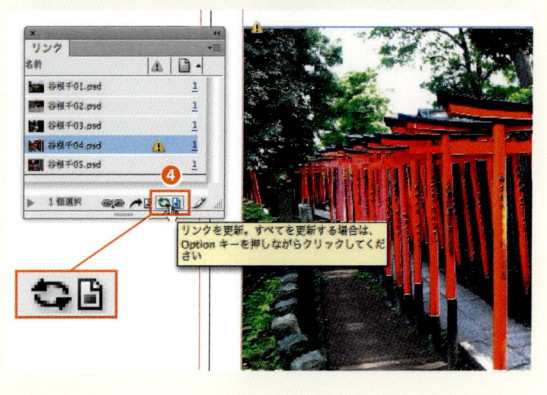

150 リンク先が不明な画像を再リンクする

［リンク］パネルで❓マークが表示された場合は、リンク画像が見つからないために無効になっています。こうした場合は画像を再リンクします。

STEP 01

右図では、［リンク］パネルを見ると❓マークが表示され、リンクが無効になっています❶。こうしたトラブルは、画像を配置した後で、元データを別の場所に移動したり、ファイル名を書き換えた場合に起こります。画像を再リンクするために、［リンク］パネル下部の［再リンク］ボタンをクリック❷、あるいはパネルメニューから［再リンク］を選びます。

CAUTION
リンクが無効なままプリントすると、正常な出力が行われません。

STEP 02

ダイアログがあらわれるので、再リンクする画像を探して選択し、［開く］ボタンをクリックします。

MEMO
ファイルの場所が不明な場合は、オペレーションシステムのファイル検索機能を使って、ファイルが保存されている場所を探す必要があります。

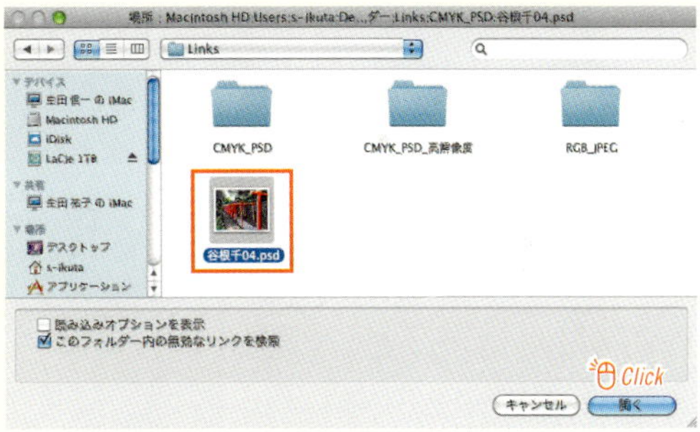

STEP 03

画像を再リンクした後の状態です。［リンク］パネルでは、❓マークが消え、リンクが正常であることを示しています。

CAUTION
リンクした元画像は、絶対に捨てないで下さい。画像を捨ててしまった場合は、改めて画像作成の工程をやり直さなければなりません。普段から、リンクファイルは特定のフォルダにまとめて管理する習慣を身につけ、うっかりリンク画像を捨ててしまわぬよう気をつけましょう。

147 画像のリンク状態をチェックする

第6章 画像の配置とレイアウト

151 既存のリンク画像を別のフォルダの画像に再リンクする

CS4以降では、既存のリンク画像を、別のフォルダ内にあるファイル名が同じで拡張子が異なるファイルに一括して再リンクできます。

STEP 01

カラーモードや解像度が異なる画像が入った3つのフォルダを用意しました。「RGB_JPEG」フォルダ❶にはJPEG形式の画像が、「CMYK_PSD」フォルダ❷にはPhotoshop形式の画像が、「CMYK_PSD_高解像度」フォルダ❸にはPhotoshop形式の高解像度画像が入っています。拡張子を除いたファイル名は共通しています。

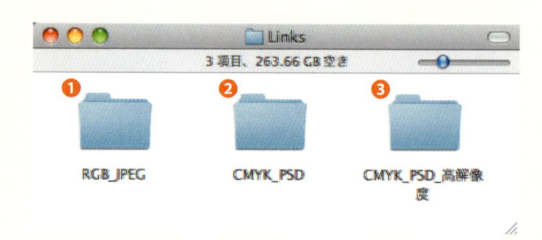

STEP 02

InDesign CS6で、「RGB_JPEG」フォルダ内の画像を配置して、下図のようなページを作成しました。[リンク]パネルを確認すると、ファイル名にはすべて「.jpg」の拡張子が付いているのがわかります❹。

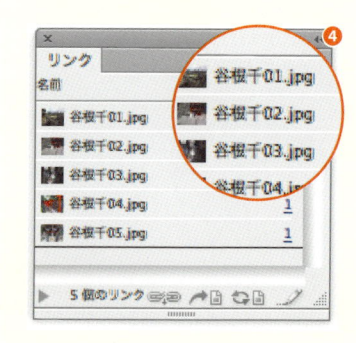

STEP 03

JPEG形式、RGBカラーの画像のままでは印刷入稿データとして不適当です。そこで、別フォルダにあるPhotoshop形式、CMYKカラーに変換した画像とリンクさせます。[リンク]パネルで拡張子が「jpg」の画像をすべて選び、パネルメニューから[フォルダーに再リンク]を選びます❺。

> **MEMO**
> 複数の画像を一括してファイル変換するには、Photoshopで[アクション]パネルを利用すると便利です。

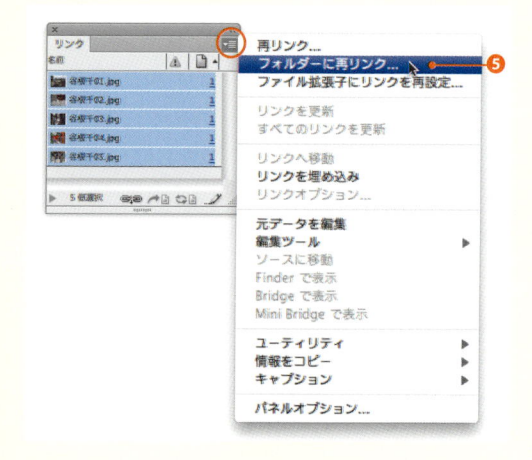

148 画像のファイル情報を確認したり、保存場所を表示させる

STEP 04

［フォルダーを選択］ダイアログがあらわれます。目的のフォルダ（ここでは「CMYK_PSD」）を選択します。［フォルダーを選択］ダイアログ下の［次の拡張子でファイル名が一致する：］をチェックし、入力フィールドに新しい拡張子（ここでは「psd」）を入力します❻。［選択］ボタンをクリックすると、JPEG形式の画像が、Photoshop形式の画像に置き換わりました❼。

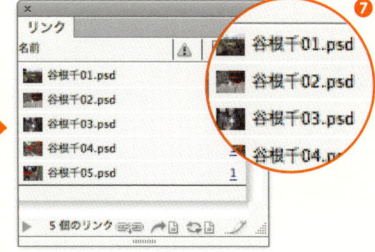

STEP 05

今度は、Photoshop形式の画像を、拡張子も含めて全く同じファイル名をもった高解像度画像に再リンクしてみましょう。右図のように、［リンク］パネルで再リンクさせる画像をすべて選び、パネルメニューから［フォルダーに再リンク］を選びます❽。

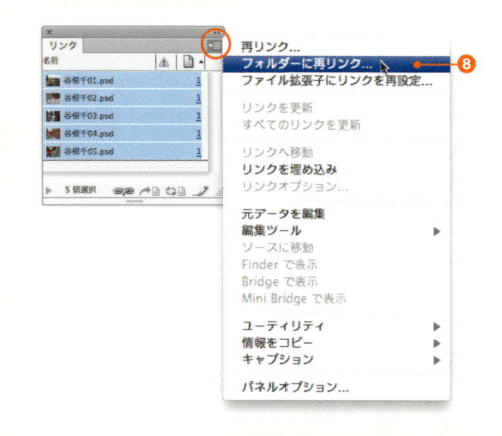

STEP 06

［フォルダーを選択］ダイアログがあらわれます。目的のフォルダ（ここでは「CMYK_PSD_高解像度」）を選択します。［フォルダーを選択］ダイアログ下の［ファイル名と拡張子が一致する］をチェックします❾。［選択］ボタンをクリックすると、低解像度画像が、Photoshop形式の高解像度画像に置き換わりました。［リンク］パネルでは、同じファイル名なので違いがわかりませんが、リンク情報を表示させると、パスが新しいファイルにリンクしているのがわかります❿。

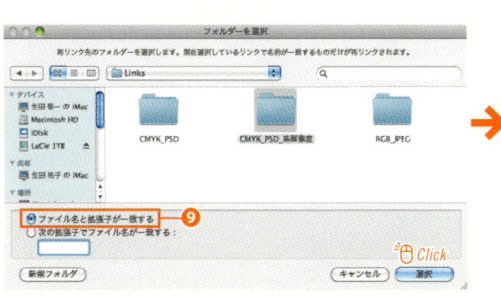

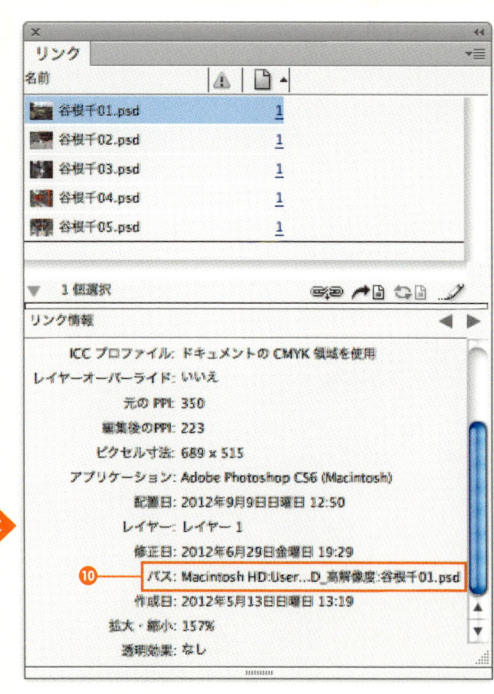

152 Illustratorの複数のアートボードを選択して取り込む

Illustrator CS4以降では、複数のアートボードを作成できます。このファイルをページを指定してInDesignに取り込むことができます。

STEP 01

右図は、Illustrator CS6バージョンでアートボードを6つ作成しています。このファイルを「Adobe Illustrator」形式で保存します。保存時に表示される［Illustratorオプション］ダイアログでは、［オプション］フィールドで［PDF互換ファイルを作成］をチェックしておきます❶。

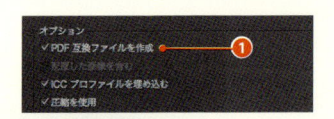

STEP 02

InDesignで、［ファイル］メニューから［配置］を選び、書類を選択します。［読み込みオプションを表示］をチェックし❷、［開く］をクリックします。［PDFを配置］ダイアログがあらわれますので、［プレビュー］で取り込みたいアートワークを確認しながら❸、［ページ］フィールドで配置するページを選択します❹。［すべて］を選択、あるいは［範囲］を選択してページ数を指定します。［トリミング］のポップアップメニューでは、ページのどの領域を配置するかを指定します❺。

STEP 03

STEP-02で、取り込むページを選択し、［OK］ボタンをクリックすると、InDesignで画像を配置できます。右図は、［PDFを配置］ダイアログで［すべて］を選択し、InDesignで連続してクリックして、6つのアートワークをすべて配置しているところです。

153 Photoshopのクリッピングパスで切り抜き画像を配置する

Photoshopでクリッピングパスの技法を使って画像を切り抜き、InDesignで切り抜き画像を配置することができます。

STEP 01

画像内の一部分を切り抜いてInDesignに配置するにはいくつかの方法があります。ここでは、Photoshopでパスを作成し、その画像をInDesignドキュメントに配置する方法を紹介します。右図の画像は、Photoshopで切り抜き用のパスを作成し、[パス]パネルメニューから[クリッピングパス]を選択したところです。この画像をPhotoshop形式（EPSやTIFF形式でも可）で保存しました。

STEP 02

InDesignのドキュメントを開き、[ファイル]メニューから[配置]を選び、STEP-01で保存したファイルを選びます❶。[読み込みオプションを表示]をチェックし❷、[開く]をクリックします。[画像]タブで[Photoshopクリッピングパスを適用]がチェックされていることを確認し❸、[OK]ボタンをクリックします。

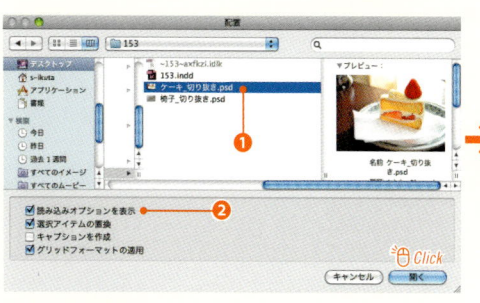

STEP 03

Photoshopのクリッピングパスが適用されて、パスの形に切り抜かれた画像が配置されました。右図は、切り抜き画像を配置し、テキストの回り込みを設定したところです（テキストの回り込みについては「120 テキストを図版の周囲に回り込ませる」参照）。[輪郭オプション]の[種類]では[Photoshopパス]を選びます❹。

MEMO

[ダイレクト選択]ツールで画像を選択すると、切り抜きに使われているパスが表示されます。このパスを直接編集することもできます。

120 テキストを図版の周囲に回り込ませる
154 Photoshopのアルファチャンネルを利用して切り抜き画像を配置する

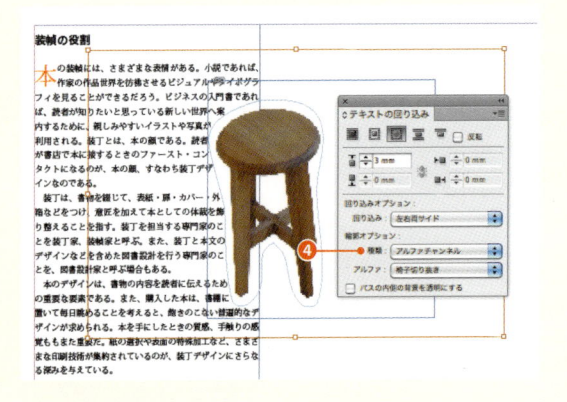

154 Photoshopのアルファチャンネルを利用して切り抜き画像を配置する

Photoshopで切り抜きたいオブジェクトのマスクを作成して保存すると、InDesignでは［アルファチャンネル］を利用して切り抜き画像にできます。

STEP 01

椅子の画像をクリッピングパスとは別の方法で切り抜きます。まず、Photoshopで選択範囲を作成し、［選択範囲］メニューから［選択範囲を保存］を選び、［チャンネル］に［新規］を選び、「椅子切り抜き」という名前をつけて保存します。このマスクは、［チャンネル］パネルにアルファチャンネルとして保存されます。この画像をPhotoshop形式で保存します。

STEP 02

InDesignで、［ファイル］メニューから［配置］を選び、STEP-01で作成した画像を選択し❶、［読み込みオプションを表示］をチェックして❷、［開く］をクリックします。［画像］タブで［アルファチャンネル］にSTEP-01で作成した「椅子切り抜き」を選んで❸、［OK］ボタンをクリックして画像を配置します。

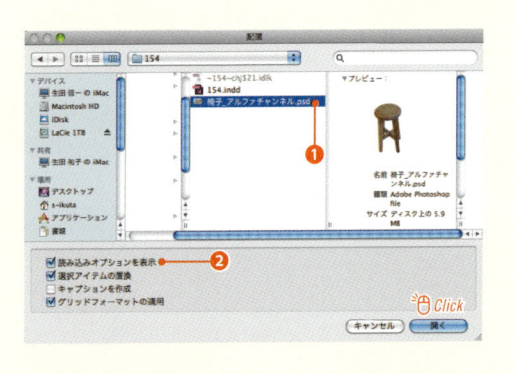

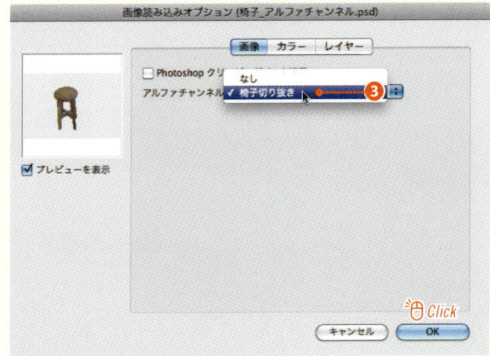

STEP 03

Photoshopのアルファチャンネルがマスクとして適用され、オブジェクトの形に切り抜かれて配置されました。右図は、切り抜き画像を配置し、テキストの回り込みを設定したところです（テキストの回り込みについては「120 テキストを図版の周囲に回り込ませる」参照）。［輪郭オプション］の［種類］では［アルファチャンネル］を選びます❹。

120 テキストを図版の周囲に回り込ませる
153 Photoshopのクリッピングパスで切り抜き画像を配置する

155 Photoshopのレイヤーを利用して画像を配置する

Photoshopのレイヤーで画像を加工しPhotoshop形式で保存すれば、レイヤーの効果をそのままInDesignに配置することができます。

STEP 01

Photoshopで右図のような画像を作成しました。レイヤー画像にレイヤーマスクを追加し、グラデーションのマスクを作成して画像を徐々にぼかして、左下のスペースを淡くしました。この画像をPhotoshop形式で保存します。

STEP 02

InDesignで、[ファイル]メニューから配置を選び、STEP-01で作成した画像を選択し❶、[読み込みオプションを表示]をチェックして❷、[開く]をクリックします。[レイヤー]タブを選ぶと❸、STEP-01で作成したレイヤーが確認できます❹。[OK]ボタンをクリックして画像を配置します。

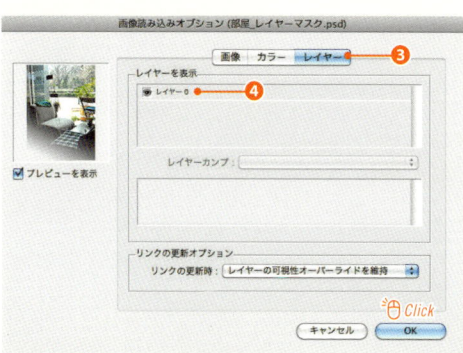

STEP 03

Photoshopのレイヤーで作成した効果が適用されて配置されました。下図は、淡くしたスペースにタイトル文字を載せました。背景を淡くしたので文字が読みやすくなっています。

156 Photoshopのレイヤーカンプを利用して画像を配置する

Photoshopの［レイヤーカンプ］はレイヤーの表示の仕方に名前をつけて保存できる機能です。InDesignでも［レイヤーカンプ］を指定して配置できます。

STEP 01

右図ではPhotoshopで複数の画像レイヤーとテキストレイヤーを重ねてデザイン案を検討し、［レイヤーカンプ］パネルでレイヤーの表示の仕方を「レイヤーカンプ1」「レイヤーカンプ2」「レイヤーカンプ3」と名前をつけて定義しました。この画像をPhotoshop形式で保存します。

STEP 02

InDesignで、［ファイル］メニューから［配置］を選び、STEP-01で作成した画像を選択し❶、［読み込みオプションを表示］をチェックして❷、［開く］をクリックします。［レイヤー］タブで［レイヤーカンプ］のポップアップメニューを確認すると❸、STEP-01で作成したレイヤーカンプ名が表示されます。利用したいレイヤーカンプを選び、［OK］ボタンをクリックして画像を配置します。

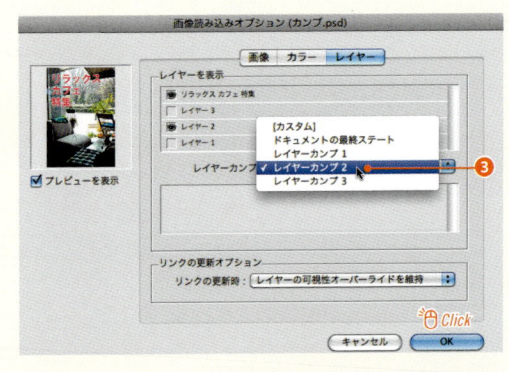

STEP 03

指定したレイヤーカンプの画像が配置されました。InDesignに画像を配置した後で、別のレイヤーカンプに変更するには、画像を選択し、［オブジェクト］メニューから［オブジェクトレイヤーオプション］を選びます。ダイアログの［レイヤーカンプ］のポップアップメニューで別のレイヤーカンプを選択し❹、［OK］ボタンをクリックします。

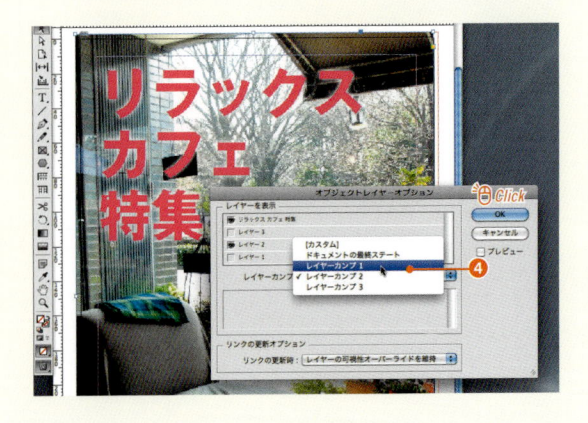

第 7 章

カラーの設定

InDesign CS6
DESIGN REFERENCE
PLUS

157 ツールパネルで塗りと線のカラーを指定する

オブジェクトにはパスの内側のカラーを表す［塗り］と、パス自体のカラーを表す［線］があります。これらは個別にカラーを指定できます。

STEP 01

［選択］ツール や［ダイレクト選択］ツール でオブジェクトを選択します❶。［ツール］パネル下部❷や［カラー］パネル❸、［スウォッチ］パネル❹に、選択したオブジェクトの［塗り］と［線］のカラーが表示されます。塗りつぶされたアイコンが［塗り］、枠状のアイコンが［線］を表しています。

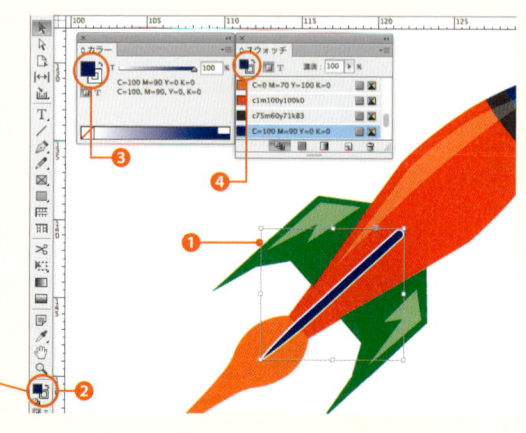

STEP 02

［塗り］と［線］は、前面に表示されている方がアクティブになっていることを表しており❺、アクティブになった属性のカラーを指定することができます。マウスでアイコンをクリックすることで［塗り］［線］のどちらをアクティブにするかを切り替えられます。右上図の❷は［塗り］、右図の❺は［線］がアクティブになった状態です。

> **KEYBOARD SHORTCUT**
> ［塗り］と［線］のどちらをアクティブにするかは、Xキーで切り替えることもできます。

STEP 03

［ツール］パネル、または［カラー］パネルの［塗りと線を入れ替える］アイコン❻をクリックすることで、選択しているオブジェクトの［塗り］と［線］のカラー設定を入れ替えることができます。

> **MEMO**
> ［ツール］パネル、または［カラー］パネルの［塗り］と［線］のアイコンをダブルクリックすることで、カラーピッカーを表示できます。

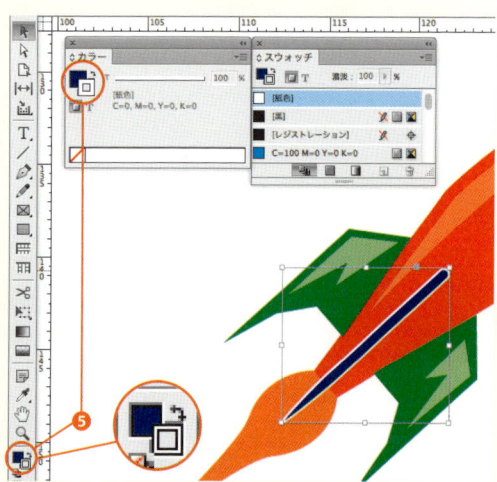

158 オブジェクトにカラーやグラデーションを指定する
160 カラーパネルで色を作る

158 オブジェクトにカラーやグラデーションを指定する

すべてのオブジェクトには、さまざまな方法でカラーやグラデーションを指定することができます。

STEP 01

カラーやグラデーションは、さまざまな方法で適用することができます。オブジェクトを選択したら❶、[スウォッチ] パネルで目的のカラースウォッチ、あるいはグラデーションスウォッチを選択します❷。これにより指定したカラーが適用されます。また、[カラー] パネルで各色版の濃度を指定してカラーを指定することもできます❸。グラデーションは [グラデーション] パネルで指定することができます❹。[種類] に [線形] あるいは [円形] のいずれかを選択し、[位置] や [角度]、[グラデーション停止] ボタンの各カラーや位置を指定します。

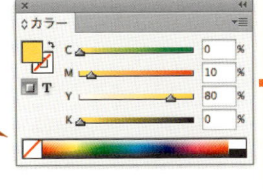

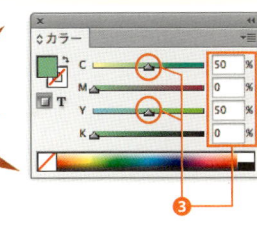

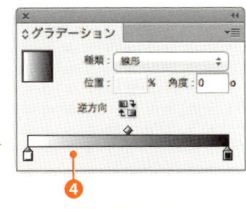

STEP 02

なお、選択しているのがテキストオブジェクトの場合、[カラー] パネル、あるいは [スウォッチ] パネルの [オブジェクトのフォーマット設定に切り替え] ボタン❺と [テキストのフォーマット設定に切り替え] ボタン❻を切り替えることで、フレーム自体のカラーとテキスト自体のカラーのどちらを設定するのかが切り替えられます。

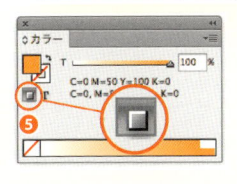

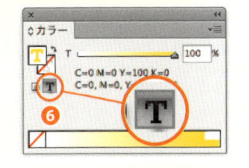

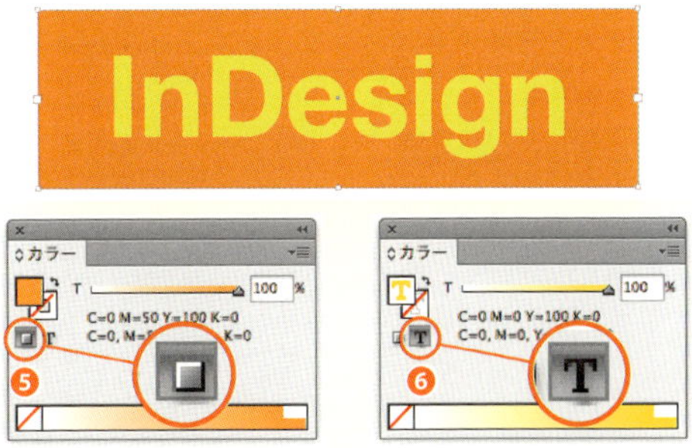

161 グラデーションパネルでグラデーションを作る
162 スウォッチパネルで新規に色を作り登録する

159 スポイトツールで属性をコピーする

[スポイト] ツール ✎ を使用することで、ほかのオブジェクトの属性をコピーすることができます。

STEP 01

[スポイト] ツール ✎ を使うことで、ほかのオブジェクトのカラーや線幅などの属性をコピーすることができます。まず、[選択] ツール ▶ や [ダイレクト選択] ツール ▷ で属性を変更したいオブジェクトを選択します❶。

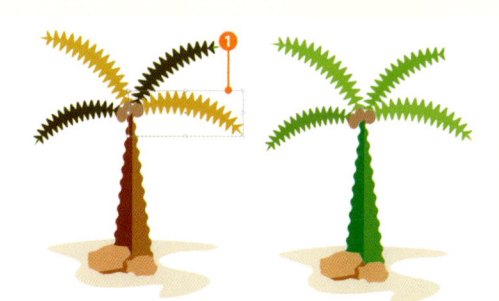

STEP 02

[ツール] パネルの [スポイト] ツール ✎ をクリックし、属性をコピーしたい元となるオブジェクト上でクリックします❷。

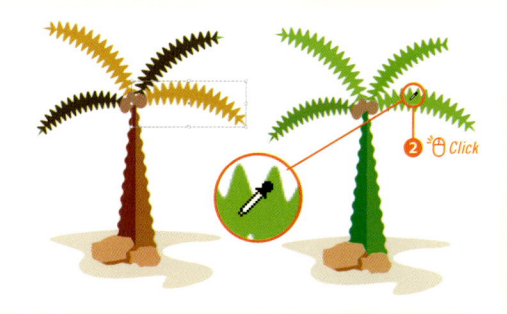

STEP 03

そのオブジェクトの属性がコピーされます❸。

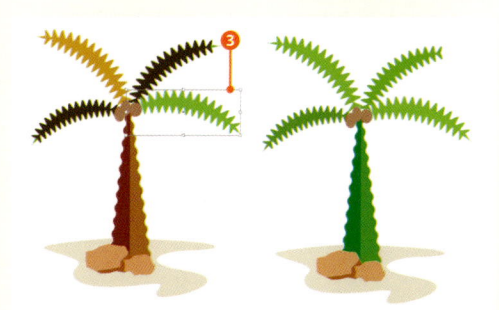

MEMO
先に [スポイト] ツール ✎ でコピーしたいオブジェクト上をクリックした後、別のオブジェクト上をクリックすることで同じ属性を適用することもできます。

STEP 04

コピーできるのは、カラーだけではありません。フォントや文字サイズなど、オブジェクトの持つさまざまな属性がコピーできます。コピーする属性をコントロールしたい場合には、[ツール] パネルで [スポイト] ツール ✎ のアイコンをダブルクリックします。[スポイトツールオプション] ダイアログが表示されるので、コピーしたくない項目のチェックを外します。

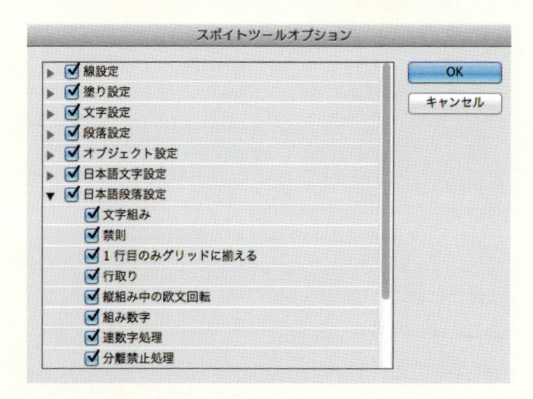

---

098 スポイトツールで文字属性を変更する
158 オブジェクトにカラーやグラデーションを指定する

160 カラーパネルで色を作る

[カラー]パネルでは任意のカラーを作成することができます。作成したカラーはスウォッチとして登録できます。

STEP 01

[カラー]パネルでカラーを作成する場合には、まずパネルメニューからカラーモードを指定します。一般的に印刷目的であれば[CMYK]を選択します❶。

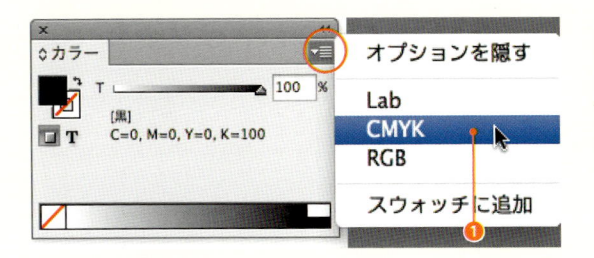

> **MEMO**
> [カラー]パネルでは、選択したスウォッチの濃淡を指定することも可能です。

STEP 02

CMYKスペクトル上でクリック❷、あるいはスライダをマウスで動かしたり❸、入力ボックスに直接数値を入力したりして❹、カラーを作成します。

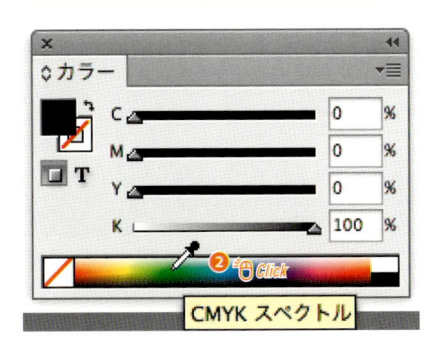

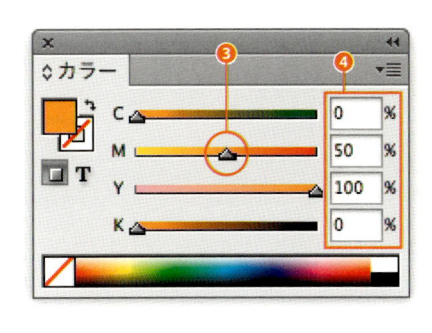

STEP 03

なお、作成したカラーはパネルメニューから[スウォッチに追加]❺を選択することで、スウォッチとして登録することが可能です❻。

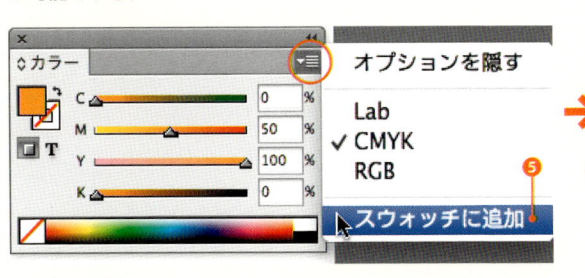

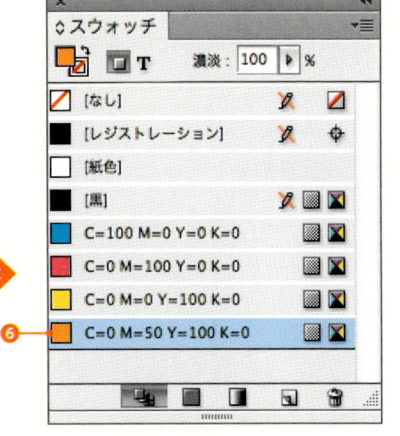

162 スウォッチパネルで新規に色を作り登録する
163 スウォッチパネルで新規にグラデーションを登録する

161 グラデーションパネルで グラデーションを作る

［グラデーション］パネルでは、線形あるいは円形のグラデーションを作成することができます。

STEP 01

［グラデーション］パネルの［種類］で、［線形］または［円形］を選択します❶。

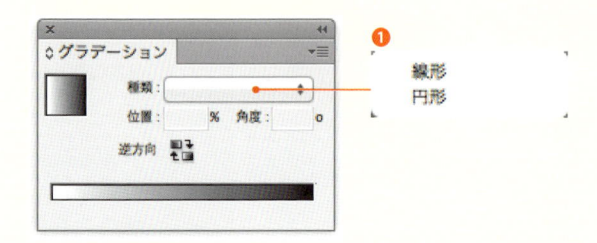

STEP 02

［グラデーション停止］❷を選択し、［カラー］パネルでカラーを設定すると❸、そのカラーが［グラデーション停止］に反映されます❹。

> **MEMO**
> ［グラデーション停止］へのカラーの指定は、［スウォッチ］パネルから［グラデーション停止］上にスウォッチをドロップ、あるいは［スウォッチ］パネルで、Option（Alt）キーを押しながらカラースウォッチをクリックしても行えます。

STEP 03

同様にほかの［グラデーション停止］にもカラーを設定します❺。

STEP 04

なお、グラデーションバーの下の任意の位置をクリックすることで、［グラデーション停止］を追加することができます❻。最後に、［中間点］スライダ❼や［位置］❽［角度］❾を調整すればできあがりです。

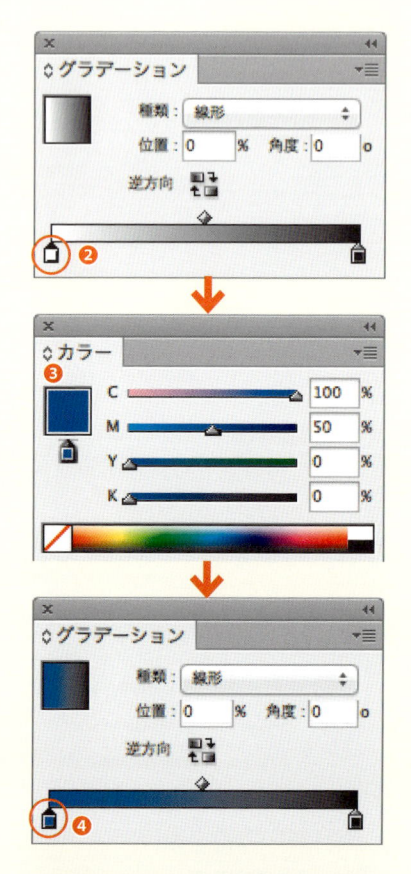

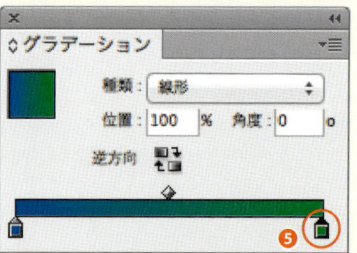

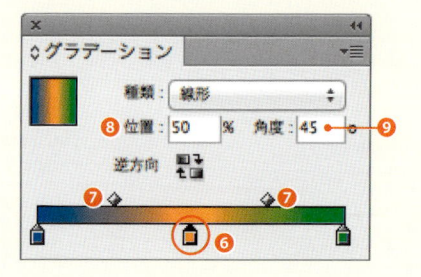

163 スウォッチパネルで新規にグラデーションを登録する

162 スウォッチパネルで新規に色を作り登録する

［スウォッチ］パネルでは任意のカラーを作成することができます。作成したカラーはカラースウォッチとして登録されます。

STEP 01

［スウォッチ］パネルのパネルメニューから［新規カラースウォッチ］を選択します❶。

STEP 02

［新規カラースウォッチ］ダイアログが表示されるので、［カラータイプ］❷と［カラーモード］❸を指定し、各版の濃度を指定します❹。通常の印刷目的であれば、［カラーモード］には［CMYK］を指定しますが、DIC や PANTONE といった特色を使用する場合には、［カラータイプ］に［特色］を指定し、［カラーモード］で目的のカラーライブラリを選択します。

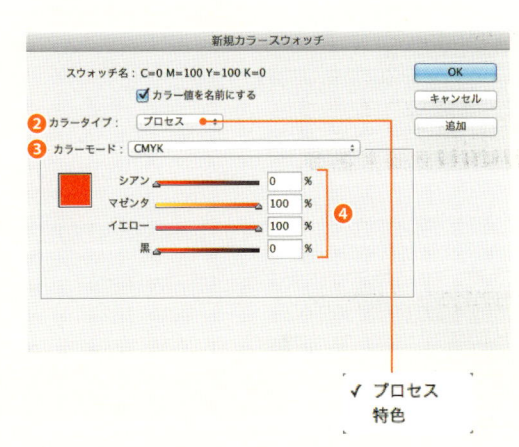

STEP 03

［OK］ボタンをクリックすればスウォッチとして登録されますが❺、複数のスウォッチを続けて作成したい場合には［追加］ボタンをクリックします❻。なお、［カラー値を持つ名前］❼のチェックを外せば、任意のスウォッチ名をつけることができます。

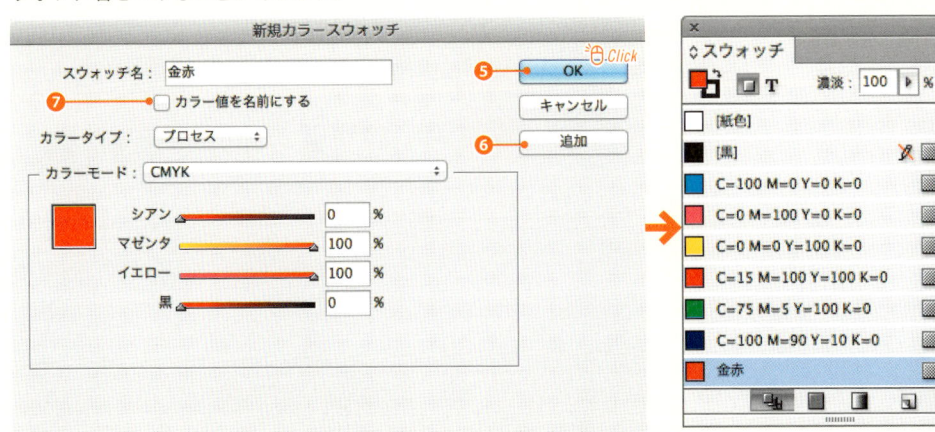

163 スウォッチパネルで新規にグラデーションを登録する

163 スウォッチパネルで新規にグラデーションを登録する

[スウォッチ] パネルからもグラデーションを作成することができます。作成したグラデーションはスウォッチとして登録されます。

STEP 01

[スウォッチ] パネルのパネルメニューから [新規グラデーションスウォッチ] を選択します❶。

STEP 02

[新規グラデーションスウォッチ] ダイアログが表示されるので、[タイプ] と [ストップカラー] を指定します。[タイプ]❷には [線形] [円形] のいずれか、[ストップカラー]❸には目的のものを選択します。各 [グラデーション停止] を選択し❹、それぞれに対しカラーを設定します❺。設定方法は「161 グラデーションパネルでグラデーションを作る」を参照して下さい。

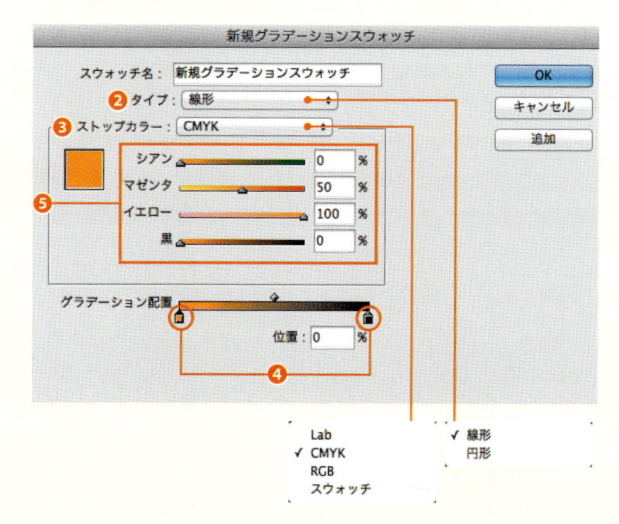

STEP 03

[スウォッチ名] を入力し❻、[OK] ボタン❼をクリックすればグラデーションスウォッチとして登録されますが❽、複数のグラデーションスウォッチを続けて作成したい場合には [追加] ボタン❾をクリックします。

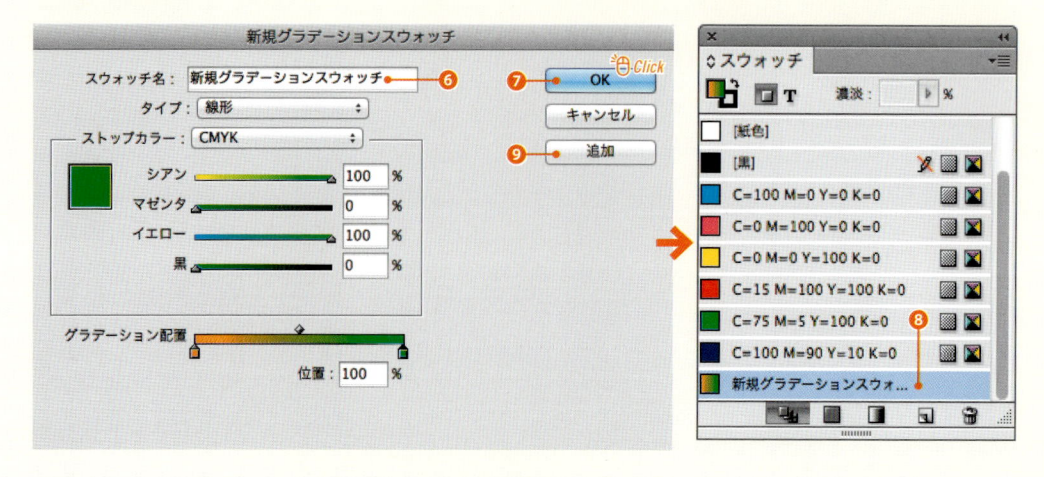

161 グラデーションパネルでグラデーションを作る
162 スウォッチパネルで新規に色を作り登録する

164 スウォッチパネルの表示を切り替える

［スウォッチ］パネルでは表示方法の変更が可能です。自分の好みの表示方法で作業するとよいでしょう。

STEP 01

［スウォッチ］パネルは、4つのモードでの表示が可能となっており、デフォルトでは［名前で表示］が選択されています❶。

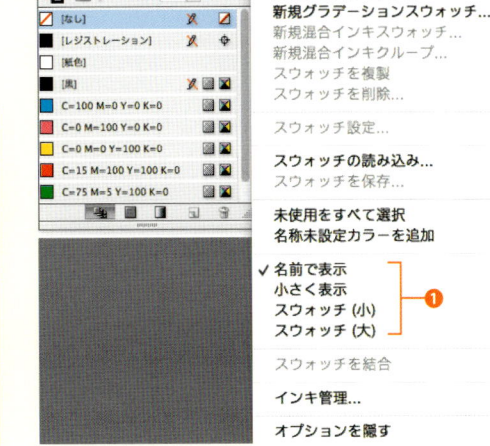

> **MEMO**
> ［スウォッチ］パネルでは、パネル下部の［すべてのスウォッチを表示］❷、［カラースウォッチを表示］❸、[グラデーションスウォッチを表示］❹アイコンをクリックして切り替えることで、目的のスウォッチのみを表示することができます。

STEP 02

［名前で表示］❺、［小さく表示］❻、［スウォッチ（小）］❼、[スウォッチ（大）］❽のいずれかを選択すると、表示はそれぞれ図のように変わります。

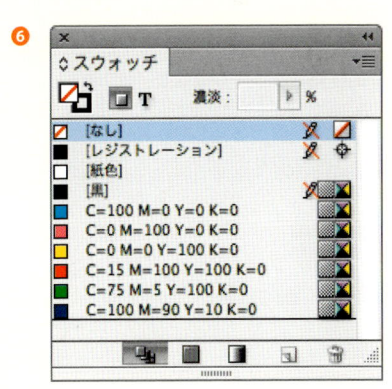

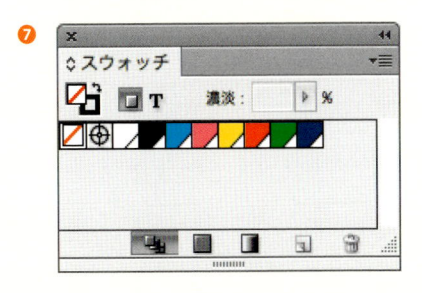

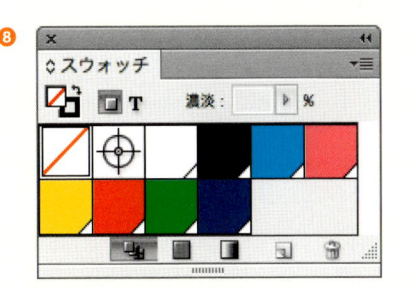

---

162 スウォッチパネルで新規に色を作り登録する
163 スウォッチパネルで新規にグラデーションを登録する

165 未使用カラーを選択して削除する

ドキュメントで使用していないスウォッチは、まとめて選択して削除することができます。不必要なスウォッチは、削除しておくとよいでしょう。

STEP 01

［スウォッチ］パネルのパネルメニューから［未使用をすべて選択］を選択します❶。

STEP 02

ドキュメントで使用していないスウォッチがすべて選択されるので、［スウォッチを削除］ボタンをクリックします❷。

> **CAUTION**
> InDesignドキュメントで使用していないスウォッチであっても、配置画像で使用されている特色の場合には、未使用のスウォッチとしてリストされず、削除することはできません。

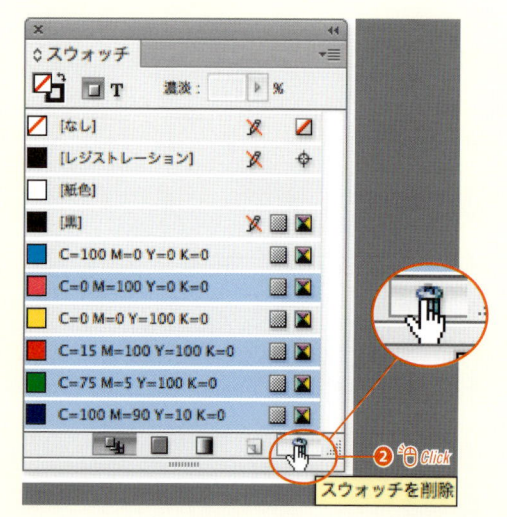

STEP 03

未使用のスウォッチが削除されます。なお、使用しているスウォッチを選択して［スウォッチを削除］アイコンをクリックした場合には、下図のような［スウォッチを削除］ダイアログ❸が表示され、ほかのスウォッチに置き替えることも可能です。

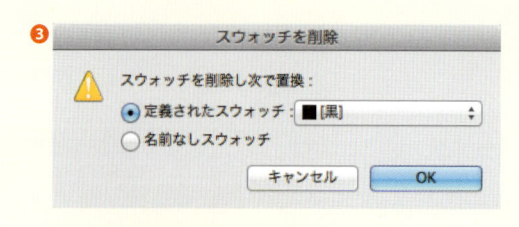

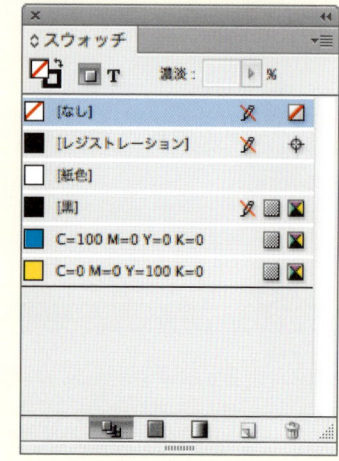

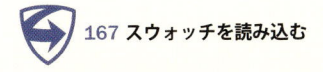

166 スウォッチを保存する

スウォッチは、ほかの作業者に渡したり、ほかのアプリケーションで使用するために書き出すことができます。

STEP 01

［スウォッチ］パネルで書き出したいスウォッチを選択します❶。

STEP 02

［スウォッチ］パネルのパネルメニューから［スウォッチを保存］を選択します❷。

STEP 03

［保存］ダイアログが表示されるので、［名前］と［場所］を指定し、［保存］ボタンをクリックします。指定した場所に拡張子「.ase」の Adobe Swatch Exchange ファイル❸が書き出されます。

167 スウォッチを読み込む

ほかの InDesign ドキュメントや Illustrator、Photoshop から書き出したスウォッチを読み込むことが可能です。

STEP 01

［スウォッチ］パネルのパネルメニューから［スウォッチの読み込み］を選択します❶。

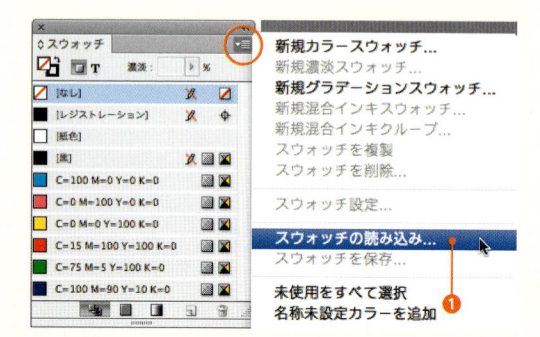

STEP 02

［開く］ダイアログが表示されるので、読み込む「Adobe Swatch Exchange」ファイル（拡張子は「.ase」）を指定し❷、［開く］ボタンをクリックします。

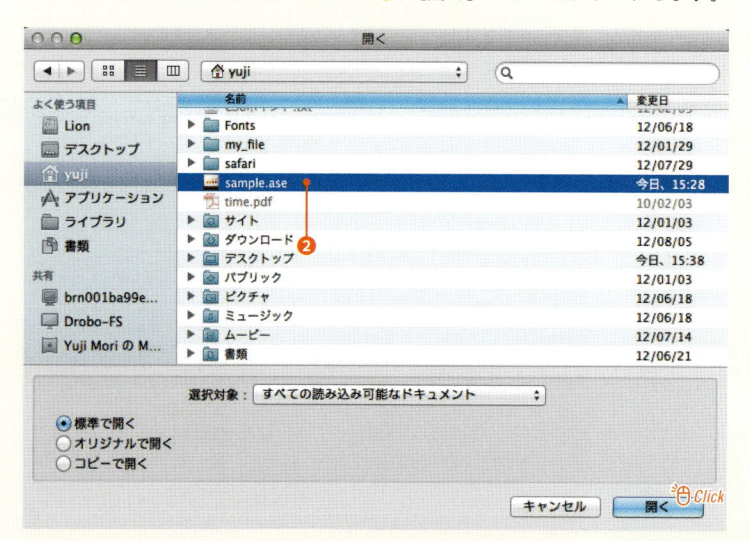

> **CAUTION**
> InDesign では Illustrator や Photoshop と Adobe Swatch Exchange（.ase）ファイルのやりとりが可能です。ただし、やりとりできるのはベタ塗りスウォッチのみで、パターンスウォッチやグラデーションスウォッチ、レジストレーションなどはやりとりできません。

STEP 03

スウォッチが読み込まれました。この時、同名のスウォッチがある場合は、別名のスウォッチとして読み込まれます。

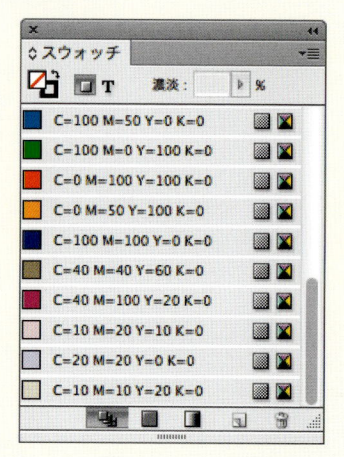

168 スウォッチで特色を登録する

特色もスウォッチとして登録することができます。DIC や PANTONE といった特色のカラーライブラリもあらかじめ用意されています。

STEP 01

[スウォッチ]パネルで[新規カラースウォッチ]を選択します❶。

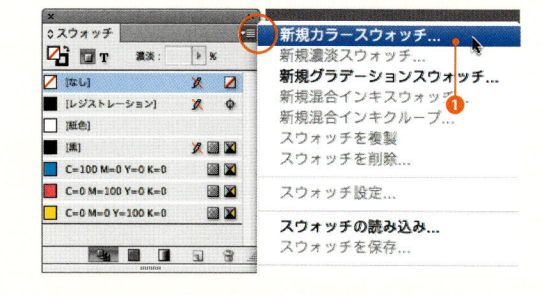

STEP 02

[新規カラースウォッチ]ダイアログが表示されるので、[カラータイプ]に[特色]を選択します❷。次に[カラーモード]に目的のカラーライブラリを選択します❸。ここでは[DIC Color Guide]を選択したので、DIC の特色がリストされます❹。

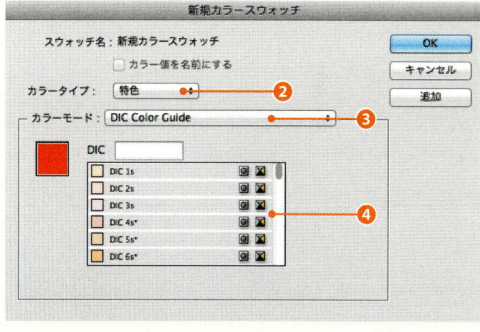

STEP 03

目的の特色を選択し、[OK]ボタンをクリックします。なお、続けて特色を登録したい場合には、[追加]ボタンをクリックします❺。

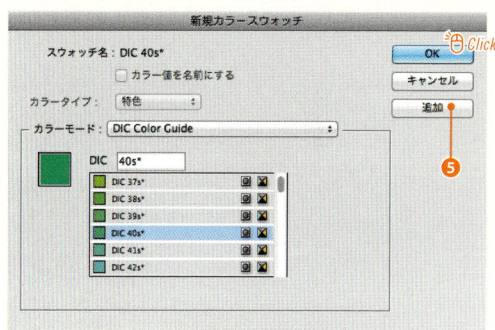

STEP 04

指定した特色が[スウォッチ]パネルに登録されます❻。[スウォッチ]パネルに登録された特色には、特色を表すアイコンが表示されます❼。

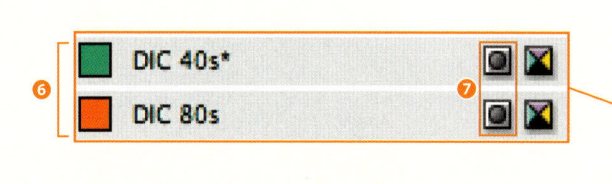

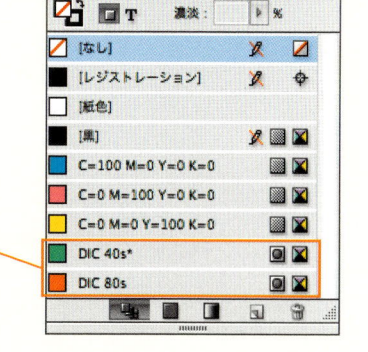

---

170 新規混合インキスウォッチを登録する
171 新規混合インキグループを登録する

169 新規濃淡スウォッチを登録する

作成済みスウォッチの濃淡を変更した**濃淡スウォッチ**の作成が可能です。親スウォッチを修正すれば、子である**濃淡スウォッチ**にも反映されます。

STEP 01

［スウォッチ］パネルで濃淡スウォッチとして登録したいスウォッチを選択し❶、［新規濃淡スウォッチ］を選択します❷。

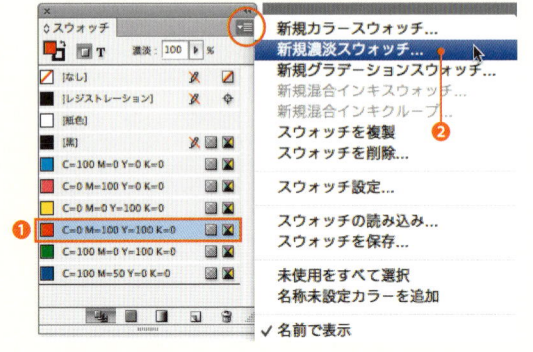

STEP 02

［新規濃淡スウォッチ］ダイアログが開くので、［濃淡］❸を指定し、［OK］ボタンをクリックします。続けて複数の濃淡スウォッチを登録したい場合には、［追加］ボタンをクリックします❹。

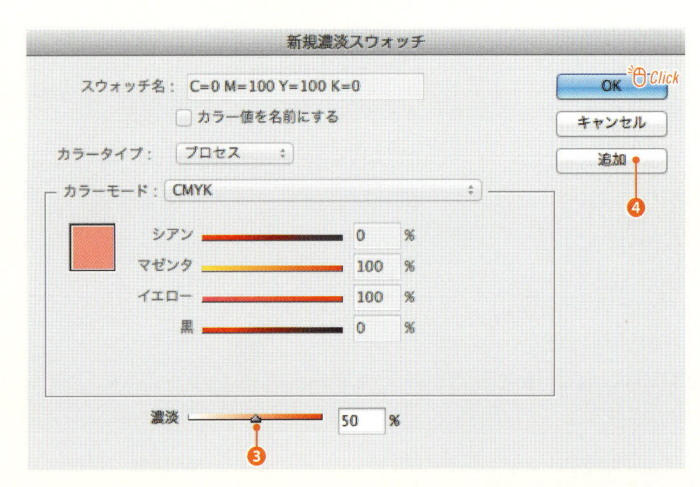

STEP 03

［スウォッチ］パネルに濃淡スウォッチとして登録されます❺。なお、［カラー］パネルで濃淡を指定し、パネルメニューから［スウォッチに追加］を実行することでも登録は可能です❻。

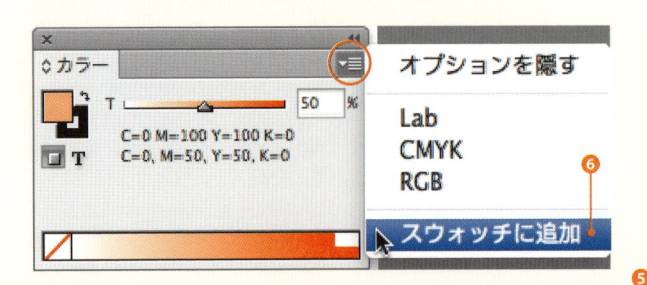

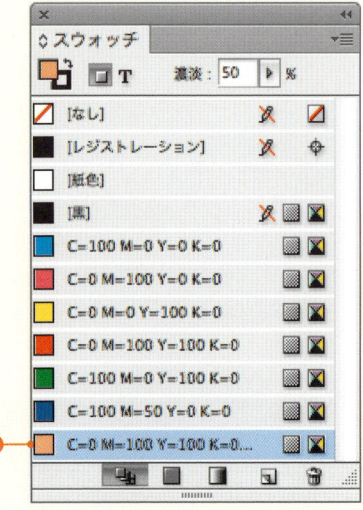

170 新規混合インキスウォッチを登録する

InDesign では、特色と特色、特色とプロセスカラーの掛け合わせカラーをスウォッチとして登録することができます。これを**混合インキ**と呼びます。

STEP 01

混合インキとして掛け合わせたい特色（スポットカラー）を、あらかじめスウォッチとして登録しておきます❶。ここでは「DIC 157s」と「DIC 221s」を登録しました。

> ☐ CAUTION
> 混合インキを作成するには、あらかじめ掛け合わせる特色を登録しておく必要があります。

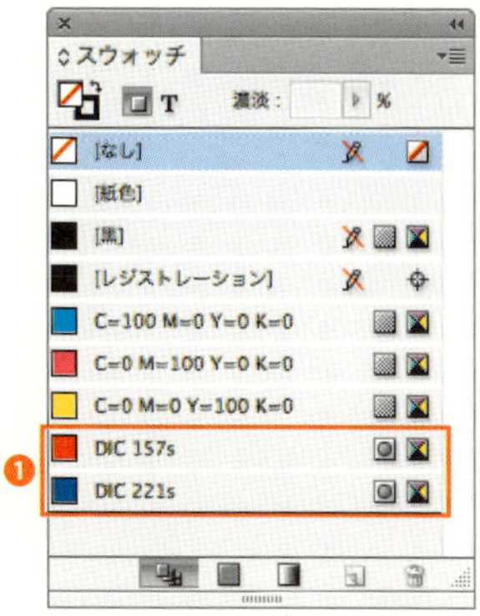

STEP 02

［スウォッチ］パネルのパネルメニューから［新規混合インキスウォッチ］を選択します❷。

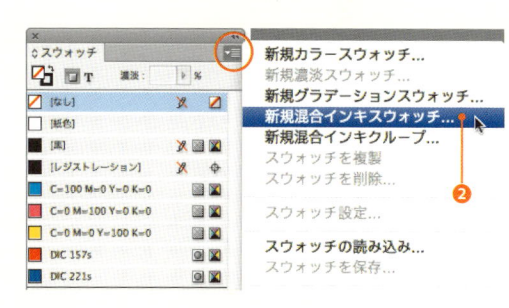

STEP 03

［新規混合インキスウォッチ］ダイアログが表示されるので、［名前］を入力し❸、掛け合わせたいふたつ以上のインキと、それぞれの濃度を指定します❹。

> ☐ CAUTION
> 混合インキには、特色がひとつ以上含まれている必要があります。

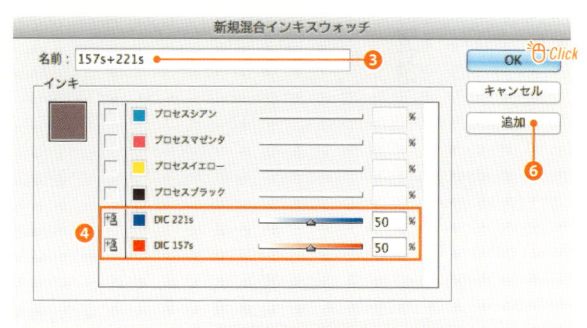

STEP 04

［OK］ボタンをクリックすると混合インキが［スウォッチ］パネルに登録されます❺。なお、続けて複数の混合インキを登録したい場合には、［追加］ボタンをクリックします❻。

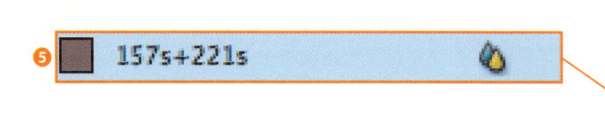

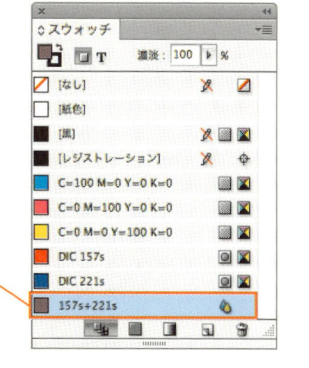

171 新規混合インキグループを登録する

171 新規混合インキグループを登録する

複数の混合インキを作成する場合には、グループとして登録しておくと便利です。一度の操作で複数の混合インキをグループとして登録できます。

STEP 01

混合インキグループとして使用したい特色（スポットカラー）を、あらかじめスウォッチとして登録しておきます❶。ここでは「DIC 157s」と「DIC 221s」を登録しました。

> **CAUTION**
> 混合インキグループを作成するには、あらかじめグループとして掛け合わせたい特色を登録しておく必要があります。

STEP 02

［スウォッチ］パネルのパネルメニューから［新規混合インキグループ］を選択します❷。

STEP 03

［新規混合インキグループ］ダイアログが表示されるので、［名前］を入力し❸、掛け合わせたいふたつ以上のインキを選択して、それぞれの［初期］［繰り返し］［増分値］を指定します❹。

STEP 04

［OK］ボタンをクリックすると混合インキグループが［スウォッチ］パネルに登録されます❺。

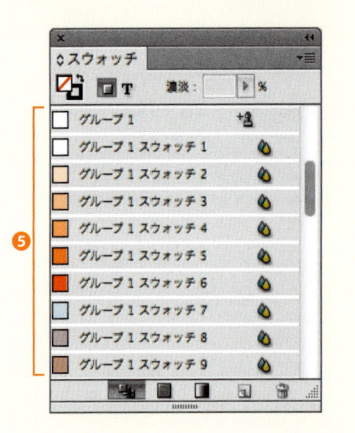

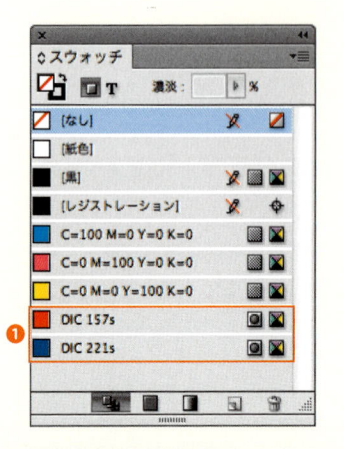

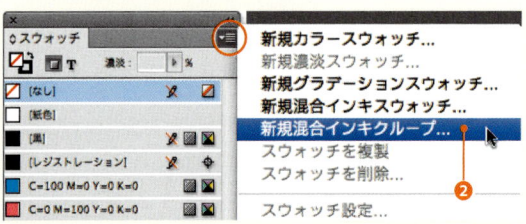

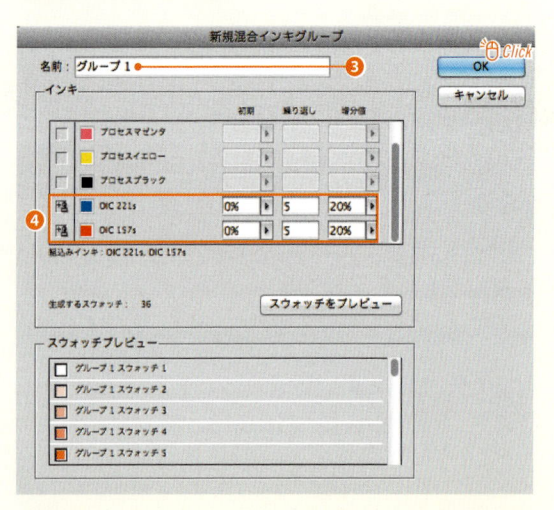

> **MEMO**
> ［初期：0％］［繰り返し：5］［増分値：20％］とした場合は、0％から20％ずつ5回繰り返すという意味となるため、図のケースでは各インキの濃度が6段階となり、6×6で計36個の混合インキができます。

170 新規混合インキスウォッチを登録する
172 混合インキグループを変更する

172 混合インキグループを変更する

一度登録した混合インキグループであっても、親スウォッチを編集することで掛け合わせで使用している特色を変更することができます。

STEP 01

混合インキグループとして差し替えたい特色（スポットカラー）を、スウォッチとして登録しておきます❶。ここでは「DIC 174s」と「DIC 203s」を登録しました。

CAUTION
混合インキグループで使用している特色を変更するには、あらかじめ差し替える特色を登録しておく必要があります。

STEP 02

混合インキグループの親スウォッチ（図では「グループ1」）をダブルクリックします❷。

STEP 03

［混合インキグループオプション］ダイアログが表示されるので、各インキを別の特色に変更します❸。

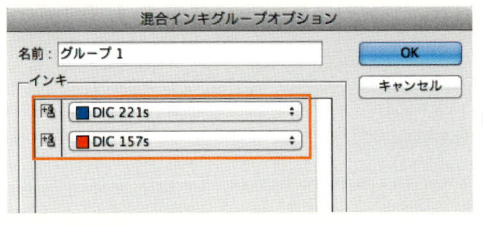

STEP 04

［OK］ボタンをクリックすると混合インキグループ内すべてのスウォッチが変更されます❹。

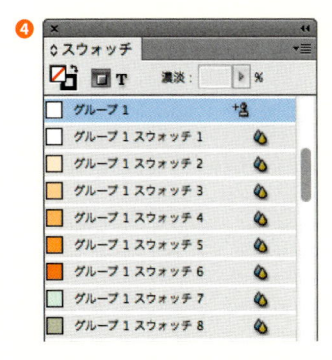

173 オーバープリントを指定し画面でプレビューする

［オーバープリントプレビュー］をオンにすることで、オーバープリントを適用したオブジェクトがどのように出力されるかを確認できます。

STEP 01

オーバープリントを適用したいオブジェクトを［選択］ツール で選択し❶、［ウィンドウ］メニューから［出力］→［プリント属性］を選択し❷、［プリント属性］パネルを表示させます。

STEP 02

目的に応じて［塗りオーバープリント］あるいは［線オーバープリント］［間隔オーバープリント］にチェックを入れ、オーバープリントを設定します。ここでは［塗りオーバープリント］をオンにしました❸。

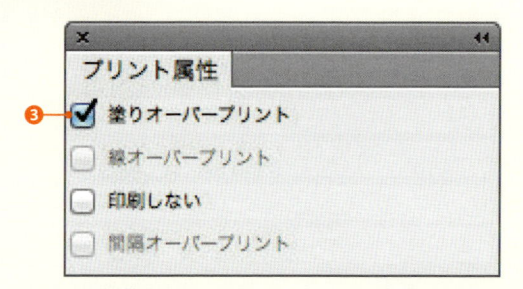

STEP 03

［表示］メニューから［オーバープリントプレビュー］を選択し、オーバープリントをオンにします❹。

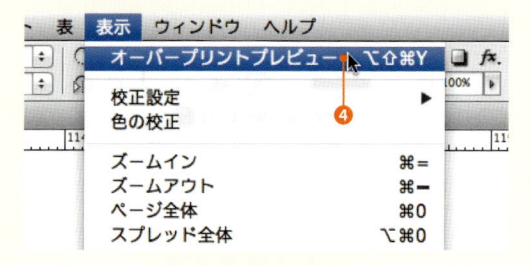

STEP 04

どのようにオーバープリントが適用されるかが、画面上で確認できます❺。

> **MEMO**
> ［スウォッチ］パネルの［黒］を100%で使用した場合、デフォルト設定では、自動的にオーバープリントが適用されます。

175 黒を100％でオーバープリントする

174 リッチブラックの表示とプリントを設定する

K = 100 とリッチブラックの差が再現されるよう設定を変更することが可能です。この設定はドキュメント内のカラー値に影響を与えません。

STEP 01

K = 100 の黒とリッチブラックの黒をスクリーン上、およびプリント・書き出し時に、正確に表示・プリントできます。デフォルトでは、すべての黒はリッチブラックとして表示・プリントされますが、［InDesign］（Windows では［編集］）メニューから［環境設定］→［黒の表示方法］で❶、［スクリーン］、［プリント／書き出し］のそれぞれを［すべての黒をリッチブラックとして表示（出力）］❷から［すべての黒を正確に表示（出力）］❸に変更することで、K = 100 とリッチブラックの差が再現できます。

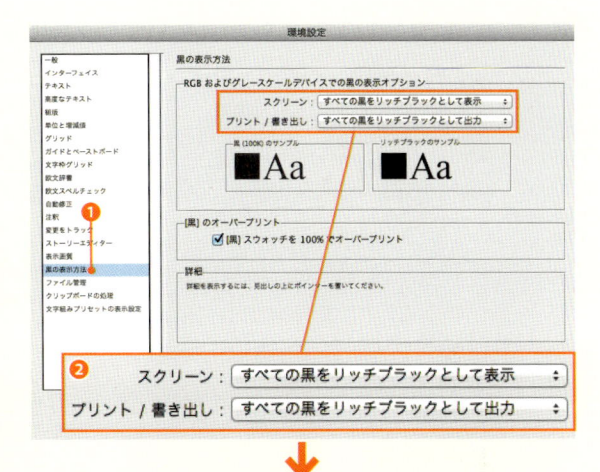

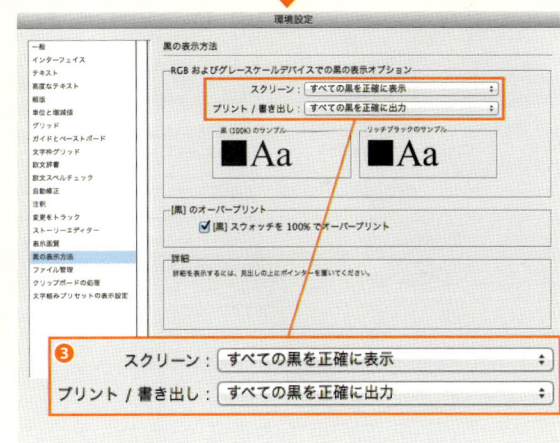

MEMO

［［黒］スウォッチを 100％でオーバープリント］はデフォルト設定ではオンになっており、［スウォッチ］パネルの［黒］を 100％で使用した場合に、オーバープリント処理されます。［黒］スウォッチをオーバープリント処理したくない場合は、このチェックをはずします。

STEP 02

STEP-01 の設定により、黒の表示が変更されます。図の左は K = 100、右がリッチブラックです。［すべての黒をリッチブラックとして表示］が指定されていた時❹は、どちらの黒も同じカラーとして表示されていましたが、［すべての黒を正確に表示］に変更した❺ことで、スクリーン上での黒の見え方が変わります。

［すべての黒をリッチブラックとして表示］　　［すべての黒を正確に表示］

175 黒を 100％でオーバープリントする

175 黒を100％でオーバープリントする

デフォルトでは、[スウォッチ] パネルの [黒] はオーバープリントされますが、[カラー] パネルで設定した K = 100 はオーバープリントされません。

STEP 01

オーバープリントとは色の上に色をノセることを言います。版ズレした際に紙色（白）が出ないよう、一般的に墨の文字や罫線などでよく使用します。InDesign では墨のオブジェクトに自動でオーバープリントを適用できますが、どのように墨を設定したかでオーバープリントになるのか、ならないのかが違ってくるので注意が必要です。下の図のそれぞれ左側が、マゼンタ 100％の地の上に [スウォッチ] パネルの [黒] スウォッチを適用した文字❶、右側が [カラー] パネルで K = 100 を設定した文字❷です。これを [分版] パネルでマゼンタ版のみを表示したものが右図です。[黒] スウォッチを適用した文字は、ノセ（オーバープリント）になっており、K = 100 と設定した文字はヌキになっているのがわかります。つまり、オーバープリントを設定したい場合には、[スウォッチ] パネルの [黒] を使用する必要があるということです。

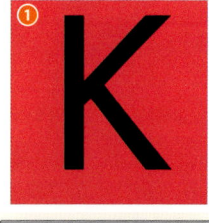

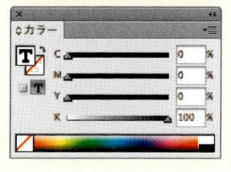

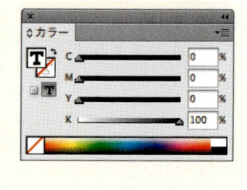

STEP 02

デフォルト設定では、[黒] スウォッチを使用した場合には自動的にオーバープリントとなりますが、オーバープリントにしたくない場合には、[InDesign]（Win 版では [編集]）メニューから [環境設定] → [黒の表示方法] で [[黒] スウォッチを 100％でオーバープリント] ❸のチェックを外します。

> **CAUTION**
> [スウォッチ] パネルの [黒] スウォッチを使用した場合でも、100％より小さな値で使用した時にはオーバープリントにならないので注意が必要です。

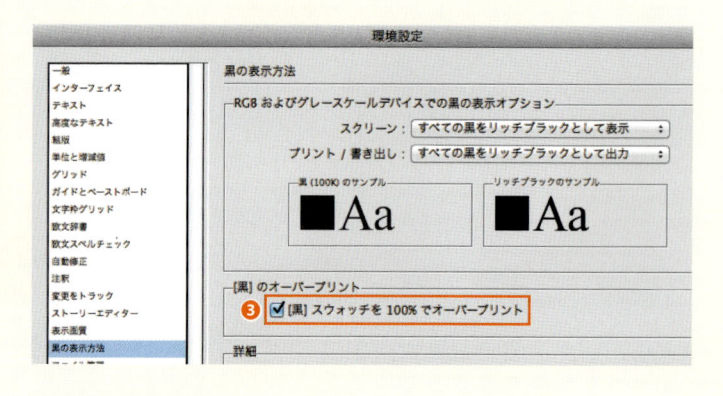

173 オーバープリントを指定し画面でプレビューする
174 リッチブラックの表示とプリントを設定する

176 カラー設定を行う

どのような［カラー設定］を使用するかは、印刷に大きく影響を与えます。各項目の内容を理解し、最適な設定を適用しましょう。

STEP 01

カラーマネジメントに関する設定は、［編集］メニューから［カラー設定］を選択し、［カラー設定］ダイアログを表示させることで行います。［作業用スペース］❶と［カラーマネジメントポリシー］❷の各項目を設定しますが、それぞれの項目にマウスを合わせることでその内容の詳細が確認できます❸。なお、日本における一般的な印刷条件に合わせた設定の場合、［プリプレス用 - 日本 2］が推奨されています。特に印刷会社からの指定がない場合には、この設定を使用するとよいでしょう。

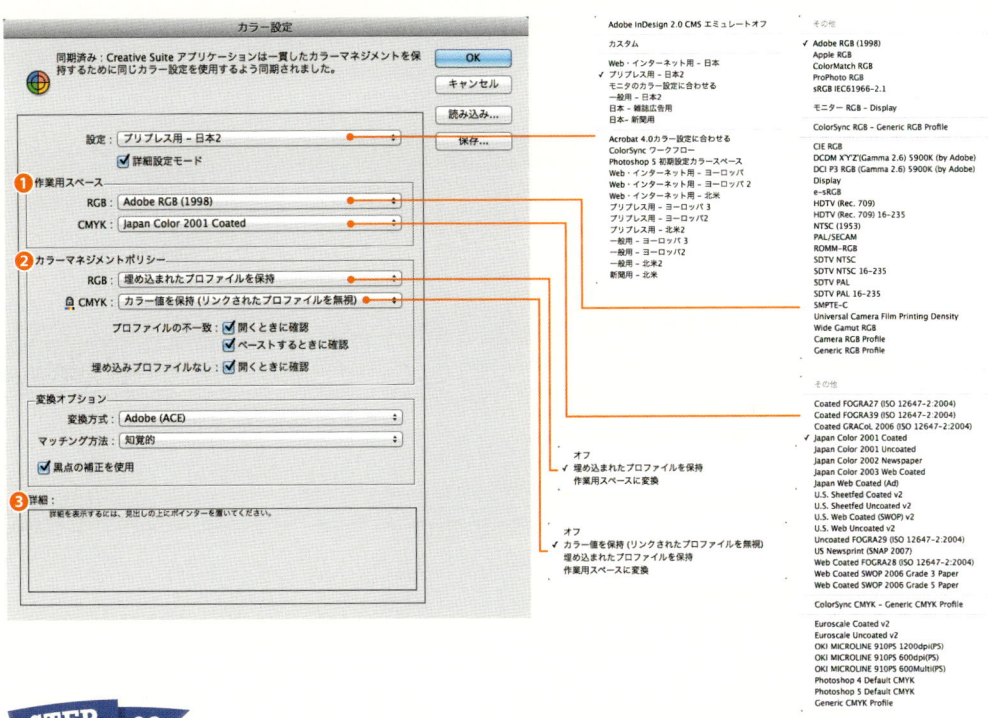

STEP 02

通常は、Photoshop や Illustrator と同じカラー設定を使用します。この場合、各アプリケーションごとにカラー設定を行うのではなく、Adobe Bridge から一括して行います。これにより、各アプリケーションごとに設定する手間を省くことができ、さらに異なる設定を使用してしまうといったミスを防ぐことができます。設定は Adobe Bridge の［編集］メニューから［Creative Suite のカラー設定］を選択して行います。目的の設定を選択して、［適用］ボタンをクリックすれば Creative Suite アプリケーションのカラー設定が同期されます。

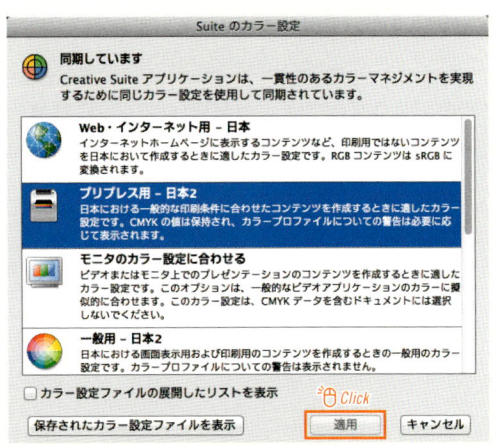

177 ドキュメントにプロファイルを割り当てる

177 ドキュメントにプロファイルを割り当てる

ドキュメントには［カラー設定］の内容でプロファイルが埋め込まれますが、異なるプロファイルの適用や変更も可能です。

STEP 01

ドキュメント保存時には、［カラー設定］ダイアログで設定された内容に基づき、自動的にプロファイルが割り当てられますが、割り当てられるプロファイルは、［編集］メニューの［プロファイルを割り当て］から指定することも可能です。［プロファイルを割り当て］ダイアログが表示されたら、RGB プロファイル❶、あるいは CMYK プロファイル❷の［プロファイルの指定］にチェックを入れ、目的のプロファイルを選択して［OK］ボタンをクリックします。

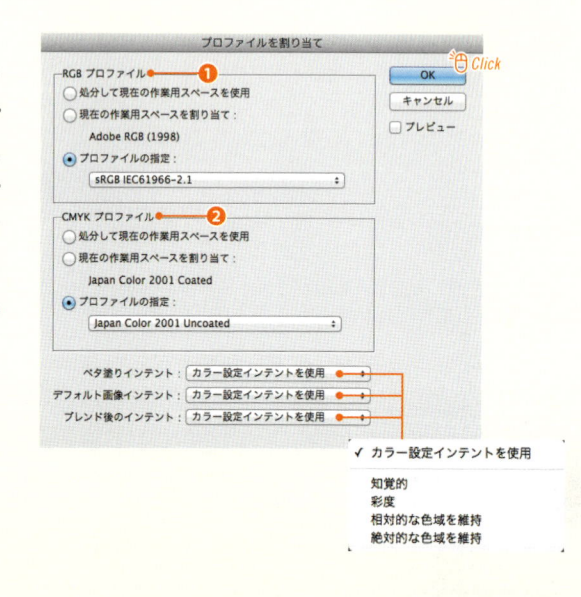

STEP 02

ドキュメントのプロファイルの変更が必要になるケースはあまりありませんが、ドキュメントの出力先を変更するような場合には、手動でプロファイルを変更することも可能です。［編集］メニューから［プロファイル変換］を選択し、［プロファイル変換］ダイアログで RGB、CMYK それぞれのプロファイルを別のカラースペースに変更します❸。

CAUTION

プロファイルの変換により、モニターに表示されるカラーが大きく変化する場合もあります。そのため、プロファイルの変換は、きちんとカラーマネジメントを理解した上で行うようにしましょう。

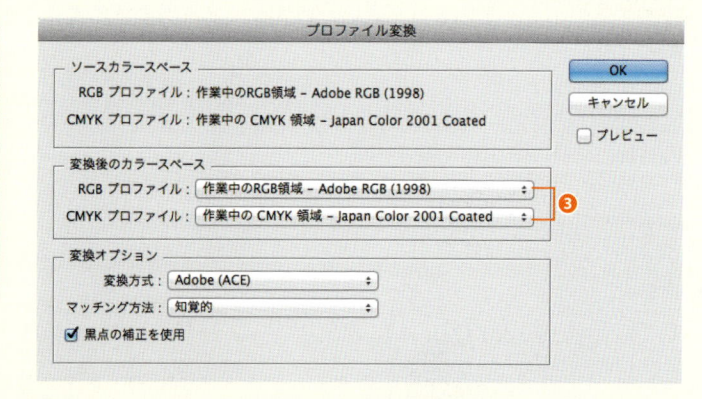

STEP 03

個々の画像ごとにプロファイルを適用することも可能です。この場合、目的の画像を選択し、［オブジェクト］メニューから［画像カラー設定］を選択します。［画像カラー設定］ダイアログが表示されるので、［プロファイル］と［マッチング方法］のポップアップメニューで目的のものを選択します❹。

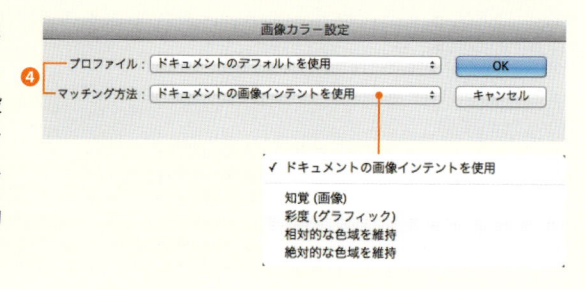

第 8 章
オブジェクトのアレンジと特殊効果

InDesign CS6
DESIGN REFERENCE
PLUS

178 数値設定で角オプションを設定する

［角オプション］を設定することで、角丸や斜角など、オブジェクトの角の形状を変化させることができます。

STEP 01

［選択］ツールでオブジェクトを選択したら❶、［オブジェクト］メニューから［角オプション］を選択し❷、［角オプション］ダイアログを表示させます。

STEP 02

各コーナーの［シェイプ］❸と［角のサイズ］❹を指定して［OK］ボタンをクリックすれば、［角オプション］が適用されます。なお、［角オプション］を解除する場合には、［シェイプ］に［なし］を選択します。

MEMO
［角オプション］はクローズドパスだけでなく、オープンパスに対しても適用が可能です。ただし、直線のように角がないオブジェクトには適用されません。

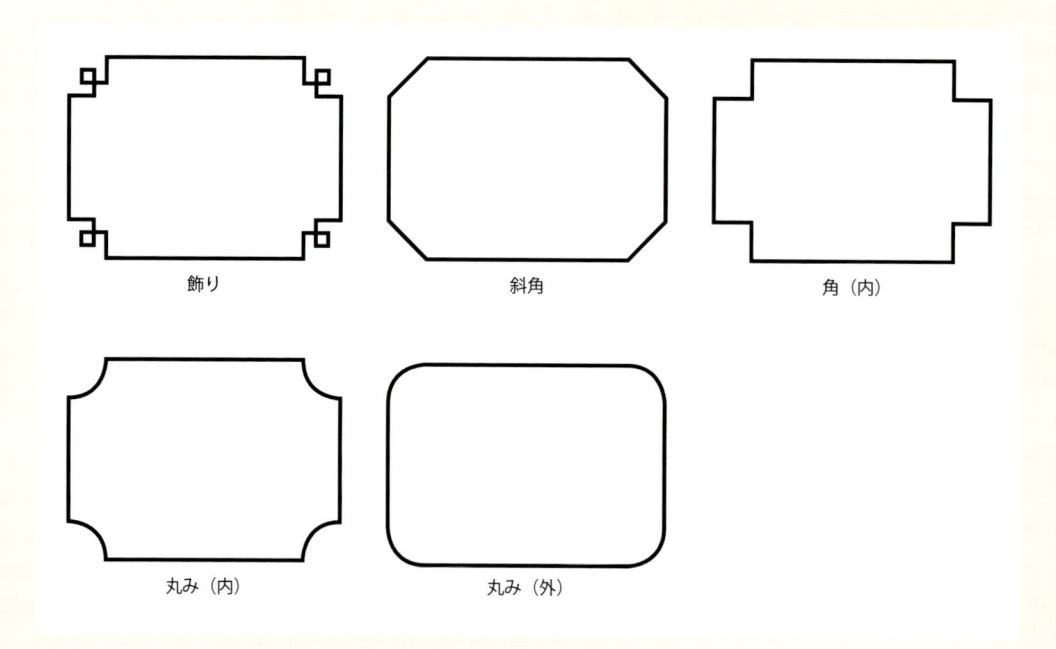

飾り　　　斜角　　　角（内）

丸み（内）　　丸み（外）

179 マウス操作で角オプションを設定する

179 マウス操作で角オプションを設定する

マウス操作のみで角オプションを設定できます。キー操作を併用することで、角ごとに異なるシェイプやサイズを設定することもできます。

STEP 01

［選択］ツール で、角オプションを設定したいオブジェクトを選択すると、オブジェクトの右上に黄色の四角形が表示されます。この四角形をクリックすると、四隅に黄色いダイヤモンド形が表示されます。

STEP 02

四隅のいずれかのダイヤモンド形をドラッグすると、四隅すべてに対して、角丸が適用されます。ドラッグする距離が大きいほど、角丸のサイズも大きくなります。

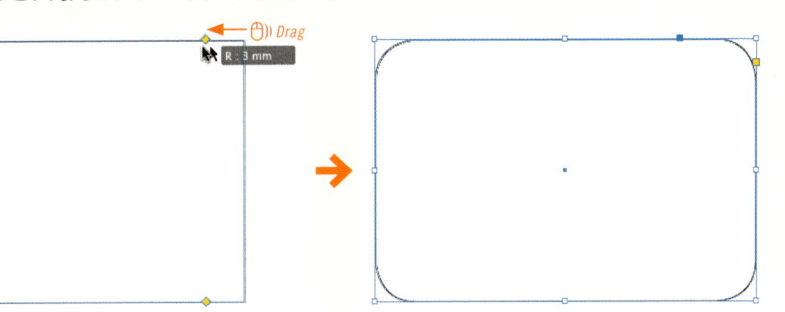

STEP 03

なお、Shiftキーを押しながらダイヤモンド形をドラッグすると、その角に対してのみ効果を適用でき、Option（Alt）キーを押しながらダイヤモンド形をクリックすると、角のシェイプを変更できます。また、Option（Alt）＋Shiftキーを押しながらダイヤモンド形をクリックすることで、四隅それぞれに異なる角オプションを適用することもできます。

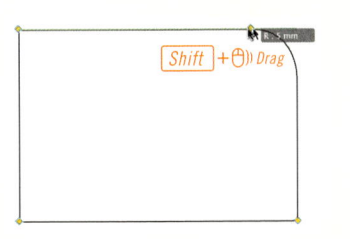

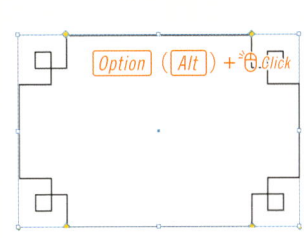

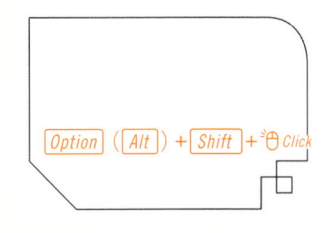

178 数値指定で角オプションを設定する

180 Illustratorで作成したパスオブジェクトを取り込む

InDesignでは、Illustratorで作成したパスオブジェクトを編集可能な状態で取り込むことができます。

STEP 01

Illustratorで作成したパスオブジェクト❶を［選択］ツール で選択し、［編集］メニューから［コピー］を選択して、オブジェクトをコピーしておきます❷。

KEYBOARD SHORTCUT
コピー ▶ ⌘（Ctrl）+ C キー
ペースト ▶ ⌘（Ctrl）+ V キー

STEP 02

InDesignに切り替え、ドキュメント上で［編集］メニューから［ペースト］を実行します。

STEP 03

パスがグループ化された状態でペーストされます。グループ化したくない場合には、［オブジェクト］メニューから［グループ解除］を選択します❸。

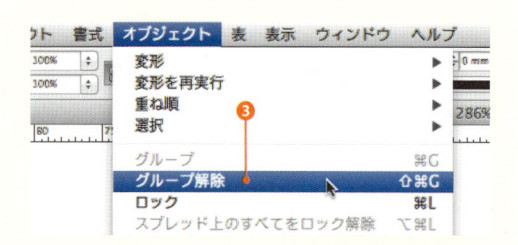

CAUTION
InDesignに編集可能なオブジェクトとして取り込めるのは、Illustratorのパスオブジェクトだけです。選択ツールでコピーしたIllustratorのテキストオブジェクトは編集可能な状態でペーストはできません。

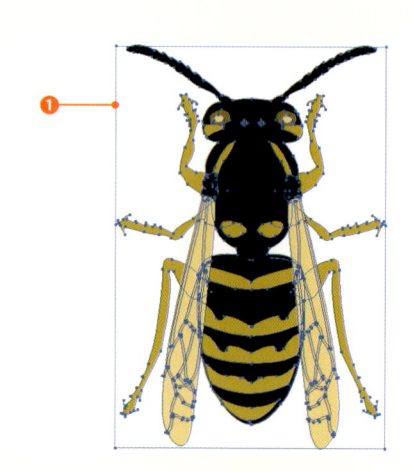

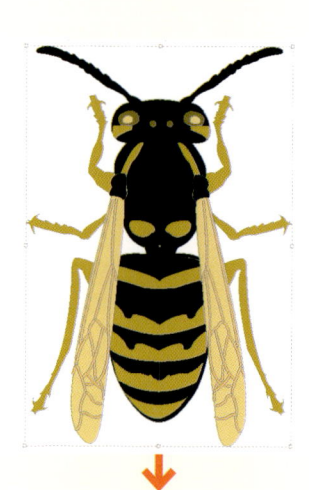

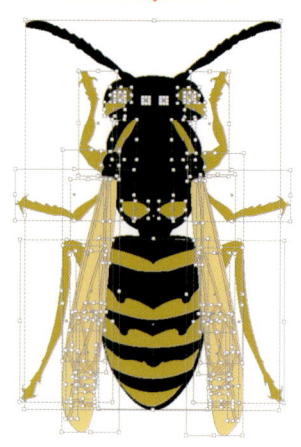

第8章 オブジェクトのアレンジと特殊効果

132 配置コマンドで画像を配置する

181 線の属性を設定する

線に関する設定は［線］パネルで行います。線幅はもちろん、線端や角の形状、線のどこを中心に太らせるかといった設定が可能です。

STEP 01

［線］パネルでは、線に関するさまざまな設定が可能です。線の太さは［線幅］❶で、マイター結合からベベル結合に切り換わる際の比率の設定は［角の比率］❷、オープンパスの線端の形状は［線端］❸、角の形状は［結合形式］❹、パスのどこを中心として線を太らせるかの設定は［線の位置］❺で指定します。

> **MEMO**
> マイター結合の尖った角の長さが、［線幅］に［角の比率］で指定した倍数をかけた長さに達すると、マイター結合からベベル結合に切り替わります。なお、この設定は、角の形状に［ラウンド結合］が設定されている場合は適用されません。

> **MEMO**
> InDesign CS4以降から、テキストに「線幅」を設定した際に、［結合形式］の選択が可能となり、角の丸いフチ文字も作成可能です。

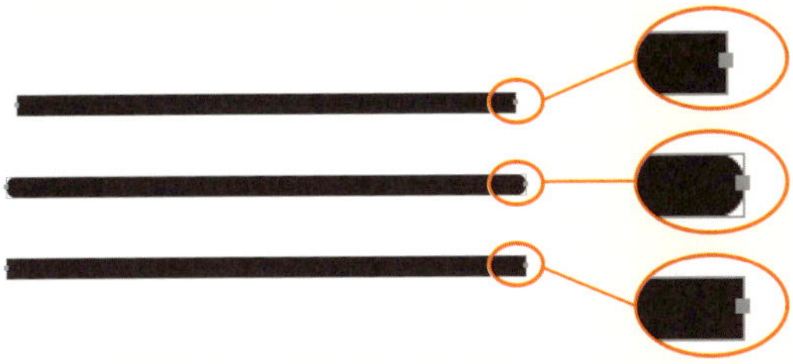

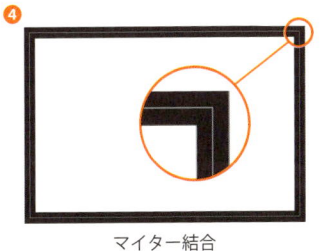

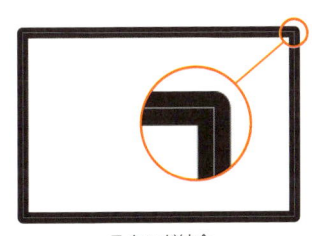

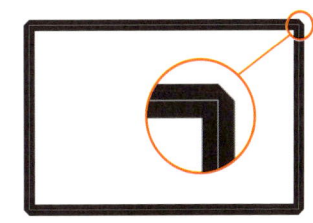

❸
- 先太
- 丸型線端
- 突出線端

❹
- マイター結合
- ラウンド結合
- ベベル結合

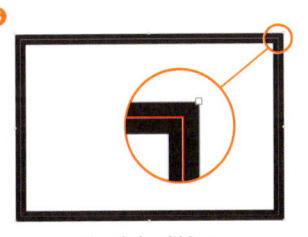

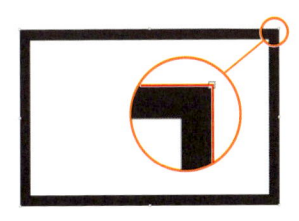

❺
- 線を中央に揃える
- 線を内側に揃える
- 線を外側に揃える

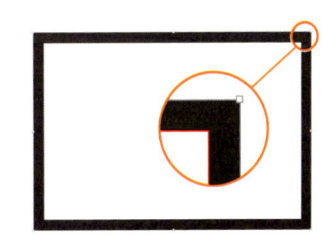

182 線の種類を設定する
183 カスタム線種を作成する

182 線の種類を設定する

InDesignには、実線だけでなく点線や二重線など、さまざまな線の種類が用意されています。また、始点や終点の形状も指定できます。

STEP 01

［線］パネルでは、線の種類を指定することも可能です。［種類］のポップアップメニュー❶から目的のものを選択すれば適用できます。また、オープンパスの場合、［始点］❷や［終点］❸の形状も指定できます。さらに、［種類］で選択した項目によっては、［間隔のカラー］❹や［間隔の濃淡］❺も指定可能です。

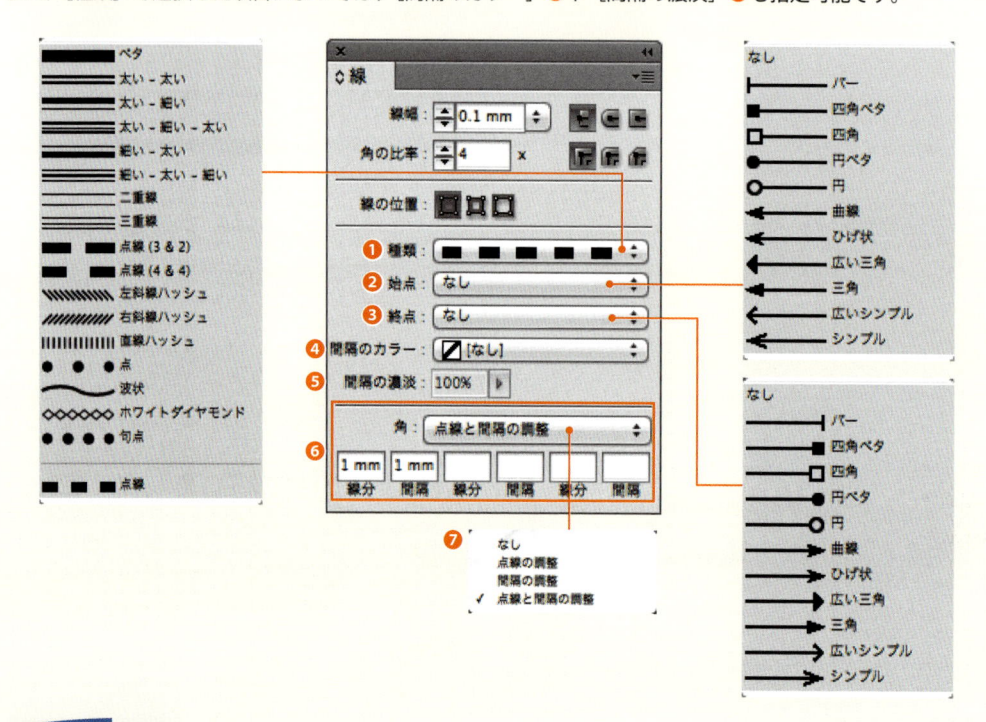

STEP 02

［種類］に［点線］を選択すると、新たなオプション項目❻が表示されるので、［線分］と［間隔］を指定します。また、［角］では［線分］と［間隔］をどのように調整するかを指定します❼。それぞれの適用例を右図に示しました。

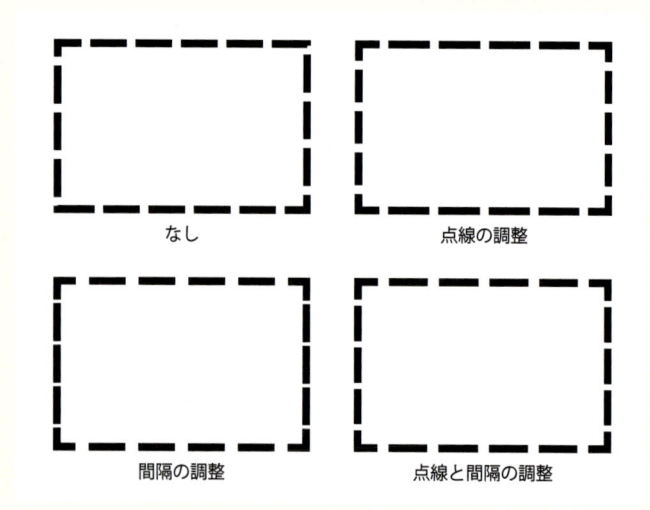

なし　　　点線の調整

間隔の調整　　　点線と間隔の調整

181 線の属性を設定する
183 カスタム線種を作成する

183 カスタム線種を作成する

InDesignではオリジナルの線種を作成することができます。作成した線種は[線]パネルの[種類]に表示されます。

STEP 01

オリジナルの線種を作成します。[線]パネルのパネルメニューから[線種]を選択すると❶、[線種]ダイアログが表示されます。

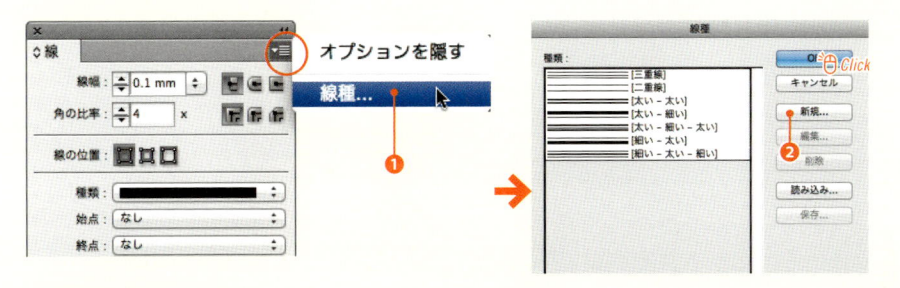

STEP 02

[新規]ボタンをクリックし❷、[新規線種]ダイアログを表示させます。[名前]を付け、[種類]❸を選択したら、各項目を設定していきます。なお、どのような線になるかは、[プレビュー]を確認しながら作業すると便利です❹。

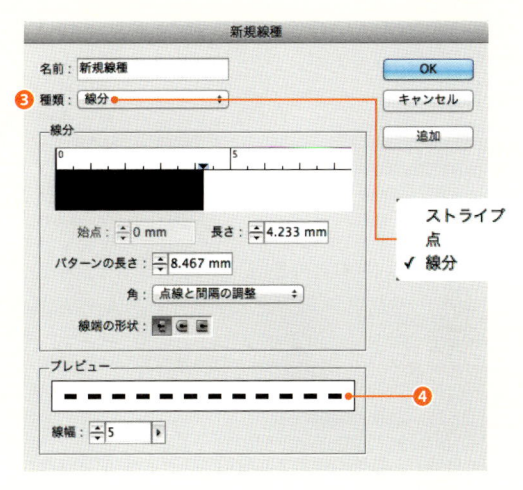

STEP 03

下図のように定規のマーカーをドラッグして長さを変更したり、クリックしてマーカーを追加することも可能です。なお、サイズを正確にコントロールしたい場合には「始点」「長さ」「パターンの長さ」などに数値を指定します。できあがったら、[OK]ボタンをクリックして保存しますが、続けて新規線種を登録したい場合には[追加]ボタンをクリックします。

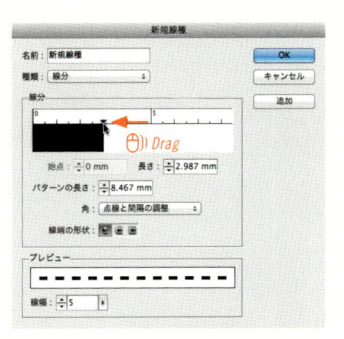

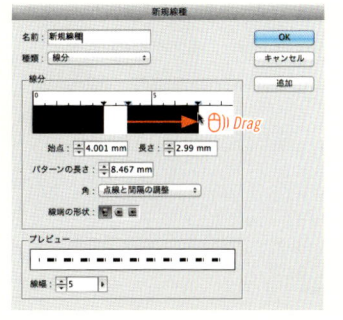

181 線の属性を設定する
182 線の種類を設定する

184 ツールを使ってオブジェクトを変形する

[ツール]パネルの[自由変形]ツール、[回転]ツール、[拡大/縮小]ツール、[シアー]ツールを使ってオブジェクトを変形することができます。

STEP 01

[ツール]パネルには、[自由変形]ツール❶、[回転]ツール❷、[拡大/縮小]ツール❸、[シアー]ツール❹の4つの変形ツールが用意されています。

STEP 02

[選択]ツールでオブジェクトを選択したら❺、目的の変形ツールに持ち変えます。

STEP 03

オブジェクトをドラッグ、あるいはツールをダブルクリックした際に表示されるダイアログで適用値を設定します。下図は[拡大/縮小]ツール❻、[回転]ツール❼、[シアー]ツール❽でダイアログを表示させ変形しました。[自由変形]ツールでは、ドラッグ操作で拡大/縮小❾や回転❿が行えます。

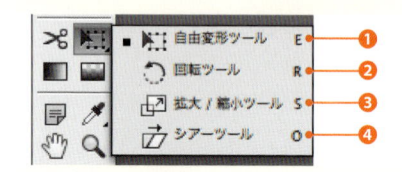

185 変形パネルでオブジェクトを変形する
186 変形コマンドでオブジェクトを変形する

185 変形パネルでオブジェクトを変形する

［変形］パネルに数値を入力することでも変形できます。オブジェクトのサイズ変更はもちろん、拡大・縮小や回転、シアーも可能です。

STEP 01

オブジェクトの幅や高さを変更する場合には、オブジェクトを選択し、［ウィンドウ］メニューから［オブジェクトとレイアウト］→［変形］で［変形］パネルを表示させ、［W］と［H］に数値を入力し、Return（Enter）キーを押します。

MEMO
幅と高さを等倍で変形したい場合には、［W］あるいは［H］のいずれかのフィールドに入力後、⌘（Ctrl）+ Return（Enter）キーを押します。

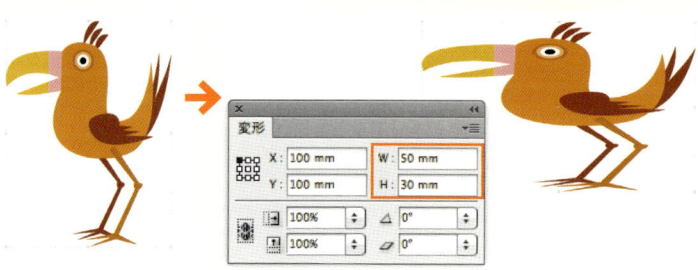

STEP 02

オブジェクトを縦横等倍で拡大、あるいは縮小する場合には、オブジェクトを選択し、［変形］パネルの［拡大/縮小の縦横の比率を固定］❶をオンにして、「拡大/縮小Xパーセント」、「拡大/縮小Yパーセント」のいずれかに拡大/縮小率を入力し❷、Return（Enter）キーを押します。

MEMO
デフォルトの設定の場合、拡大/縮小を実行後にフィールドの数値は「100%」に戻ります。

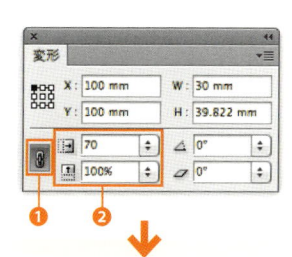

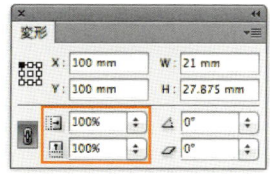

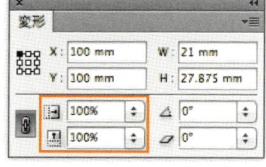

STEP 03

オブジェクトを選択し、［変形］パネルの「回転角度」❸や「傾斜X角度」❹を入力すれば、オブジェクトを回転させたり、シアー変形ができます。

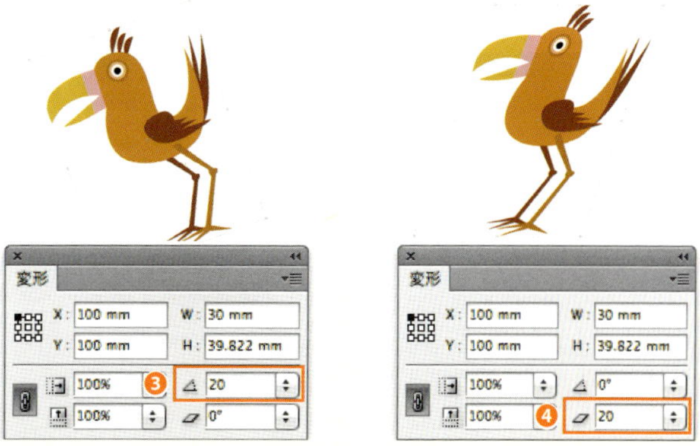

184 ツールを使ってオブジェクトを変形する
186 変形コマンドでオブジェクトを変形する

186 変形コマンドでオブジェクトを変形する

［変形］パネルの変形コマンドを実行することでも、オブジェクトの変形が行えます。

STEP 01

［変形］パネルには、［90°回転（時計回り）］❶、［90°回転（反時計回り）］❷、［180°回転］❸、［水平方向に反転］❹、［垂直方向に反転］❺の変形コマンドが用意されています。

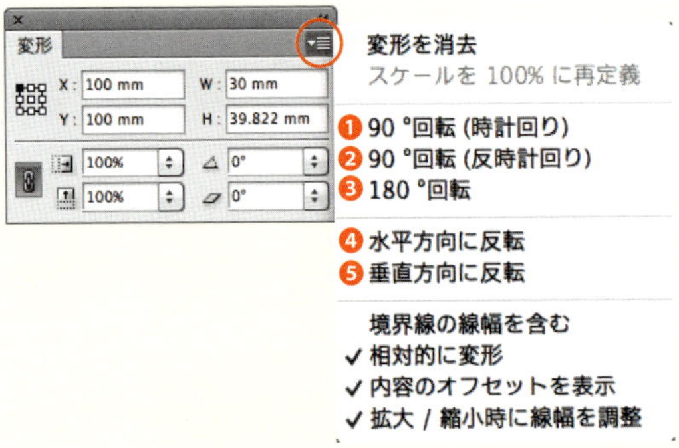

変形を消去
スケールを100%に再定義
❶ 90°回転（時計回り）
❷ 90°回転（反時計回り）
❸ 180°回転
❹ 水平方向に反転
❺ 垂直方向に反転

境界線の線幅を含む
✓ 相対的に変形
✓ 内容のオフセットを表示
✓ 拡大 / 縮小時に線幅を調整

STEP 02

［選択］ツールでオブジェクトを選択します❻。❶〜❺の変形コマンドを実行します。

❶ 90°回転（時計回り） 　❷ 90°回転（反時計回り） 　❸ 180°回転

❹ 水平方向に反転 　❺ 垂直方向に反転

184 ツールを使ってオブジェクトを変形する
185 変形パネルでオブジェクトを変形する

187 パスファインダーパネルでオブジェクトを変換する

［パスファインダー］パネルを使用すると、複数のオブジェクトを結合させたり、型抜きしたりできます。

STEP 01

［ウィンドウ］メニューから［オブジェクトとレイアウト］→［パスファインダー］を選択して［パスファインダー］パネルを表示します。［追加］❶、［前面オブジェクトで型抜き］❷、［交差］❸、［中マド］❹、［背面オブジェクトで型抜き］❺の5つのパスファインダーコマンドが用意されています。適用方法は、複数のオブジェクトを選択して目的のコマンドを実行するだけと、非常に簡単です。なお、塗りや線などは、最前面のオブジェクトの属性を引き継ぎます。

元のオブジェクト

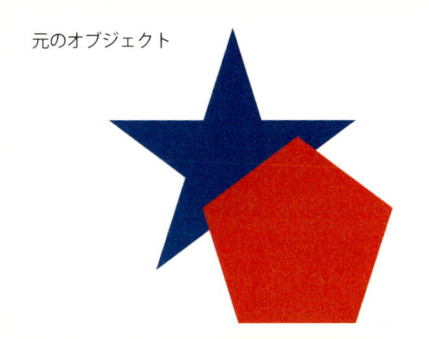

❶ 追加

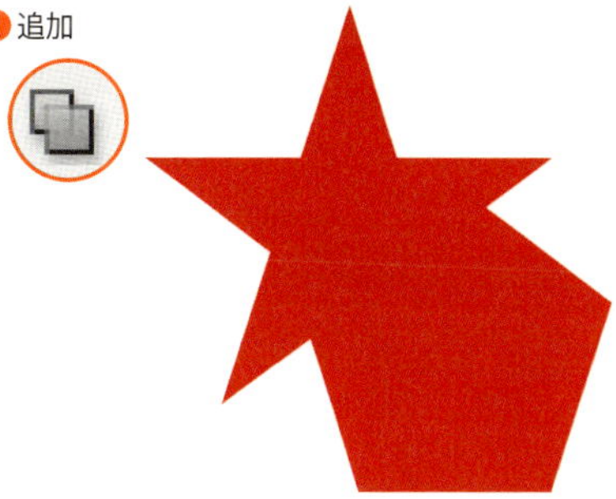

❷ 前面オブジェクトで型抜き

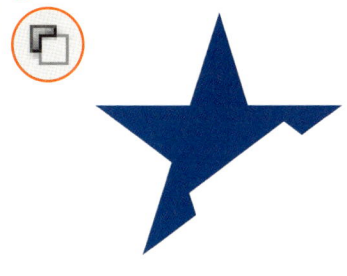

❸ 交差

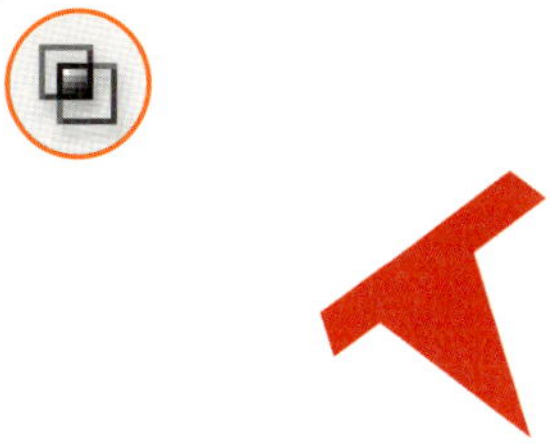

❹ 中マド

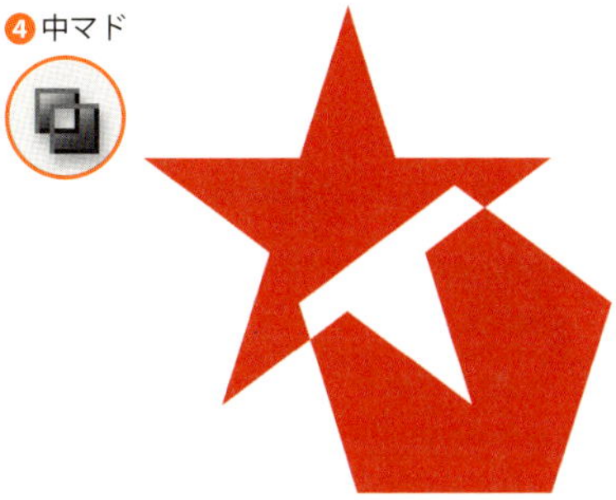

❺ 背面オブジェクトで型抜き

189 シェイプを変換する

188 オブジェクトを整列・分布する

[整列] パネルでは、複数のオブジェクトを整列させたり、分布させることができます。オブジェクトを揃える際に重宝する機能です。

STEP 01

複数のオブジェクトを揃える際には、[ウィンドウ]メニューから[オブジェクトとレイアウト]→[整列]を選択すると表示される[整列]パネルを利用します。複数のオブジェクトを[選択]ツールで選択し、[オブジェクトの整列]や[オブジェクトの分布][等間隔に分布]の中から目的のボタンをクリックして実行します。なお、間隔を指定して分布させたり、キーオブジェクトを指定したりすることも可能です。[整列]のポップアップメニューでは、整列の基準を選択します❶。

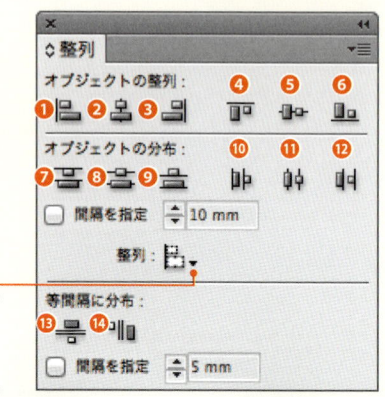

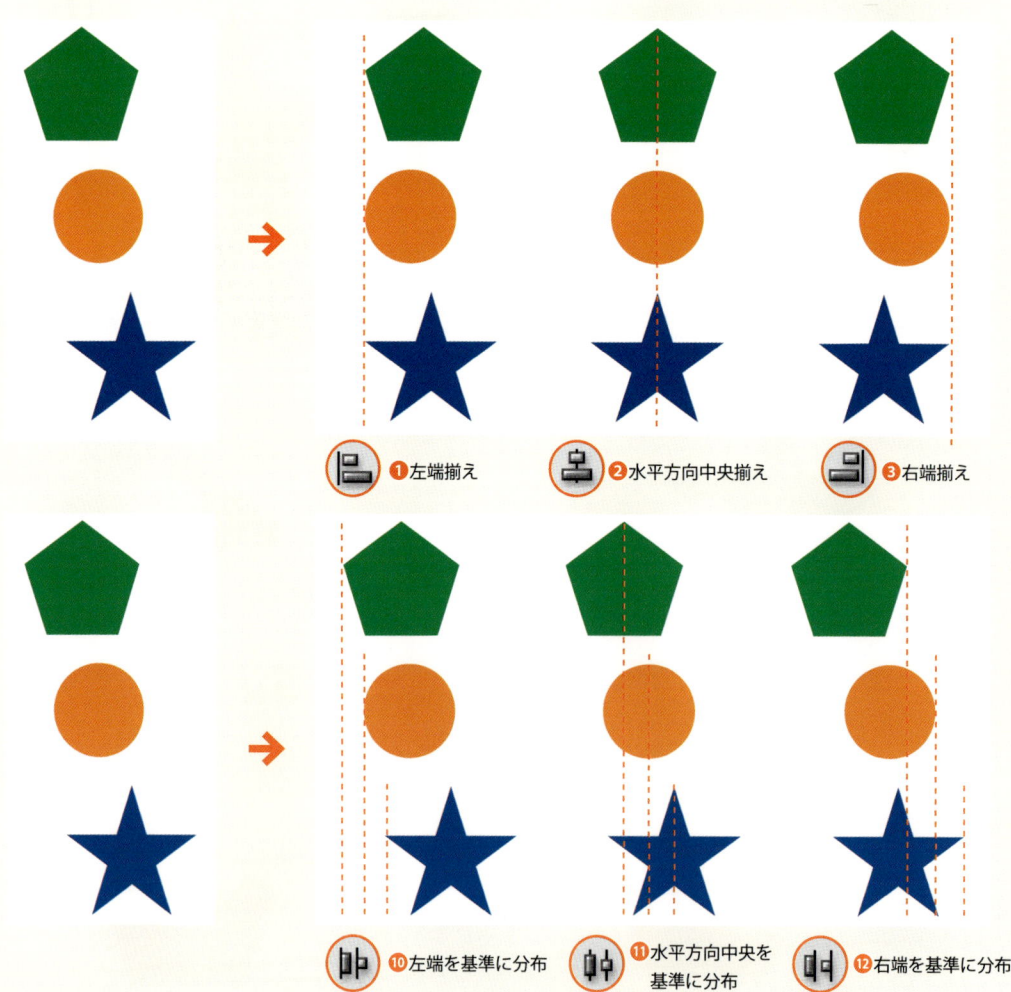

❶ 左端揃え　❷ 水平方向中央揃え　❸ 右端揃え

❿ 左端を基準に分布　⓫ 水平方向中央を基準に分布　⓬ 右端を基準に分布

❹ 上端揃え

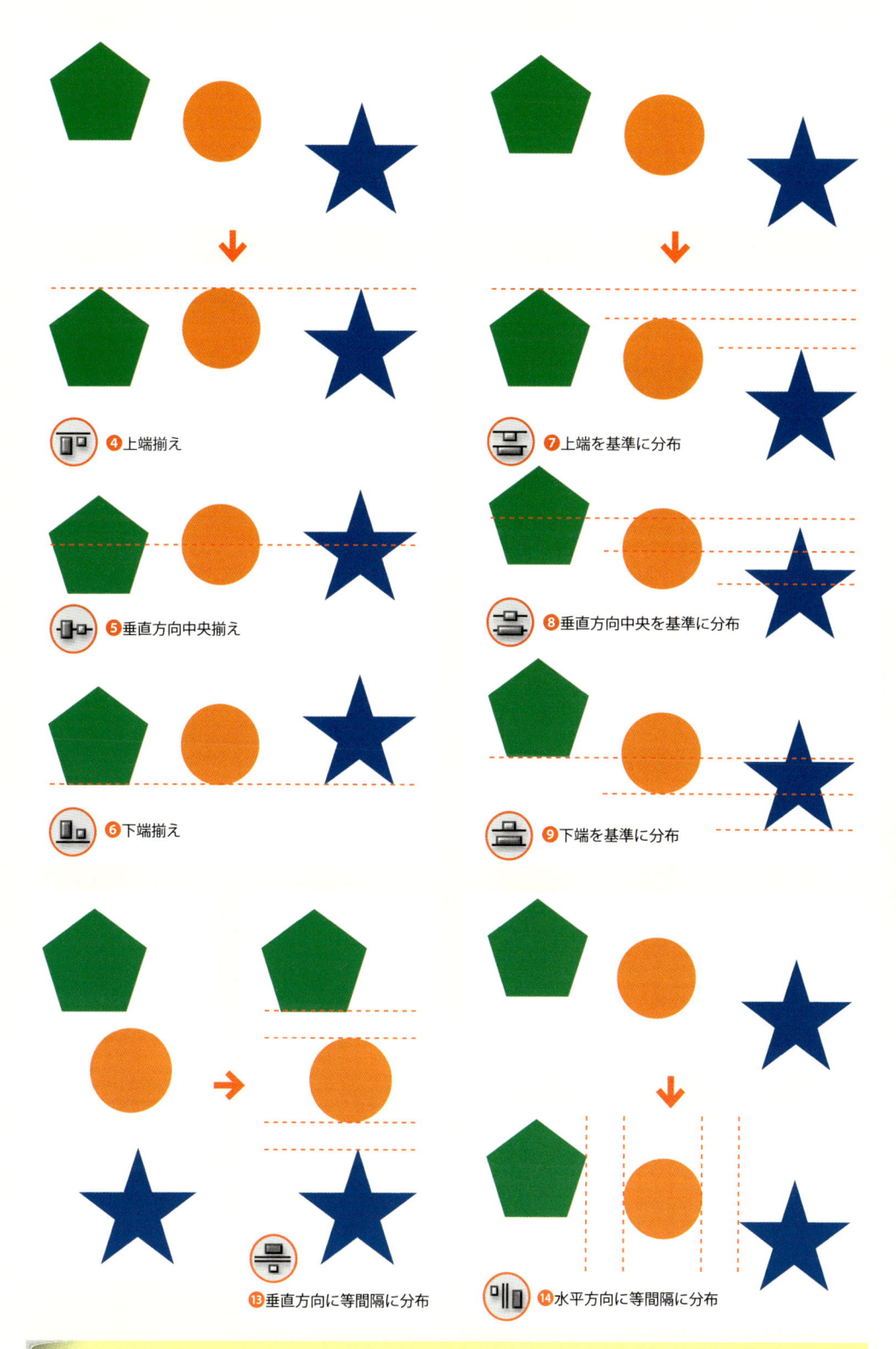

❺ 垂直方向中央揃え

❻ 下端揃え

❼ 上端を基準に分布

❽ 垂直方向中央を基準に分布

❾ 下端を基準に分布

⓭ 垂直方向に等間隔に分布

⓮ 水平方向に等間隔に分布

▢ MEMO

［間隔を指定］にチェックを入れ、数値指定を行うと、その間隔でオブジェクトを分布させることができます。CS6では、オブジェクトを選択後、再度、任意のオブジェクトをクリックすると、そのオブジェクトがキーオブジェクトとなり、キーオブジェクトを基準にオブジェクトを整列させることができます。

189 シェイプを変換する

[パスファインダー] パネルには、あらかじめいくつかのシェイプが用意されており、パスオブジェクトを定義済みのシェイプに変換が可能です。

STEP 01

パスオブジェクトを[選択]ツールで選択したら、[ウィンドウ]メニューから[オブジェクトとレイアウト]→[パスファインダー]で[パスファインダー]パネルを表示し、[シェイプを変換]から目的のアイコンをクリックすることで、シェイプを変換することができます。

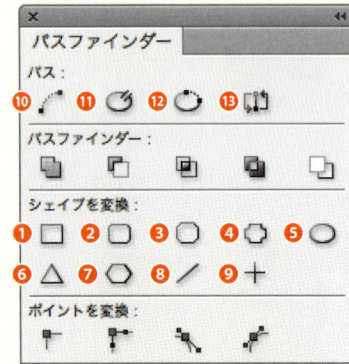

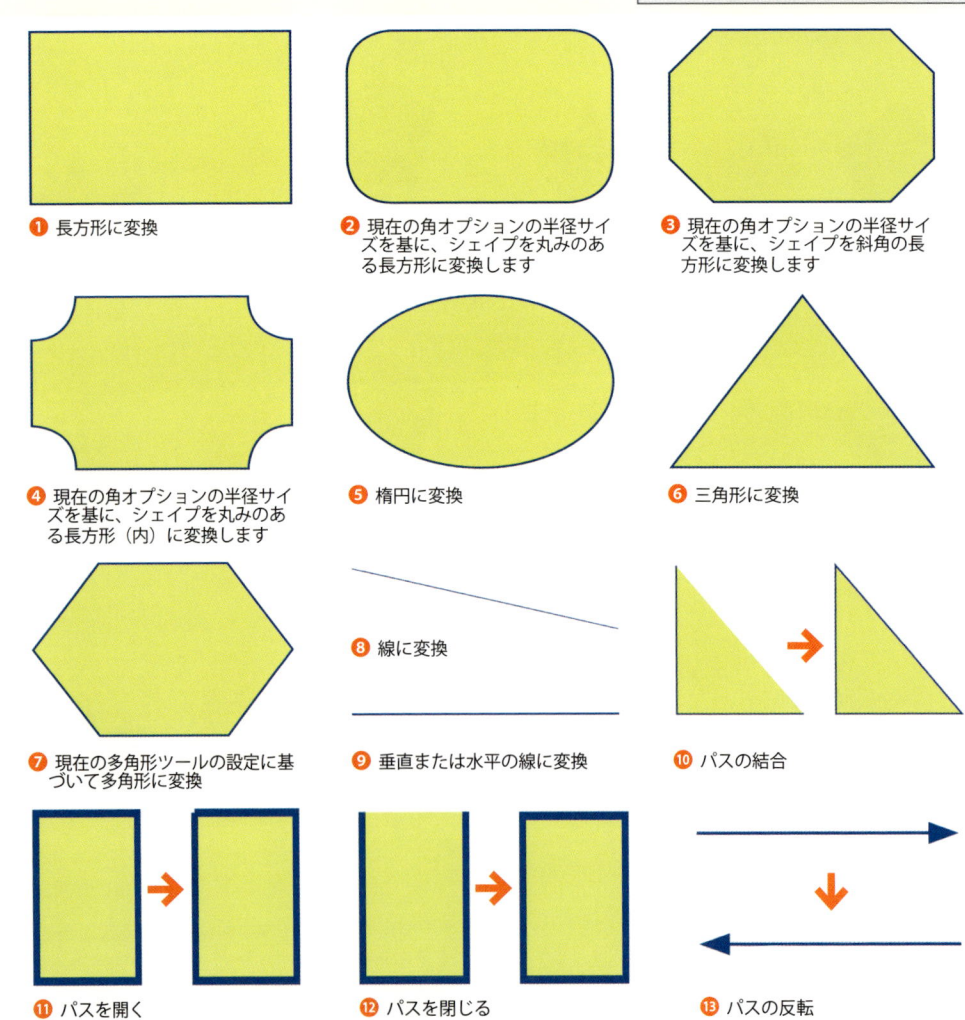

❶ 長方形に変換

❷ 現在の角オプションの半径サイズを基に、シェイプを丸みのある長方形に変換します

❸ 現在の角オプションの半径サイズを基に、シェイプを斜角の長方形に変換します

❹ 現在の角オプションの半径サイズを基に、シェイプを丸みのある長方形(内)に変換します

❺ 楕円に変換

❻ 三角形に変換

❼ 現在の多角形ツールの設定に基づいて多角形に変換

❽ 線に変換

❾ 垂直または水平の線に変換

❿ パスの結合

⓫ パスを開く

⓬ パスを閉じる

⓭ パスの反転

187 パスファインダパネルでオブジェクトを変換する

190 オブジェクトを繰り返し複製する

オブジェクトを繰り返し複製する場合には、[繰り返し複製]コマンドを実行します。一度の操作で複数、複製することができます。

STEP 01

[選択]ツール で、複製したいオブジェクトを選択し、[編集]メニューから[繰り返し複製]を選択します❶。

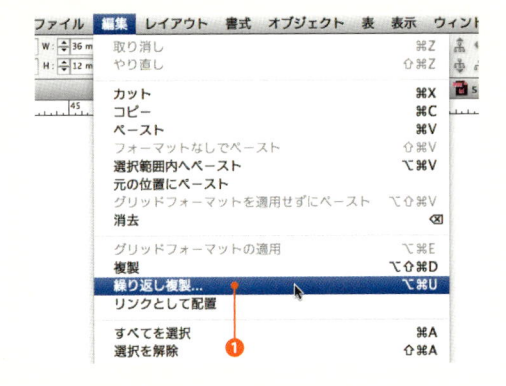

STEP 02

[繰り返し複製]ダイアログが表示されるので、目的に応じて各項目を設定します。ここでは、縦方向と横方向の両方向にオブジェクトを複製したいので、[グリッドとして作成]にチェックを入れ❷、[行]❸と[段数]❹および[垂直方向]❺と[水平方向]❻のオフセットをそれぞれ指定します。

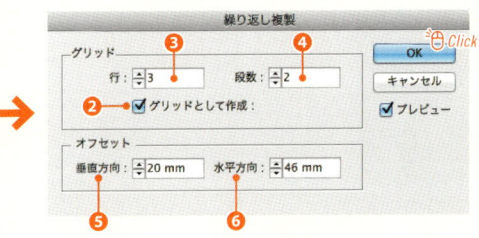

STEP 03

[OK]ボタンをクリックすると、指定した内容でオブジェクトが複製されます。

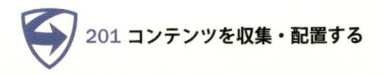

191 オブジェクト間の間隔を変更する

［間隔］ツール ↔ を使用することで、オブジェクトとオブジェクトの間隔や、オブジェクトとページ境界の間隔を調整することができます。

STEP 01

オブジェクト間の間隔を調整するためには、［間隔］ツール ↔ を選択します❶。

STEP 02

間隔を調整したいオブジェクト間にカーソルをおくと、調整可能な間隔がグレーでハイライトされます❷。そのままドラッグすると、オブジェクトの位置はそのままで、間隔のみを移動することができます。

> **MEMO**
> エッジが揃っている間隔は、まとめて調整することが可能です。なお、オブジェクトとオブジェクトの間隔だけでなく、オブジェクトとページ境界の間隔も調整可能です。

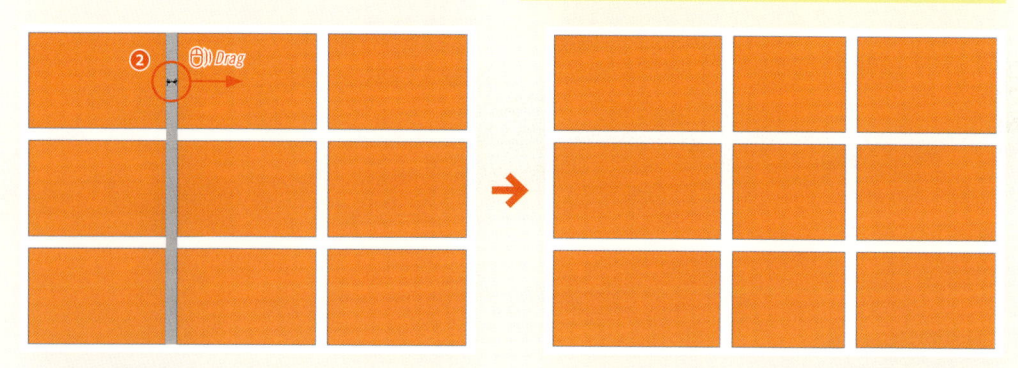

STEP 03

エッジが揃った間隔すべてではなく、特定の間隔のみを調整したい場合には、Shift キーを押しながらドラッグします❸。また、間隔を移動するのではなく、間隔自体のサイズを調整したい場合には ⌘（Ctrl）キーを押しながらドラッグします❹。なお、Option（Alt）キーを押しながらドラッグすれば、間隔はそのままで、隣接するオブジェクトを移動させることが可能です❺。

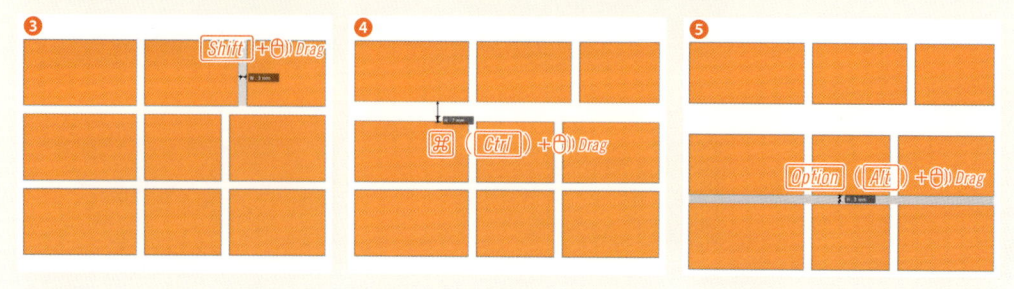

192 効果パネルで透明効果を与える

[効果] パネルの [不透明度] を変更することで、オブジェクトに透明効果を適用できます。

STEP 01

[選択] ツール で透明効果を適用したいオブジェクトを選択したら、[ウィンドウ] メニューから [効果] を選択し、[効果] パネルを表示します。

STEP 02

[効果] パネルの [不透明度] を変更します❶。[不透明度] の値が小さければ小さいほど、大きな透明効果が得られます。なお、透明効果をキャンセルする場合には、[不透明度] を「100%」に戻します。

[オブジェクト] の不透明度 50%

STEP 03

なお、オブジェクト全体に対してだけでなく、[線] [塗り] [テキスト] のそれぞれに対して [不透明度] を適用することもできます。この場合、[効果] パネルで目的の項目を選択してから、[不透明度] を適用します。

[線] の不透明度 50%

[塗り] の不透明度 50%

[テキスト] の不透明度 50%

193 効果パネルで描画モードを適用する

193 効果パネルで描画モードを適用する

［効果］パネルでは、描画モードの変更も可能です。あらかじめいくつもの描画モードが用意されており、Photoshopと同等の効果が得られます。

STEP 01

オブジェクトを［選択］ツールで選択後、［効果］パネルのポップアップメニューから目的の描画モードを選択します。選択した描画モードがオブジェクトに適用されます。図はテキストオブジェクトに描画モードを適用したものです。

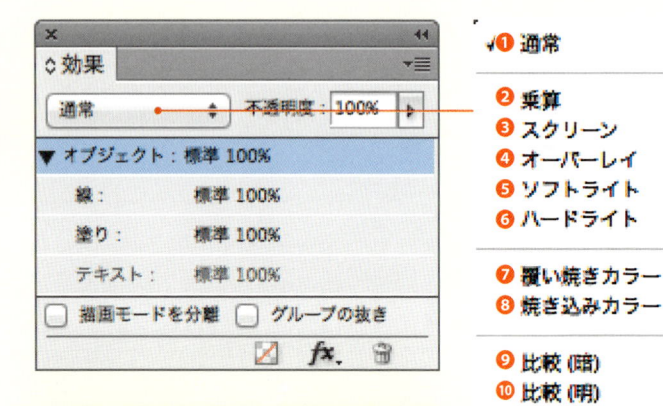

❶ 通常
❷ 乗算
❸ スクリーン
❹ オーバーレイ
❺ ソフトライト
❻ ハードライト
❼ 覆い焼きカラー
❽ 焼き込みカラー
❾ 比較（暗）
❿ 比較（明）
⓫ 差の絶対値
⓬ 除外
⓭ 色相
⓮ 彩度
⓯ カラー
⓰ 輝度

MEMO
本書巻末のAppendixでは、描画モードをオブジェクト、塗り、テキストに適用した例を参照できます。

❶ 通常
❷ 乗算  
❸ スクリーン 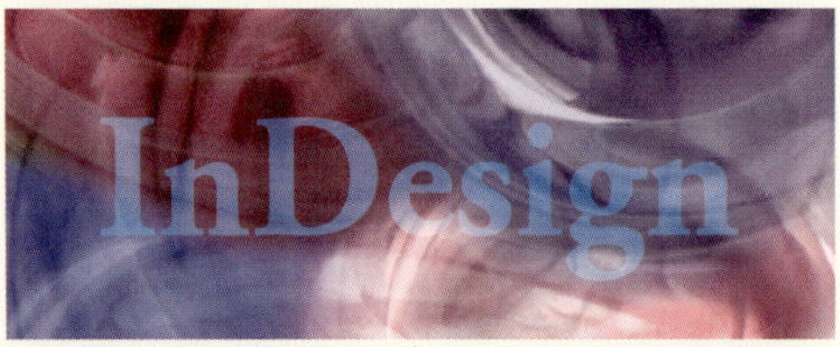
❹ オーバーレイ 
❺ ソフトライト 
❻ ハードライト

❼ 覆い焼きカラー

❽ 焼き込みカラー

❾ 比較（暗）

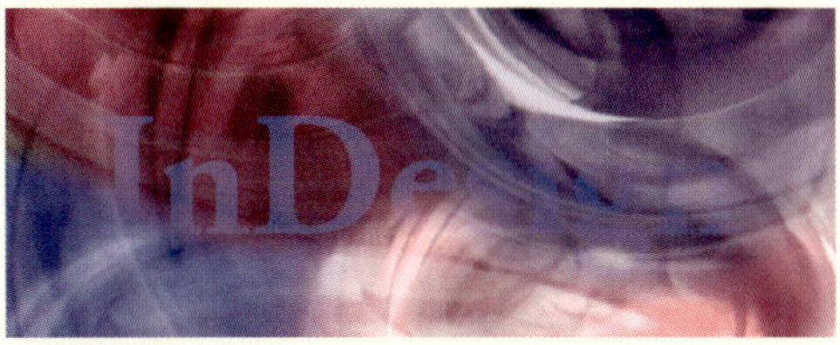

❿ 比較（明）

⓫ 差の絶対値

⓬ 除外

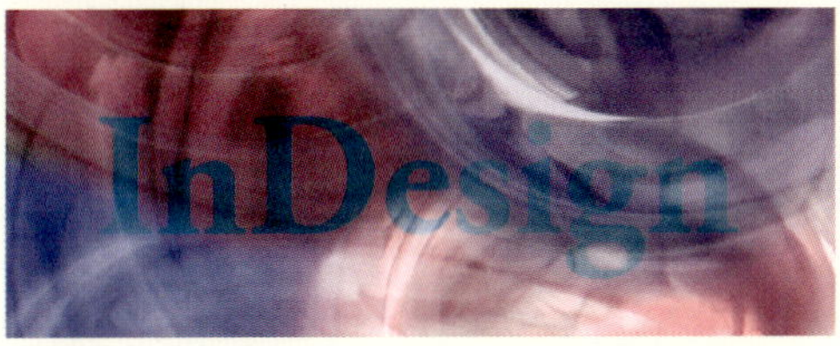

⓭ 色相

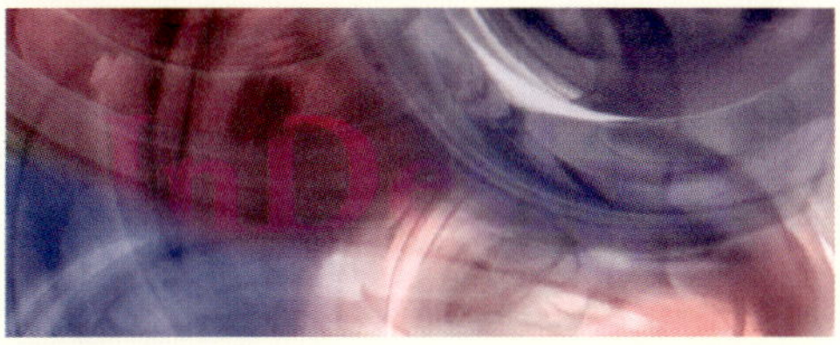

⓮ 彩度

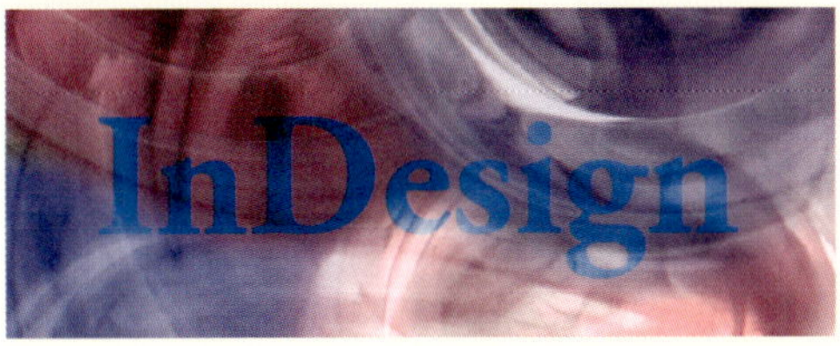

⓯ カラー

⓰ 輝度

📝 MEMO

［効果］パネルの［描画モードを分離］をオンにすると、グループ化されたオブジェクトに対してのみ描画モードが適用されます。また、［グループの抜き］をオンにすると、同じグループのオブジェクトは描画モードの影響を受けなくなります。

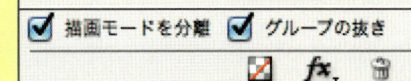

194 効果パネルでドロップシャドウを与える

ドロップシャドウはオブジェクトに立体感を与えるのによく使用される手法です。InDesign では、[効果] パネルから [ドロップシャドウ] を適用します。

STEP 01

[選択] ツールでオブジェクトを選択したら、[効果] パネル下部の fx ボタン❶をクリックし、[ドロップシャドウ] を選択します❷。

MEMO
[効果] パネルのパネルメニューから適用することもできます。

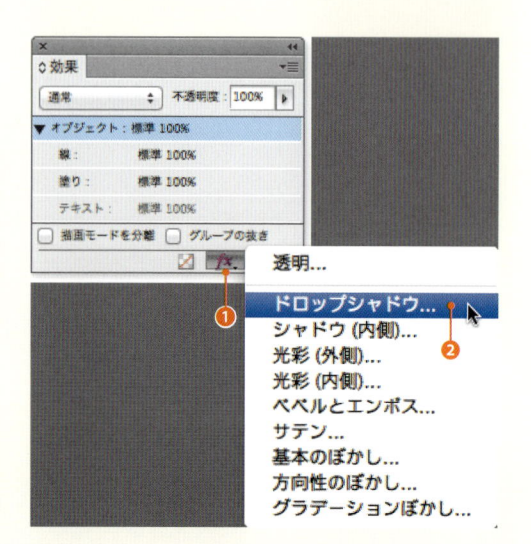

STEP 02

[効果] ダイアログが表示されるので、[描画モード]❸や [位置]❹ [オプション]❺の各項目を設定します。なお、[設定の対象] はデフォルトでは [オブジェクト] が選択されていますが、[線] [塗り] [テキスト] のそれぞれに異なる設定を適用することも可能です❻。

STEP 03

[OK] ボタンをクリックすると、オブジェクトにドロップシャドウが適用されます。

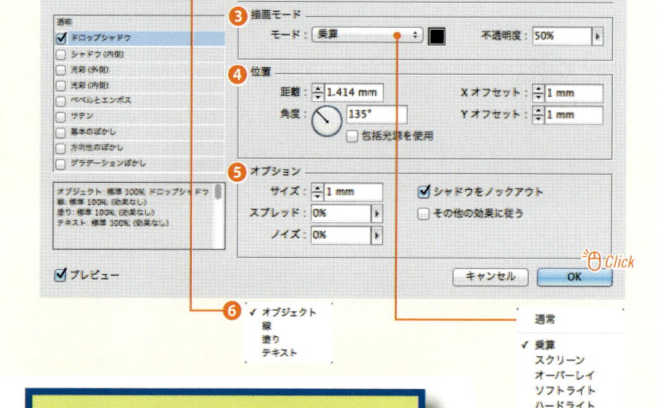

MEMO
ドロップシャドウを再編集する場合には、[効果] パネルの fx と表示された部分をダブルクリックします。

MEMO
ドロップシャドウをはじめとする効果は、[オブジェクト] メニューの [効果] からも実行することができます。

192 効果パネルで透明効果を与える
193 効果パネルで描画モードを適用する

195 効果パネルで光彩効果を与える

InDesignでは、[効果]パネルでさまざまな効果を適用できます。[光彩]も手軽な操作で適用できます。

STEP 01

[選択]ツールでオブジェクトを選択したら、[効果]パネル下部の ボタン❶をクリックし、[光彩(外側)]あるいは[光彩(内側)]を選択します❷。

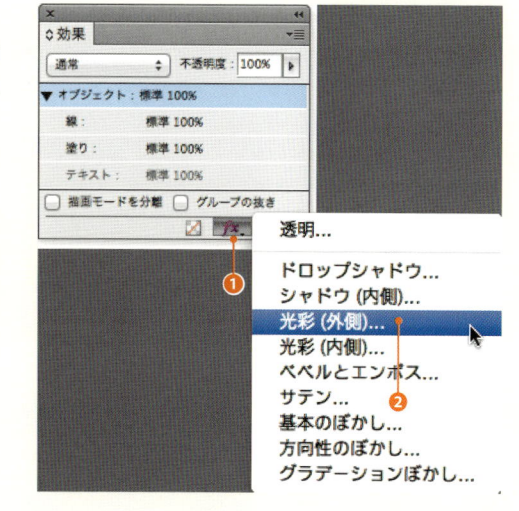

STEP 02

[効果]ダイアログが表示されるので[描画モード]❸や[オプション]❹の各項目を設定します。なお、[設定の対象]はデフォルトでは[オブジェクト]が選択されていますが、[線][塗り][テキスト]のそれぞれに異なる設定を適用することも可能です❺。

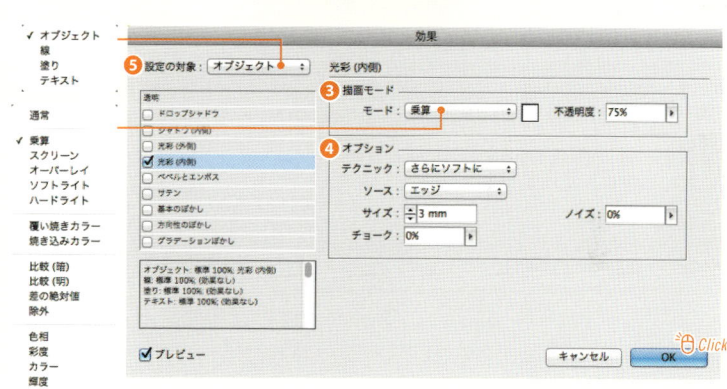

STEP 03

[OK]ボタンをクリックすると、オブジェクトに光彩が適用されます。

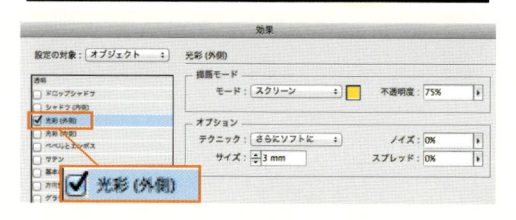

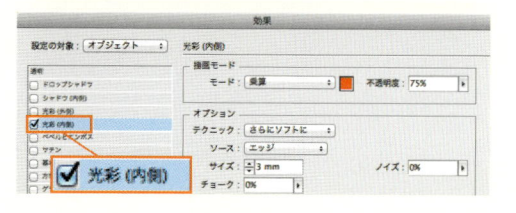

---

192 効果パネルで透明効果を与える
193 効果パネルで描画モードを適用する

196 効果パネルでベベルとエンボス効果を与える

Photoshopでおなじみのベベルとエンボス効果もInDesign上で簡単に適用できます。［効果］パネルから［ベベルとエンボス］を選択します。

STEP 01
［選択］ツールでオブジェクトを選択したら、［効果］パネル下部の fx. ボタン❶をクリックし、［ベベルとエンボス］を選択します❷。

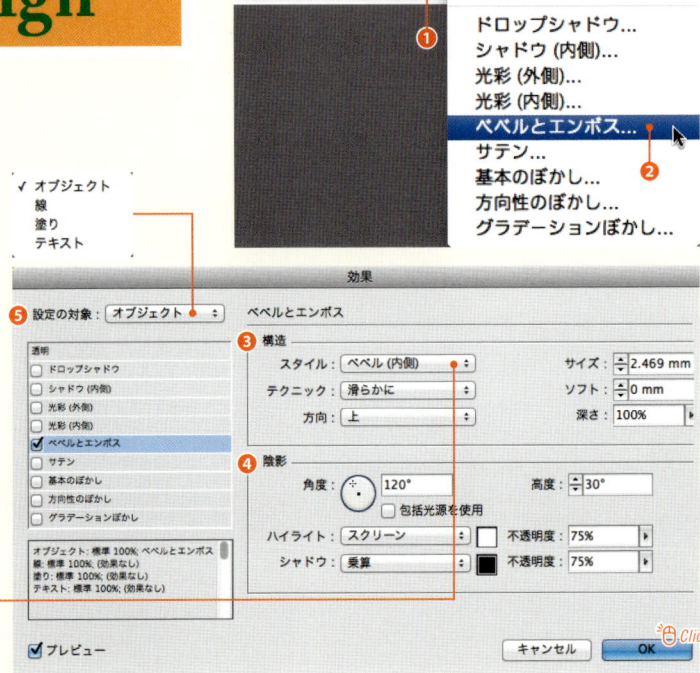

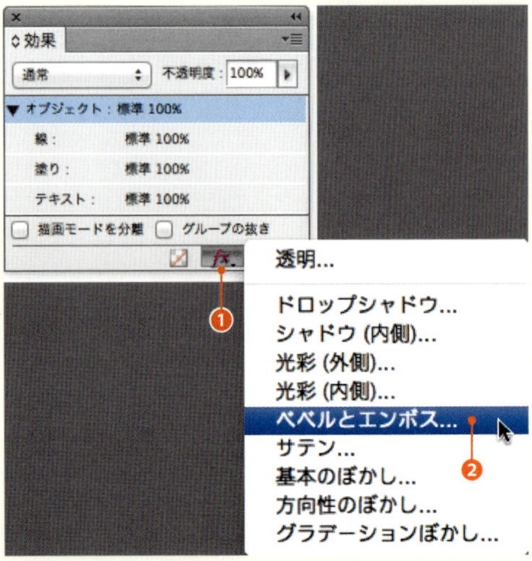

STEP 02
［効果］ダイアログが表示されるので［構造］❸や［陰影］❹の各項目を設定します。なお、［設定の対象］はデフォルトでは［オブジェクト］が選択されていますが、［線］［塗り］［テキスト］のそれぞれに異なる設定を適用することも可能です❺。

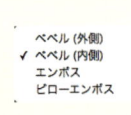

STEP 03
［OK］ボタンをクリックすると、オブジェクトにベベルとエンボスが適用されます。

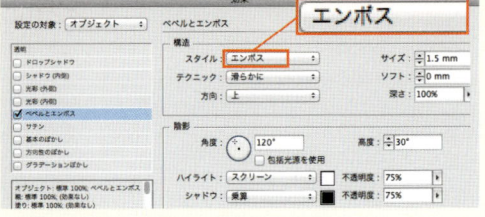

---

192 効果パネルで透明効果を与える
193 効果パネルで描画モードを適用する

197 効果パネルでサテン効果を与える

InDesign 上で、サテンの効果も適用できます。［効果］パネルから［サテン］を選択します。

STEP 01

［選択］ツール でオブジェクトを選択したら、［効果］パネル下部の ボタン❶をクリックし、［サテン］を選択します❷。

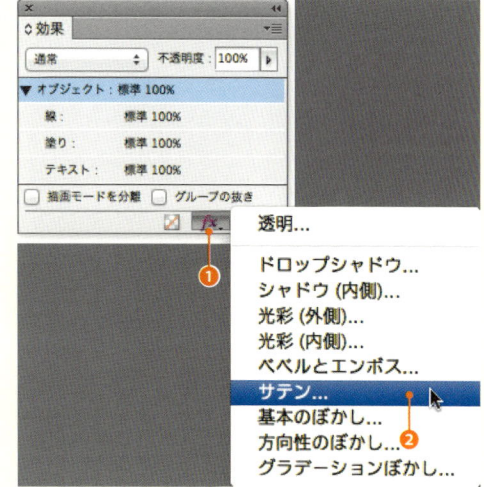

STEP 02

［効果］ダイアログが表示されるので［構造］の各項目を設定します❸。なお、［設定の対象］はデフォルトでは［オブジェクト］が選択されていますが、［線］［塗り］［テキスト］のそれぞれに異なる設定を適用することも可能です❹。

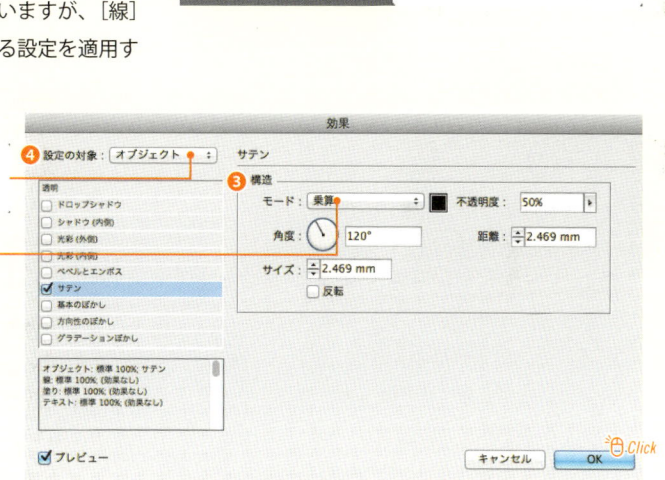

STEP 03

［OK］ボタンをクリックすると、オブジェクトにサテンが適用されます。

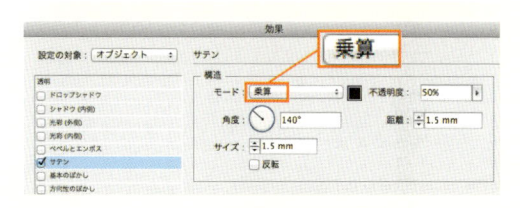

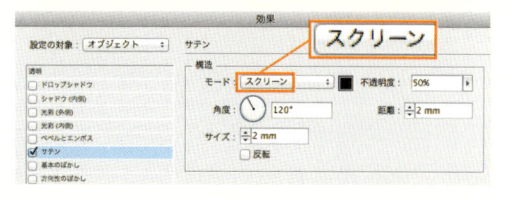

---

192 効果パネルで透明効果を与える
193 効果パネルで描画モードを適用する

198 効果パネルで基本のぼかし・方向性のぼかし・グラデーションぼかしの効果を与える

InDesignには、[基本のぼかし][方向性のぼかし][グラデーションぼかし]の3つのぼかし効果が用意されています。

STEP 01

[選択]ツール でオブジェクトを選択したら、[効果]パネル下部の ƒx ボタン❶をクリックし、用途に応じて[基本のぼかし]❷、[方向性のぼかし]❸、[グラデーションぼかし]❹のいずれかを選択します。

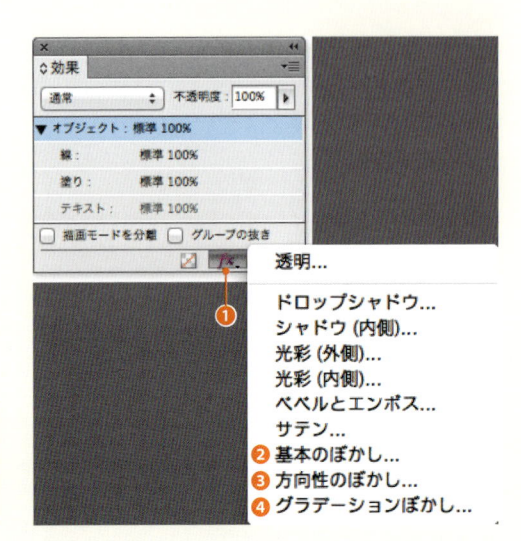

MEMO
ぼかしに関する効果は、[オブジェクト]メニューの[効果]からも実行することができます。

STEP 02

[基本のぼかし]は設定した対象の境界部分をぼかします。[基本のぼかし]を選択した際には、表示された[効果]ダイアログで[オプション]の各項目を設定します❺。[OK]ボタンをクリックすれば、オブジェクトに[基本のぼかし]が適用されます。なお、[設定の対象]はデフォルトでは[オブジェクト]が選択されていますが、[線][塗り][テキスト]のそれぞれに異なる設定を適用することも可能です❻。

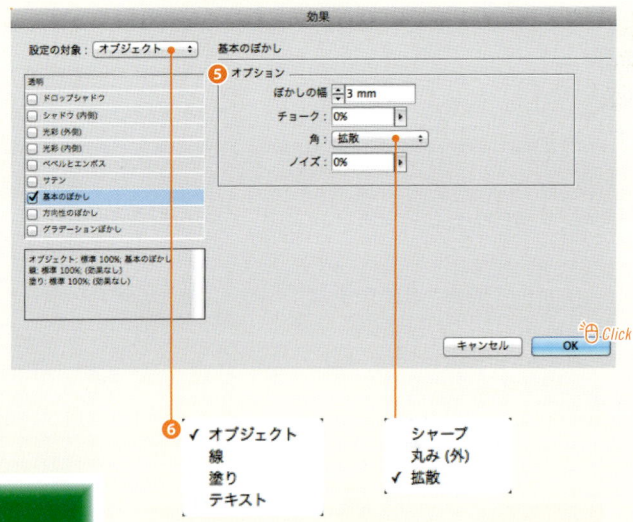

[角]に[シャープ]を指定した状態

[角]に[丸み(外)]を指定した状態

[角]に[拡散]を指定した状態

192 効果パネルで透明効果を与える
193 効果パネルで描画モードを適用する

STEP 03

［方向性のぼかし］は設定した対象の境界部分を方向性を指定してぼかします。［方向性のぼかし］を選択した際には、［効果］ダイアログで［ぼかしの幅］❼、［オプション］❽の各項目を設定します。［OK］ボタンをクリックすれば、オブジェクトに［方向性のぼかし］が適用されます。

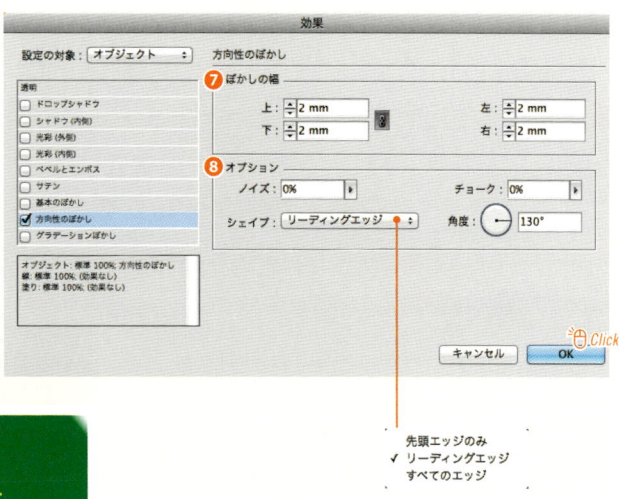

先頭エッジのみ
リーディングエッジ
すべてのエッジ

［シェイプ］に［先頭エッジのみ］を指定した状態

［シェイプ］に［リーディングエッジ］を指定した状態

［シェイプ］に［すべてのエッジ］を指定した状態

STEP 04

［グラデーションぼかし］は不透明度の設定をグラデーションで設定し、対象の一部を透明にします。［グラデーションぼかし］を選択した際には、表示された［効果］ダイアログで［グラデーション分岐点］❾、［オプション］❿の各項目を設定します。［OK］ボタンをクリックすれば、オブジェクトに［グラデーションぼかし］が適用されます。

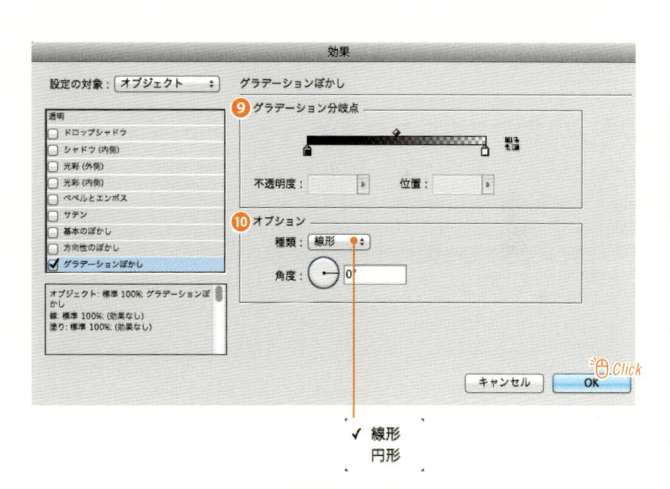

線形
円形

［種類］に［線形］を指定した状態

［種類］に［円形］を指定した状態

MEMO

ぼかし効果を再編集する場合には、［効果］パネルで fx と表示された部分をダブルクリックします。

199 オブジェクトスタイルを登録・適用する

InDesign では、段落スタイルや文字スタイルだけでなく、オブジェクトに対してもスタイルの登録・適用が可能です。

STEP 01

InDesign では、塗りや線、効果といったフレーム属性をオブジェクトスタイルとして登録が可能です。ここでは、オブジェクトに設定した属性をオブジェクトスタイルとして登録していく方法を解説します。まず、さまざまな設定を適用した図のようなオブジェクトを作成し、スタイルとして登録する準備をします。

STEP 02

［選択］ツール でオブジェクトを選択し、［ウィンドウ］メニューから［スタイル］→［オブジェクトスタイル］を選択し、［オブジェクトスタイル］パネルを表示します❶。パネル下部の［新規スタイルを作成］ボタンをクリックします❷。

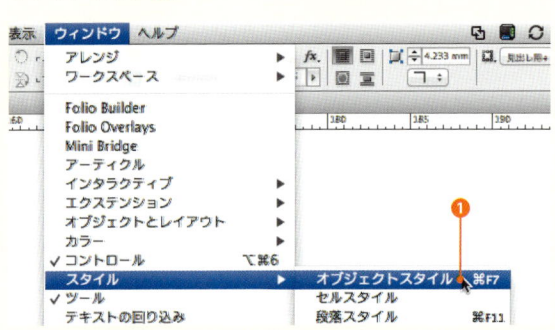

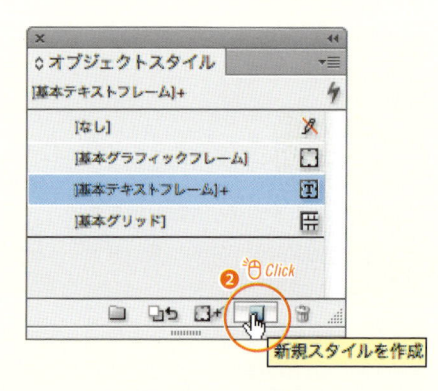

STEP 03

新しくオブジェクトスタイルが追加されます❸。この段階では、まだオブジェクトと新しく追加されたオブジェクトスタイルは関連付けされていません。オブジェクトスタイル名をクリックすることで関連付けされますが、ここではスタイルの名前の変更と内容の確認のため、スタイル名をダブルクリックします❹。

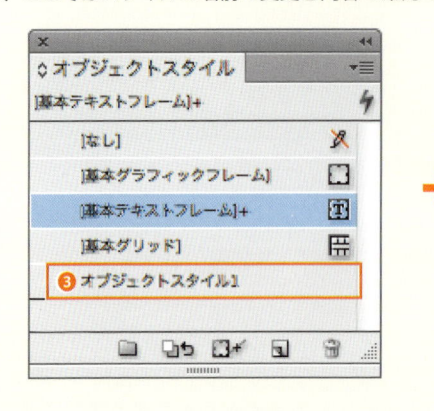

InDesign CS6

STEP 04

［オブジェクトスタイルオプション］ダイアログが表示されるので、［スタイル名］に名前を入力し、［OK］ボタンをクリックします❺。なお、［基本属性］および［効果］でチェックのついている項目がこのスタイル内で設定されている内容となります❻。チェックを切り替えることで、適用する属性を変更することもできます。また、各項目を選択することで、その内容を確認できます❼。ここでは、デフォルトではオフになっている「段落スタイル」も指定しました❽（「110 段落スタイルを作成する」参照）。

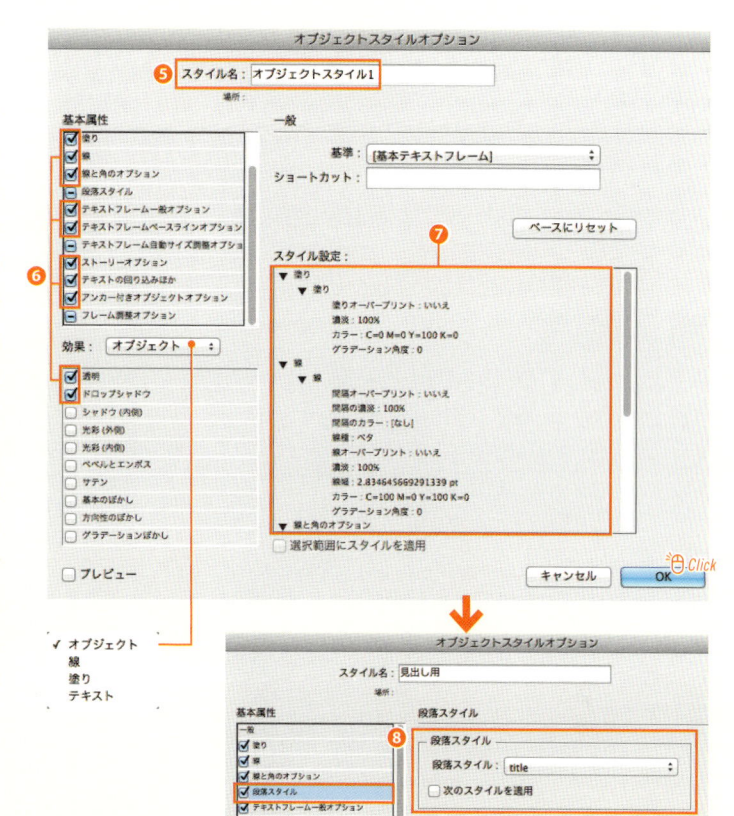

□MEMO

［オブジェクトスタイルオプション］ダイアログで、各項目の内容を直接編集し、新規のオブジェクトスタイルを作成してもかまいません。

□MEMO

［効果］の各項目は、［オブジェクト］［線］［塗り］［テキスト］のそれぞれに対して適用することが可能です。

STEP 05

スタイルを適用するには、オブジェクトを［選択］ツール で選択し、適用したいオブジェクトスタイル名をクリックします❾。

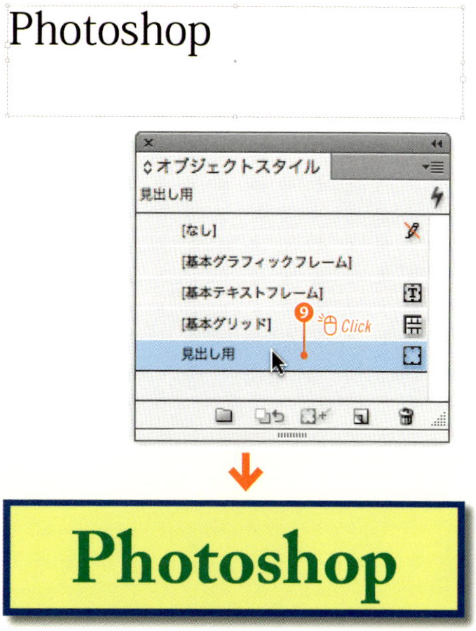

□MEMO

［オブジェクトスタイル］パネルには、［なし］［基本グラフィックフレーム］［基本テキストフレーム］［基本グリッド］の4つがあらかじめ用意されており、デフォルトでは、グラフィックフレームを作成すると［なし］、図形を描画すると［基本グラフィックフレーム］、プレーンテキストフレームを作成すると［基本テキストフレーム］、フレームグリッドを作成すると［基本グリッド］が自動的に適用されます。なお、［基本グラフィックフレーム］［基本テキストフレーム］［基本グリッド］は、スタイル名をダブルクリックして、その内容を変更することが可能です。

245

200 オブジェクトスタイルを編集・再定義する

オブジェクトスタイルの内容を再定義することで、そのオブジェクトスタイルが適用されたオブジェクトの属性を一気に変更することができます。

STEP 01

オブジェクトスタイルを修正したい場合には、［オブジェクトスタイルオプション］ダイアログの内容を直接編集してもかまいませんが（「199 オブジェクトスタイルを登録・適用する」参照）、そのオブジェクトスタイルが適用されたオブジェクトを修正し、変更内容をスタイルに反映させる方が便利です。まず、オブジェクトスタイルが適用されたオブジェクトに修正を加えます。

STEP 02

［選択］ツールで修正を加えたオブジェクトを選択したまま、［オブジェクトスタイル］パネルのパネルメニューから［スタイル再定義］を選択します❶。すると、スタイル名の後についていたオーバーライドを表す＋記号❷が消えます。

> **MEMO**
> オブジェクトに何らかの変更が加えられ、オブジェクトスタイルの内容と異なる場合には、スタイル名の後に＋記号が表示されます。この状態をオーバーライドと呼びます。

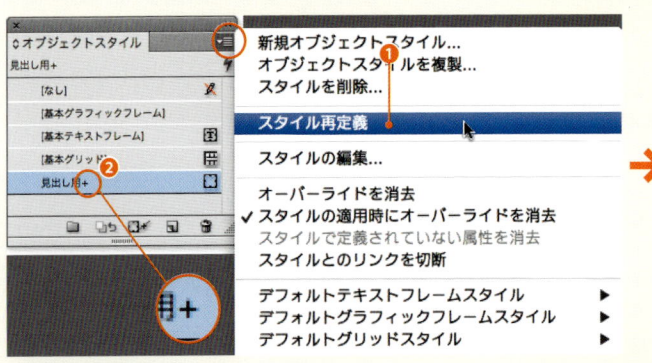

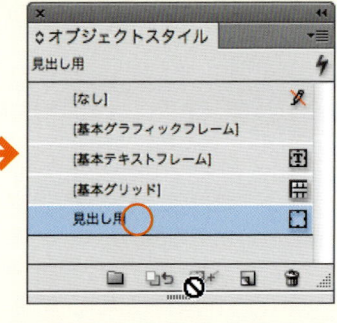

STEP 03

そのオブジェクトスタイルが適用されていたオブジェクトすべてが、再定義後の内容に一気に変更されます。

201 コンテンツを収集・配置する NEW

CS6では、[コンテンツ収集]ツールと[コンテンツ配置]ツールを使用することで、オブジェクトをリンクされたオブジェクトとして管理できます。

STEP 01

[コンテンツ収集]ツールを選択すると、コンベヤーと呼ばれるウィンドウが表示されます。

STEP 02

ここでは、「MEMO」と表示されたオブジェクトをリンクオブジェクトとして収集してみましょう。[コンテンツ収集]ツールで、このオブジェクトをクリックすると❶、コンベヤーに読み込まれます❷。

MEMO
[コンテンツ収集]ツールでは、クリックしながら目的のオブジェクトを収集していくことが可能ですが、任意のオブジェクト上をドラッグすることで、複数のオブジェクトをグループとして収集することも可能です。

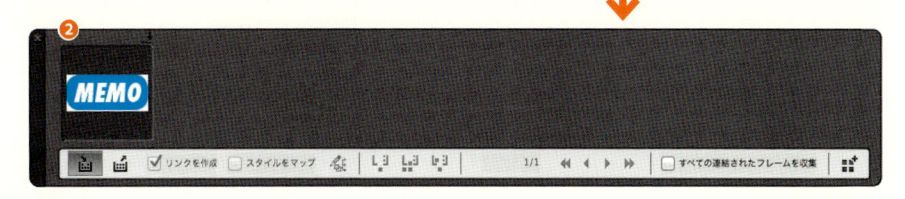

STEP 03

コンベヤーで[コンテンツ配置]ツールに切り替えます。ツールパネルで切り替えてもかまいません。

224 オブジェクトライブラリを作成する
225 ライブラリからオブジェクトを配置する

STEP 04

マウスが［コンテンツ配置］ツール に切り替わり、収集したオブジェクトを配置可能になるので、目的の場所でクリックしてオブジェクトを配置します❸。配置されたオブジェクトは、収集した元のオブジェクトにリンクされたオブジェクトとして配置されます❹。

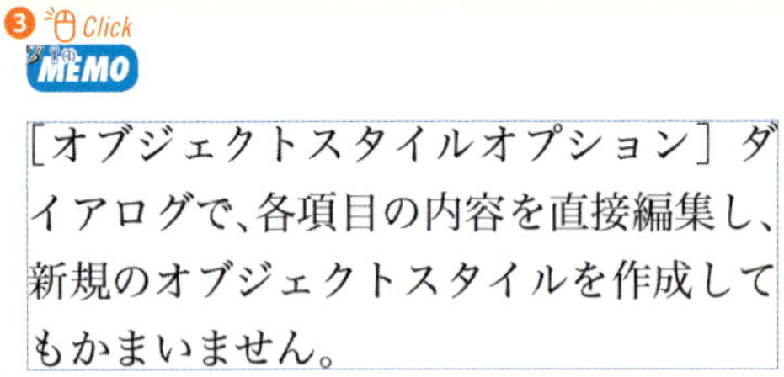

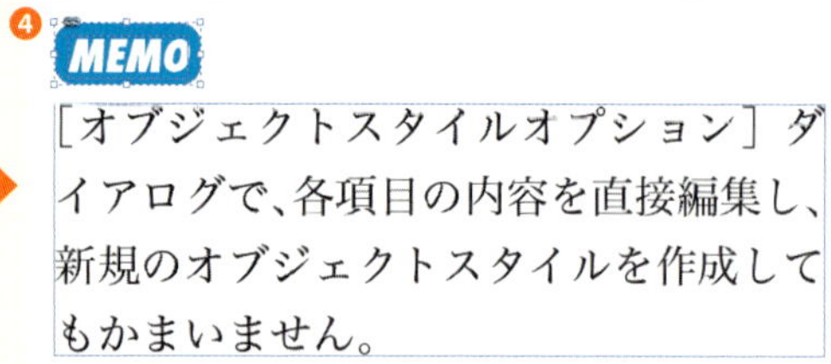

> **MEMO**
> ［オブジェクトスタイルオプション］ダイアログで、各項目の内容を直接編集し、新規のオブジェクトスタイルを作成してもかまいません。

> **MEMO**
> ［オブジェクトスタイルオプション］ダイアログで、各項目の内容を直接編集し、新規のオブジェクトスタイルを作成してもかまいません。

STEP 05

では、元のオブジェクト（親オブジェクト）を編集してみましょう。ここでは、カラーを変更しました。

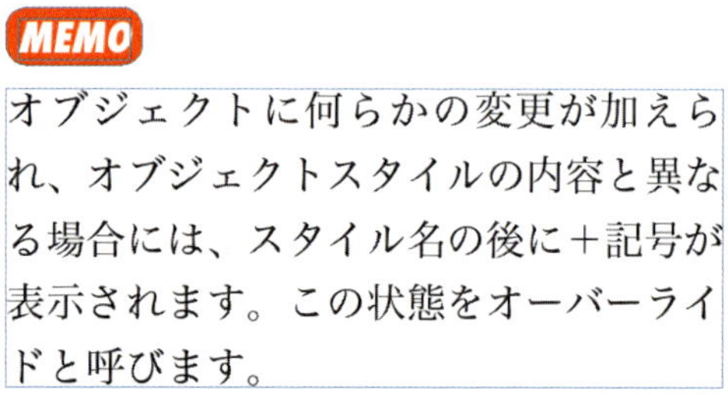

> **MEMO**
> オブジェクトに何らかの変更が加えられ、オブジェクトスタイルの内容と異なる場合には、スタイル名の後に＋記号が表示されます。この状態をオーバーライドと呼びます。

STEP 06

配置したオブジェクト（子のオブジェクト）を表示させると、リンク元のオブジェクトが変更されていることをあらわす警告マークが表示されています❺。このマークをクリックすると❻、リンクが更新され、親オブジェクトへの変更が子であるオブジェクトにも反映されます❼。このように、［コンテンツ収集］ツール と［コンテンツ配置］ツール を使用した場合には、単にオブジェクトをコピーするのではなく、リンクされたオブジェクトとして管理することができます。

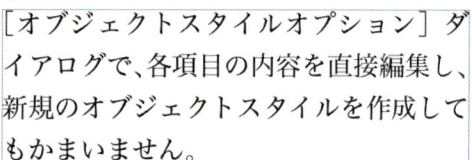

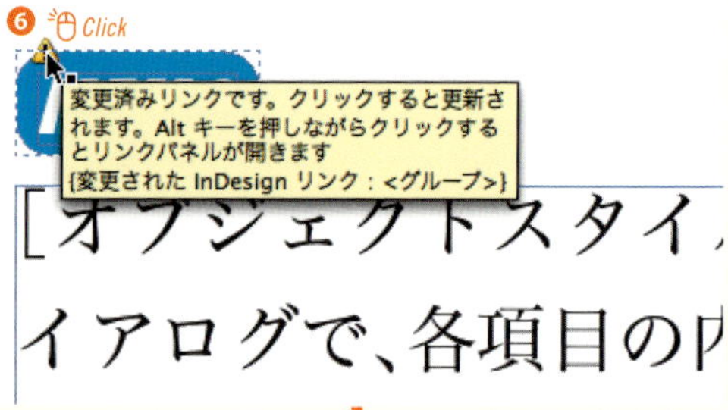

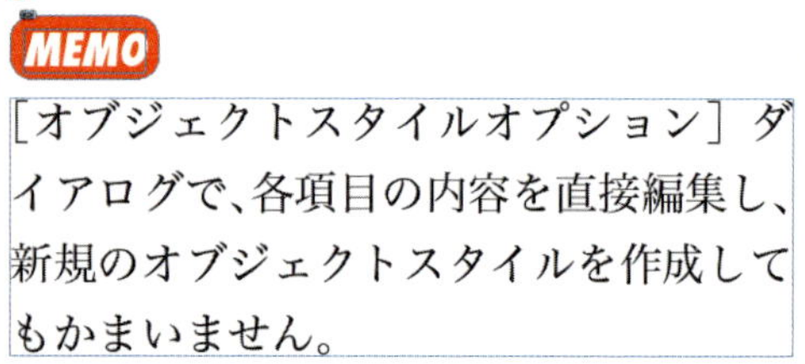

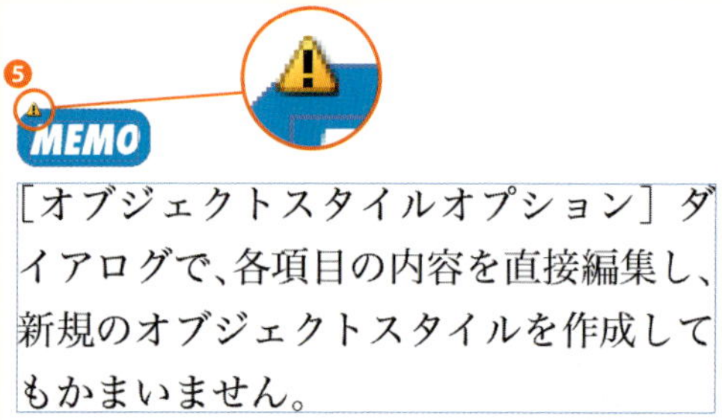

> **MEMO**
> ［オブジェクトスタイルオプション］ダイアログで、各項目の内容を直接編集し、新規のオブジェクトスタイルを作成してもかまいません。

> **MEMO**
> 親オブジェクトの変更は、子のオブジェクトにも反映させることが可能ですが、子のオブジェクトの変更を親のオブジェクトに反映させることはできません。

変更済みリンクです。クリックすると更新されます。Alt キーを押しながらクリックするとリンクパネルが開きます
{変更された InDesign リンク：＜グループ＞}

> **MEMO**
> ［オブジェクトスタイルオプション］ダイアログで、各項目の内容を直接編集し、新規のオブジェクトスタイルを作成してもかまいません。

> **MEMO**
> コンベヤーに収集したオブジェクトは、同一ドキュメント内に配置できるだけでなく、異なるドキュメントにも配置することが可能です。その場合でも、親オブジェクトの変更を子のオブジェクトに反映させることは可能です。

224 オブジェクトライブラリを作成する
225 ライブラリからオブジェクトを配置する

第 9 章
表組みの作成と編集

InDesign CS6
DESIGN REFERENCE
PLUS

202 テキストフレームに表を挿入する

表はテキストフレームの中に作成されます。作成された表は、インライングラフィックのように扱われます。

STEP 01

表を作成するには、まず表の大きさに合う大きさのテキストフレームを作成します。［横組み（縦組み）文字］ツール T を選んで、テキストフレームの中でクリックし、カーソルを点滅させます❶。

MEMO
縦組みのテキストフレームを作成して、縦組みの表を作成することもできます。

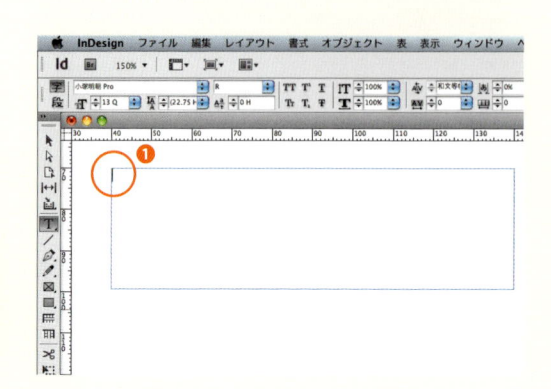

STEP 02

［表］メニューから［表を挿入］を選択すると❷、［表を挿入］ダイアログが表示されます。［本文行］と［列］に作成したい行数と列数を指定します❸。このダイアログでは、［ヘッダー行］と［フッター行］も指定できますが、ここでは「0」にします（［ヘッダー行］と［フッター行］については「209 ヘッダー・フッターを指定する」参照）。またこのダイアログでは、［表スタイル］を指定することもできます（「212 表スタイルを登録・適用する」参照）。行数と列数を指定して、［OK］ボタンをクリックします。

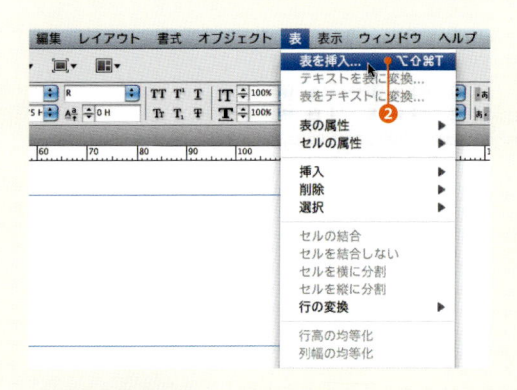

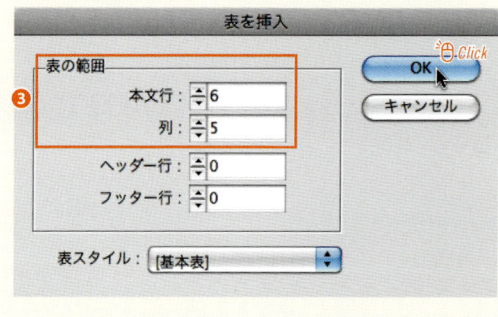

STEP 03

指定した行数と列数の表が作成されました。表は、テキストフレームの中に収まって作成されます。作成された表は、インライングラフィックのようにテキストフレームの中で移動します。

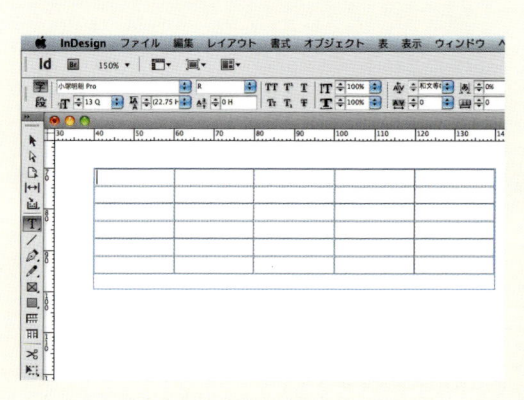

209 ヘッダー・フッターを指定する
212 表スタイルを登録・適用する

203 タブ・コンマ区切りテキストを元に表を作成する

タブやコンマで区切ったテキストを元に表を作成することができます。タブやコンマの位置は表作成の基準になるので注意して配置しておきます。

STEP 01

タブやコンマで区切ったテキストを準備します。下図は、タブで区切ったテキストです。[書式]メニューから[制御文字を表示]を選択して、タブや改行のキャラクターを画面上に表示して作業するとよいでしょう。テキストの準備ができたら、すべてのテキストを選択します❶。

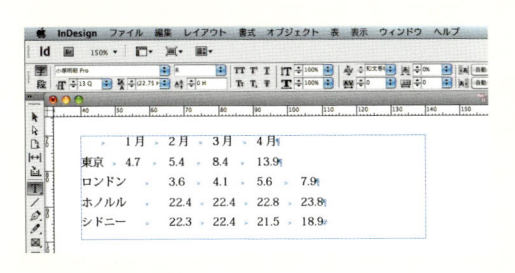

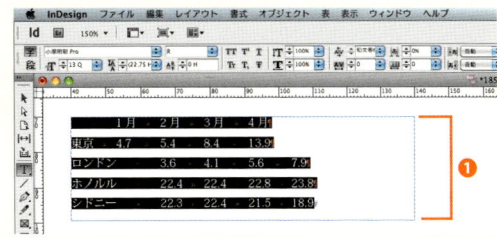

STEP 02

[表]メニューから[テキストを表に変換]を選択します❷。[テキストを表に変換]ダイアログがあらわれます。列と行を分解するキャラクターをポップアップメニューで選びます❸。それぞれ[タブ]、[コンマ]、[段落]が選べます。ここでは、[列分解]に[タブ]、[行分解]に[段落]を指定しました。また、[表スタイル]を指定することもできます。指定を終えたら[OK]ボタンをクリックします。

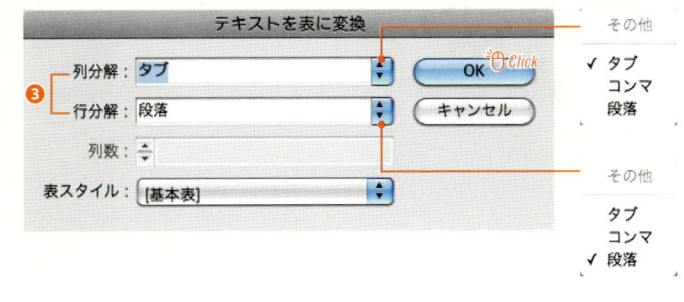

STEP 03

列がタブで分解され、行が段落で分解されて、表が作成されます。

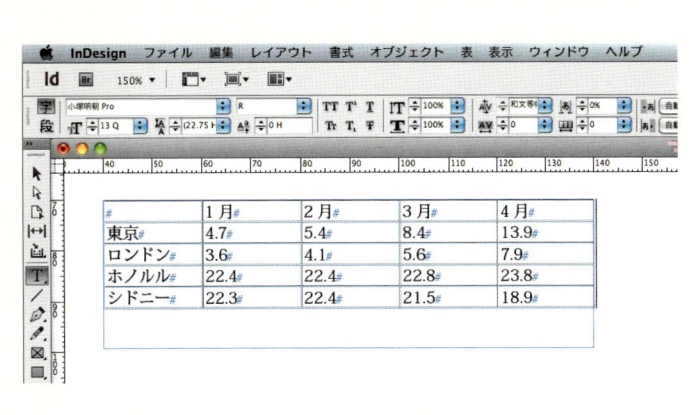

251

204 セル・行・列・表全体を選択する

表組みを編集する操作では、［横組み（縦組み）文字］ツール T を使って、表内のセル、行、列などを個別に選択して行います。

STEP 01

表内のセルを選択するには、まず［横組み（縦組み）文字］ツール T を選びます。表内でクリックすると、カーソルが点滅し、文字を入力できる状態になります。そのままドラッグ操作を行うと、セルを選択できます。選択されたセルは、反転して強調表示されます。❶は、セルをひとつだけ選択しました。❷では、ドラッグして複数のセルを選択したところです。

STEP 02

行を選択するには、［横組み（縦組み）文字］ツール T を選び、表の左端（縦組みの場合は上端）の上にカーソルを置きます。するとカーソルが右（下）向きの矢印❸に変化するので、そのままクリックすると、行を選択できます。右（下）向きの矢印のまま、垂直（水平）方向にドラッグすると、複数の行を選択できます。

STEP 03

列を選択するには、［横組み（縦組み）文字］ツール T を選び、表の上端（縦組みの場合は右端）の上にカーソルを置きます。するとカーソルが下（左）向きの矢印❹に変化するので、そのままクリックすると、列を選択できます。下（左）向きの矢印のまま、水平（垂直）方向にドラッグすると、複数の列を選択できます。

STEP 04

表全体（すべてのセル）を選択するには、［横組み（縦組み）文字］ツール T を選び、表の左上（縦組みの場合は右上）コーナーにカーソルを置きます。するとカーソルが右下（左下）向きの矢印❺に変化するので、そのままクリックすると、表全体を選択できます。

202 テキストフレームに表を挿入する
203 タブ・コンマ区切りテキストを元に表を作成する

205 文字のスタイルを指定する

表内のテキストのスタイルは、［コントロール］パネルや［文字］パネル、［段落］パネル、［カラー］パネル、［スウォッチ］パネルなどで設定できます。

STEP 01

文字のスタイルを変更してみましょう。セルを選択すると、［コントロール］パネルでは、セルの属性を設定する表示に切り替わります。右図では、最初の行のフォントや文字サイズを設定し、中央揃えに指定しました❶。

STEP 02

［横組み（縦組み）文字］ツール T で、セル内の文字を選択すると、［コントロール］パネルでは、文字形式コントロールや段落形式コントロールの表示に切り替わります❷。右図では、最初の行の文字を左揃えにし、左／上インデントを 2mm に指定しました❸。

STEP 03

テキストのスタイル適用は、［文字スタイル］パネルや［段落スタイル］パネルを使っても行えます。右図では、最初の行のセルを選択し、段落スタイルを設定しました❹。

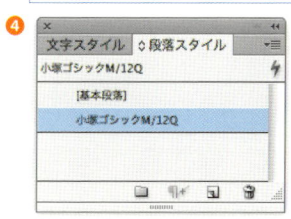

STEP 04

テキストのカラーを設定するには、［横組み（縦組み）文字］ツール T でテキストを選択し、［カラー］パネルや［スウォッチ］パネルを使って行えます❺。［横組み（縦組み）文字］ツール T でセルを選択して、［カラー］パネルや［スウォッチ］パネルでカラーを指定すると、セルにカラーが適用されます❻。

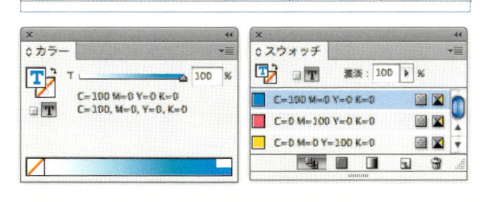

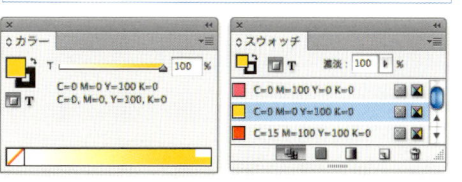

111 段落スタイルを適用する
114 文字スタイルを適用する

206 表パネルで表組みを編集する

[表] パネルを利用すると、行や列の幅を数値で指定したり、テキストの揃えや余白を設定できます。

STEP 01

[ウィンドウ] メニューから [書式と表] → [表] を選び [表] パネルを表示させます。表内のセルを選択して、行の高さ❶や列の幅❷を指定できます。行の高さは、ポップアップメニューで [最小限度] を選ぶと、テキストを追加したり、フォントサイズを大きくした時に、自動的に行の高さが高くなります。[指定値を使用] を選ぶと、入力ボックスに行の高さを数値指定できます。

MEMO
行の高さや列の幅の変更は、表の境界線をドラッグしても行えます。

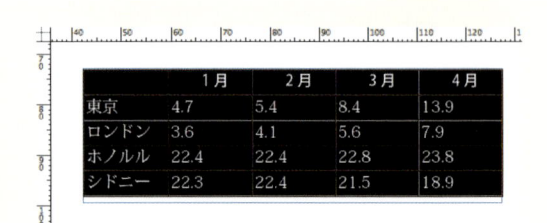

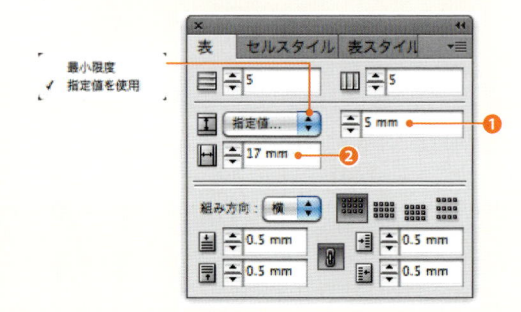

STEP 02

[表]パネルでは、セル内のテキストの整列をボタン操作で指定できます。横組みの場合は、「上揃え」「中央揃え」「下揃え」「均等配置」のいずれかを選びます❸。このボタンは、[コントロール]パネルにも表示されます。また、[表] メニューから [セルの属性] → [テキスト] を選んでも行えます。

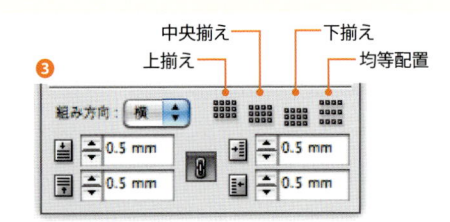

STEP 03

[表]パネルでは、セル内の余白を指定できます。[横組み（縦組み）文字] ツール でテキストやセルを選択し、[表] パネルの下で [上部セルの余白] [下部セルの余白] [左セルの余白] [右セルの余白] の入力ボックスに、余白に設定したい距離を入力します❹。右図では、選択したセルに対して [行揃え] を [右揃え] にし、[右セルの余白] を5mmに指定したところです。

207 行や列を挿入・削除する
208 セルを分割・結合する

207 行や列を挿入・削除する

表の行や列を追加したり、削除する方法を2通り紹介します。[表] パネルを使う方法と、[挿入] や [削除] コマンドを使う方法です。

STEP 01

[表] パネルの [行数] や [列数] の入力ボックスに数を指定すると❶、行や列の追加や削除が行えます。新しい行は表の最終行に追加されます。また新しい列は表の最終列に追加されます❷。この操作は、[表] メニューから [表の属性] → [表の設定] でも行えます。

STEP 02

指定した場所に行や列を追加するには、[表] パネルメニュー、あるいは [表] メニューから [挿入] コマンドを選んで行います。まず、[横組み(縦組み)文字] ツール T で挿入したい場所の行または列を選択し❸、パネルメニューあるいは [表] メニューから [挿入] を選び、[行] または [列] を指定します❹。

STEP 03

STEP-02 の操作の後、[列を挿入] もしくは [行を挿入] ダイアログが表示されます。挿入する列数あるいは行数を指定し❺、挿入する場所を選び❻ [OK] ボタンをクリックします。この操作で新たに列や行が追加されます❼。

> **MEMO**
> 表の境界線を Option (Alt) キーを押しながらドラッグしても、行または列を増やせます。

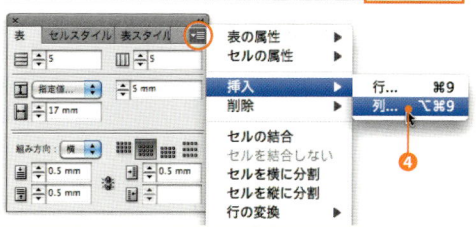

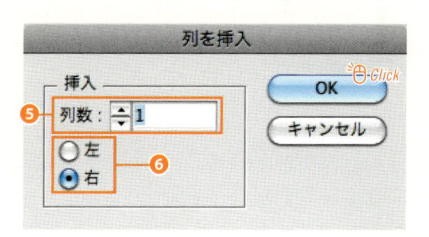

STEP 04

行または列を削除する場合は、[横組み(縦組み)文字] ツール T で削除したい行または列を選択し、[表] パネルのパネルメニューあるいは [表] メニューから [削除] を選び、[行] または [列] を指定します❽。

206 表パネルで表組みを編集する
208 セルを分割・結合する

208 セルを分割・結合する

セルは、縦あるいは横に分割できます。また、隣接するセルを選択し、ひとつのセルに結合することもできます。

STEP 01

ここでは、セルを横に分割してみましょう。まず、[横組み（縦組み）文字] ツール T を使ってセルを選択します❶。[表] パネルのパネルメニューあるいは [表] メニューから [セルを横に分割] を選びます❷。選択したセルが横に分割されました。

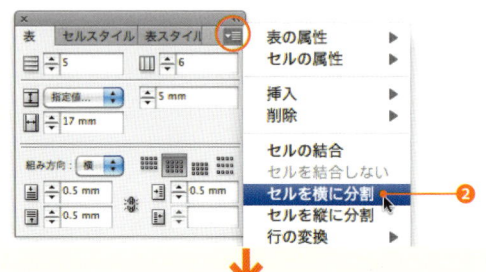

STEP 02

[表] パネルの [行の幅] でほかのセルと同じ高さに指定すると、分割でできたセルの高さを修正できます❸。

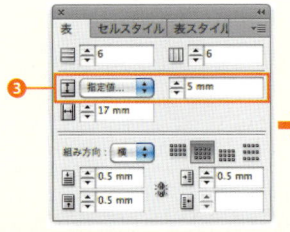

STEP 03

隣接するセルを選択し、ひとつのセルに結合することができます。まず、上下に隣接するふたつのセルを選択します❹。次に、[表] パネルのパネルメニュー、あるいは [表] メニューから [セルの結合] を実行します❺。境界線がなくなってふたつのセルが結合しました❻。必要に応じてテキストの配置を調整します（ここでは [中央揃え] に設定）。結合したセルを元に戻すには、[表] パネルメニュー、あるいは [表] メニューから [セルを結合しない] を実行します。

206 表パネルで表組みを編集する
207 行や列を挿入・削除する

209 ヘッダー・フッターを指定する

ヘッダー行やフッター行を指定すると、複数の段組、フレームまたはページにまたがった表の最初（あるいは最後）に繰り返し表示することができます。

STEP 01

テキストフレームを連結させると、テキストが連続して流し込まれるように、表もテキストフレームを連結させることで、複数のフレームにまたがって連続表示させることができます❶（フレームのリンクについては「072 テキストフレームを連結・連結解除する」参照）。しかし、下の表では右のフレームにヘッダー行がないため、表が見にくくなっています。そこで、左の表の先頭行を右の表にも繰り返し表示するように設定してみましょう。

MEMO
［表］メニューから［表を挿入］を選んであらわれるダイアログでは、事前に［ヘッダー行］、［フッター行］を指定して表を作成することができます。

	1月	2月	3月	4月
東京	4.7	5.4	8.4	13.9
ロンドン	3.6	4.1	5.6	7.9
ホノルル	22.4	22.4	22.8	23.8

シドニー	22.3	22.4	21.5	18.9
北京	-3.6	1.6	8.2	14.0
ソウル	-3.4	-1.1	4.5	11.8

STEP 02

STEP-01で示した左の表の先頭行を選択します❷。選択して強調表示されたセルの上をControlキーを押しながらクリック（右クリック）し、コンテクストメニューから［ヘッダー行に変換］を選びます❸。あるいは、［表］メニューから［行の変換］→［ヘッダーに］を選びます。

MEMO
複数行を選択して［ヘッダー行に変換］を実行することも可能です。

STEP 03

ヘッダに指定した先頭行が、ふたつ目のフレームの表の先頭行に繰り返し表示されるようになりました❹。この機能を利用すれば、フレームごとにヘッダー行を作成する必要がなくなり、編集作業も楽に行えるようになります。

	1月	2月	3月	4月
東京	4.7	5.4	8.4	13.9
ロンドン	3.6	4.1	5.6	7.9
ホノルル	22.4	22.4	22.8	23.8

	1月	2月	3月	4月
シドニー	22.3	22.4	21.5	18.9
北京	-3.6	1.6	8.2	14.0
ソウル	-3.4	-1.1	4.5	11.8

211 個々のセルやヘッダー行・フッター行の属性を設定する

210 表の属性を設定する

[表] メニュー、あるいは [表] パネルのパネルメニューの [表の属性] では、表全体の属性を設定します。ダイアログでは、5 つのタブが選べます。

STEP 01

先頭行をヘッダーに指定した下の表を元に、表の属性を設定します。まず、文字ツールで表内をクリックして選択し、[表] メニューあるいは [表] パネルのパネルメニューから、[表の属性] を選びます❶。5 つのコマンドが表示されるので❷、まずは [表の設定] を選択してみましょう❸。

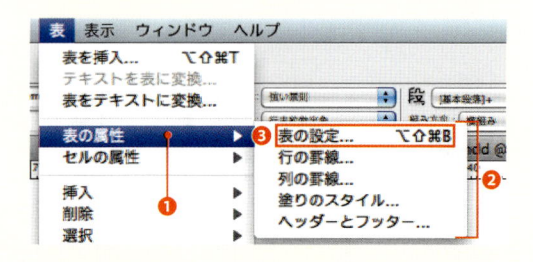

STEP 02

[表の設定] タブでは、[表の範囲] で、行数や列数、ヘッダー行やフッター行を指定できるほか、境界線の指定、表と段落のアキを指定できます。下図は境界線を 0.5mm の線幅で青に指定し❹、[表の前のアキ] を 2mm に指定しました❺。

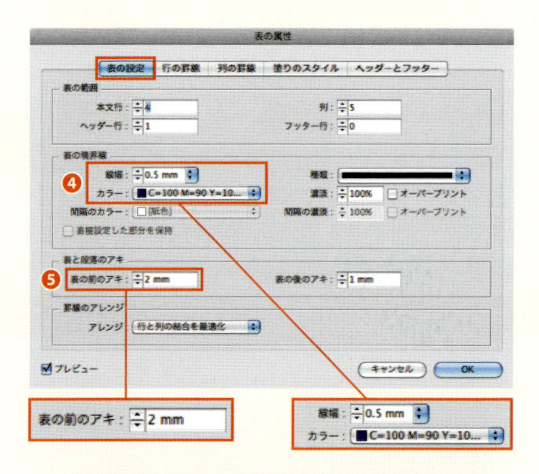

STEP 03

[行の罫線] タブをクリックします。ここでは表全体の行の罫線を設定します。[パターンの繰り返し] を利用して、2 種類の罫線の設定を繰り返すことができます。すべてに同じ罫線を指定するには [行の反復をカスタム] を選び❻、[次] に 0 行を指定します❼。下図では、0.35mm の線幅で、[種類] に「句点」を選んで、行の罫線を設定しました❽。

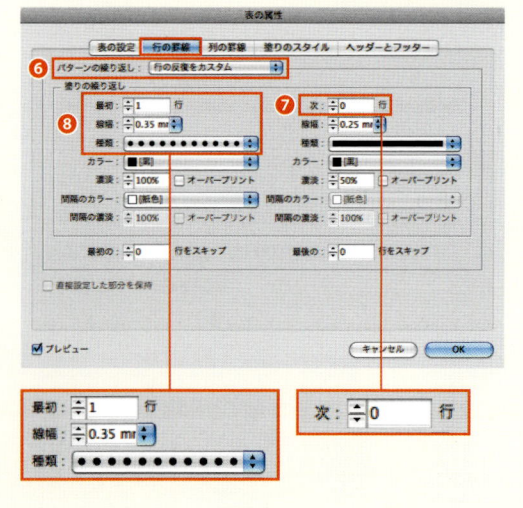

211 個々のセルやヘッダー行・フッター行の属性を設定する

STEP 04

[列の罫線] タブをクリックします。ここでは表全体の列の罫線を設定します。設定方法は [行の罫線] と同じです。下図では、列の罫線に青い実線を設定するために、[パターンの繰り返し] で「列の反復をカスタム」を選び❾、[次] に0列を指定し❿、0.35mmの実線で、カラーを青に指定しました⓫。

CAUTION

[行の罫線] ではヘッダー行に罫線が設定されませんが、[列の罫線] ではヘッダー行にも罫線が設定されます。

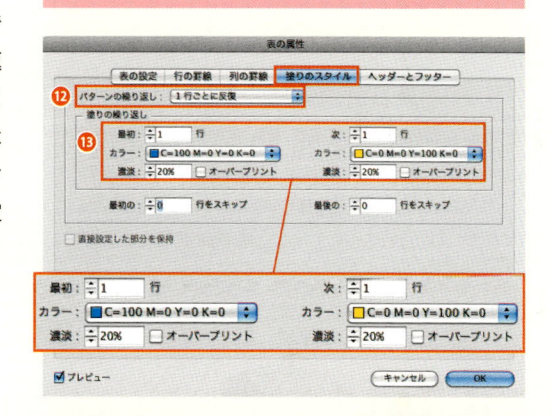

STEP 05

[塗りのスタイル] タブをクリックします。ここでは表全体の塗りを設定します。[パターンの繰り返し] を利用して、2種類の塗りの設定を繰り返すことができます⓬。すべてに同じ塗りを指定するには [次] に0行を指定します。下図では、淡いシアンとイエローを繰り返して表全体を塗りました。設定値は右図のダイアログを参照して下さい⓭。

CAUTION

[塗りのスタイル] ではヘッダー行に塗りが設定されません。ヘッダー行の塗りの指定は、ヘッダー行を選択し、[表] メニューから [セルの属性] → [罫線と塗り] を選んで行います。

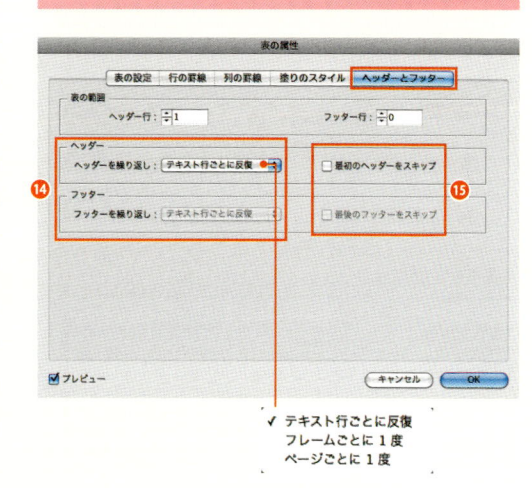

STEP 06

[ヘッダーとフッター] タブをクリックします。ここではヘッダー行とフッター行の行数や列数、表示方法を設定します。「ヘッダーを繰り返し」または「フッターを繰り返し」のポップアップメニューでは、ヘッダー行またはフッター行の表示方法を指定します⓮。「テキスト行ごとに反復」を選択すると段組の段ごとに、「フレームごとに1度」を選択するとテキストフレームごとに、「ページごとに1度」を選択するとページごとに、ヘッダー行またはフッター行が表示されます。[最初 (最後) のヘッダー (フッター) をスキップ] を選択すると⓯、表の最初のヘッダー行、または表の最後のフッター行が表示されなくなります。

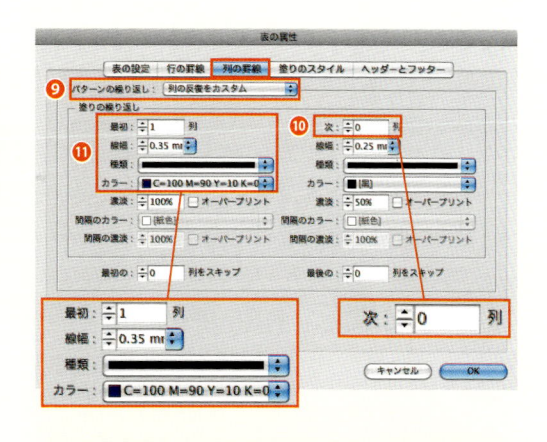

211 個々のセルやヘッダー行・フッター行の属性を設定する

［表］メニューの［セルの属性］では、個々のセルやヘッダー行・フッター行の属性を設定します。ダイアログでは、4つのタブが選べます。

STEP 01

先頭行をヘッダー行に指定した右の表を元に、セルの属性を設定します。まず、［横組み（縦組み）文字］ツール T で表の左端にカーソルを合わせ、ヘッダー行の位置でクリックしてヘッダー行を選択します❶。

STEP 02

［表］メニュー、あるいは［表］パネルのパネルメニューから［セルの属性］→［テキスト］を選びます❷。

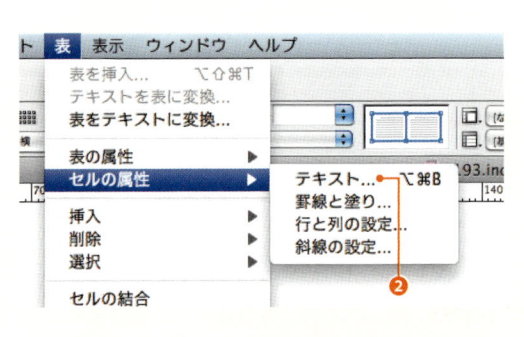

STEP 03

［テキスト］タブでは、セル内のテキストの組み方向や余白、配置、先頭ベースライン位置などを指定できます。［組み方向］では、ポップアップメニューで［横組み］［縦組み］を指定し、セル内のテキストの組み方向を変更できます❸（下図は「東京」を縦組みにした例です）。［テキストの配置］では、セル内のテキストの位置を［上］［中央］［下］［均等配置］から指定できます❹。［テキストの配置］の効果は「206 表パネルで表組みを編集する」を参照して下さい。

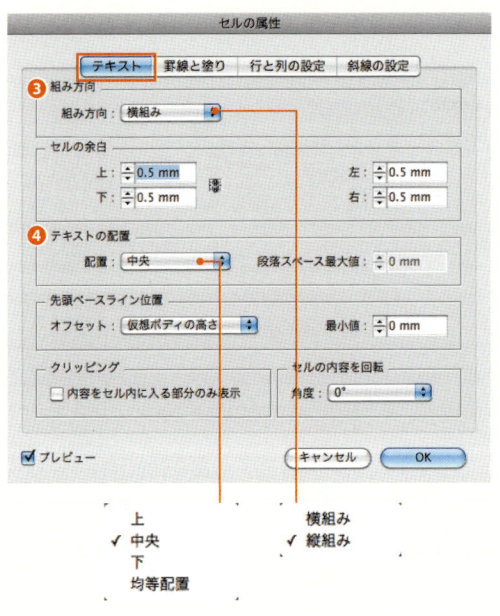

206 表パネルで表組みを編集する
210 表の属性を設定する

STEP 04

[罫線と塗り] タブでは、セルの線と塗りを指定できます。[セルの線] では、プレビュー ❺ で、罫線をクリックして設定する境界線を選択します。選択されている境界線は青で、選択解除されている境界線はグレーで表示されます。下図では、選択しているヘッダー行の [セルの塗り] に淡いマゼンタを指定しました ❻。

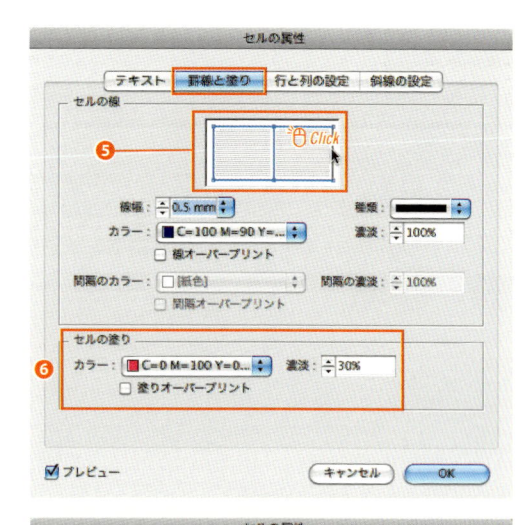

主要都市の平均気温

	1月	2月	3月	4月
東京	4.7	5.4	8.4	13.9
ロンドン	3.6	4.1	5.6	7.9
ホノルル	22.4	22.4	22.8	23.8
シドニー	22.3	22.4	21.5	18.9

STEP 05

[行と列の設定] タブでは、行の高さと列の幅を指定できます。[行の高さ] は、ポップアップメニューで [最小限度] を選ぶと、行は最小限の高さに設定され、テキストを追加したり、フォントサイズを大きくした時に、自動的に行の高さが高くなります。[指定値を使用] を選ぶと、行の高さを数値で指定して固定できます ❼。[段落分離禁止オプション] は、複数のフレームにまたがる表を作成した時に、行の開始位置をポップアップメニューで指定することができます ❽。選択した行が次の行と分割されないようにするには、[次の行と連動] をチェックします。

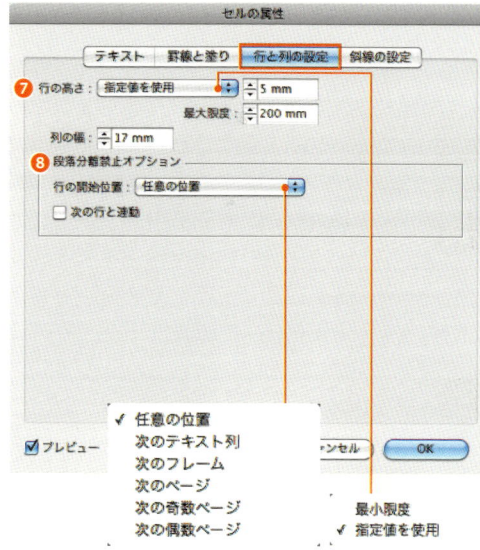

STEP 06

[斜線の設定] タブでは、指定したセルに斜線を表示させることができます。まず [横組み（縦組み）文字] ツール T で斜線を設定したいセルを選択し ❾、[表] メニューから [セルの属性] → [斜線の設定] を選びます。斜線の種類を選択し ❿、線幅や種類、カラー、濃淡を指定します ⓫。[アレンジ] では [前面に内容] [前面に斜線] のどちらかを選び、斜線を内容の前面あるいは背面に置くかを指定します ⓬。

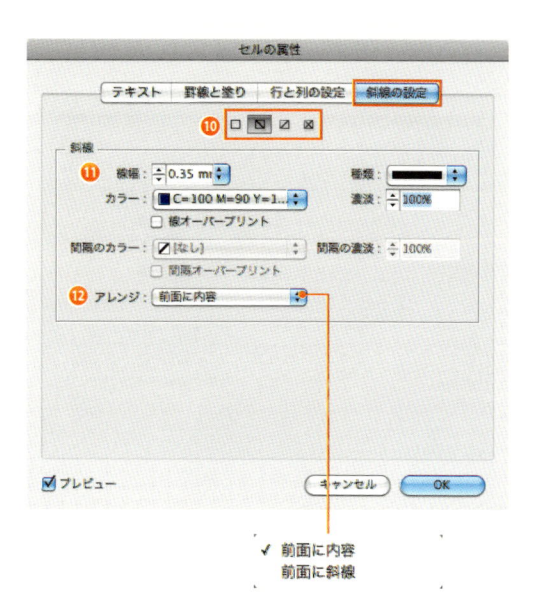

主要都市の平均気温

	1月
東京	4.7
ロンドン	3.6
ホノルル	22.4
シドニー	22.3

→

主要都市の平均気温

	1月
東京	4.7
ロンドン	3.6
ホノルル	22.4
シドニー	22.3

InDesign CS6

第9章 表組み

212 表スタイルを登録・適用する

[表]メニューの[表の属性]で設定した属性は、[表スタイル]パネルに登録できます。登録後は、クリック操作で表スタイルを適用できます。

STEP 01

[表]メニューの[表の属性]では、表全体の属性を設定します。[表の属性]で設定した属性を、[表スタイル]パネルに登録してみましょう。[ウィンドウ]メニューから[スタイル]→[表スタイル]で[表スタイル]パネルを表示させます。右図は、すでに[表の属性]で見栄えを設定した表です。[横組み（縦組み）文字]ツール T を選んで、表を選択し、[表スタイル]パネルのパネルメニューから[新規表スタイル]を選びます❶。あるいは、[新規スタイルを作成]ボタンを Option （ Alt ）キーを押しながらクリックします❷。

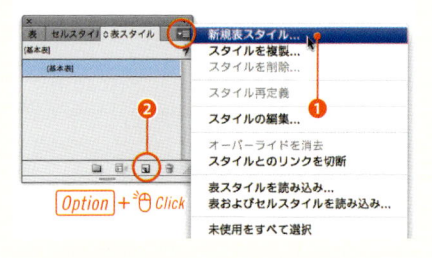

STEP 02

[新規表スタイル]ダイアログが表示されます。スタイル名には任意の名前を入力できます❸。また、[ショートカット]の入力ボックスにカーソルを置いてショートカットキーをタイプすれば、スタイルを適用するショートカットが定義できます❹。最後に[OK]ボタンをクリックします。

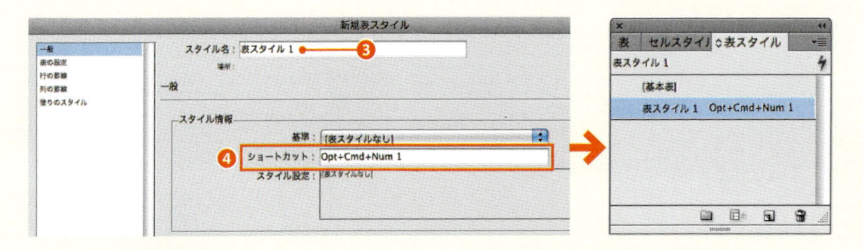

STEP 03

登録した表スタイルを別の表に適用してみましょう。操作は、[横組み（縦組み）文字]ツール T で適用したい表を選択し、[表スタイル]パネルからスタイル名をクリックするだけで表スタイルが適用されます❺。

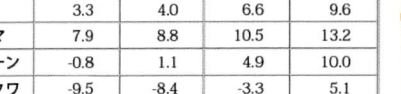

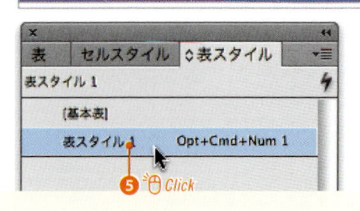

213 表スタイルを再編集する
214 セルスタイルを登録・適用する
216 表スタイル・セルスタイル・段落スタイルを組み合わせて使用する

213 表スタイルを再編集する

[表スタイル]パネルに登録した表スタイルを、後で再編集することができます。修正した内容は、表スタイルが適用されたすべての表に反映されます。

STEP 01

[表スタイル]パネルで、編集したい表スタイルを選んで、パネルメニューから[スタイルの編集]を選びます❶。あるいは、[表スタイル]パネルで編集したいスタイル名❷をダブルクリックします。

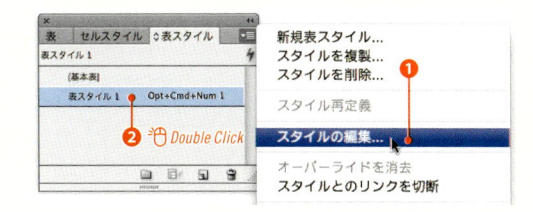

STEP 02

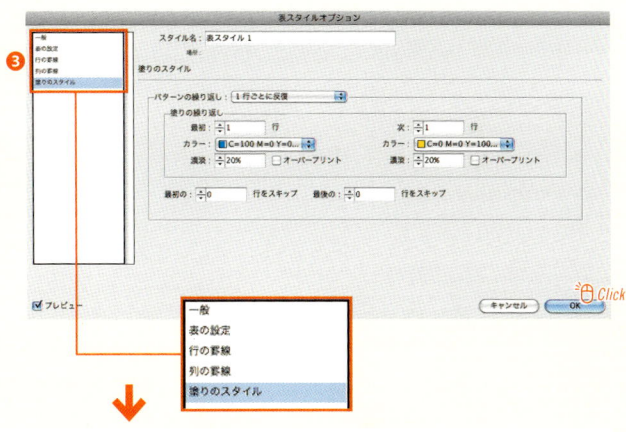

[表スタイルオプション]ダイアログが表示されます。左側の項目のリストで、修正したい表の属性の項目を選びます❸。右図では、[塗りのスタイル]の項目を表示させ、塗りのカラーをY：20％に変更しました。必要があれば、ほかの項目を選んで属性を変更します。最後に[OK]ボタンをクリックします。同じ表スタイルが適用されたすべての表で、修正が反映されます❹。

STEP 03

別の方法として、表スタイルが適用された表を選択し、画面上で表の見栄えを変更して、スタイルを再定義することもできます。右図では、すでに表スタイルが適用された表を選び、[表]メニューから[表の属性]→[塗りのスタイル]を選び、カラーを変更しました。この表が選択された状態で、[表スタイル]パネルのパネルメニューから[スタイル再定義]を選びます❺。この操作で、表スタイルの内容が再定義され、同じ表スタイルを適用したすべての表に対しても修正が反映されます。

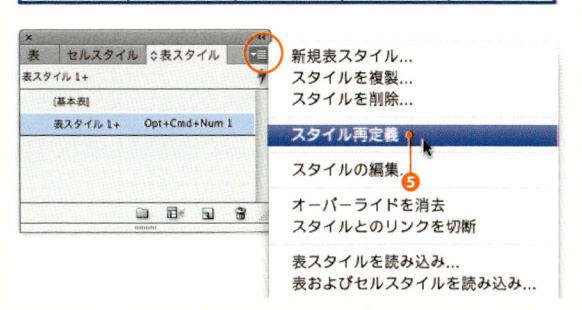

214 セルスタイルを登録・適用する

[表] メニューの [セルの属性] で設定した属性は、[セルスタイル] パネルに登録できます。登録後は、クリック操作でセルスタイルを適用できます。

STEP 01

[表] メニューの [セルの属性] では、個々のセルの属性を設定します。[セルの属性] で設定した属性を、[セルスタイル] パネルに登録してみましょう。[ウィンドウ] メニューから [スタイル] → [セルスタイル] を選択して [セルスタイル] パネルを表示させます。右図は、ヘッダー行に [セルの属性] で見栄えを設定した表です。[横組み（縦組み）文字] ツール T を選んで、ヘッダー行を選択し、[セルスタイル] パネルのパネルメニューから [新規セルスタイル] を選びます❶。あるいは、[新規スタイルを作成] ボタン❷を Option （Alt）キーを押しながらクリックします。

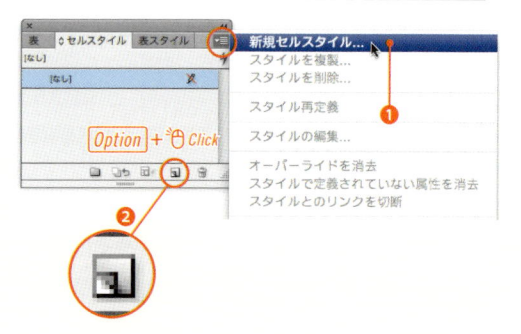

STEP 02

[新規セルスタイル] ダイアログが表示されます。スタイル名には「セルスタイル 1」と表示されますが❸、任意の名前を入力できます。また、[ショートカット] の入力ボックスにカーソルを置いてショートカットキーをタイプして、ショートカットを定義できます❹。最後に [OK] ボタンをクリックします。

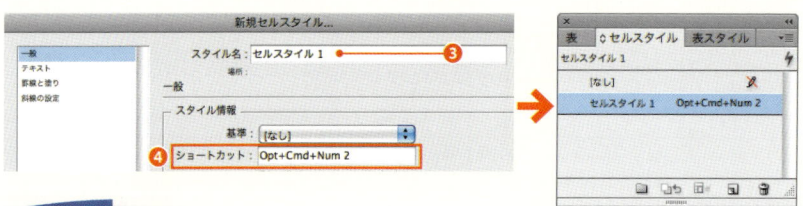

STEP 03

登録したセルスタイルを別の表に適用してみましょう。操作は、[横組み（縦組み）文字] ツール T で適用したいセル（下図ではヘッダー行）を選択し、[セルスタイル] パネルからスタイル名をクリックするだけです❺。

212 表スタイルを登録・適用する
215 セルスタイルを再編集する

215 セルスタイルを再編集する

登録したセルスタイルを、後で再編集することができます。修正した内容は、セルスタイルが適用されたすべての表に反映されます。

STEP 01

［セルスタイル］パネルで、編集したいセルスタイルを選んで、パネルメニューから［スタイルの編集］を選びます❶。あるいは、セルスタイルパネルで編集したいスタイル名をダブルクリックします❷。

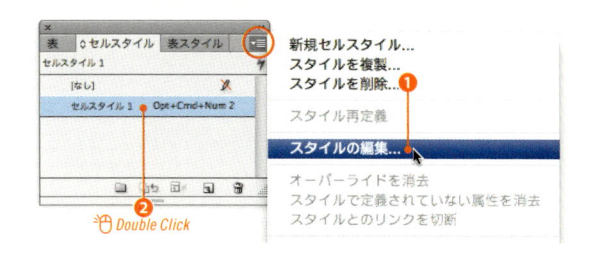

STEP 02

［セルスタイルオプション］ダイアログが表示されます。左側の項目のリストで、修正したいセルの属性の項目を選びます❸。下図では、［罫線と塗り］の項目を表示させ、塗りのカラーを変更しました。必要があれば、ほかの項目を選んで属性を変更します。最後に［OK］ボタンをクリックします。同じセルスタイルが適用されたすべての表で、修正が反映されます❹。

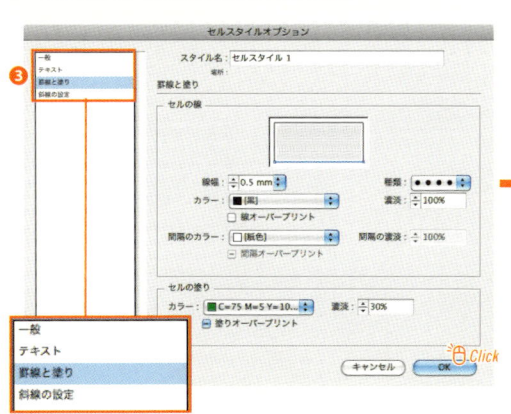

	1月	2月	3月	4月
東京	4.7	5.4	8.4	13.9
ロンドン	3.6	4.1	5.6	7.9
ホノルル	22.4	22.4	22.8	23.8
シドニー	22.3	22.4	21.5	18.9

	1月	2月	3月	4月
シカゴ	-4.3	-2.6	2.7	9.9
パリ	3.3	4.0	6.6	9.6
ローマ	7.9	8.8	10.5	13.2
ウィーン	-0.8	1.1	4.9	10.0
モスクワ	-9.5	-8.4	-3.3	5.1

STEP 03

別の方法として、セルスタイルが適用されたセルを選択し、画面上で見栄えを変更して、スタイルを再定義することもできます。右図では、すでにセルスタイルが適用されたセルを選び、［表］メニューから［セルの属性］→［罫線と塗り］を選び、カラーを変更しました。このセルが選択された状態で、［セルスタイル］パネルのパネルメニューから［スタイル再定義］を選びます❺。この操作で、セルスタイルの内容が再定義され、同じセルスタイルを適用したすべての表に対しても修正が反映されます。

	1月	2月	3月	4月
東京	4.7	5.4	8.4	13.9
ロンドン	3.6	4.1	5.6	7.9
ホノルル	22.4	22.4	22.8	23.8
シドニー	22.3	22.4	21.5	18.9

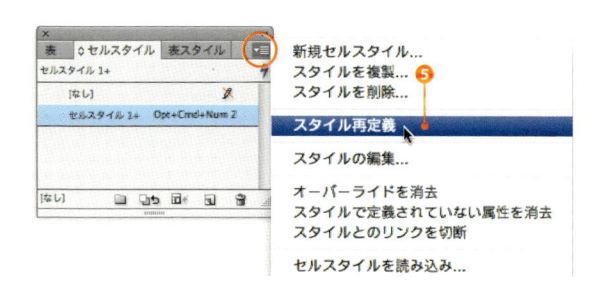

216 表スタイル・セルスタイル・段落スタイルを組み合わせて使用する

［表スタイル］［セルスタイル］［段落スタイル］を複合的に組み合わせて定義すると、完成度の高い表スタイルをワンクリックで適用できます。

STEP 01

セルスタイルを定義する時の［新規セルスタイル］ダイアログや、後でスタイルを編集する時にあらわれる［セルスタイルオプション］ダイアログでは、あらかじめ設定しておいた段落スタイルを、ポップアップメニューから選択して定義できます❶。この機能を利用すれば、文字の属性の指定が段落スタイルで行えます。

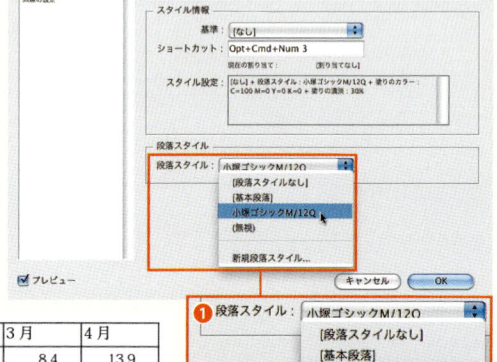

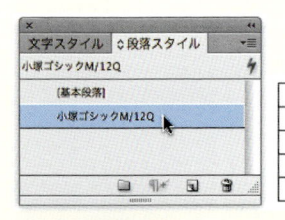

	1月	2月	3月	4月
東京	4.7	5.4	8.4	13.9
ロンドン	3.6	4.1	5.6	7.9
ホノルル	22.4	22.4	22.8	23.8
シドニー	22.3	22.4	21.5	18.9

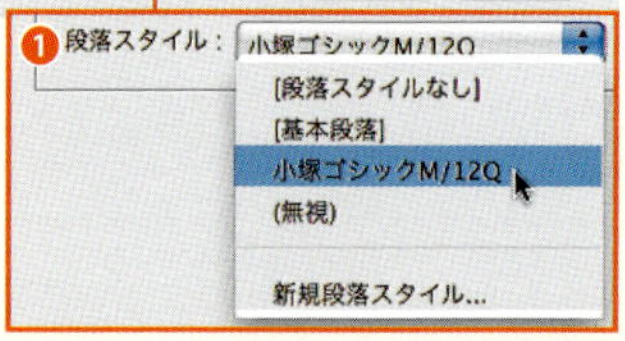

STEP 02

表スタイルを定義する時の［新規表スタイル］ダイアログや、後でスタイルを編集する時にあらわれる［表スタイルオプション］ダイアログでは、ヘッダー行やフッター行、本文行などにセルスタイルが定義できます。右図では、ヘッダー行にセルスタイルを定義しているところです❷。

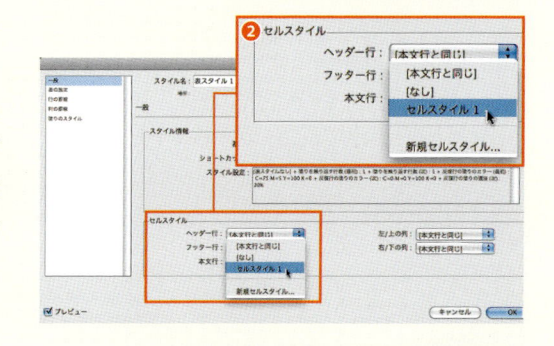

STEP 03

STEP-01、02で定義した段落スタイルや表スタイルを、実際の表組みに適用してみましょう。下図では、表スタイルを適用することで、表全体のスタイルとヘッダー行のセルスタイル・段落スタイルが同時に適用されました。スタイルを複合的に組み合わせて使用する場合は、事前に計画立てて行う必要があるでしょう。

	1月	2月	3月	4月
東京	4.7	5.4	8.4	13.9
ロンドン	3.6	4.1	5.6	7.9
ホノルル	22.4	22.4	22.8	23.8
シドニー	22.3	22.4	21.5	18.9

→

	1月	2月	3月	4月
東京	4.7	5.4	8.4	13.9
ロンドン	3.6	4.1	5.6	7.9
ホノルル	22.4	22.4	22.8	23.8
シドニー	22.3	22.4	21.5	18.9

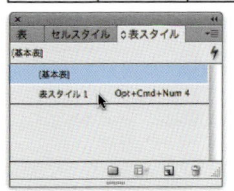

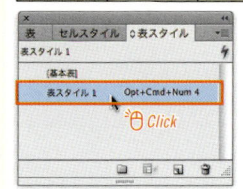

212 表スタイルを登録・適用する
214 セルスタイルを登録・適用する

217 スタイルグループを作成する

[表スタイル] パネルや [セルスタイル] パネルでは、パネル内でフォルダを作成し、その中にスタイルを格納してグループ化することができます。

STEP 01

[セルスタイル] パネルで右図のような3つのセルスタイルをグループ化してみましょう。スタイルの選択を解除した状態で、パネルメニューから [新規スタイルグループ] を選びます❶。下図のような [新規スタイルグループ] ダイアログがあらわれるので、名前を付けて [OK] ボタンをクリックします。

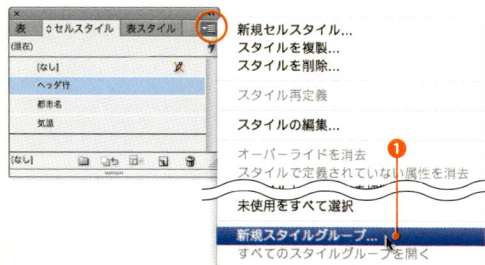

STEP 02

パネル内にフォルダが作成されました❷。グループ化したいスタイル名を選択し、フォルダ上にドラッグしてマウスボタンを放すと、フォルダ内にスタイルを移動させることができます❸。

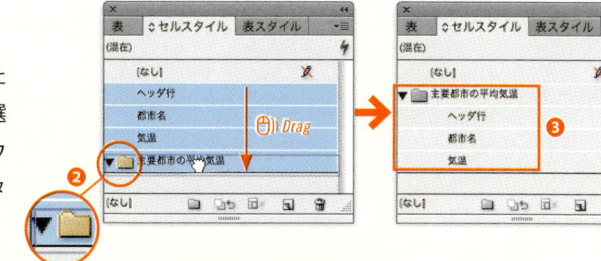

STEP 03

事前に、[セルスタイル] パネルでグループ化したいスタイルを選択して❹、パネルメニューから [スタイルからグループを作成] を選ぶことでもグループを作成できます❺。[新規スタイルグループ] ダイアログがあらわれるので、名前を付けて [OK] ボタンをクリックします。この方法では、できあがったフォルダ内に、事前に選択しておいたスタイル名が自動的に格納されます❻。

> **MEMO**
> [文字スタイル] パネル、[段落スタイル] パネルの各パネルでも、スタイルをフォルダに格納してグループ化できます。

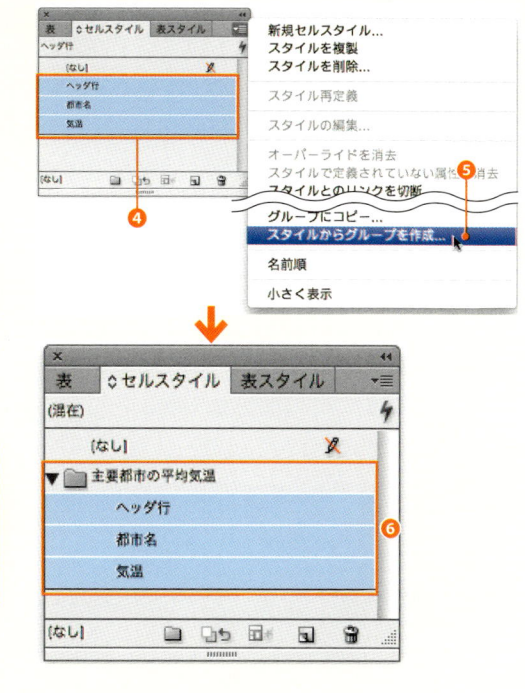

---

110 段落スタイルを作成する
113 文字スタイルを作成する
214 セルスタイルを登録・適用する

218 Excel ファイルを読み込む

InDesign の［配置］コマンドで、Microsoft Excel で作成したスプレッドシートを表組みの形式で読み込むことができます。

STEP 01

右図は、Microsoft Excel で作成したスプレッドシートのデータです。このファイルを「Excel ブック」形式で保存します。保存されたファイルは、拡張子「.xls」が付きます。

STEP 02

InDesign でテキストフレームを作成します。［横組み（縦組み）文字］ツール ⓣ で、テキストフレーム内をクリックし、カーソルが点滅した状態にします❶。［ファイル］メニューから［配置］を選び、あらわれるダイアログで Excel ファイルを選択し、［読み込みオプションを表示］をチェックし❷、［開く］をクリックします。

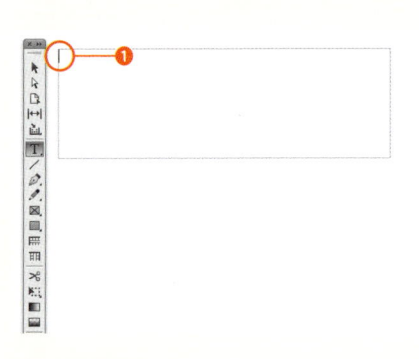

STEP 03

［Microsoft Excel 読み込みオプション］ダイアログが表示されます。［オプション］で［シート］や［セル範囲］を指定し❸、［フォーマット］で［テーブル］や［表スタイル］を選びます❹。［アンフォーマットテーブル］を選ぶと、スプレッドシートのフォーマットを使用せずに読み込みます。［表スタイル］では、作成済みの表スタイルを指定することもできます。［OK］ボタンをクリックします。結果は下図の通りです。

	1月	2月	3月	4月
東京	4.7	5.4	8.4	13.9
ロンドン	3.6	4.1	5.6	7.9
ホノルル	22.4	22.4	22.8	23.8
シドニー	22.3	22.4	21.5	18.9

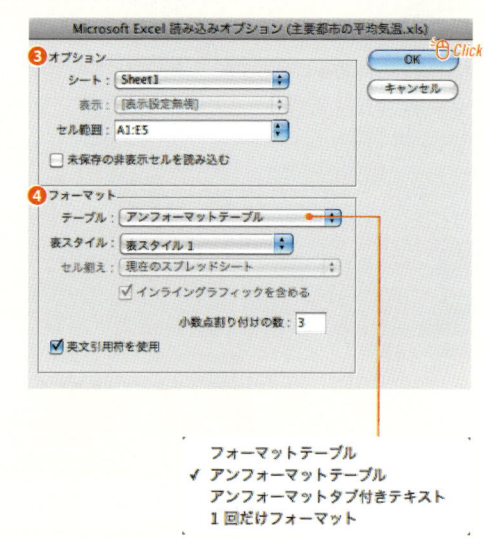

フォーマットテーブル
✓ アンフォーマットテーブル
アンフォーマットタブ付きテキスト
1 回だけフォーマット

第 10 章
作業効率を向上させる便利な機能

InDesign CS6
DESIGN REFERENCE
PLUS

219 レイヤーパネルを利用する

［レイヤー］パネルを利用して、レイアウトの要素をグループ分けして管理できます。ロックや表示のオン／オフの切り替えはレイヤー単位で行えます。

STEP 01

新規でレイヤーを作成します。［ウィンドウ］メニュー→［レイヤー］を選択し、［レイヤー］パネルを表示させます。［新規レイヤーを作成］ボタンをクリックすると、「レイヤー2」という名前で新規レイヤーが作成されます。再度［新規レイヤーを作成］ボタンをクリックし、「レイヤー3」を作成します。

MEMO
［レイヤー］パネルのメニューから［新規レイヤー］を選んで、名前を指定して新規レイヤーを作成することもできます。

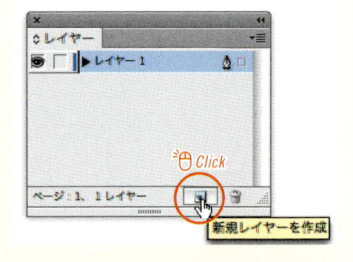

STEP 02

ここでは、レイアウトする要素を目的別に分類してレイヤー分けします。そのために、各レイヤーにわかりやすい名前をつけます。［レイヤー］パネルで名前を変更したいレイヤーを選択して、レイヤー名をクリックすると、名前が入力できるモードになります❶。ここでは最背面のレイヤーを「背景」、真ん中のレイヤーを「ガイド」、最前面のレイヤーを「レイアウト」という名前にしました❷。

STEP 03

複数のレイヤーで作業する場合は、オブジェクトを作成するときに、目的のレイヤーを選んでおく必要があります。ここでは背景にグラデーションカラーで塗った四角形を作成します。まず、［レイヤー］パネルで「背景」レイヤーを選択し、［長方形］ツール■で四角形を描き、グラデーションで塗ります。背景のレイヤーは、この後の作業で誤って選択して動かしてしまわないようにロックすることができます。［レイヤー］パネルで目のアイコンの隣の空白部分をクリックして鍵のアイコンを表示させます❸。この操作でレイヤーをロックできます。ロックを解除するには、鍵のアイコンをクリックして鍵を非表示にします。

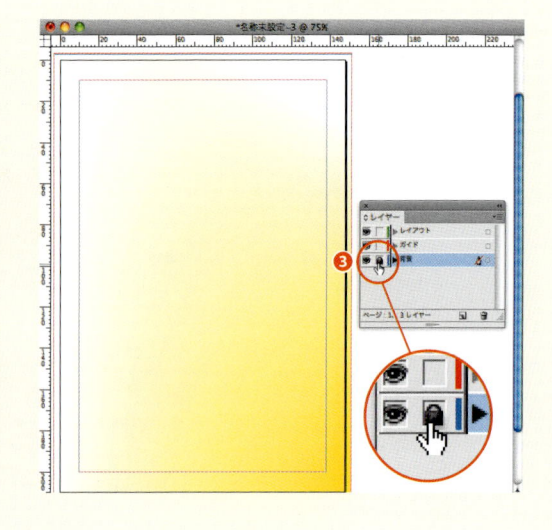

---

031 定規ガイドを引く・移動する
158 オブジェクトにカラーやグラデーションを指定する

STEP 04

［レイヤー］パネルで目のアイコンをクリックする操作で、レイヤーの表示／非表示を切り替えることができます❹❺。作例ではガイドの表示／非表示が切り替えられます。

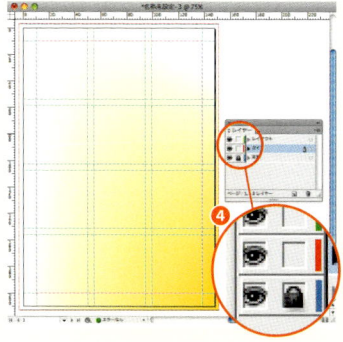

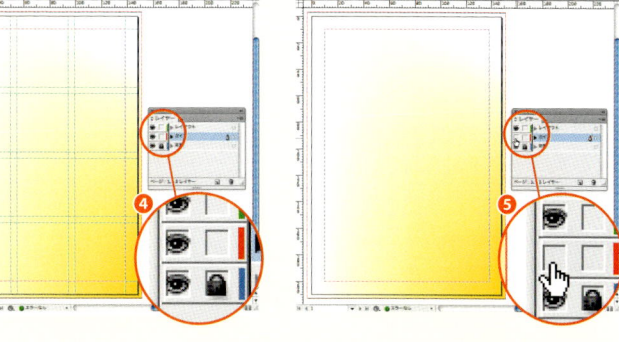

STEP 05

最前面の「レイアウト」レイヤーへは、画像やテキストなどのレイアウト要素を配置します。オブジェクトを作成すると、［レイヤー］パネルに個々のオブジェクトがあらわれます。オブジェクトには自動的に画像ファイルや入力したテキストなどの名前が付けられます❻。

レイヤー名あるいはオブジェクト名の右側に小さな四角形が表示されます。この四角形をクリックする操作でオブジェクトを選択することができます。さらに、この四角形を別のレイヤーにドラッグする操作で、レイヤー間でオブジェクトの移動ができます❼❽。

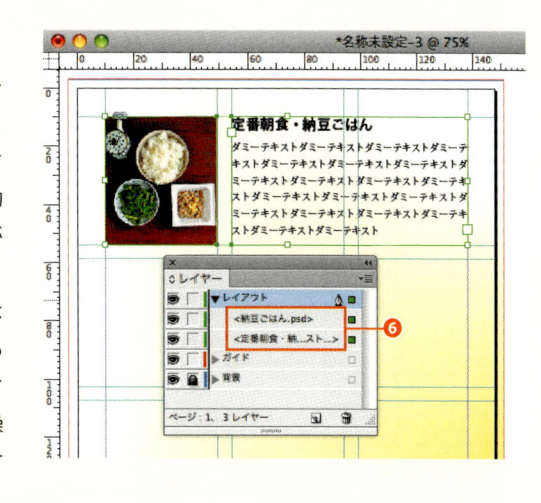

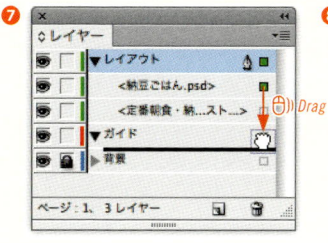

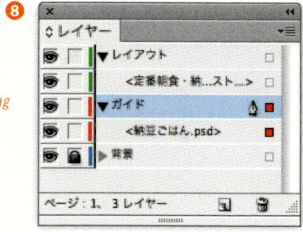

STEP 06

［レイヤーオプション］では、レイヤーの属性をまとめて設定できます。レイヤーを選択し、［レイヤー］パネルメニューで［"レイヤー名"レイヤーの設定］を選びます❾。あるいは、［レイヤー］パネルでレイヤー名をダブルクリックします。［レイヤーオプション］ダイアログがあらわれるので、ここで名前を入力したり❿、レイヤーの表示／非表示⓫、ロックのオン／オフ⓬などを指定することができます。［カラー］は、オブジェクトを選択した時に表示されるカラーをレイヤー別に指定することができます⓭。

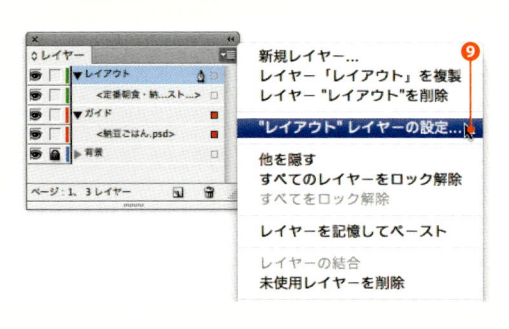

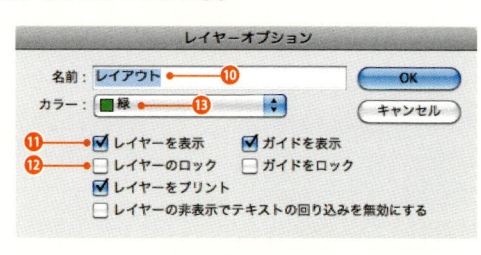

220 正規表現式を使って検索・置換する

[検索と置換] コマンドの [正規表現] タブでは、正規表現式で検索・置換が行えます。

STEP 01

[編集] メニューの [検索と置換] にある [正規表現] タブ❶では、正規表現式を入力して検索・置換が行えます。[検索のための特殊文字ボタン] @ をクリックして、正規表現式に使用する文字をメニューから探すこともできます。右図では、[ワイルドカード] → [漢字] を選び❷、「~K」を入力したところです❸。操作に慣れた人であれば、直接タイプして入力することもできます。

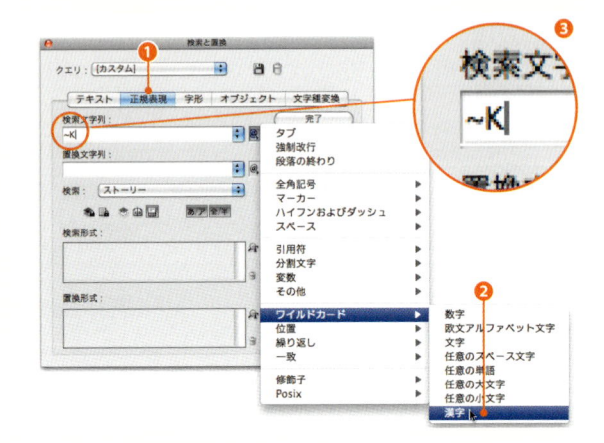

STEP 02

例を挙げて解説しましょう。右図では、[検索文字列] に式「(「)(~K+)(」)」と入力しました❹。この式は3つのグループで構成され、(「) で起こしのかぎ括弧、(~K+) で1回以上繰り返す漢字、(」) で受けのかぎ括弧を表し、かぎ括弧で括られた漢字の文字列を検索するという意味です。[置換文字列] の「$2」は、ふたつめのグループに属する文字だけを表示するという意味です❺。

STEP 03

この式で検索・置換を行うと、かぎ括弧で括られた漢字の文字列のかぎ括弧が削除されます❻。

> **MEMO**
> 正規表現を使った検索の詳細は、[InDesign ヘルプ] で「正規表現を使用した検索」を参照して下さい。

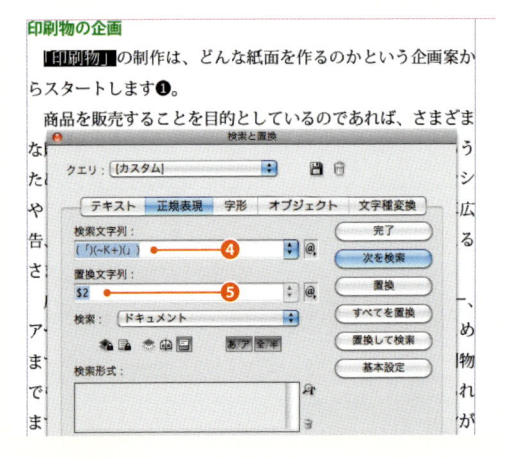

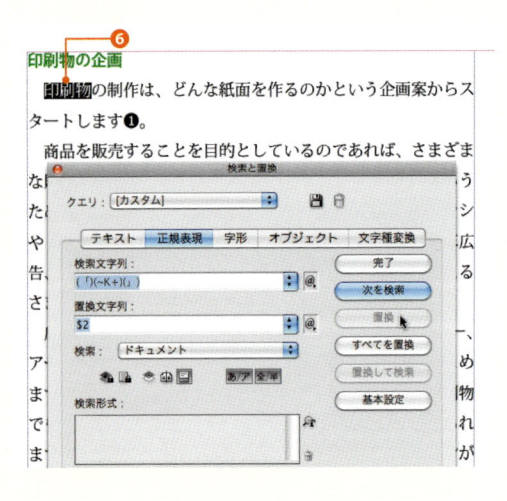

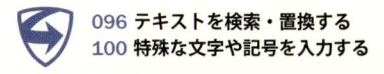

221 字形を検索・置換する

[検索と置換] コマンドの [字形] タブでは、ユニコードで文字を指定し、別の字形に置き換えることができます。

STEP 01

[編集] メニューの [検索と置換] ダイアログにある [字形] タブ❶では、ユニコード値で文字を指定し、その文字をほかの字形に置換したい場合に便利です。[字形の検索] に、[フォント] [スタイル] [ID] [字形] を指定します。[字形] の選択は、ユニコードを入力したり、三角ボタン（▶）をクリックしてあらわれるポップアップリストから選べます❷。右図では、ユニコードに 2776 と入力して、検索する字形に「❶」の文字を選択したところです。

> **MEMO**
> ユニコードを調べたい時は、文字を1字選択した状態で [情報] パネルを確認すると、ユニコードが表示されます（下4桁の数字を利用します）。

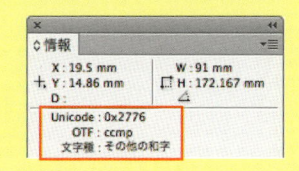

STEP 02

[字形の置換] に、[フォント] [スタイル] [ID] [字形] を指定します。[字形] の選択は、三角ボタン（▶）をクリックしてあらわれるポップアップリストから選べます。右図では、置き換える字形に「(1)」の文字を選択したところです。

STEP 03

[検索] ボタンをクリックすると、「❶」の文字が選択された状態で画面に表示されます❸。続けて [置換] ボタンをクリックし、「(1)」の文字に置き換えました❹。

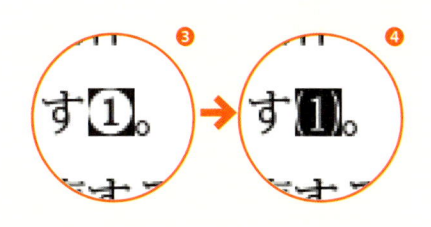

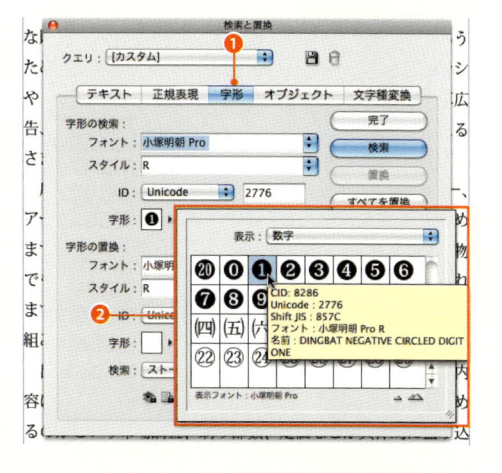

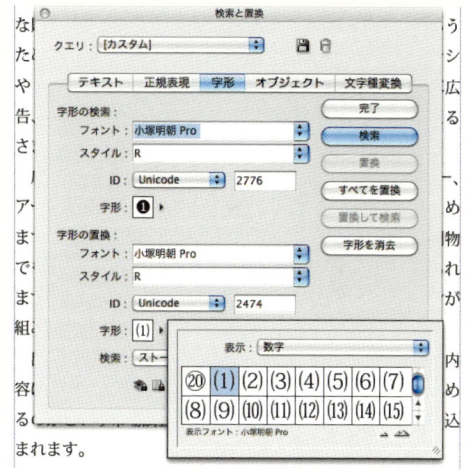

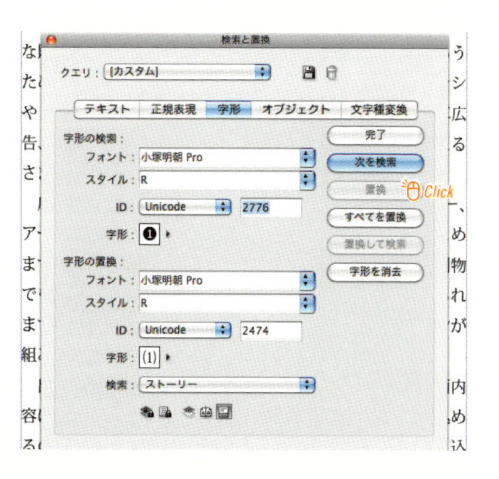

222 オブジェクトの属性や効果を検索・置換する

[検索と置換] コマンドの [オブジェクト] タブでは、オブジェクトの属性や効果の検索・置換が行えます。

STEP 01

[編集] メニューの [検索と置換] ダイアログにある [オブジェクト] タブ ❶ では、オブジェクト、グラフィックフレーム、およびテキストフレームに適用された属性と効果を指定して、検索・置換が行えます。[検索オブジェクト形式] の [検索する属性を指定] ボタン をクリックすると ❷、❸ のようなダイアログがあらわれます。ここで、属性や効果を指定します。下の例では、[効果] で [ドロップシャドウ] を選択し、[オン] をチェックしました ❹。[置換オブジェクト形式] では、同様に [効果] で [ドロップシャドウ] を選択し、[オフ] をチェックしました ❺。

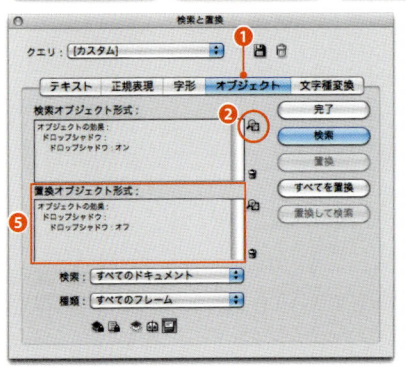

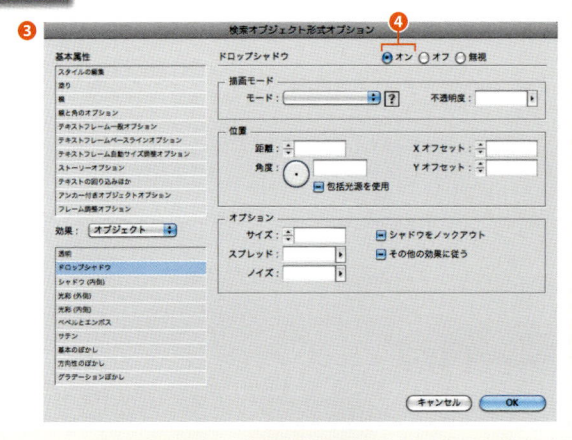

STEP 02

STEP-01 の指定で検索を行うと、ドロップシャドウが適用されたグラフィックフレームが検索されます。ここでは [すべてを置換] ボタンをクリックします。結果を示すダイアログ ❻ が表示され、すべてが置換され、ドロップシャドウの効果がオフになります ❼。

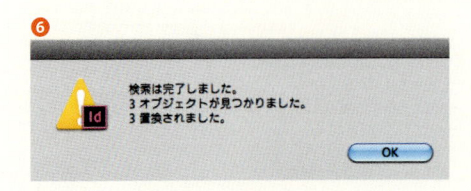

096 テキストを検索・置換する
194 効果パネルでドロップシャドウを与える

223 文字種を検索・置換する

[検索と置換] コマンドの [文字種変換] タブでは、全角や半角などの文字種の検索・置換が行えます。

STEP 01

[編集] メニューの [検索と置換] ダイアログにある [文字種変換] タブ❶では、日本語テキストの文字種の検索・置換が行えます。「検索文字列」および [置換文字列] で、全角や半角の仮名・数字を指定します。右の例では、[検索文字列] に [全角英数字] を指定し、[置換文字列] に [半角英数字] を指定しました。

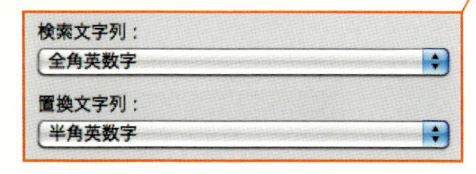

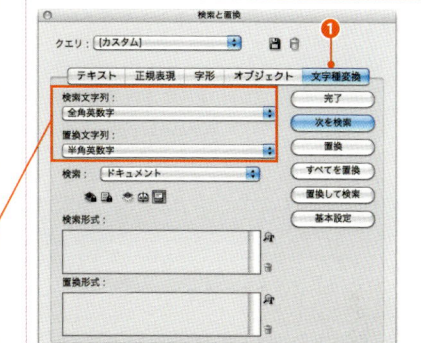

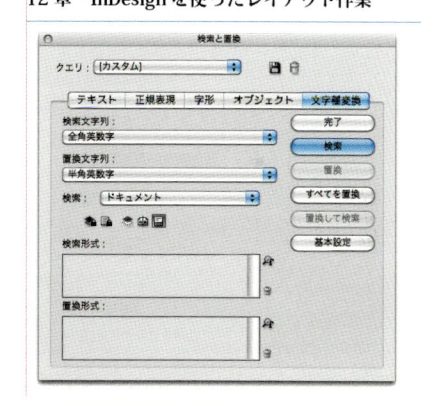

STEP 02

検索し、[すべてを置換] を実行すると、結果を示すダイアログ❷が表示され、全角英数字が半角英数字に置換されます❸。

MEMO

全角英数字は、縦組みで組む場合は体裁良く見えますが、横組みで組むと文字間が開いて、文字がばらけて見えます。このような場合に、[検索と置換] コマンドを利用して、全角英数字を半角英数字に一括で置き換えることができて便利です。逆に、縦組みで組む場合は、半角英数字を全角英数字に一括で置き換える操作も可能です。

2012 年、アドビシステムズ社は InDesign CS6 をリリースした。

横組みで半角英数字を使用

２０１２年、アドビシステムズ社はＩｎＤｅｓｉｇｎ ＣＳ６をリリースした。

横組みで全角英数字を使用

２０１２年、アドビシステムズ社はＩｎＤｅｓｉｇｎ ＣＳ６をリリースした。

縦組みで全角英数字を使用

224 オブジェクトライブラリを作成する

頻繁に使用するグラフィックやテキストは、［ライブラリ］パネルに保管しておけば、いつでも取り出して利用することができます。

STEP 01

ライブラリを作成するには、［ファイル］メニューから［新規］→［ライブラリ］を選びます❶。ライブラリの名前を付けて、保存すると新規ライブラリが作成されます。保存先には、ライブラリのファイルができあがります（拡張子は「.indl」）❷。ライブラリは InDesign 上でフローティングパネルとしてあらわれます。このパネルは通常のパネルと同様に、ドックに格納できます。

MEMO
保存したドキュメントアイコンには「LIB CS4」と表示されます。

STEP 02

空のライブラリにオブジェクトを登録します。登録できるオブジェクトは、テキストフレームやグラフィックフレーム以外に、定規ガイド、グリッド、描画図形、グループ化された画像も可能です。登録したいオブジェクトを選択し、そのままライブラリのパネルにドラッグすれば登録できます。あるいは、登録したいオブジェクトを選択し、［新規ライブラリアイテム］ボタンをクリックしたり❸、パネルメニューから［項目を追加］を選んでも登録できます。

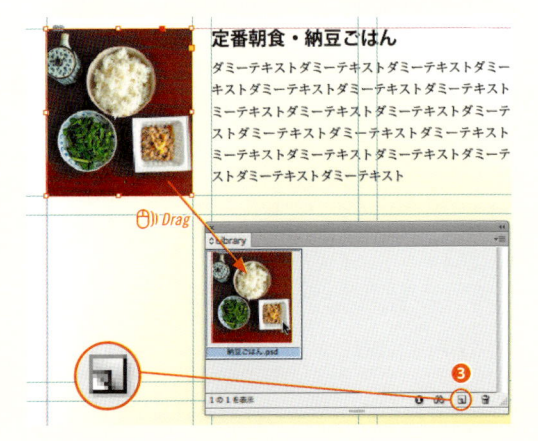

STEP 03

登録したオブジェクトに名前を付けることができます。［ライブラリ］パネルのサムネールをダブルクリックするか、パネルメニューから［アイテム情報］を選ぶと、［アイテム情報］ダイアログが表示されるので、［アイテム名］を入力します❹。また、表示形式も、パネルメニューから［リスト表示］❺、［サムネール表示］❻、［サムネール（大）を表示］❼を選んで表示を切り替えることができます。

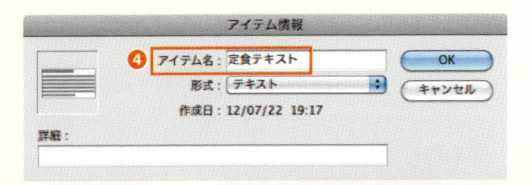

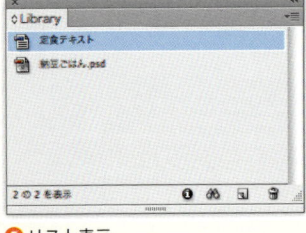

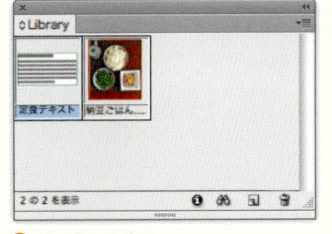

❺ リスト表示　　❻ サムネール表示　　❼ サムネール（大）を表示

225 ライブラリからオブジェクトを配置する

[ライブラリ]パネルに登録されたオブジェクトは、ドラッグ＆ドロップの操作でドキュメント上に配置することができます。

STEP 01

ライブラリに登録されたオブジェクトをドキュメント上に配置します。ライブラリのパネルで配置したいサムネールをクリックして選択し、そのままドキュメント上へドラッグし、配置したい場所でマウスボタンを放します。この操作で、オブジェクトが配置されます。

STEP 02

オブジェクトをライブラリに登録した時と同じ位置で配置したい場合は、ライブラリでオブジェクトを選択し❶、パネルメニューから[アイテムの割り付け]を選びます❷。配置したオブジェクトの座標値は、オブジェクトをライブラリに登録した時の座標値と同じです。

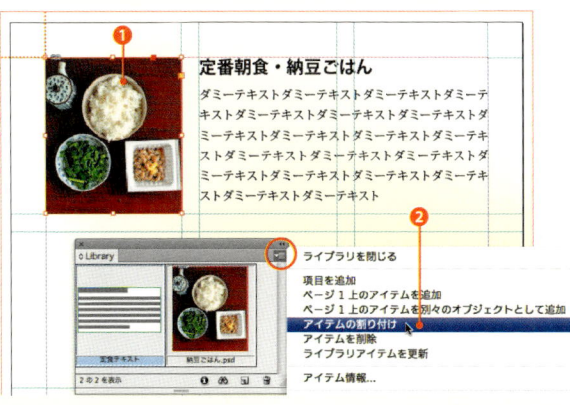

STEP 03

登録したオブジェクトを更新することができます。右図では、STEP-02で配置したオブジェクトに[ドロップシャドウ]の効果を適用しました。変更したオブジェクトを選択し❸、さらにライブラリで更新するアイテムも選択した状態で❹、パネルメニューから[ライブラリアイテムを更新]を選びます❺。結果は、ライブラリに登録したアイテムが更新されて新しいものに差し替わります❻。

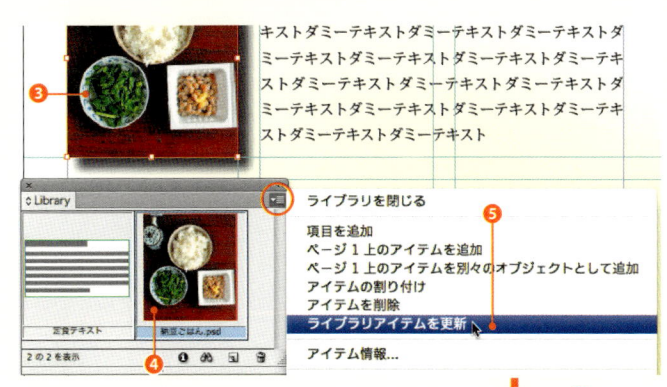

> **MEMO**
> 画像をライブラリに登録した場合は、画像のリンク情報も保存されます。元画像を編集すると、ライブラリに登録した画像も更新されます。

226 InDesign 形式のドキュメントを配置する

InDesign 形式のドキュメントを画像として配置できます。見開きページをそのままページ内に配置できて便利です。

STEP 01

右図は、InDesign で作成した見開きページのドキュメントです。このドキュメントファイルを別のドキュメントに画像として配置してみましょう。

STEP 02

別のドキュメントを開き、[ファイル]メニューから[配置]を選び、[配置]ダイアログで画像として配置したい InDesign ファイルを選択します。[読み込みオプションを表示]をチェックして[開く]ボタンをクリックすると、右図のような[InDesign ドキュメントを配置]ダイアログが表示されます。[一般]タブの[ページ]で読み込むページを指定し❶、[オプション]でトリミングを[ページ境界線ボックス][裁ち落とし境界線ボックス][印刷可能領域境界線ボックス]から選びます❷。右図では、[ページ]に[すべて]を選び、見開きの2ページを指定しました。

STEP 03

[OK]ボタンをクリックします。事前にフレームが選択されていればフレーム内に InDesign のドキュメントが配置されます。フレームが選択されていなければ、画像を読み込むアイコンが表示されます❸。最初のクリックで最初のページが配置され❹、次のクリックで次ページが画像として配置されます❺。

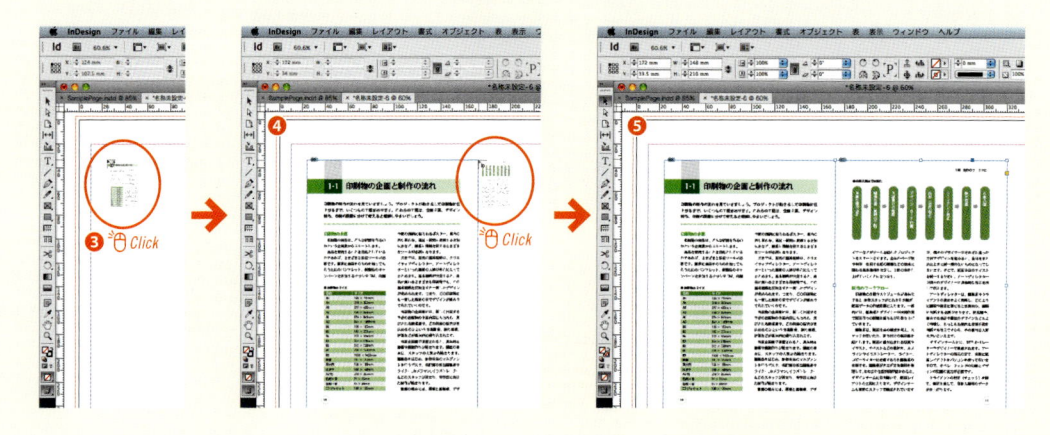

227 ブックを作成する

書籍や雑誌のレイアウトデータは一般的に複数のファイルで構成されますが、ブックを作成すれば、これら複数のファイルを一括して管理できます。

STEP 01

ここでは、右図のような6つのファイルで構成されたブックを作成します。まず、[ファイル]メニューから[新規]→[ブック]を選び、ブックのファイル名を付けて保存します❶。できあがったファイルは、図のように拡張子「.indb」が付きます❷。

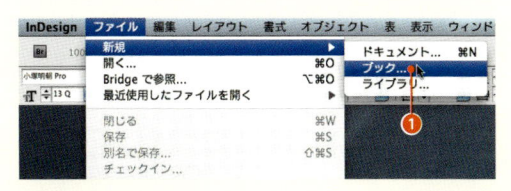

STEP 02

新規でブックファイルを作成すると、空白の[ブック]パネルがあらわれます❸。このパネルにドキュメントを追加します。パネルのメニューから[ドキュメントの追加]を選びます❹。あるいは、パネル下の[ドキュメントを追加]ボタンをクリックします❺。

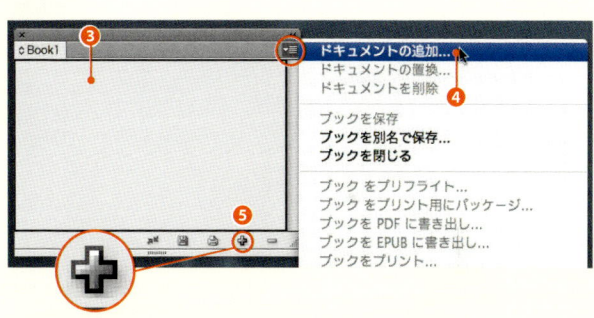

STEP 03

[ドキュメントを追加]ダイアログで、ブックに追加するドキュメントを選択します。Shiftキーや⌘(Ctrl)キーを押して複数のドキュメントを選択することもできます❻。[開く]ボタンをクリックすると、[ブック]パネルに選択したファイルが表示されます❼。ブックは保存が必要です。パネルメニューから[ブックを保存]を選ぶか❽、パネル下の[ブックの保存]ボタンをクリックします❾。

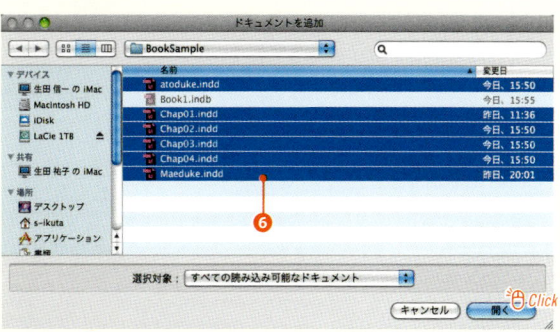

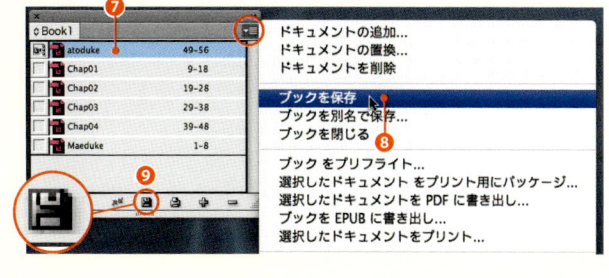

228 ブックパネルでドキュメントを管理する

作成した［ブック］パネルで、ドキュメントを管理できます。以下では、ファイルのオープンやページ番号の設定について解説します。

STEP 01

各ドキュメントにページ番号が割り振られている場合は、ブックパネルにページ番号が表示されます。パネル内でのファイルの移動は、ファイル名を上下にドラッグして行います。

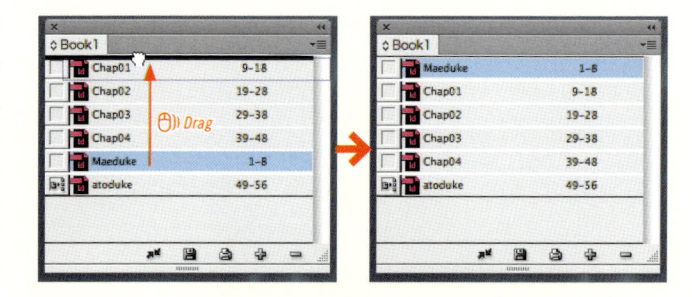

STEP 02

［ブック］パネルからファイルを開くことができます。操作は、［ブック］パネルでファイル名をダブルクリックするだけです。現在開いているファイルには、「開く」アイコン❶が表示されます。また、ブックが閉じている間にファイルが更新されている場合は「変更」アイコン❷が表示されます。ファイルが移動されたり、名前が変更されたり、削除された場合は「不明」アイコン❸が表示されます。

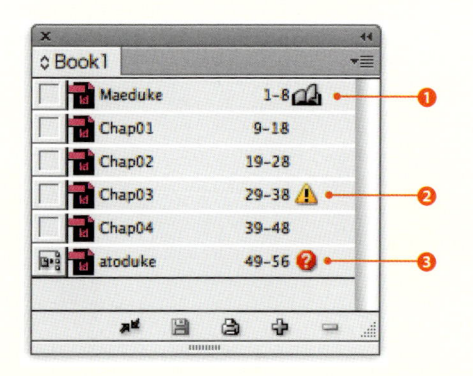

STEP 03

ドキュメントにページ番号が割り振られていない場合は、［ブック］パネルでページ番号を割り当てることができます。パネルでドキュメントを選択し、パネルメニューから［ブックのページ番号設定］を選びます❹。［ページ順］で［前のドキュメントから続行］を選ぶと、ページ番号が自動で割り振られますが、先頭ページが奇数ページから偶数ページに変わってしまう場合があるので注意が必要です。［次の奇数（偶数）ページへ移行］を選ぶと、ドキュメントの先頭ページを常に奇数（偶数）にページにできます。［白ページを挿入］をチェックすると、ページが飛ばないように自動的に白ページが挿入されます❺。

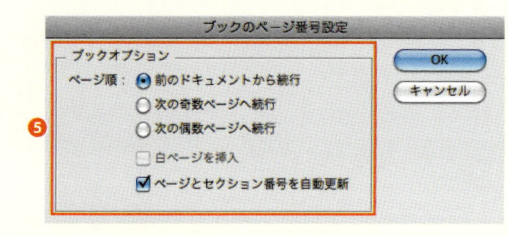

229 ブックでスタイルやスウォッチを同期させる

ブックに登録したドキュメントは、基準になるドキュメントを指定して、各種スタイルやスウォッチなどを同期させることができます。

STEP 01

［ブック］パネルのパネルメニューから［同期オプション］を選びます❶。あらわれるダイアログで同期させるアイテムをチェックボックスで選びます❷。

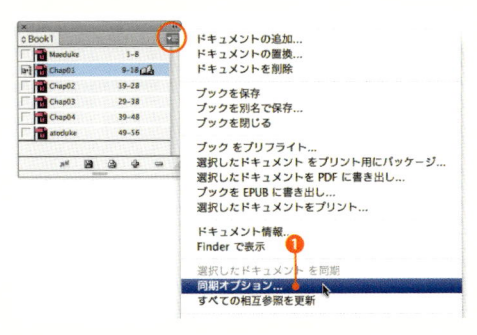

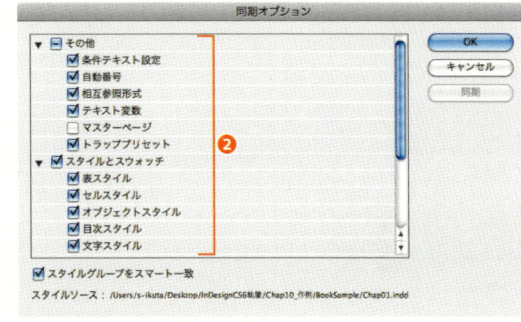

STEP 02

同期させる基準にするドキュメントの、［ブック］パネル左側にある空のボックスをクリックしてスタイルソースアイコン❸を表示させます。［ブック］パネルで、同期させるドキュメントを選択します。ドキュメントを選択していない場合は、すべてのブックが同期されます。同期を実行するには、パネルメニューから［選択したドキュメントを同期］または［ブックを同期］を選びます❹。あるいは、ブックパネル下部にある［スタイルとスウォッチをスタイルソースと一致］ボタン❺をクリックします。

MEMO

ドキュメントを閉じている場合でも、ブックを同期させることができます。同期を実行すると、閉じているドキュメントを開き、変更を行い、ドキュメントを保存して閉じます。この場合、ファイルが閉じてしまうと、元に戻す操作ができなくなりますので、気をつけてください。

STEP 03

ブックの同期が実行されます。作業が終了すると右図のようなメッセージが表示されますので、［OK］ボタンをクリックします。

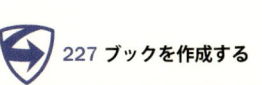

230 ブックパネルで一括してファイルをプリントする

［ブック］パネルを利用すれば、ブック全体または選択したブックドキュメントを一括してプリントできます。

STEP 01

特定のドキュメントをプリントするには、そのドキュメントを選択します。ブック全体を出力するには、［ブック］パネルでドキュメントの選択を解除します（選択解除するには、ブックドキュメントの下にあるグレーの空白エリアをクリックします）。パネルメニューで［ブックをプリント］❶や［選択したドキュメントをプリント］❷を選ぶか、パネル下部の［ブックを印刷］ボタンをクリックします❸。

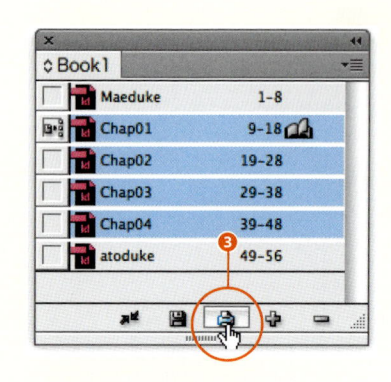

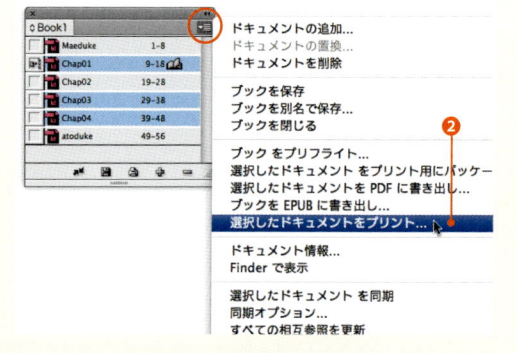

STEP 02

［プリント］ダイアログがあらわれるので、プリンタの選択や、用紙の種類や方向、トンボの指定などを行い、［プリント］ボタンをクリックします。［一般］の項目では、［ページ］のセクションで、ページ指定を行えません（グレー表示されます）❹。

> **MEMO**
> ［ブックを PDF に書き出し］あるいは［選択したドキュメントを PDF に書き出し］を選んで一括して PDF を書き出すこともできます。

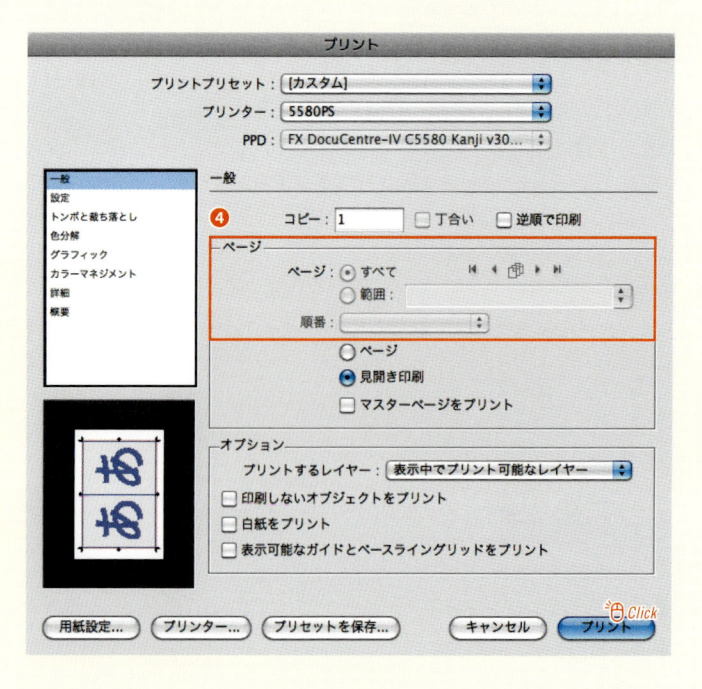

231 ブックにまとめられたファイルを一括してプリフライト、パッケージする

231 ブックにまとめられたファイルを一括してプリフライト、パッケージする

[ブック]パネルを利用すれば、ブック全体または選択したブックドキュメントを一括してプリフライト、パッケージできます。

STEP 01

ブック全体、あるいはブック内で選択したドキュメントをプリフライトしたり❶、パッケージしたりできます❷。以下ではブック全体をプリフライト、パッケージするステップを紹介します。

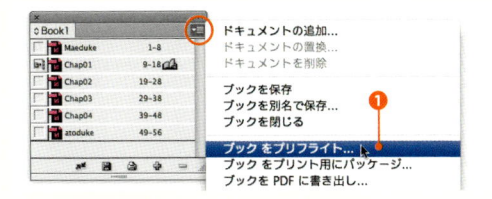

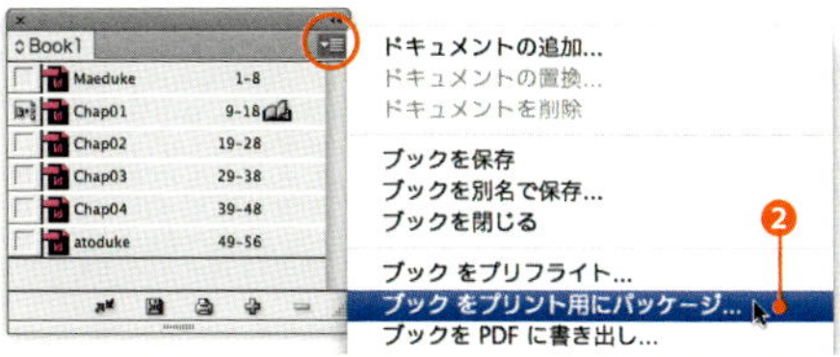

STEP 02

[ブック]パネルでドキュメントの選択を解除し、[ブック]パネルのメニューから[ブックをプリフライト]を選択します。[プリフライトブックオプション]ダイアログが表示されます。[プリフライトプロファイル]を指定し、非表示のレイヤーやペーストボード上のオブジェクトをプリフライトするかを設定します❸。[プリフライト]のボタンをクリックして、プリフライトを実行します❹。プリフライト終了後は、[ブック]パネルに結果がアイコンで表示されます。ファイルに問題を検出しなかった場合は緑の丸（●）、エラーを検出した場合には赤の丸（●）が表示されます❺。

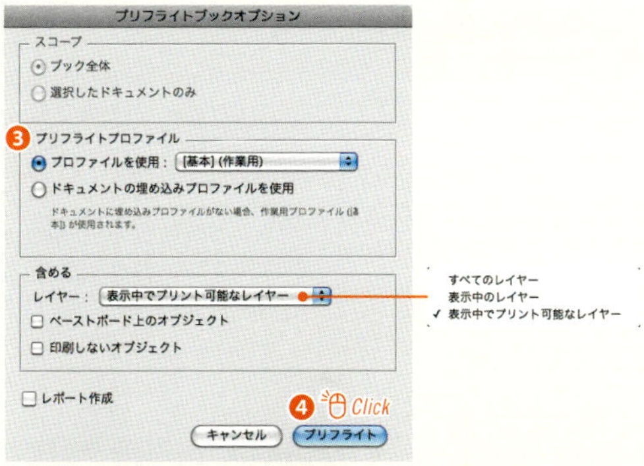

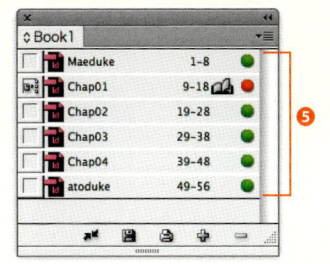

STEP 03

[ブック]パネルでドキュメントの選択を解除し、[ブック]パネルのメニューから[ブックをプリント用にパッケージ]を選択します。パッケージする際のオプションを選択し、保存先やフォルダ名を指定します。最後に、[保存]ボタンをクリックすると、パッケージが実行されます。保存先には、右図のようなフォルダが作成されます。フォルダの中は、InDesignドキュメントとブックファイル、リンクした画像を収めた「Links」フォルダなどが作成されます。

264 プリフライトする項目を設定する
265 パッケージを実行する

232 索引パネルで索引項目を登録する

[索引] パネルを利用すると、ドキュメント内のテキストに索引マーカーを付けて、50音順に登録できます。

STEP 01

書籍の巻末などに掲載する索引を作成するには、キーワードを抽出したり、50音順に並べ替えるなどの作業が必要です。[索引] パネルを利用すれば、索引項目の登録が簡単に行えます。[ウィンドウ] メニューから [書式と表]→[索引] を選び、[索引] パネルを表示させます。ドキュメント内の索引項目にしたいテキストを選択し❶、[新規索引項目を作成] ボタンをクリックします❷。

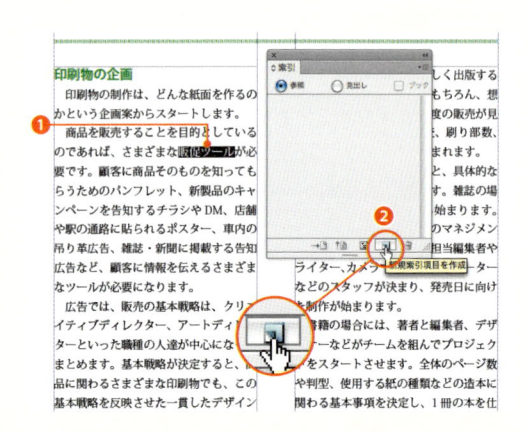

STEP 02

[新規ページ参照] ダイアログがあらわれ、選択したテキストは、[索引項目] に表示されます❸。[読み] にひらがな、あるいはカタカナなどで読みを入力します❹。索引を生成する時は、この読みにしたがって並べ替えが行われるので、ルールを定めて入力するようにして下さい。

MEMO

[参照形式] ❺では、ページ番号に割り当てる条件を指定します。「現在のページ」を選ぶと、索引項目が配置されたページ番号が示されます。「ページ範囲の非表示」を選ぶと、生成される索引にはページ数が表示されなくなります。

STEP 03

[OK] ボタンをクリックすると、[索引] パネルに索引項目があらわれます❻。右図では、「は」の見出しの▼ボタンをクリックして、登録した索引項目とページ参照を表示させたところです。また、[書式] メニューから [制御文字を表示] を選ぶと、索引項目に登録したテキストには索引マーカーが表示されます❼。

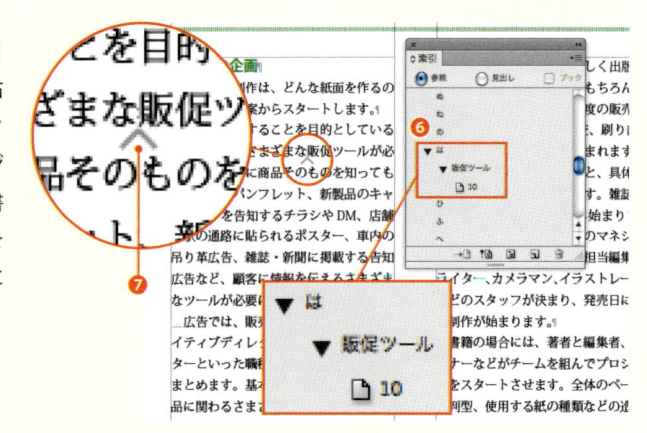

---

234 索引パネルで索引項目を編集する
235 索引パネルでブック全体の索引を生成する

233 索引項目を階層化して登録する

[索引]パネルでは、索引項目を4段階まで階層化して登録できます。階層化された索引項目はフォルダの階層のように表示されます。

STEP 01

ここでは、2段階に階層化して索引項目を登録するステップを解説します。右図では、ドキュメント上で「パンフレット」というテキストを選択し❶、パネル下部の[新規索引項目を作成]ボタンをクリックしたところです❷。この例では、「パンフレット」を、「販促ツール」の下に位置付けます。

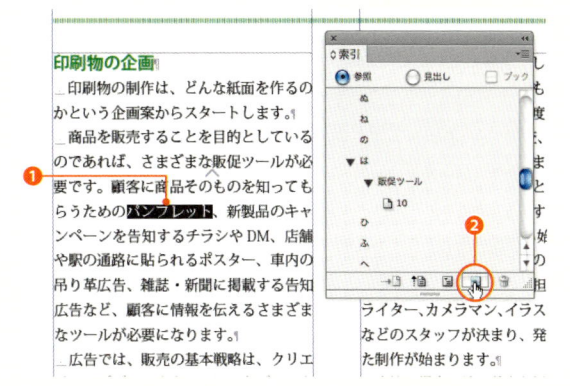

STEP 02

[新規ページ参照]ダイアログがあらわれます。索引項目の入力ボックスの右にある下向きの矢印ボタンをクリックします❸。すると索引項目が2番目の階層に移動します❹。[読み]には「ぱんふれっと」と入力しました。1番目の階層は空欄になっていますので、「販促ツール」と入力し、続けて[読み]に「はんそくつーる」と入力します。

STEP 03

[OK]ボタンをクリックします。[索引]パネルで登録した索引項目を表示させます。「販促ツール」の下に「パンフレット」の索引項目が、フォルダの階層のように表示されているのがわかります❺。

> **MEMO**
> 索引テキストを生成時には、階層化された索引項目も50音順に並べ替えられます。

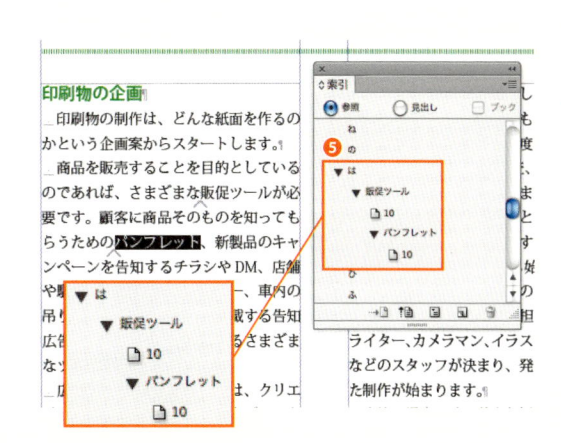

232 索引パネルで索引項目を登録する
234 索引パネルで索引項目を編集する

234 索引パネルで索引項目を編集する

［索引］パネルに登録した索引項目は、後で編集したり、削除することができます。

STEP 01

索引項目の名称の変更や読みの変更が生じた場合は、［索引］パネルで索引項目名やページ参照をダブルクリックしてダイアログを表示させ、編集が行えます。右図では、「市場調査」の項目が「い」の見出しに含まれています。読みを修正するために、［索引］パネルで［参照］を選び❶、「市場調査」のページ参照をダブルクリックします❷。

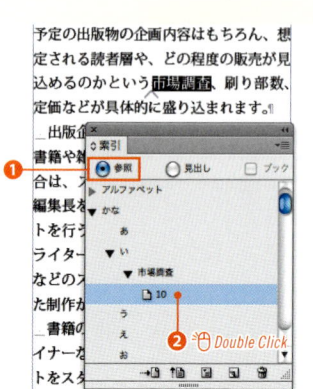

STEP 02

［ページ参照オプション］ダイアログが表示されます。正しい読みを［読み］の入力ボックスに入力し直して❸、［OK］ボタンをクリックします。

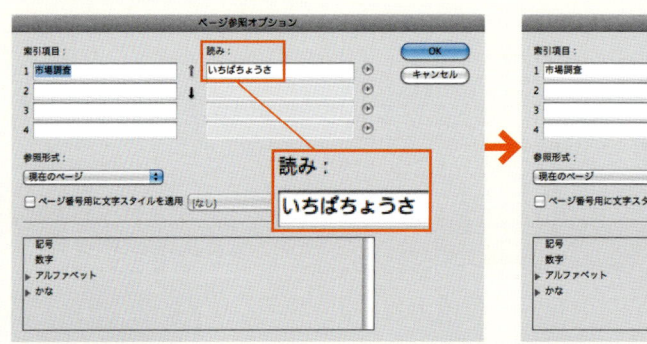

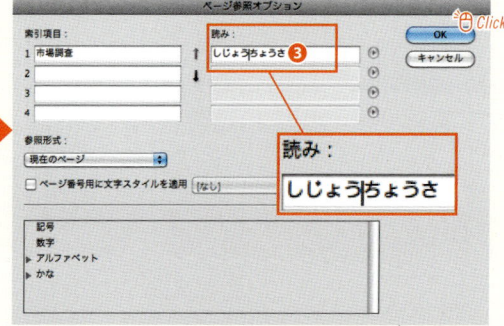

読み：いちばちょうさ → 読み：しじょうちょうさ

STEP 03

「市場調査」の項目が「し」の見出しに含まれるようになりました❹。索引項目を削除するには、索引項目を選択し、パネル下部のゴミ箱のアイコンをクリックするか、ゴミ箱へドラッグします❺。

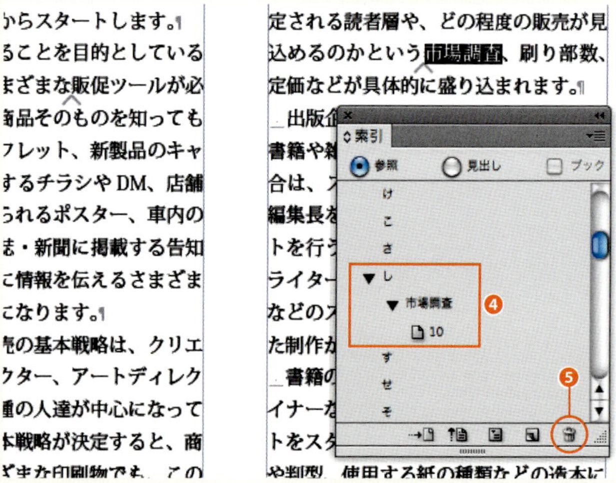

---

232 索引パネルで索引項目を登録する
233 索引項目を階層化して登録する

235 索引パネルでブック全体の索引を生成する

索引項目を［索引］パネルに登録し終えたら、索引のテキストを生成し、ドキュメントに配置できます。

STEP 01

［ブック］パネルを使って、索引を作成してみましょう。この例では、索引ページを「atoduke」ドキュメントに作成することにします。まず、［索引］パネルで［ブック］のチェックをオンにして❶、ブック内のすべてのドキュメントの索引項目を表示させます。「atoduke」のドキュメントで索引を配置するページを表示させ、［索引］パネルから［索引の作成］ボタンをクリックします❷。

STEP 02

［索引の作成］ダイアログがあらわれます。［ブック］に登録したすべてのドキュメントを対象にする場合は、［ブックのドキュメントを含む］をチェックします❸。［タイトル］の入力ボックスは、索引の最初に表示されるテキストを入力します❹。［詳細設定］ボタンをクリックして適宜設定をし❺、［OK］ボタンをクリックします。

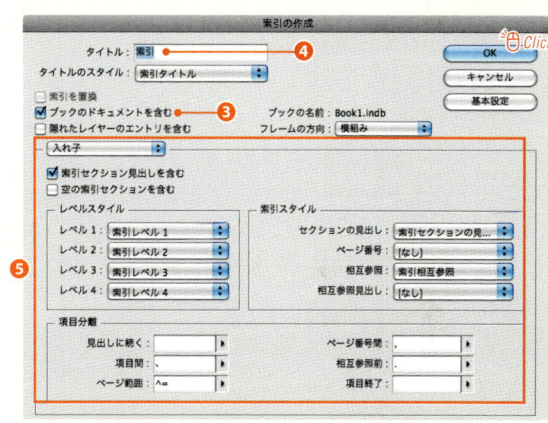

STEP 03

カーソルの形が変化し、テキスト配置アイコンが表示されます❻。索引を配置したい場所でクリックし、索引のストーリーを配置します。STEP-02の設定では、索引のテキストには「索引レベル1」「索引タイトル」「索引セクションの見出し」などの段落スタイルが自動的に定義されるので、後でスタイルの変更が一括で行えます（段落スタイルについては「110 段落スタイルを作成する」を参照して下さい）。

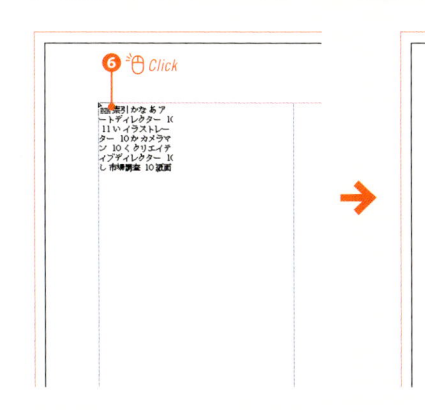

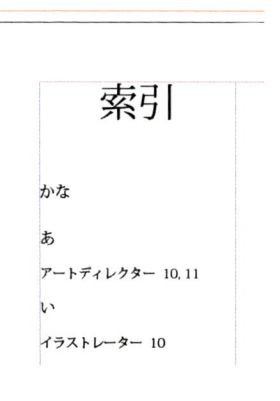

110 段落スタイルを作成する
232 索引パネルで索引項目を登録する

236 目次ページを自動で作成する

［目次］コマンドを使えば、書籍や雑誌の目次ページを自動で作成することができます。目次の項目の後には、ページ番号が自動で割り振られます。

STEP 01

目次を自動で作成するには、目次に抽出したいテキストに段落スタイルを適用しておく必要があります。下図では、「章タイトル」❶、「節タイトル」❷の段落スタイルがドキュメントに適用されている例です。ブック内のすべてのドキュメントに、同じ段落スタイルが適用されているようにして下さい。

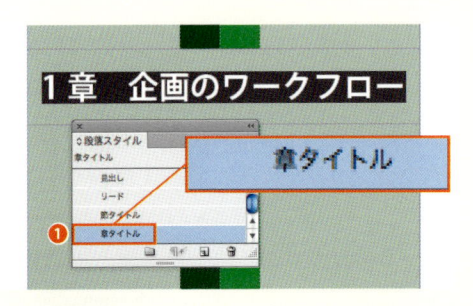

STEP 02

目次ページで、本文ページと異なる段落スタイルを適用する場合は、事前に別の段落スタイルを作成しておきます。右図のように、目次ページのダミーを作成して、適用したいスタイルを登録しておくとよいでしょう。右図では、目次ページで使用する段落スタイルとして、「目次／タイトル」、「目次／章タイトル」、「目次／節タイトル」の３つのスタイルを作成し、［段落スタイル］パネルに登録しました❸。登録を終えたら、ダミーのテキストは削除しておきます。

STEP 03

ブックを利用して、すべてのドキュメントから目次に必要なテキストを抽出し、目次ページを作成します。まず、［レイアウト］メニューから［目次］を選択し、［目次］ダイアログを表示させます。タイトルの入力ボックスに「目次」と入力します（デフォルトで「目次」のテキストが入っています）❹。次に、［スタイル］のポップアップメニューから、目次のタイトルに適用する段落スタイルを選択します。ここでは、「目次／タイトル」のスタイルを選びました❺。

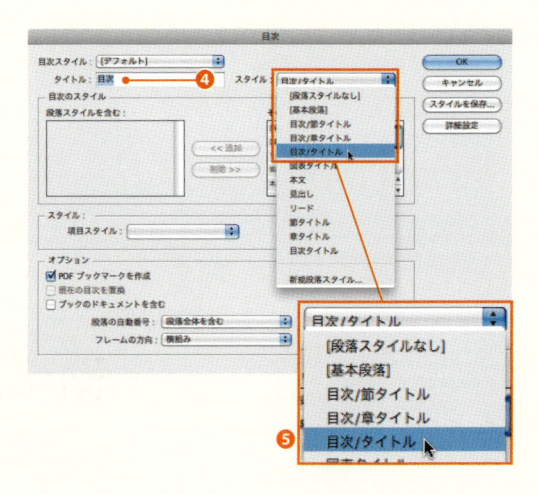

110 段落スタイルを作成する
237 目次ページを更新する

STEP 04

［目次のスタイル］のセクションでは、［その他のスタイル］の項目から、目次ページで抽出したいテキストの段落スタイル名を選び、［追加］ボタンをクリックします❻。段落スタイルを追加すると、左側のリストに移動します❼。さらに［スタイル］のセクションで、目次ページで適用する段落スタイルをポップアップメニューで選びます。今回は、「章タイトル」、「節タイトル」を追加し、それぞれの［項目スタイル］に「目次／章タイトル」❽「目次／節タイトル」❾の段落スタイルを指定しました。

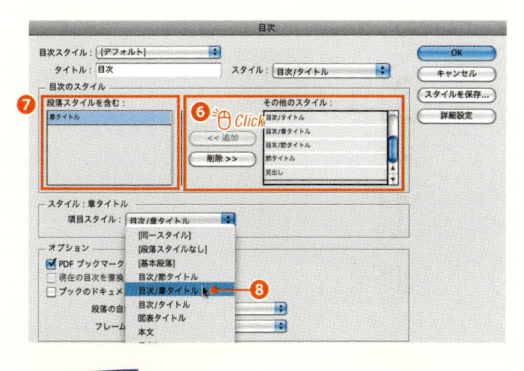

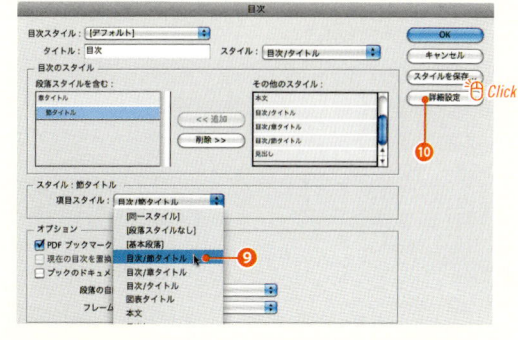

STEP 05

［詳細設定］ボタンをクリックすると❿、［スタイル］のセクションで、ページ番号に適用する文字スタイルを指定することもできます⓫（ページ番号に適用する文字スタイルは、事前に［文字スタイル］パネルに登録しておく必要があります）。［項目と番号間］では、目次項目とページ番号の間に表示する文字を指定できます（デフォルトではタブ文字「^t」が設定されています）⓬。さらに▶ボタン⓭をクリックすると、右インデントタブやさまざまな種類のスペースなどが選べるようになっています。

STEP 06

［スタイルを保存］をクリックし⓮、目次スタイルに名前を付けて保存します⓯。［目次］ダイアログでの設定を終えたら、［OK］ボタンをクリックします。カーソルがテキストを割り付ける表示に変わり⓰、クリックすると目次が流し込まれます。

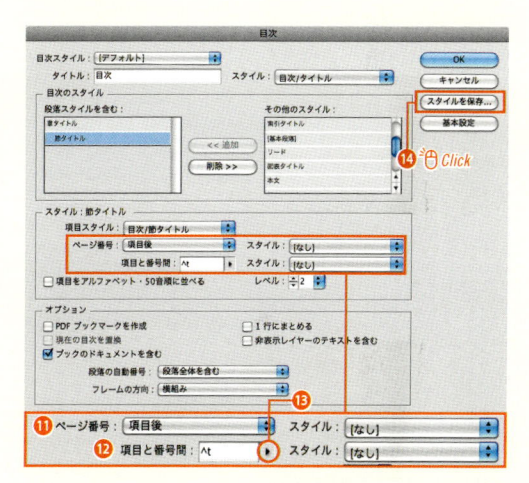

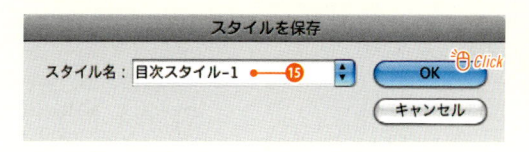

237 目次ページを更新する

[目次] コマンドを利用して作成した目次ページは、[レイアウト] メニューから [目次の更新] で更新できます。

STEP 01

[目次] コマンドで目次ページを作成した後で、テキストの変更を行うには、まず本文のドキュメントページでテキストを変更します❶。本文のドキュメントページで、「第1章　企画のワークフロー」を「第1章　DTPのワークフロー」に変更しました。

STEP 02

[目次] コマンドで作成した目次ページを表示させ、目次のテキストを選択します❷。[レイアウト] メニューから [目次の更新] を選びます❸。

> **CAUTION**
> 目次ページで個々にテキストを選んでスタイルを変更したり、微調整を行うと、[目次の更新] を選んだ後で、スタイルが元に戻ってしまいますので、注意して下さい。

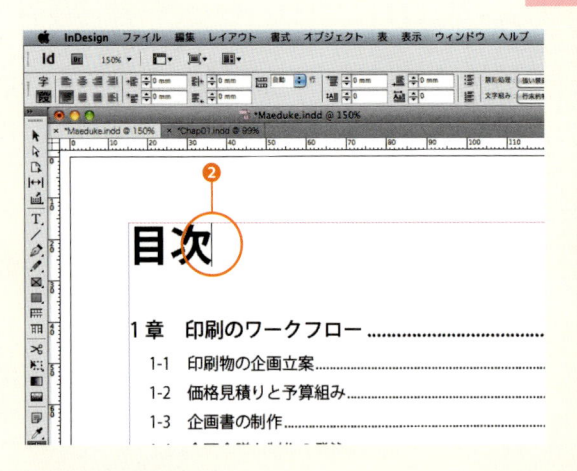

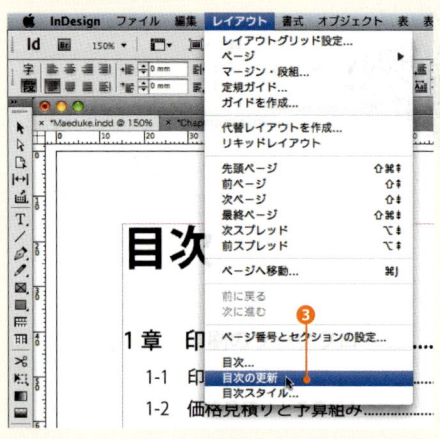

STEP 03

目次の更新が完了したメッセージが表示されます❹。更新された目次ページのテキストは、本文ページで修正した内容を反映したものになっています❺。

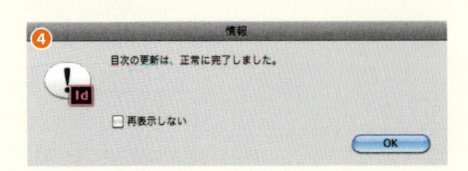

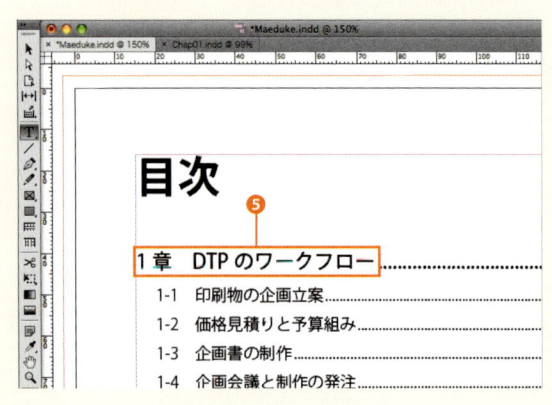

第11章

自動組版などの高度な機能

InDesign CS6
DESIGN REFERENCE
PLUS

238 テキスト変数で扉ページの題名を柱に挿入する

テキスト変数を使って、章扉のタイトル名と、本文ページの柱のテキストを一致させます。

STEP 01

本のドキュメントの「章扉」のページにテキストフレームを作成し、章のタイトル名を挿入します❶。テキストには、タイトル名用の段落スタイルを設定します（図ではスタイル名「扉タイトル」）❷。

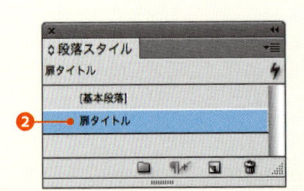

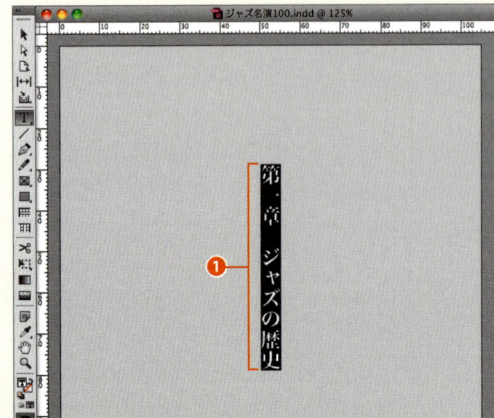

STEP 02

「本文」のマスターページを作成します❸。本文のテキストフレームの上に「柱」用のテキストフレームを作成し❹、カーソルが挿入された状態で［書式］メニューから［テキスト変数］→［定義］を選択します❺。

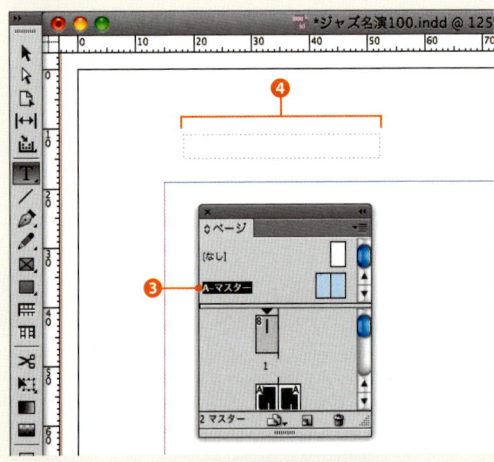

STEP 03

［テキスト変数］ダイアログが表示されたら、［新規］ボタンをクリックします❻。

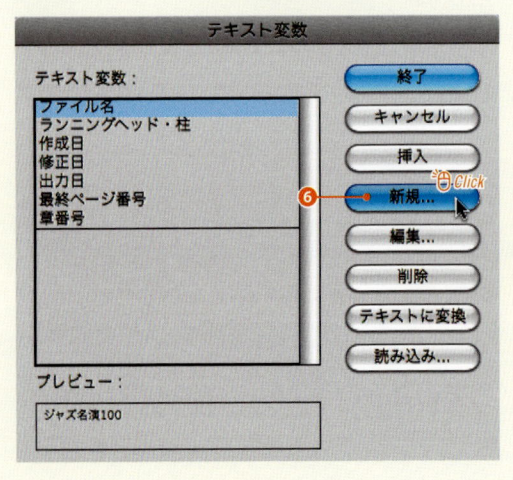

---

047 新しいマスターページを作成する
110 段落スタイルを作成する

STEP 04

[新規テキスト変数] ダイアログが表示されたら、[名前] に変数名（図では「章のタイトル」）を入力します❼。[種類] を [ランニングヘッド・柱（段落スタイル）] にします❽。[スタイル] は、章のタイトル名に設定した段落スタイル名（図では「扉タイトル」）にして❾、[OK] ボタンをクリックします。

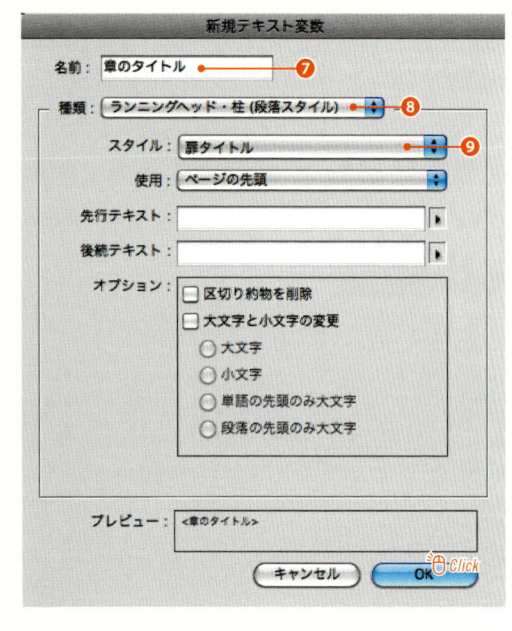

STEP 05

ふたたび [テキスト変数] ダイアログが表示されたら、変数名（図では「章のタイトル」）を選択し❿、[挿入] ボタンをクリックします⓫。[終了] ボタンをクリックしてダイアログを閉じます⓬。マスターページの「柱」用のテキストフレームに変数名が挿入されました⓭。

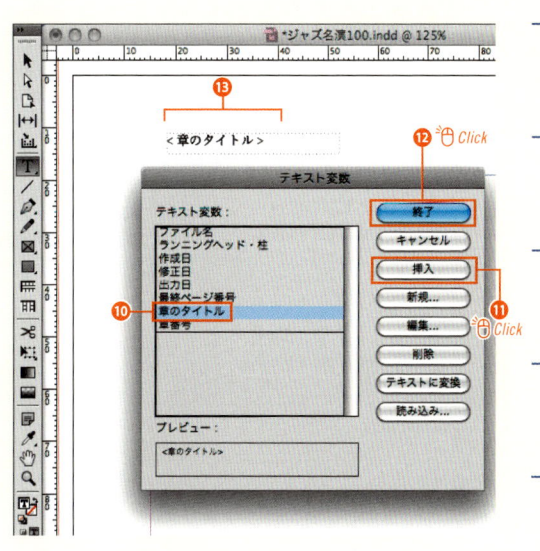

STEP 06

本文のドキュメントページを表示させると、「柱」用のテキストフレームに「章扉」のページに入力したのと同じタイトル名が自動で入力されます⓮。

> **MEMO**
> 「章扉」のページの「タイトル名のテキスト」を変更すると、自動的に本文ページの「柱のテキスト」も更新されて、常に両方のテキストが一致します。

239 先頭文字スタイルで異なる文字設定を自動設定する

[ドロップキャップと先頭文字スタイル] で区切りとなる記号と文字スタイルを設定すると、複数の文字スタイルを連続して設定できます。

STEP 01

先頭文字スタイルで設定する見本を作成します。まず、2行目以降の文頭が下がるようにインデントを設定します。次に、段落先頭のひらがな❶とスミ付きパーレン（【　】）で囲んだテキスト❷に異なる文字設定を行い、[文字スタイル] パネルにそれぞれ「読み」「漢字」という名前の文字スタイルを登録しています❸。

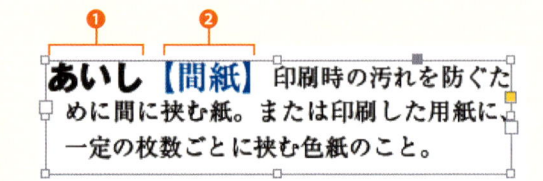

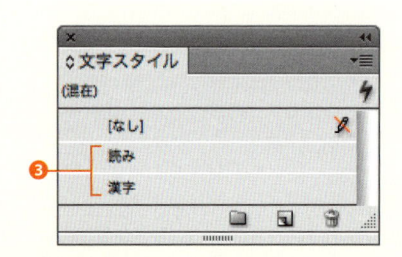

STEP 02

[横組み文字] ツール で、文字スタイルを設定していないテキストフレームを選択します❹。[段落] パネルのパネルメニューから [ドロップキャップと先頭文字スタイル] を選択します❺。

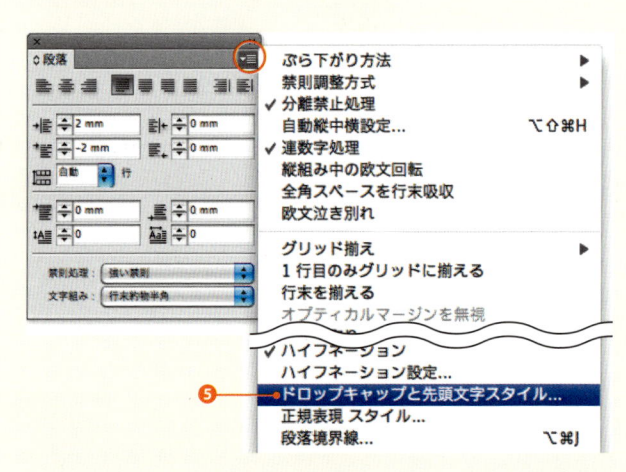

STEP 03

ダイアログが表示されたら [新規スタイル] ボタンをクリックします❻。

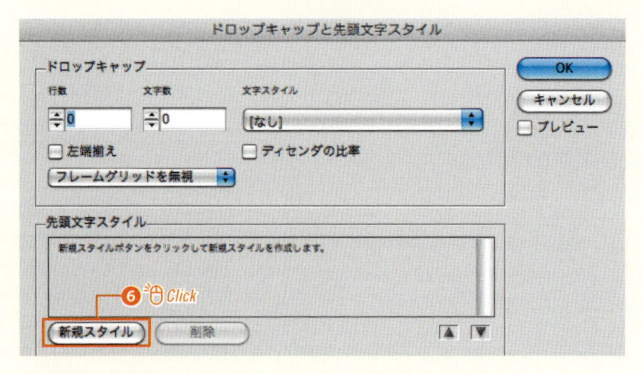

106 段落にインデントを設定する
113 文字スタイルを作成する

STEP 04

[先頭文字スタイル]の左端の欄をクリックして、段落先頭のテキストに設定する文字スタイル名(「読み」)を選択します❼。

STEP 05

[文字]と表示された欄をクリックしてカーソルを挿入し、キーボードでスミ付きパーレン(【)を入力します❽。

STEP 06

[を含む]をクリックしてメニューから[で区切る]を選択します❾。次に、もう一度[新規スタイル]ボタンをクリックします❿。

STEP 07

左端の欄をクリックして、2番目に設定する文字スタイル名(「漢字」)を選択します⓫。

STEP 08

[文字]と表示された欄をクリックしてカーソルを挿入し、スミ付きパーレン(】)を入力して⓬、[OK]ボタンをクリックします。

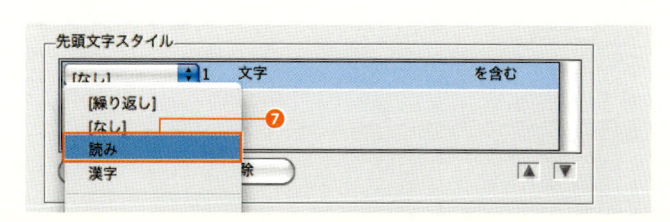

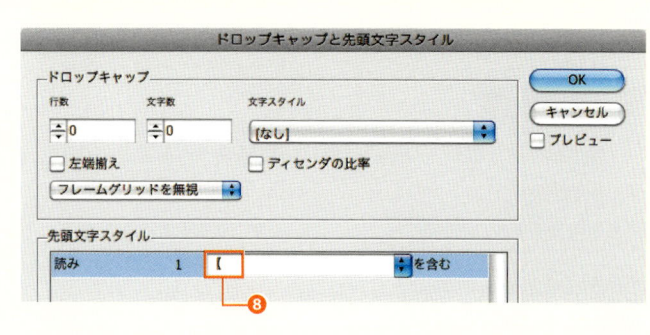

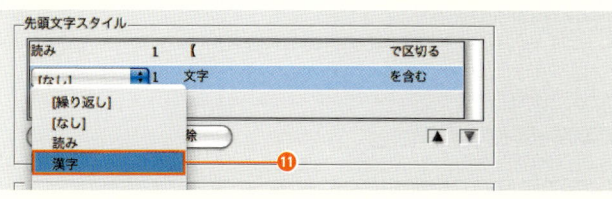

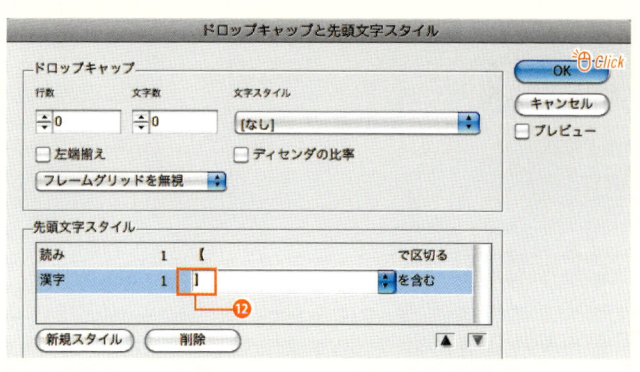

STEP 09

選択したテキストフレームの「段落の先頭の文字」と「スミ付きパーレンの文字」に文字スタイルが設定されます⓭。

240 複数の段落スタイルを自動で適用させる

段落スタイルの［次のスタイル］と［オブジェクトスタイル］を使うことで、複数の段落に異なる段落スタイルを自動で設定できます。

STEP 01

ひとつのテキストフレームの各段落に段落スタイルを設定します。図では4つの段落❶に、それぞれ段落スタイルを設定しています❷。なお、1行目の上にある罫線は、1行目の段落スタイルに含まれる段落境界線によるものです。

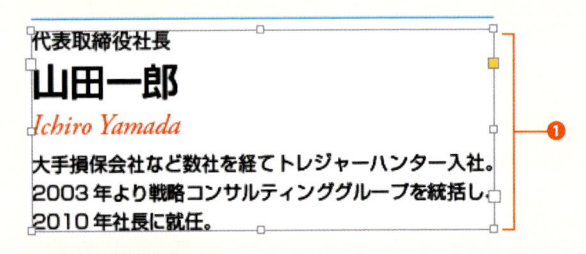

STEP 02

テキストの1段落目を選択し、［段落スタイル］パネルの1段落目用の段落スタイル名をダブルクリックします。［段落スタイルの編集］ダイアログが表示されたら、［次のスタイル］を2段落目用の段落スタイル名に変更し❸、［OK］ボタンをクリックします。

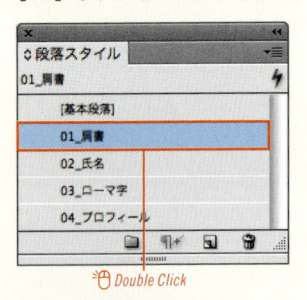

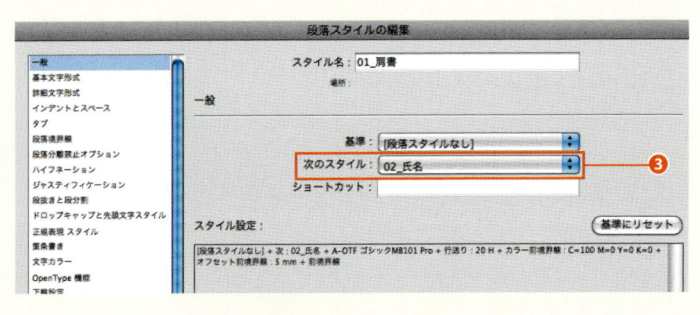

STEP 03

テキストの2段落目を選択し、［段落スタイル］パネルの2段落目用の段落スタイル名をダブルクリックします。［段落スタイルの編集］ダイアログが表示されたら、［次のスタイル］を3段落目用の段落スタイル名に変更し❹、［OK］ボタンをクリックします。同じ手順で3段落目の［次のスタイル］に4段落目の段落スタイル、最後の段落である4段落目の［次のスタイル］には1段落目の段落スタイルを設定します。

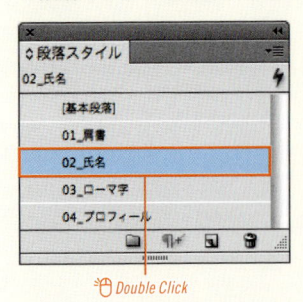

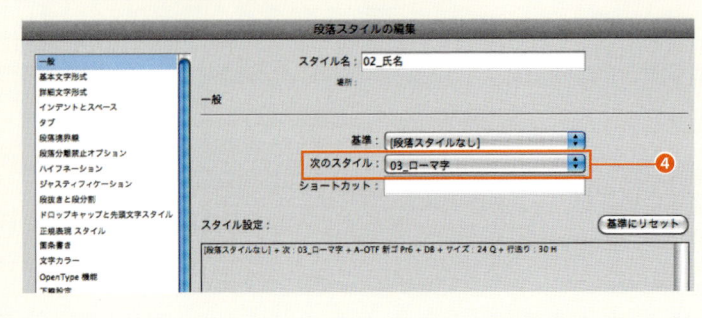

---

107 段落境界線を設定する
110 段落スタイルを作成する

STEP 04

［選択］ツールでテキストフレームを選択し❺、［オブジェクトスタイル］パネルの［新規スタイルを作成］をクリックします❻。新しく作られた「オブジェクトスタイル1」をダブルクリックします❼。

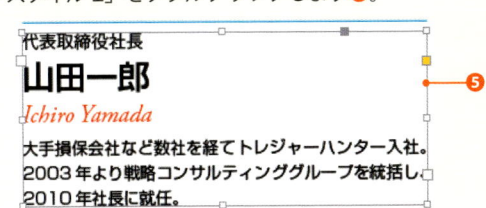

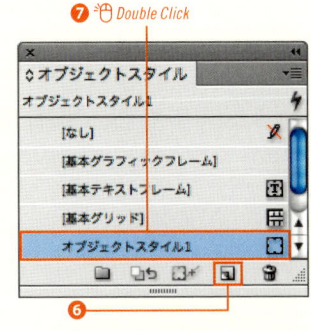

STEP 05

ダイアログが表示したら［スタイル名］を入力し❽、［基本属性］から［段落スタイル］を選択します❾。ダイアログの右側が［段落スタイル］の設定に変わったら、［次のスタイルを適用］をチェックして❿、［OK］ボタンをクリックします。

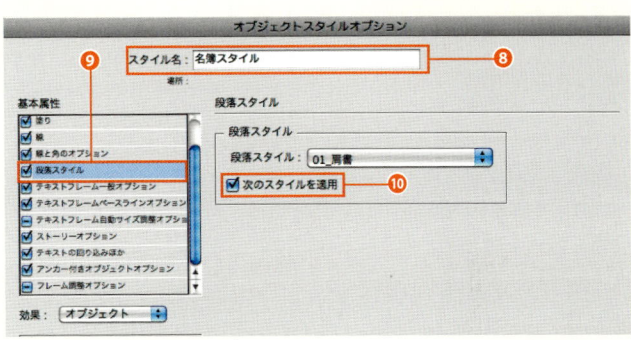

STEP 06

［選択］ツールで書式を設定していないテキストフレームを選択します⓫。［オブジェクトスタイル］パネルのスタイルをクリックすると⓬、テキストフレームの各段落に段落スタイルが自動で適用されます⓭。

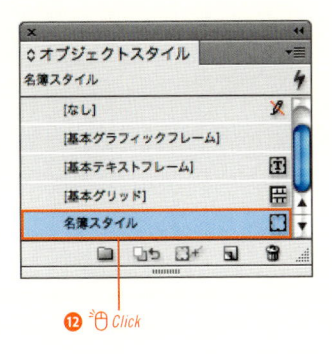

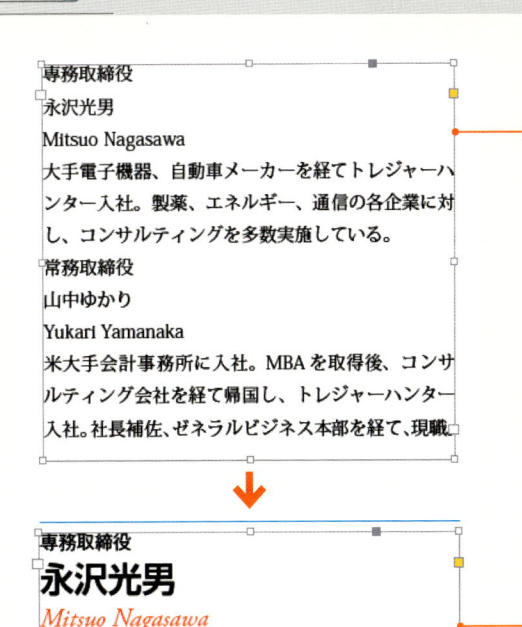

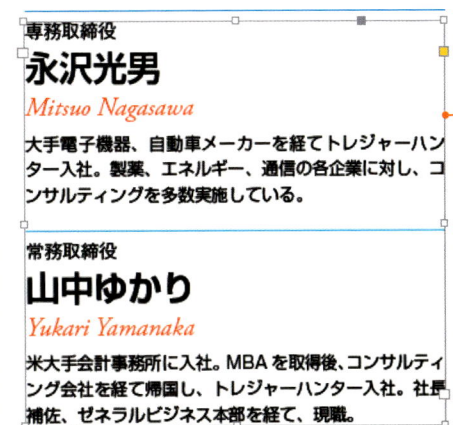

241 Excel と InDesign タグを使って自動組版する

テキストに文字設定のためのタグを挿入したのち、InDesign のドキュメント上に配置すると、自動で文字設定ができます。

STEP 01

InDesign で段落スタイルを作成します。例では「01_肩書」「02_氏名」「03_ローマ字」「04_プロフィール」の4つの段落スタイルを設定しています❶。

STEP 02

Excel で新規スプレッドシートを作成します。例では段落スタイルの内容に合わせて、1行目に「肩書」「氏名」「ローマ字」「プロフィール」の4つのセルを作り、2行目に情報を入力しています❷。

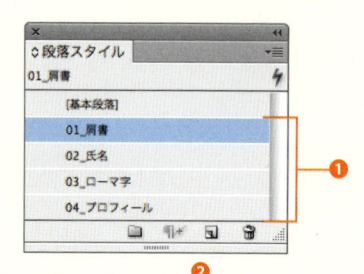

STEP 03

各項目の前に列を増やします。最初のセルを選択し半角英数字で `<ParaStyle:>` を入力し、コロンの後ろに STEP-01 で作成した段落スタイル名を入力します❸。3列目のセルは `<000D>` を入力したのち、`<ParaStyle:>` に段落スタイル名を入力します❹。5列と7列目も同じように入力します❺❻。最後のセルを選択し「=CONCATENATE(A2,B2,C2,D2,E2,F2,G2,H2)」を入力します❼。「CONCATENATE」は指定したセルのテキストをつなげる Excel の関数です。合体してできたセルを選択し❽、[編集] メニューから [コピー] を選択します。

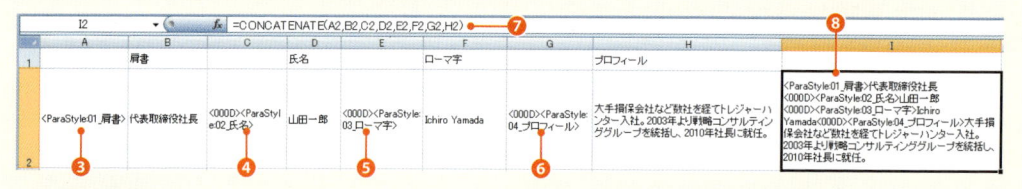

STEP 04

テキストエディタ (Mac の「テキストエディット」、Windows の「メモ帳」など) で新規ページを開き、[編集] → [ペースト] します❾。テキストの先頭に半角英数字で `<SJIS-MAC>` (Windows は `<SJIS-WIN>`) を入力して、改行します❿。

> **MEMO**
> `<>` で囲まれたテキストが InDesign タグです。テキストの前に挿入することでその後のテキストが書式設定されます。例で使用した `<ParaStyle:>` は段落スタイルを指定、`<000D>` は改行を指定する InDesign タグです。テキストの文頭に入力した `<SJIS-MAC>` は、テキストのエンコード形式が Shift JIS であり、Mac 版の InDesign で使うことを意味します。InDesign タグを使うときは必須のタグとなります。

074 テキストを流し込む
110 段落スタイルを作成する

STEP 05

テキストエディタで［保存］を選択します。ダイアログが表示されたらエンコード形式を「Shift JIS」にして⓫（図は Mac の「テキストエディット」）、テキストファイルを保存します。

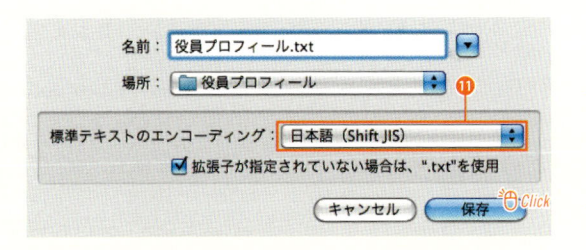

STEP 06

STEP-01 の InDesign ファイルに戻り、［ファイル］メニューから［配置］を選択します。ダイアログが表示されたら、STEP-05 で保存したテキストファイルを選択します⓬。［グリッドフォーマットの適用］のチェックを外し⓭、［開く］ボタンをクリックします。

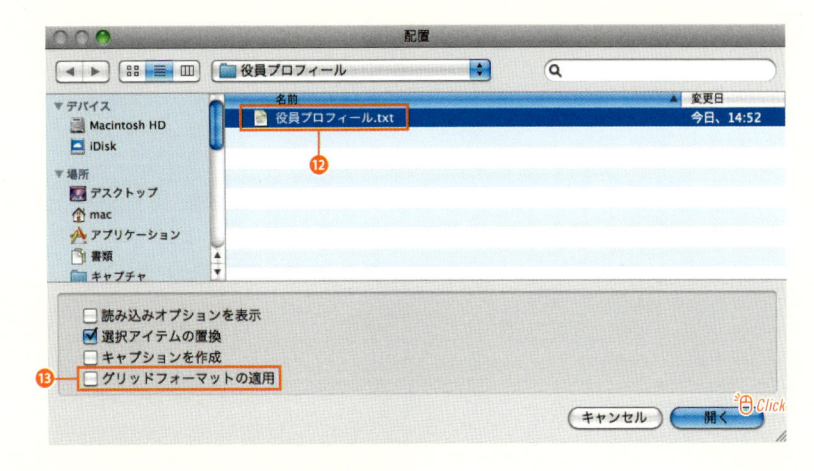

STEP 07

ドキュメント上でマウスポインタがテキストのプレビュー状態になったら、あらかじめ作成しておいた空のテキストフレームをクリックします。テキストが配置され、自動で 4 つの段落スタイルが適用されます⓮。

📝 MEMO

ここでは Excel を利用して InDesign タグを設定し、テキストエディタにペーストしましたが、テキストエディタを使って最初から STEP-04 のテキストを入力するのでもかまいません。多くのリストを流し込むときには、Excel を使うことで、正確な InDesign タグの設定ができます。
よく使う InDesign タグは表の通りです。これ以外にも多くの種類の InDesign タグがあり、詳細な書式設定が可能です。InDesign タグの詳しい情報は Adobe 社のサイト（http://help.adobe.com/ja_JP/indesign/cs/taggedtext/indesign_cs5_taggedtext.pdf）で確認してください。

文字属性	タグ	使用例
フォントファミリー	cf	<cf:小塚ゴシック Pro>
スタイル	ct	<ct:B>
テキスト色の「塗り」	cc	<cc:赤>、<cc:C¥=100 M¥=0 Y¥=0 K¥=0>
フォントサイズ	cs	<cs:18>　※ポイント単位で指定
行送り	cl	<cl:20>　※ポイント単位で指定
段落スタイル	pstyle	<pstyle:段落スタイル名>
文字スタイル	cstyle	<cstyle:文字スタイル名>

242 データ結合で社員カードを自動組版する

［データ結合］を使うと、タブで区切られたテキストデータを使って、テキストや写真の自動組版が可能になります。

STEP 01

社員カードの名簿を入力したテキストファイルを作成します。1行目に3つの項目名「ID」「名前」「@写真」を入力し、その下に名簿を入力します❶。1行目の「@写真」は画像ファイル名（保存先のパス名）を入力するための項目です❷。画像ファイル名を入力するときは項目名の前に「@」を付けます。項目間はタブで区切ります。

STEP 02

社員カードよりも大きなサイズの新規ドキュメントを作り、Illustratorで作った社員カードの台紙を配置します❸。

STEP 03

［ウィンドウ］メニューから［ユーティリティ］→［データ結合］を選択して、［データ結合］パネルを表示させます。パネルメニューから［データソースを選択］を選択し❹、STEP-01で作成したテキストファイルを選択します。

STEP 04

［横組み文字］ツール T でテキストフレームを作成します。テキストフレームにカーソルを挿入し、［データ結合］パネルの「ID」と「名前」を順番にダブルクリックして❺、フレームに項目名を挿入します❻。次に「ID」と「名前」の間を改行し、フォントや文字サイズを設定します❼。

STEP 05

［長方形フレーム］ツール で画像フレームを作成します❽。画像フレームを選択し、［データ結合］パネルの「写真」をダブルクリックして❾、フレームに項目名を挿入します❿。

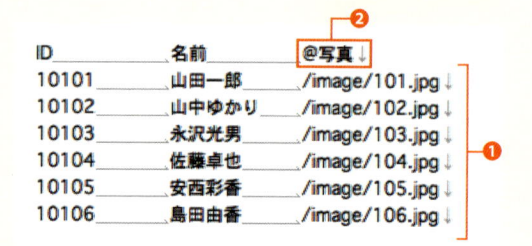

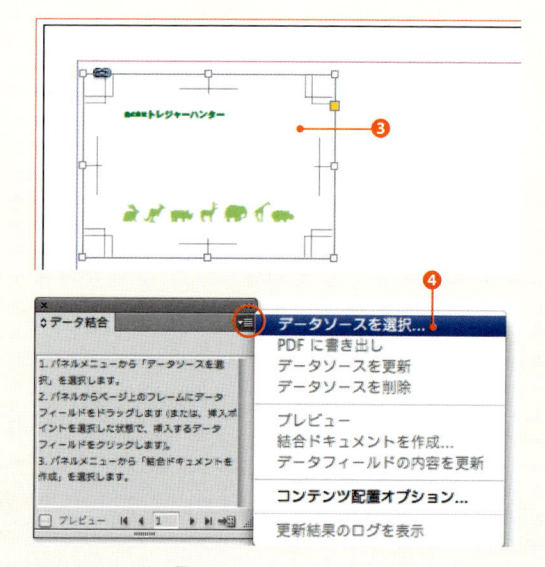

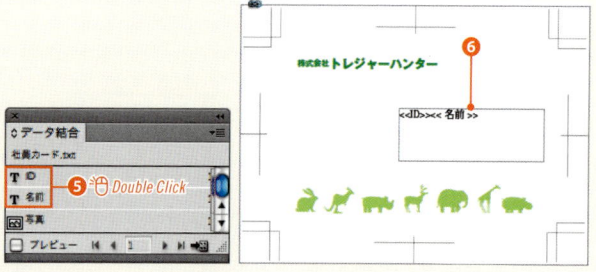

STEP 06

［データ結合］パネルの［プレビュー］をチェックすると❶、テキストフレームや画像フレームに、STEP-01で作成したテキストデータの1行目の内容が挿入されます❷。

> **MEMO**
> 画像ファイルは、テキストデータの1行目にある「/image/101.jpg」から配置されます。これは、テキストファイルのあるフォルダ内の「image」フォルダ内の「101.jpg」を意味します。

STEP 07

［データ結合］パネルの［結合ドキュメントを作成］ボタンをクリックします❸。ダイアログが表示されたら、［ドキュメントページあたりのレコード］を［複数レコード］にします❹。続いて、［複数レコードレイアウト］タブをクリックし❺、このあとで自動で作られる新規ドキュメントの［マージン］❻、社員カードが複数配置されたときの各カード間の［間隔］❼を設定し、［OK］ボタンをクリックします。

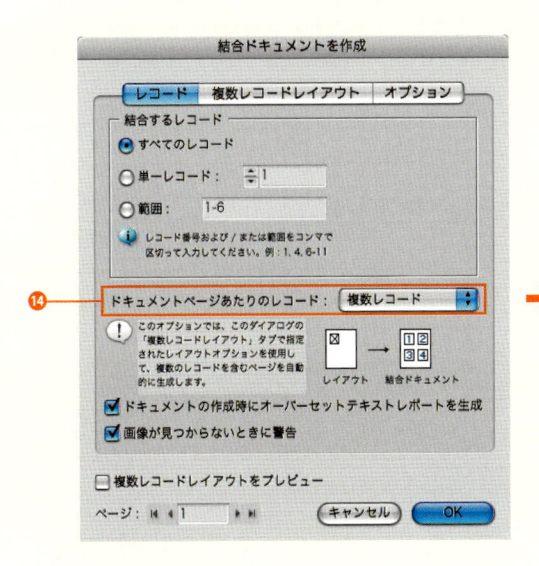

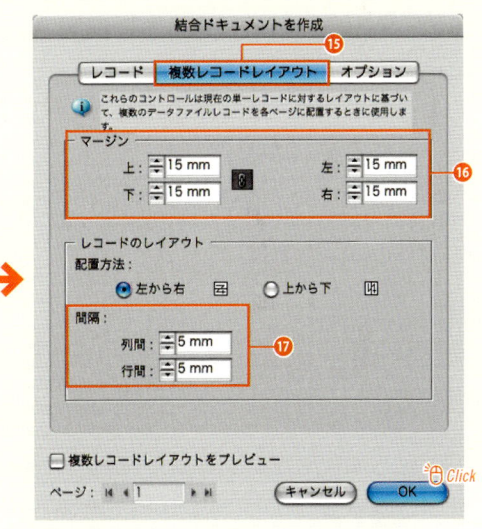

STEP 08

新しくドキュメントが作られて、名簿のテキストデータが挿入された社員カードが並びます❽。1ページに収まらないときは複数のページが作られます。

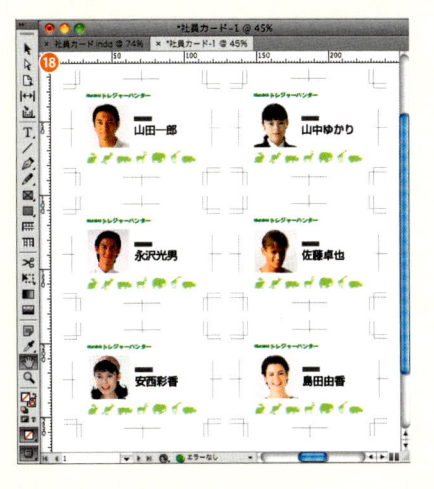

243 JavaScriptでタブを効率的に設定する

JavaScriptのサンプルコード「TabUtilities.jsx」を使って、タブ揃えを簡単に行います。

STEP 01

タブ記号が挿入されたテキストを選択します❶。

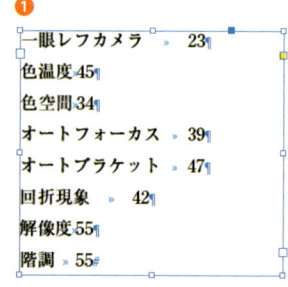

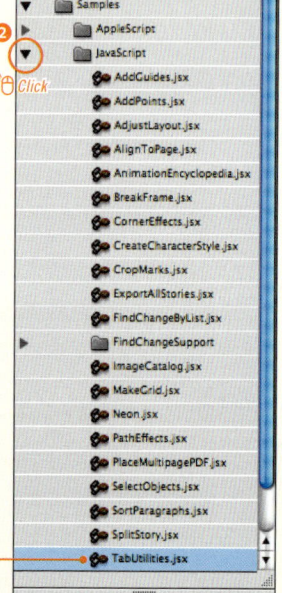

STEP 02

［ウィンドウ］メニューから［ユーティリティ］→［スクリプト］を選択して、［スクリプト］パネルを表示させます。パネルの中の［アプリケーション］→［Samples］→［JavaScript］❷の三角形を順番にクリックしていき、［TabUtilities.jsx］をダブルクリックします。

STEP 03

ダイアログが表示されたら［Right Column Edge］を選択し❸、［Tab Leader］に記号（例ではピリオド）を入力して❹、［OK］ボタンをクリックします。

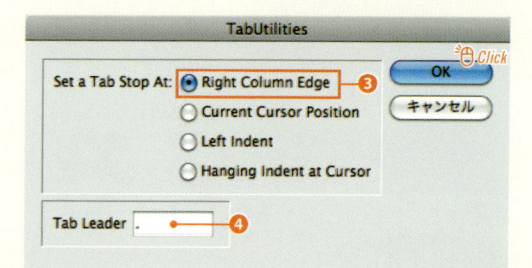

STEP 04

テキストフレームの右端に［右／下揃えタブ］が設定されて、リーダー罫が入力されます❺。

CAUTION

通常、タブ揃えはタブパネルを使って操作しますが、タブをテキストフレームの右端ギリギリに設定するようなときは、数値入力による設定が必要となり、少し面倒な操作となります。スクリプト「TabUtilities.jsx」を使うことで、操作を簡略化できます。スクリプトで操作した結果を取り消すには、［編集］メニューの［取り消し］を選択します。行数が多いときの取り消し操作は、タブパネルを開いて、タブを削除するのが効率的です。

244 JavaScriptで画像一覧を作る

JavaScriptのサンプルコード「ImageCatalog.jsx」を使って、画像ファイルを一覧表示させたコンタクトシートを作ります。

STEP 01

[ウィンドウ]メニューから[ユーティリティ]→[スクリプト]を選択して、[スクリプト]パネルを表示させます。パネルの中の[アプリケーション]→[Samples]→[JavaScript]❶の三角形を順番にクリックしていき、[ImageCatalog.jsx]をダブルクリックします。

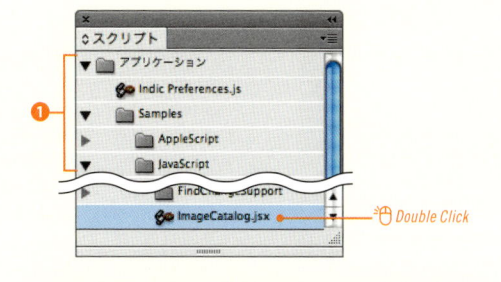

STEP 02

ダイアログが表示されたら、画像の入ったフォルダを選択し❷、[開く]ボタンをクリックします。

STEP 03

[Image Catalog]ダイアログが表示されたら[OK]ボタンをクリックします❸。

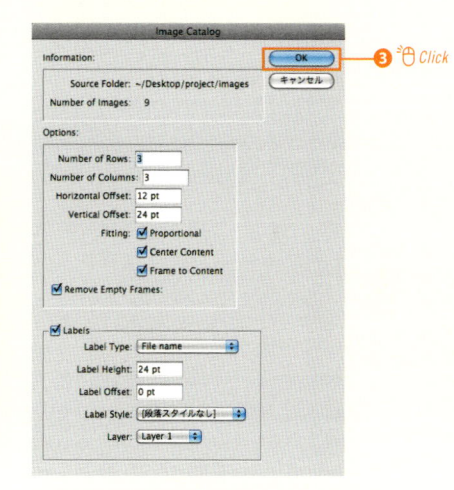

> **MEMO**
> [Image Catalog]ダイアログは画像の配置数や配置方法、ラベル（キャプション）の書式などを設定するダイアログです。必要に応じて設定します。フォルダ名に日本語が使われていると「Information」欄が文字化けして記号になって表示されますが、操作上の問題はありません。

STEP 04

新規ドキュメントが作成されて、指定したフォルダの画像ファイルが一覧表示されます❹。画像の下には画像ファイル名のキャプションが入ります。

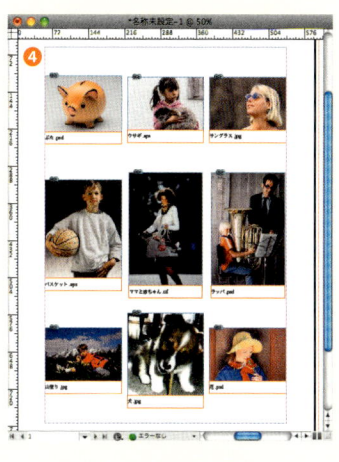

> **CAUTION**
> 画像ファイル名に濁音・半濁音の仮名文字を使っているとき、警告が表示されることがありますが、操作の内容には支障がありません。

245 JavaScriptで定型文を挿入する

JavaScriptのコードを入力して保存し、InDesignのテキストフレームに自動でテキストを入力します。

STEP 01

InDesignと一緒にインストールされるExtendScript Toolkitを起動します。ExtendScript Toolkitは、「アプリケーション」→「ユーティリティ」→「Adobe ユーティリティ CS6」→「ExtendScript Toolkit CS6」フォルダ（Windowsは「スタート」→「すべてのプログラム」→「Adobe CS6」フォルダ）にあります❶。

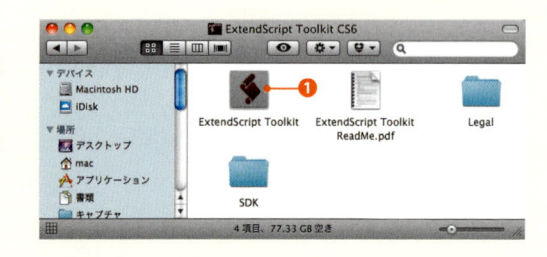

STEP 02

入力ウィンドウの左上のポップアップメニューを［Adobe InDesign CS6］に変更します❷。入力ウィンドウに半角英数字と日本語で「`app.selection[0].contents = "こんにちは";`」と入力します❸。

□MEMO

［ExtendScript Toolkit］メニュー（Windowsは［編集］メニュー）の［環境設定］を開き、［フォントと色］で文字サイズを大きくできます。

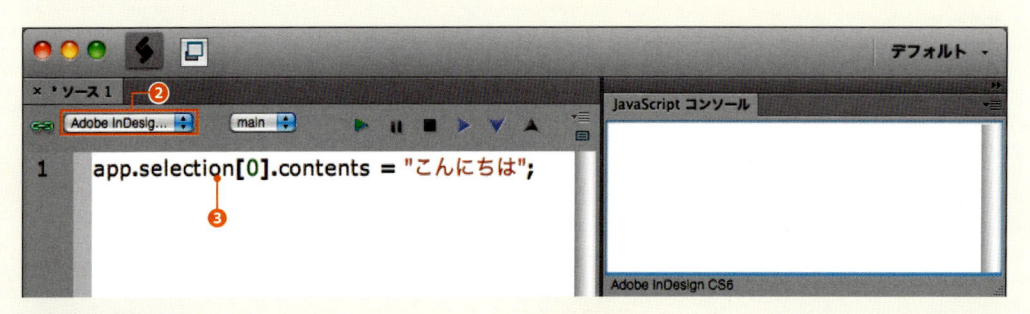

STEP 03

InDesignを起動し、［横組み文字］ツール T を使ってテキストフレームを作り、フレームの中でカーソルが点滅した状態にします❹。

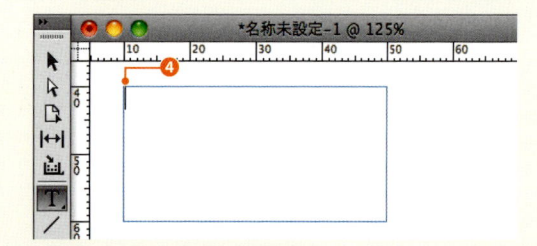

STEP 04

ExtendScript Toolkitに戻り、［スクリプトの実行を開始］ボタンをクリックします❺。InDesignのテキストフレームに「こんにちは」のテキストが自動で入力されます❻。

STEP 05

ExtendScript Toolkit の入力ウィンドウで「こんにちは」のテキストを削除して、会社名と URL を入力します❼。InDesign のテキストフレーム内のテキストを削除して、ExtendScript Toolkit の［スクリプトの実行を開始］ボタンをクリックすると❽、社名と URL が表示されます❾。うまくいったらスクリプトのテストは終了です。

STEP 06

ExtendScript Toolkit の［ファイル］メニューから［保存］を選択します。［名前］欄に任意の名前（拡張子は「.jsx」）を入力します❿。［場所］は InDesign アプリケーションのあるフォルダの中の「Scripts」→「Scripts Panel」フォルダにして⓫、［保存］ボタンをクリックします。

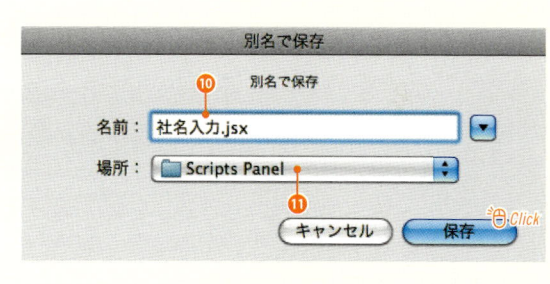

STEP 07

InDesign で［ウィンドウ］メニューから［ユーティリティ］→［スクリプト］を選択して、［スクリプト］パネルを表示させます。［スクリプト］パネルには、保存したスクリプト名が表示されます。テキストフレームにカーソルを挿入して、スクリプト名をダブルクリックすると⓬、テキストが挿入されます⓭。

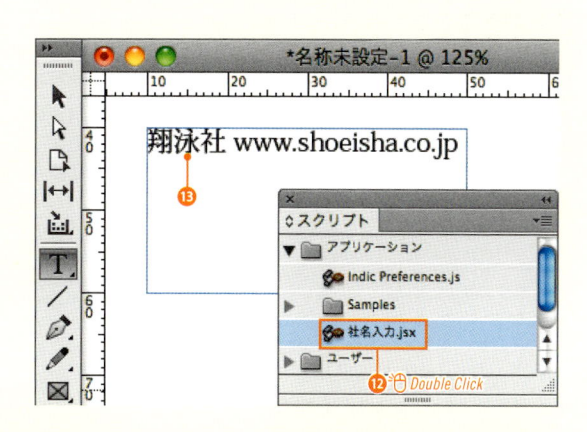

MEMO

入力したスクリプトには「app」「selection[0]」「contents」の3つのコードが使われていて、コードの間にはドット（ピリオド）を入力しました。「app」は applicatipon の略で、ここでは InDesign を意味します。「selection[0]」は選択している中で 0 番目（一番手前）にあるオブジェクト、「contents」は「内容」を表します。この一連のスクリプトの意味は、「InDesign で選択している一番手前のオブジェクトの内容を " ○○○ " にする」です。挿入するテキストの前後には引用符「"」を入力する必要があります。

```
app.selection[0].contents = "こんにちは";
```

InDesign の　　選択中の最上階層の　　　内容は

246 XMLを使った自動組版のためのテンプレートを作る

XMLデータを読み込んでテキストや画像を自動組版するために、テキストフレームや画像フレームにタグを割り当てます。

STEP 01

XMLデータのファイルを用意します。右のサンプルは、レストランの情報のXMLデータです。レストラン1店分の情報が、`<shop>`〜`</shop>`というタグの中にあり❶、その中にはさらに`<name>`店名、`<comment>`解説、`<budget>`予算、`<access>`交通手段、`<telephone>`電話番号、`<url>`WebページのURL、`<photo>`画像ファイル名、`<caption>`写真キャプションの各情報があります❷。画像ファイル名は半角英数字で入力します。

STEP 02

InDesignの[ウィンドウ]→「ユーティリティ」→[タグ]で[タグ]パネルを表示し、パネルメニューから[タグの読み込み]を選択します❸。ダイアログが表示されたら、XMLファイルを選択して開きます。[タグ]パネルには、XMLファイルで使われているタグ名が読み込まれます❹。正しいXMLデータでないとエラーになります。

STEP 03

InDesign上に見本組を作ります❺。XMLデータのタグ（項目）数と同じ数のフレームを作り、それぞれ段落スタイルを設定します。

STEP 04

[選択]ツールでフレームをひとつ選択して❻、[タグ]パネルから、選択したフレームに挿入されるべきタグ名をクリックします❼。[表示]メニューから[構造]→[タグ付きフレームを表示]を選択すると、フレームに、[タグ]パネルのタグ名と同じ色が付きます。

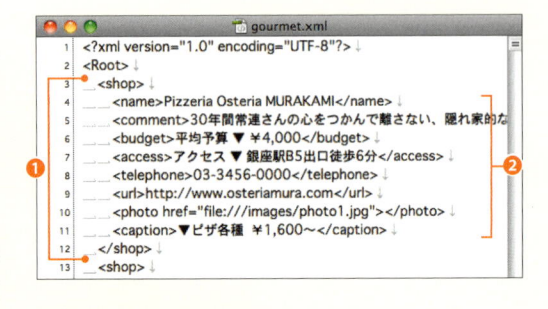

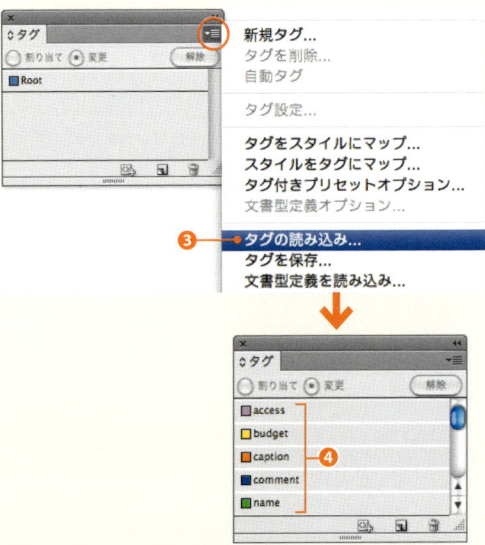

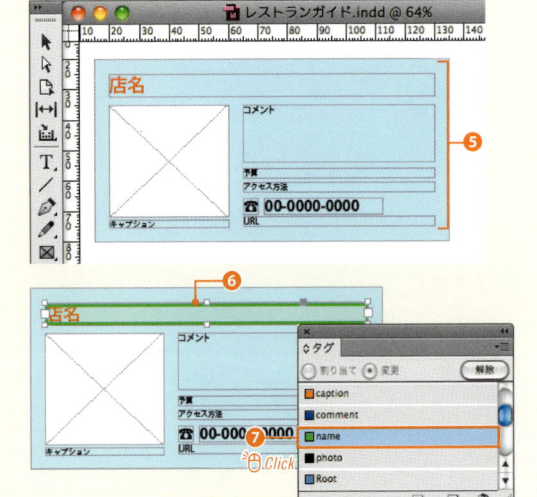

---

110 段落スタイルを作成する
247 XMLタグを割り当てたフレームにXMLデータを読み込む

STEP 05

ほかのフレームもひとつずつ選択して、［タグ］パネルから対応したタグ名をクリックし❽、すべての空のフレームにタグを割り当てます❾。

STEP 06

［表示］メニューから［構造］→［構造を表示］を選択します。作業ウィンドウの左側に［構造］ウィンドウが表示されます。三角マークをクリックして、タグ名を表示させます❿。

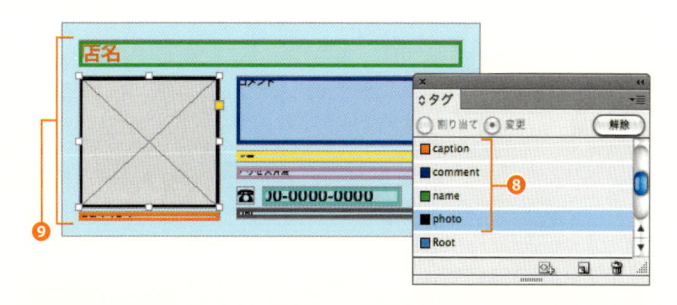

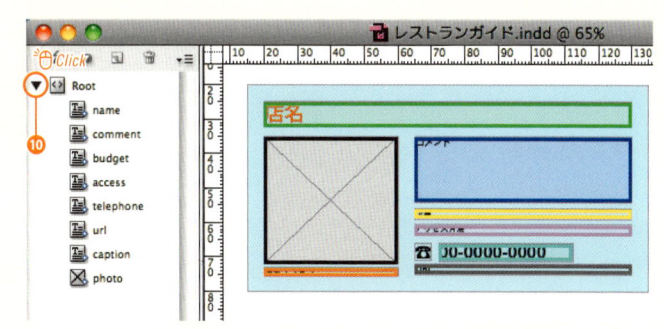

STEP 07

［構造］ウィンドウのタグ名と STEP-01 で作成した XML データのタグ名を比較して、［構造］ウィンドウに足りないものがあれば補います。図では、XML データにある「shop」というタグが構造ウィンドウにありません。Shift キーを押しながら、「Root」の下のすべてのタグを選択します⓫。［構造］ウィンドウの右上をクリックして⓬、メニューから［新規親要素］を選択します⓭。

STEP 08

［要素のタグを選択］ダイアログが表示されたら、「shop」を選択し⓮、［OK］ボタンをクリックします。

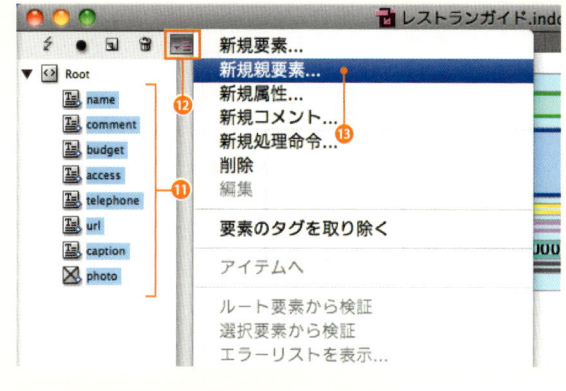

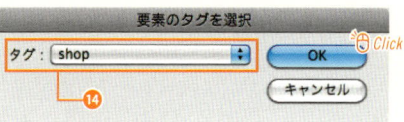

STEP 09

［構造］ウィンドウに新たに「shop」タグが追加され⓯、その下に 8 個のタグが移動しました。STEP-01 で作成した XML データと［構造］ウィンドウの両方のタグ名の順番が異なる場合は修正します。図では、「caption」と「photo」の順序が逆のため、「photo」を「caption」の上へドラッグしています⓰。

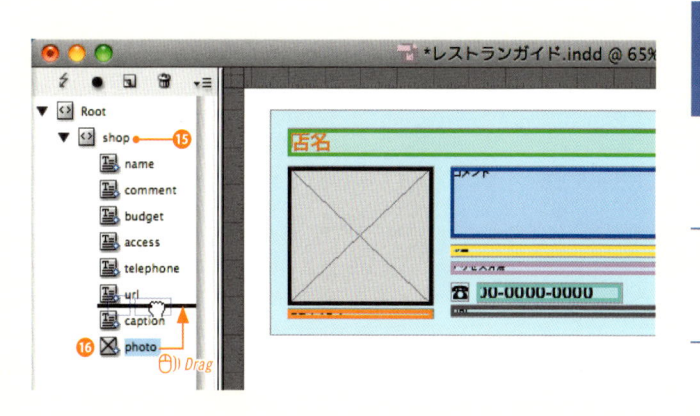

247 XMLタグを割り当てたフレームにXMLデータを読み込む

XMLタグを割り当てたテキストフレームや画像フレームにXMLデータを読み込むことで、テキストや画像を自動組版します。

STEP 01

「246 XMLを使った自動組版のためのテンプレートを作る」でXMLタグを割り当てたフレームを表示します。すべてを選択して［オブジェクト］メニューの［グループ］を選択し、グループ化します❶。

KEYBOARD SHORTCUT
グループ化 ▶ ⌘（Ctrl）+ G キー

STEP 02

グループを選択し、デスクトップ上にドラッグしてスニペットファイルを作成します❷。

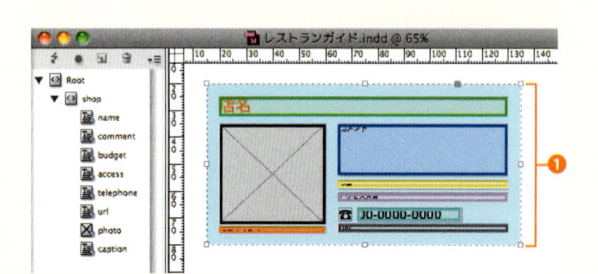

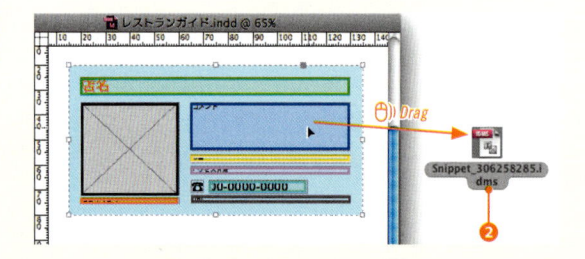

STEP 03

今度は反対に、デスクトップ上のスニペットファイルをドラッグして、ドキュメント上をクリックします❸。マウスポインタにプレビューが表示されたらクリックし、テンプレートを配置します❹。［構造］ウィンドウ（［表示］メニューから［構造］→［構造を表示］）に新たにできたタグ❺をチェックすると、元からあったタグ❻の内容とは異なることが確認できます。例では、「shop」タグが消失しています。

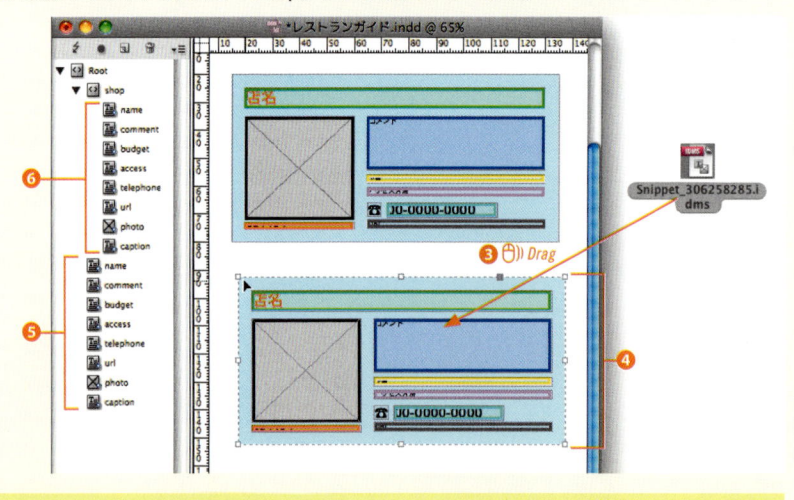

MEMO
XMLタグを割り当てたフレームをコピー＆ペーストで複製すると、［構造］ウィンドウのタグの順番が元の状態を維持できません。スニペットを使って複製することで、タグの順番をほぼ維持できます。ライブラリパネルにタグ付きのグループを登録し、ドキュメントに配置してもタグの順番を維持できます。

STEP 04

「246 XMLを使った自動組版のためのテンプレートを作る」のSTEP-07、STEP-08と同じ操作を行い、タグの構成を元のアイテムと同じにします❼。

> **MEMO**
> スニペットを使うことで、タグの順番をほぼ維持した複製ができますが、ドキュメント上のアイテムにひもづかないタグ（例では「shop」）は複製されません。

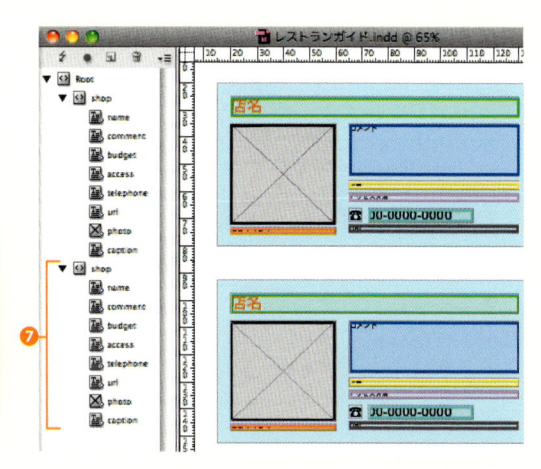

STEP 05

配置したアイテム数に対応したXMLファイルを用意します❽。XMLファイルの「photo」タグには画像ファイルのリンク先として「<photo href = "file:///images/photo1.jpg"></photo>」と入力しています❾。これは、XMLファイルと同じフォルダ内の「images」フォルダ内の画像ファイル「photo1.jpg」を意味します。画像フォルダはXMLファイルと同一階層へ移動しておきます❿。

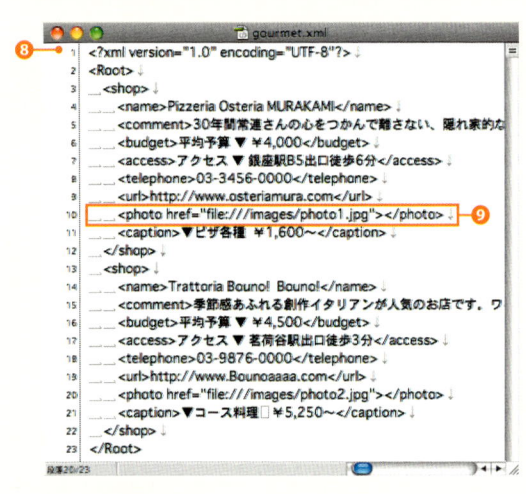

■ XMLファイルを含むフォルダ構成

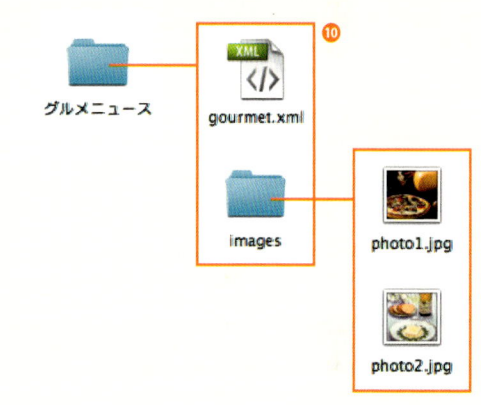

STEP 06

［ファイル］メニューから［XMLを読み込み］を選択します。ダイアログが表示されたらXMLファイルを選択し⓫、［内容を統合］を選択し⓬、［開く］ボタンをクリックします。XML情報が各フレームに挿入されます⓭。

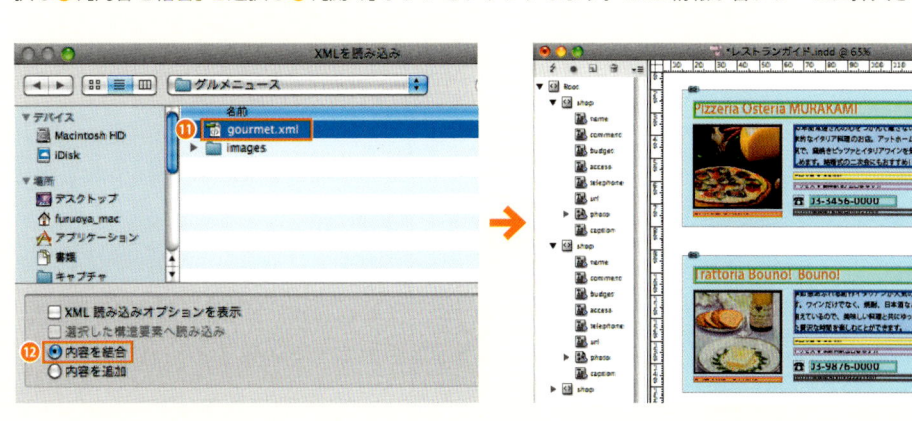

248 XML データを書き出す

XML データを読み込んで自動組版した InDesign ドキュメントから XML データを書き出します。

STEP 01

XML データを使って自動組版した InDesign ドキュメントを開き❶、［ファイル］メニューから［書き出し］を選択します。ダイアログが表示されたら［フォーマット］（Windows では［ファイルの種類］）を［XML］にして❷、［保存］ボタンをクリックします。

STEP 02

［XML を書き出し］ダイアログが表示されたら、［画像］タブをクリックします❸。DTP 用の保存データであれば［オリジナル画像］もしくは［最適化オリジナル画像］を選択し、Web ページ用に書き出すのであれば［最適化フォーマット画像］を選択し❹、［書き出し］ボタンをクリックします。

STEP 03

保存先に XML ファイルが書き出されます。同じフォルダ内に「images」フォルダが作られ、STEP-02 の指定に基づいて変換された画像が保存されます❺。

MEMO

XML データを読み込んで自動組版されたテキストや画像を手動で変更すると、ドキュメントに含まれた XML データも更新されます。InDesign ドキュメントから XML データを書き出すことで、最新の XML データを得ることができます。

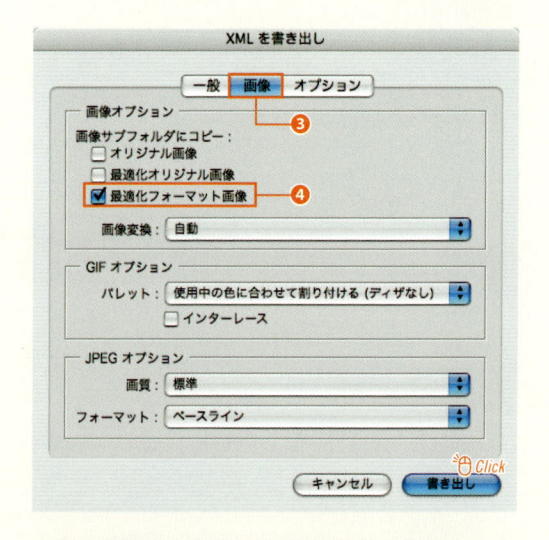

---

246 XML を使った自動組版のためのテンプレートを作る
247 XML タグを割り当てたフレームに XML データを読み込む

第12章

印刷と出力

InDesign CS6
DESIGN REFERENCE
PLUS

249 ドキュメントをプリントする

ドキュメントのプリントは［プリント］ダイアログから実行します。プリントに関する設定は、すべてこのダイアログから行います。

STEP 01

［ファイル］メニューから［プリント］を選択します❶。

KEYBOARD SHORTCUT

プリント ▶ ⌘（Ctrl）＋ P

よく使用するショートカットなので、必ず覚えておきましょう。

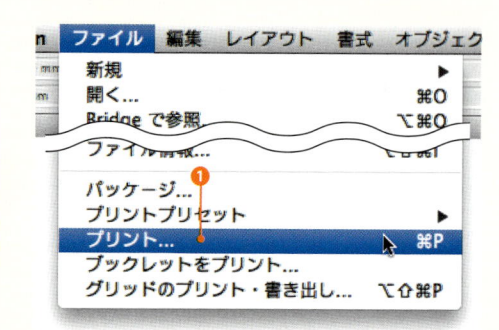

STEP 02

［プリント］ダイアログが表示されるので、［プリンター］でプリントを実行するプリンタを選択します❷。次に何部プリントするかを［コピー］に指定します❸。すべてのページをプリントする場合には［すべて］にチェックを入れ❹、プリント範囲を指定する場合には［範囲］にチェックを入れ、プリントする範囲を入力します❺。［プリント］ボタンをクリックすれば、プリントが実行されます❻。見開きでプリントしたい場合には［見開き印刷］、マスターページをプリントしたい場合には［マスターページをプリント］にチェックを入れます❼。

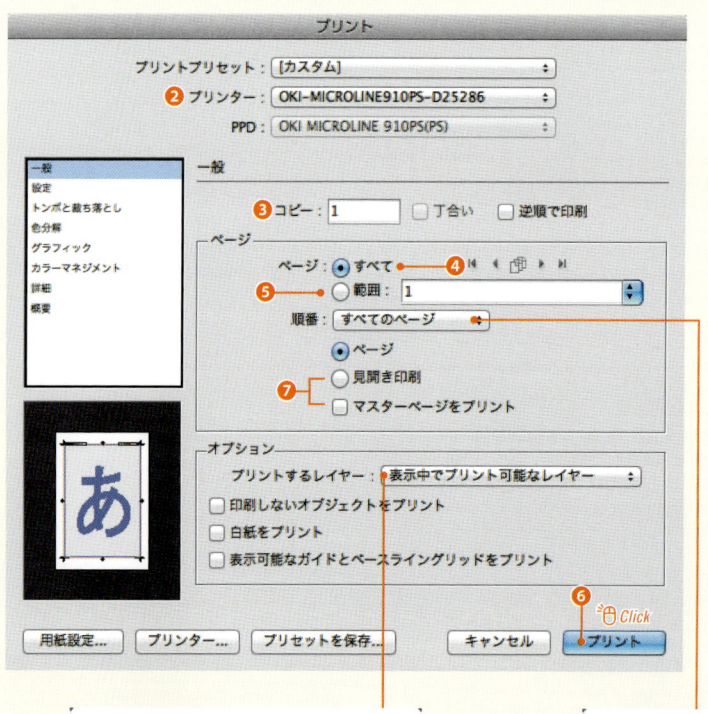

MEMO

［オプション］では、プリントするレイヤーの指定や、［プリント属性］パネルで［印刷しない］としたオブジェクトのプリント、白紙ページのプリント、ガイドとベースラインググリッドのプリントなどを指定することが可能です。

250 用紙のサイズを変更する
253 ドキュメントの一部のページのみをプリントする

250 用紙のサイズを変更する

用紙サイズの変更は［プリント］ダイアログで行います。ただし、PPD ファイルによって選択できる用紙サイズは異なります。

STEP 01

［ファイル］メニューから［プリント］を選択し、［プリント］ダイアログを表示させ、ダイアログ左側のリストから［設定］を選択します❶。［用紙サイズ］ポップアップメニューから目的の用紙サイズを選択します❷。

> **CAUTION**
>
> ［用紙サイズ］に表示される項目は、選択しているPPD（PostScript プリンタ）やプリンタドライバ（非PostScript プリンタ）によって異なります。なお、PPDファイルを選択する手順はプラットフォームにより異なります。詳細は、OS のマニュアルを参照して下さい。

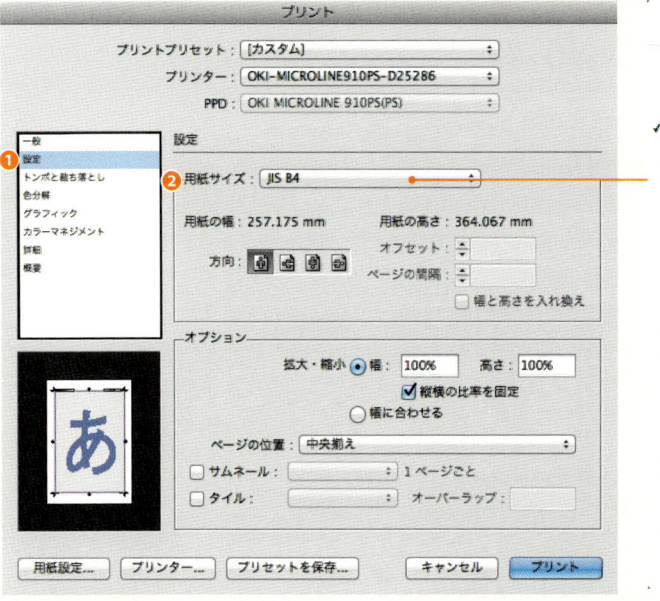

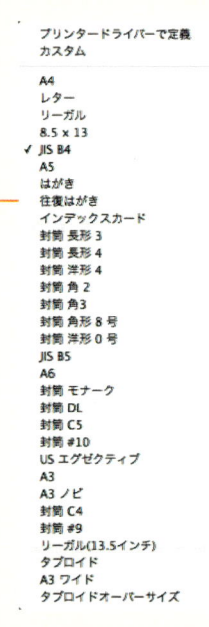

STEP 02

［用紙サイズ］に［カスタム］❸を選択した場合には、［用紙の幅］❹や［用紙の高さ］❺、［オフセット］❻、［ページの間隔］❼が入力可能となるので、目的に応じて各項目を入力します。［方向］❽では、用紙に対してのプリント方向を指定します。どのような向きでプリントされるかは、［プリント］ダイアログ左下のプレビューウィンドウ❾で確認できます。

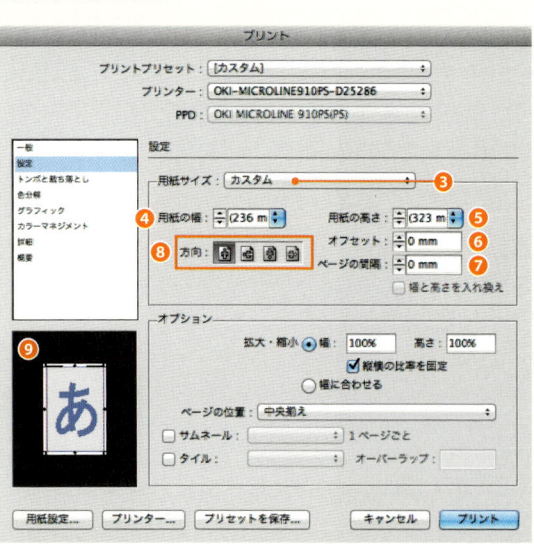

249 ドキュメントをプリントする
252 判型の大きなドキュメントをプリントする

251 拡大・縮小プリントする

ドキュメントを拡大、あるいは縮小してプリントできます。拡大・縮小率を指定したり、用紙サイズに合わせたりしたプリントが可能です。

STEP 01

［ファイル］メニューから［プリント］を選択し、［プリント］ダイアログを表示させます。［プリンター］や［コピー］［ページ］を設定します。

STEP 02

ダイアログ左側のリストから［設定］を選択します❶。［用紙サイズ］を指定し❷、［オプション］の［幅］または［高さ］に拡大・縮小率を入力します❸。この際、［縦横の比率を固定］のチェックを外せば❹、［幅］と［高さ］に異なる拡大・縮小率を指定することもできます。

> **MEMO**
> ［ページの位置］をポップアップメニューから指定することで、用紙のどの位置にプリントするかを指定することができます❺。

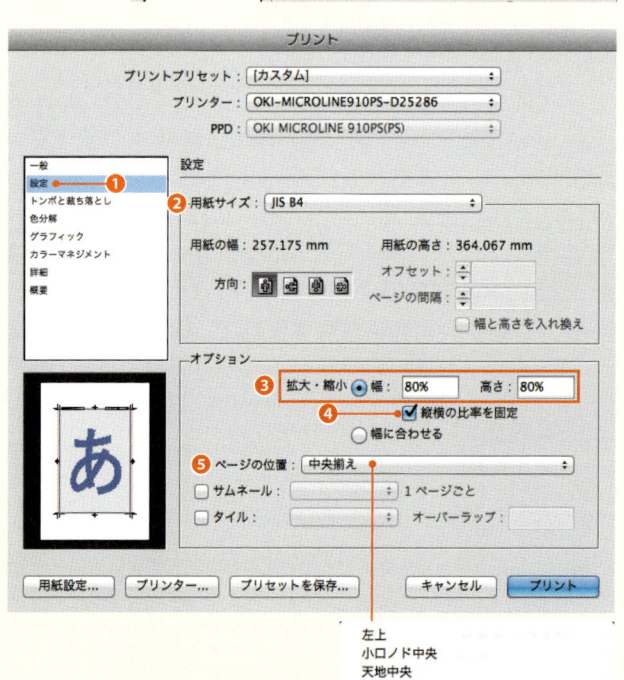

STEP 03

［幅に合わせる］にチェックを入れた場合には、現在選択されている［用紙サイズ］や［方向］に合わせて自動的に拡大・縮小されます❻。

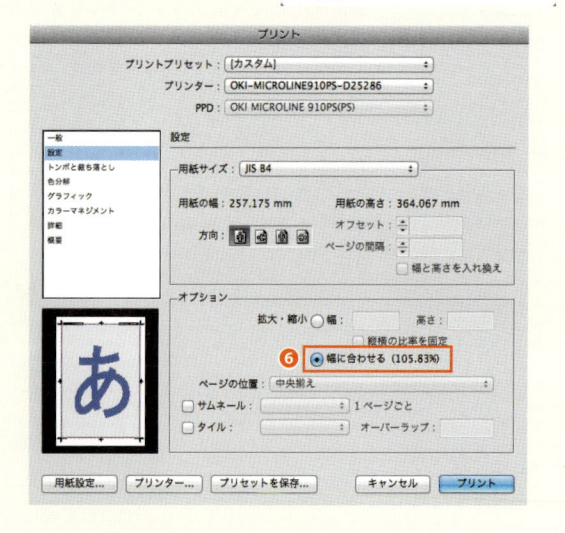

252 判型の大きなドキュメントをプリントする

252 判型の大きなドキュメントをプリントする

判型の大きなドキュメントは、複数の用紙に分けてプリントすることができます。これを**タイル印刷**といいます。

STEP 01

［ファイル］メニューから［プリント］を選択し、［プリント］ダイアログを表示させます。［プリンター］や［コピー］［ページ］を設定したら、ダイアログ左側のリストから［設定］を選択します❶。［用紙サイズ］を指定し❷、［タイル］にチェックを入れます❸。なお、［オーバーラップ］では、タイルの重なりの最小値を指定します❹。

> **MEMO**
> 何分割されてプリントされるかは、ダイアログ左下のプレビューウィンドウで確認できます。

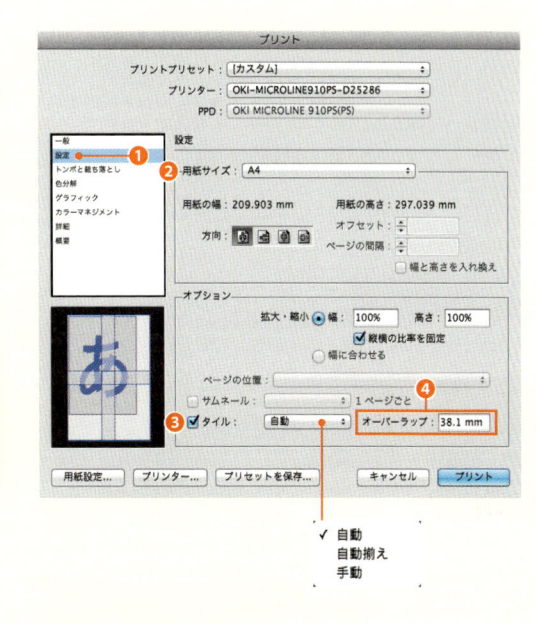

STEP 02

［タイル］のポップアップメニューから目的のものを選択します。［自動］を選択すると重なりを含む必要なタイル数が自動的に計算されます❺。［自動揃え］を選択すると右側にあるタイルの右側が用紙の右端に揃うように、また、一番下にあるタイルの下側が用紙の下端に揃うように重なりの領域が広くなります❻。なお、各タイルを個別にプリントする場合には［手動］を選択します❼。

> **MEMO**
> ［タイル］に［手動］を選択した場合、ドキュメントの原点がプリントする用紙の左上としてプリントされます。つまり、ドキュメントの原点を変更することで、タイルの位置を調整することが可能となるわけです。

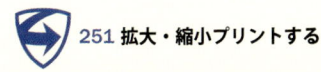

253 ドキュメントの一部のページのみをプリントする

複数ページあるドキュメントでは、プリントするページを指定してのプリントが可能です。

STEP 01

[ファイル] メニューから [プリント] を選択し、[プリント] ダイアログを表示させます。[プリンター] や [コピー] を設定します。

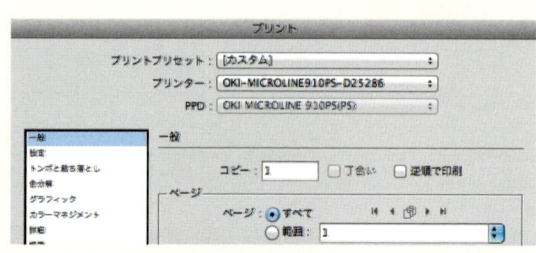

STEP 02

[ページ] を指定します。ドキュメントの全ページをプリントする場合は [すべて] にチェックを入れますが、特定のページのみをプリントする場合には [範囲] にチェックを入れ、プリントするページを指定します❶。この際、連続するページは「-（ハイフン）」、ページが飛ぶ場合には「,（カンマ）」で区切ります。例えば図のように「2-6,9,12-16」と設定すると、2〜6ページ、9ページ、12〜16ページがプリントされます。

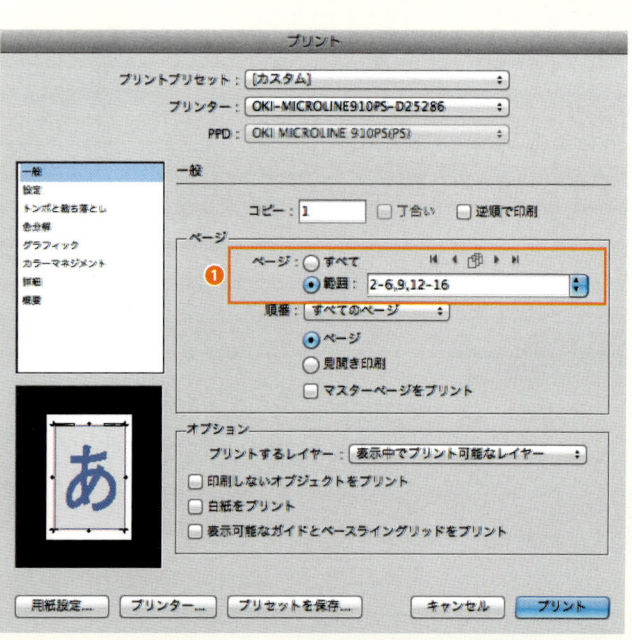

STEP 03

なお、[環境設定] の [一般] で [表示] ❷に何が選択されているかで [プリント] ダイアログの [範囲] に指定する書式が異なります。デフォルトでは [セクションごと] が選択されており、実際のページ番号で指定しますが、[ページごと] を選択した場合には絶対番号（現在のドキュメントのページの位置）で指定します。

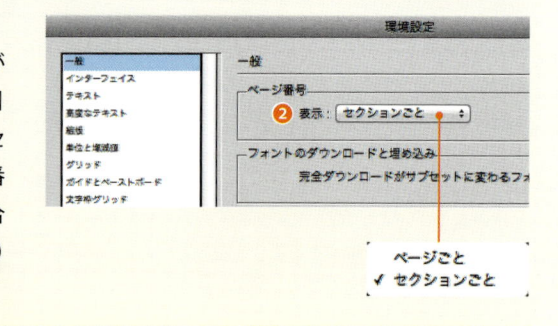

> **MEMO**
> [範囲] を指定する際の書式が分からない場合は、ドキュメントウィンドウ下部のページボックスの書式と同じように入力します。

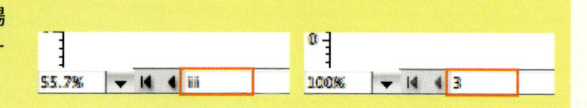

254 トンボと裁ち落としを設定する

InDesignでは、プリント時にトンボをつけてプリントできます。トンボの種類や裁ち落とし幅を指定することも可能です。

STEP 01

［ファイル］メニューから［プリント］を選択し、［プリント］ダイアログを表示させます。［プリンター］や［コピー］［ページ］を設定します。

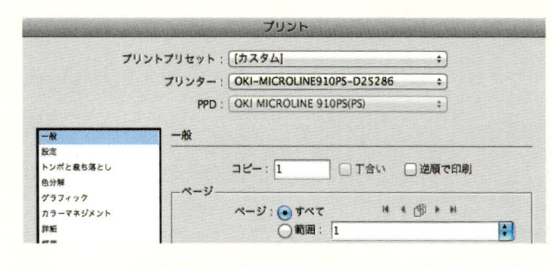

STEP 02

ダイアログ左側のリストから［トンボと裁ち落とし］を選択します❶。［種類］❷と［太さ］❸を指定し、どのようなトンボをつけるかを各チェックボックスのオン／オフで指定します❹。トンボの［種類］は［西洋トンボ］❼、［丸付きセンタートンボ］❽、［丸なしセンタートンボ］❾の3種類から選べます。

□MEMO
トンボとページ情報をすべてプリントしたい場合には［すべてのトンボとページ情報を印刷］にチェックを入れます。

STEP 03

なお、［ドキュメントの裁ち落とし設定を使用］❺にチェックを入れれば、新規ドキュメント作成時に指定した［裁ち落とし］の設定が使用されますが、チェックをはずせば任意の裁ち落とし幅を指定することも可能です。また、［印刷可能領域を含む］❻にチェックを入れると、新規ドキュメント作成時に指定した［印刷可能領域］の範囲内にあるオブジェクトのプリントも可能となります。チェックを入れなければ、トンボ領域外のオブジェクトはプリントされません。

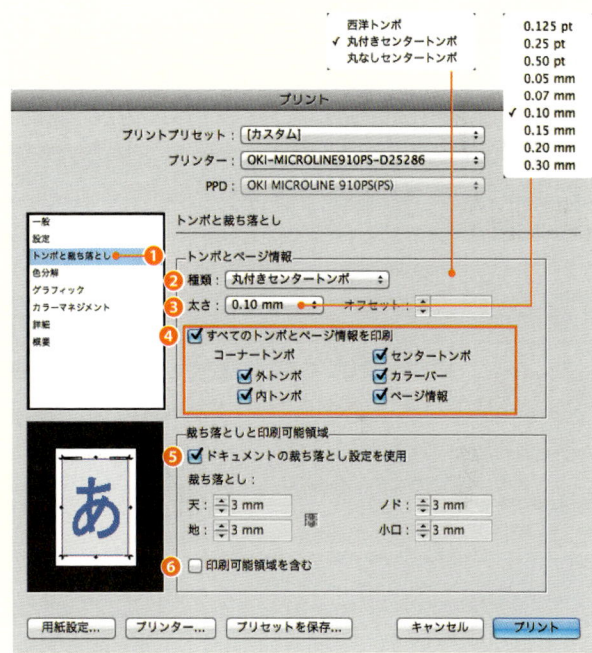

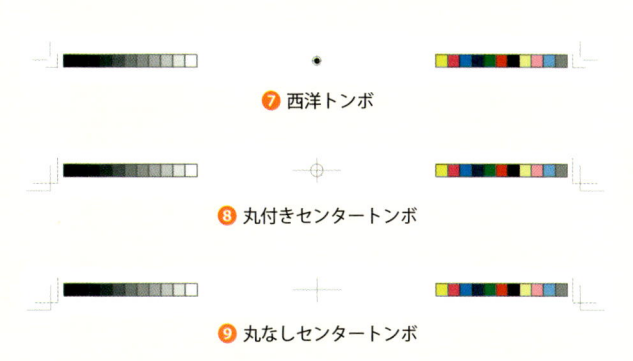

❼ 西洋トンボ

❽ 丸付きセンタートンボ

❾ 丸なしセンタートンボ

255 色分解の分版をプリントする

プリント時に分版が可能です。例えば、CMYKの各版をそれぞれプリントしたり、特定の版のみをプリントしたりして各版をチェックできます。

STEP 01

［ファイル］メニューから［プリント］を選択し、［プリント］ダイアログを表示させます。［プリンター］や［コピー］［ページ］を設定します。

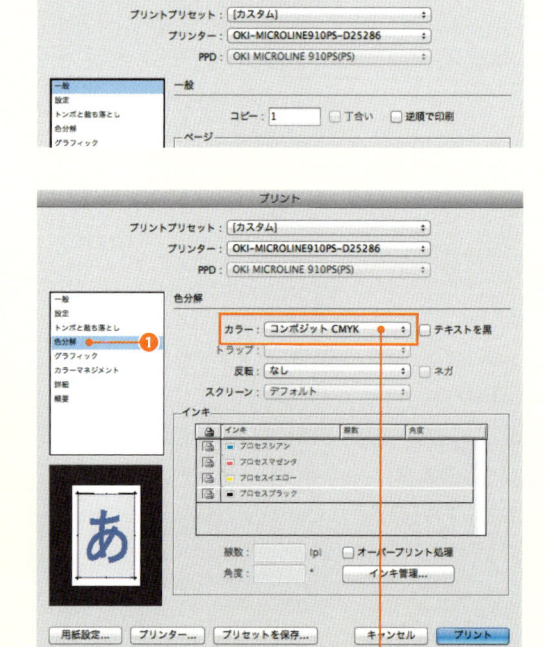

STEP 02

ダイアログ左側のリストから［色分解］を選択します❶。デフォルトでは［カラー］に［コンポジットCMYK］が選択されているので、［色分解（InDesign）］を選択します❷。

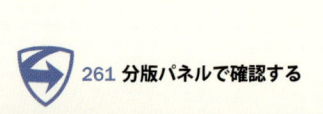

□MEMO

In-RIPでの色分解をサポートしているRIPのPPDファイルを使用している場合には、［カラー］に［色分解（In-RIP）］を選択してもかまいません。

□CAUTION

［カラー］で［色分解（InDesign）］がグレーアウトしている場合には、指定したプリンタでの分版出力はできません。

STEP 03

インキリストのインキ名の前に付いているプリンタのアイコンの表示／非表示を切り替えて、プリントする版を指定します❸。アイコンが非表示のインキはプリントされません。すべての版をプリントする場合には、アイコンをすべて表示させた状態で［プリント］をクリックします。

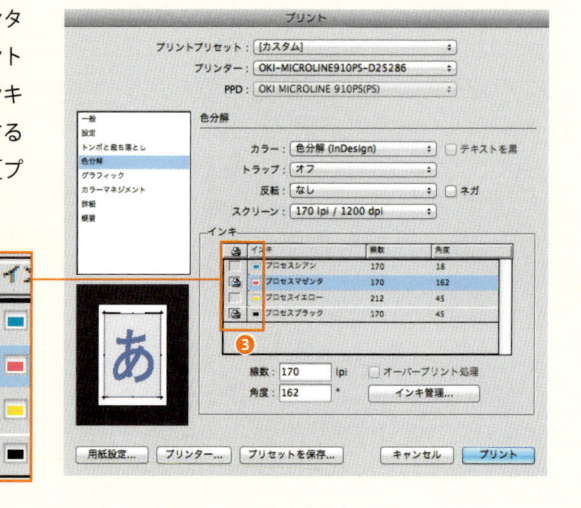

256 複数のドキュメントをまとめてプリントする

Mac OS Xのプリントキューから、複数のドキュメントを開くことなく、まとめてプリントすることが可能です。

STEP 01

Mac OS Xの［システム環境設定］から［プリントとスキャン］を選択し、［プリントとスキャン］ダイアログを表示させます。プリントを実行するプリンタを選択し❶、［プリントキューを開く］ボタンをクリックします❷。

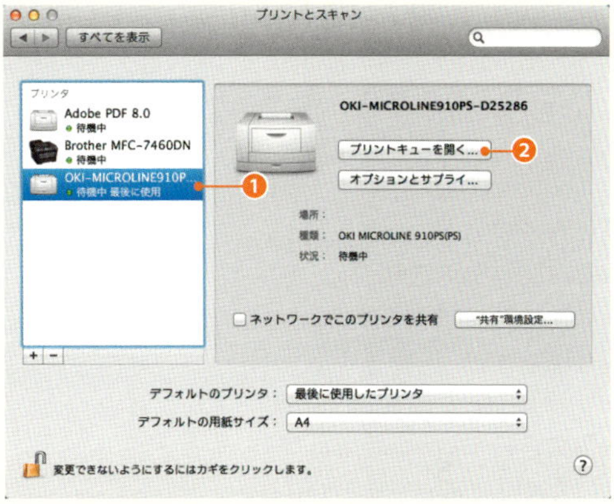

MEMO
［プリントとスキャン］へのプリンタの追加方法は、OSのヘルプを参照して下さい。

STEP 02

表示されるダイアログの下部ウィンドウにプリントしたいドキュメントをドラッグします❸。

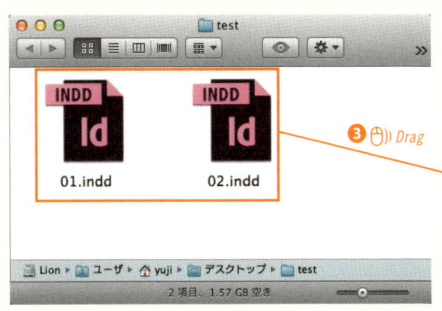

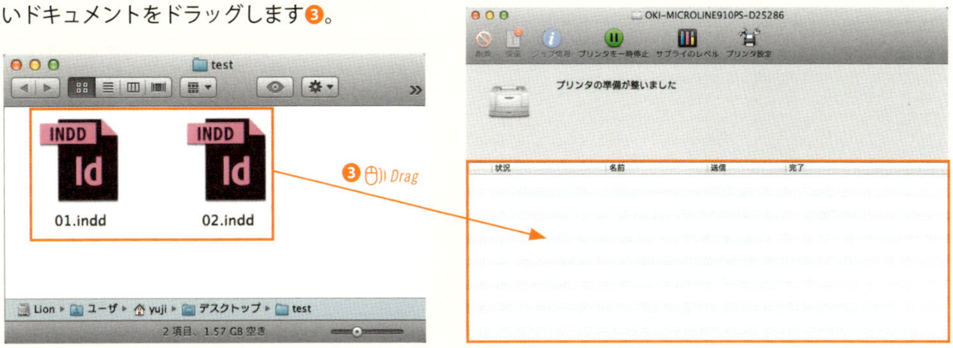

STEP 03

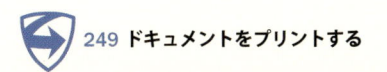

ひとつ目のドキュメント用の［プリント］ダイアログが表示されるので、各項目を設定してプリントを実行します。続けて次のドキュメント用に［プリント］ダイアログが表示されるので、同様に各項目を設定してプリントを実行します。

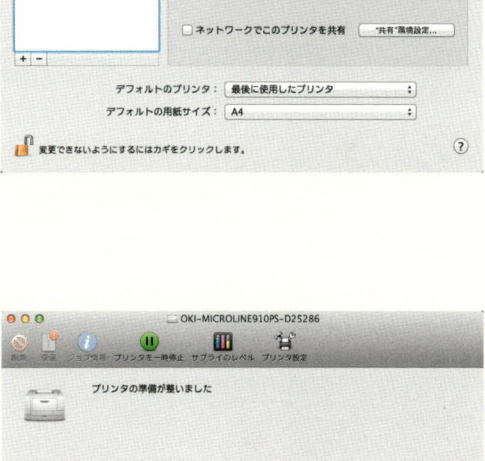

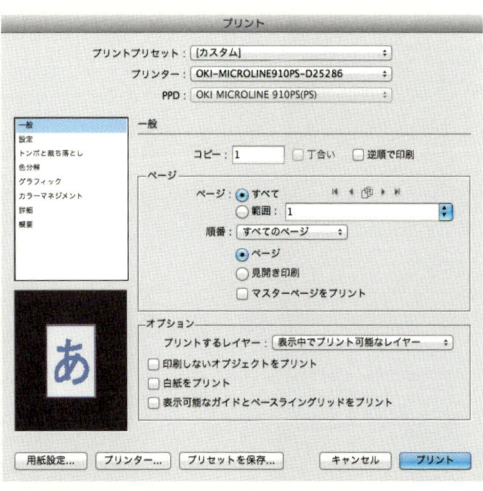

257 ブックレットの形でプリントする

中綴じや無線綴じなど、InDesignでは、簡易面付けしてプリントすることが可能です。

STEP 01

［ファイル］メニューから［ブックレットをプリント］を選択し、［ブックレットをプリント］ダイアログを表示させます。

STEP 02

［ブックレットをプリント］ダイアログでプリントするページ範囲❶や［ブックレットの形式］を指定します❷。また、目的に応じて［マージン］なども指定します❸。

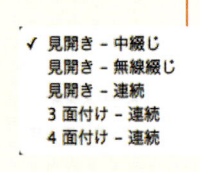

- 見開き - 中綴じ
- 見開き - 無線綴じ
- 見開き - 連続
- 3 面付け - 連続
- 4 面付け - 連続

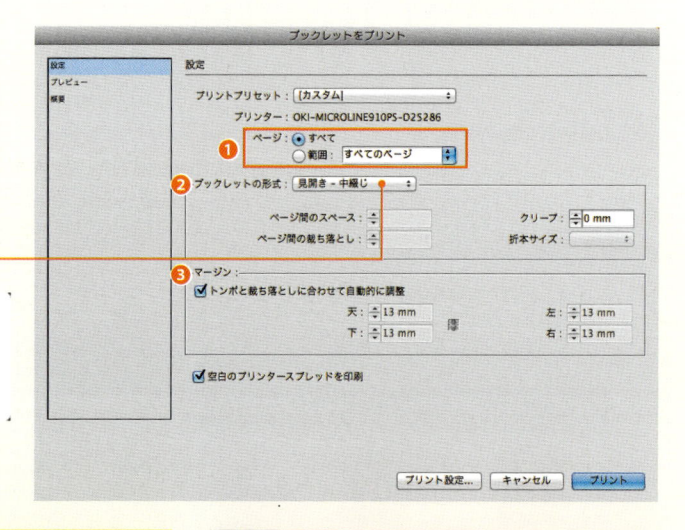

MEMO

プリンタや用紙サイズを変更したい場合には、［プリント設定］ボタンをクリックし、表示される［プリント］ダイアログの内容を変更します。

CAUTION

［ブックレットの形式］に何を選択したかで、［ページ間のスペース］や［クリープ］など、設定できる項目は異なります。

STEP 03

ダイアログ左側のリストから［プレビュー］を選択すると❹、どのようにプリントされるかが全ページ、プレビューできます。問題なければ［プリント］ボタンをクリックして実行します。

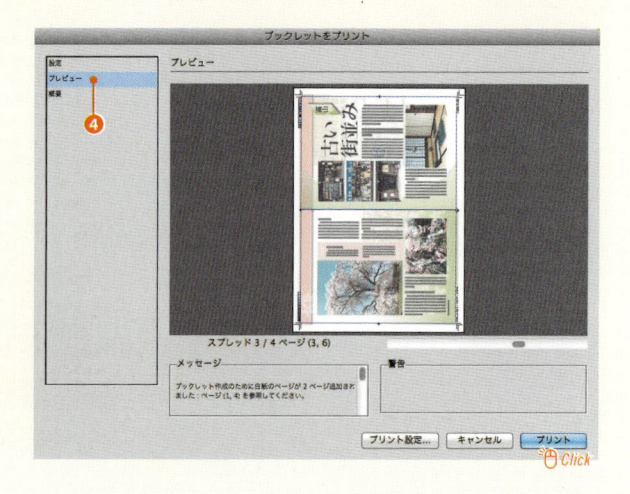

258 グリッドやガイドをプリントする

通常、グリッドやガイドはプリントされませんが、これらをプリントすることも可能です。

STEP 01

［ファイル］メニューから［グリッドのプリント・書き出し］を選択します。

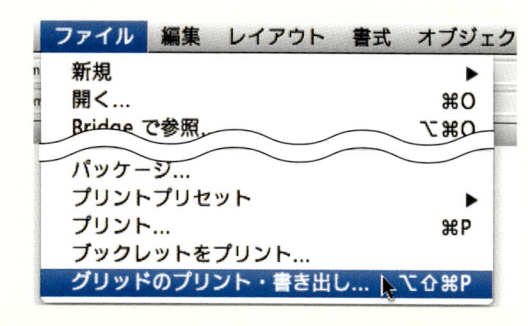

STEP 02

［グリッドのプリント・書き出し］ダイアログが表示されるので、プリントしたい項目を［プリント項目］で切り替え❶、［プリント時の線幅］を指定します❷。

> **MEMO**
> グリッドは、［書き出し］ボタンをクリックすることで、PDF や EPS ファイルに書き出すこともできます。

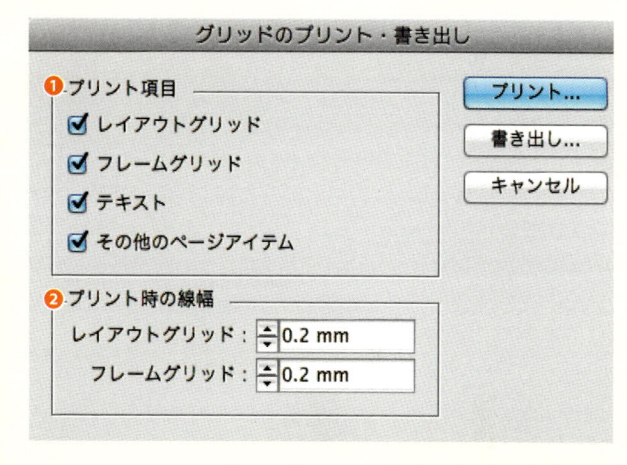

STEP 03

［プリント］ボタンをクリックすると［プリント］ダイアログが表示されるので、［プリンター］や［コピー］［ページ］を設定し、［表示可能なガイドとベースライングリッドをプリント］にチェックを入れ❸、［プリント］ボタンをクリックしてプリントを実行します。

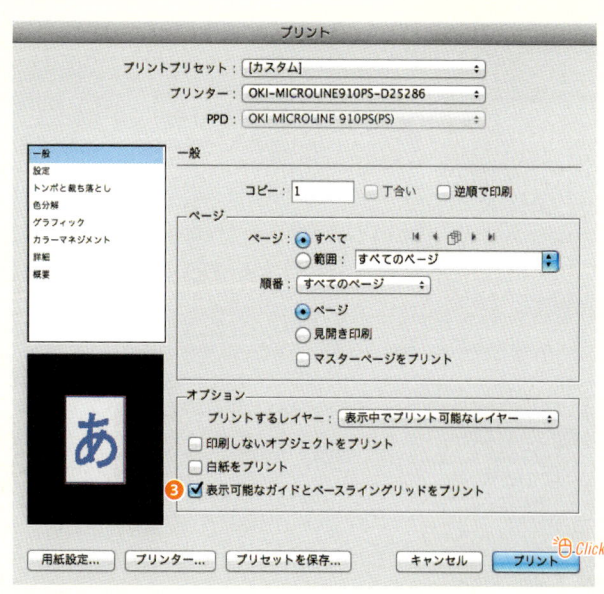

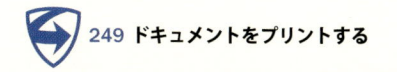

259 プリントの設定を保存する

よく使用するプリントの設定は、プリセットとして保存しておくと便利です。InDesignでは、簡単な手順でプリセットとして保存できます。

STEP 01

［プリント］ダイアログで設定した内容をプリセットとして保存しておきたい場合には、各項目が設定された状態の［プリント］ダイアログで、［プリセットを保存］ボタンをクリックします❶。

STEP 02

［プリセットを保存］ダイアログが表示されるので名前を付け❷、［OK］ボタンをクリックすると、［プリントプリセット］として登録されます❸。

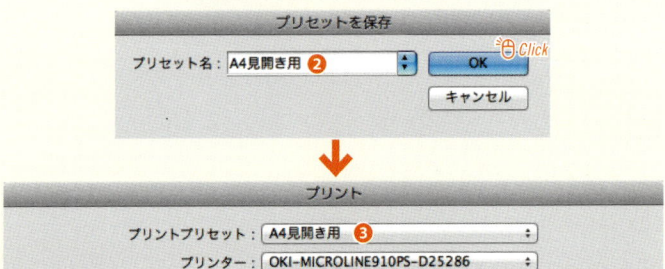

STEP 03

なお、［ファイル］メニューから［プリントプリセット］→［定義］を選択すると、［プリントプリセット］ダイアログが表示され❹、新規プリセットの作成やプリセットの編集が可能です❺。

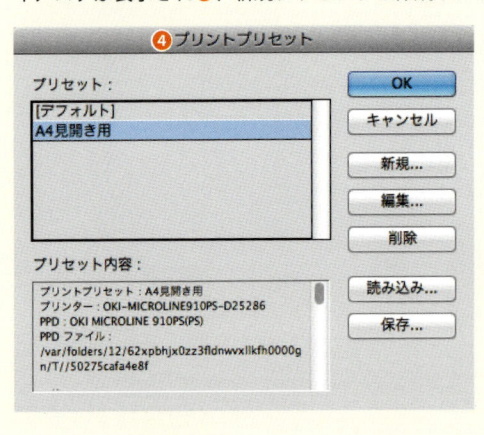

260 オーバープリントを確認する

入稿前には、意図しないかたちでオーバープリントが適用されていないか、画面上で確認するとよいでしょう。

STEP 01

チェックしたいドキュメントを開き❶、[表示]メニューから[オーバープリントプレビュー]をオンにします❷。するとオーバープリントされた箇所が目視で確認できるようになります。図では、ピンクのオブジェクトにオーバープリントが適用されており、色が変わったのがわかります❸。

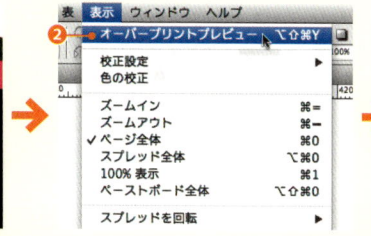

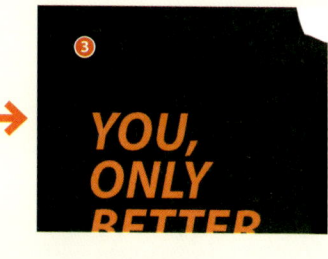

STEP 02

意図しない箇所でオーバープリントが適用されていた場合には、そのオブジェクトを選択し、[ウィンドウ]メニューから[出力]→[プリント属性]を選択して、表示されるパネルで目的の項目のオーバープリントのチェックを外します。

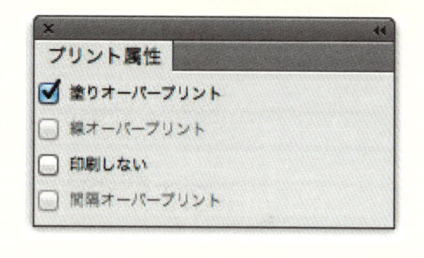

STEP 03

なお、デフォルト設定では[スウォッチ]パネルの[黒]スウォッチを100%で使用した際には、自動的にオーバープリントが適用されるようになっています。[黒]スウォッチにオーバープリントを適用したくない場合には、[環境設定]の[黒の表示方法]を選び、[[黒]スウォッチを100%でオーバープリント]のチェックをはずします❹。

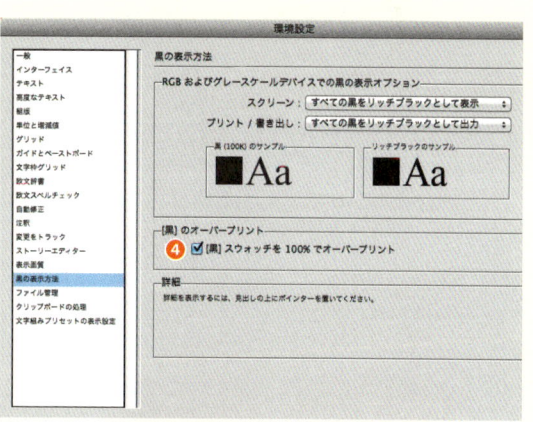

テキストに[黒]スウォッチを100%で適用したもの（左）と[カラー]パネルでK＝100％に設定したもの（右）

マゼンタ版のみを表示させると[黒]スウォッチの方はノセ、K＝100％の方はヌキとなっているのが分かる

175 黒を100%でオーバープリントする
261 分版パネルで確認する

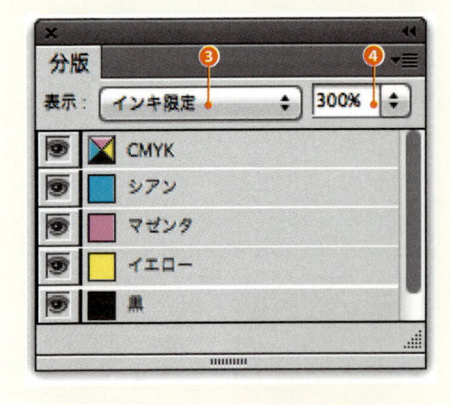

261 分版パネルで確認する

[分版] パネルでは、各版の状態や総インキ量のチェックが可能です。入稿前には、必ずチェックするようにしましょう。

STEP 01

[ウィンドウ] メニューから [出力] → [分版] を選択して [分版] パネルを表示させ、[表示] に [色分解] を選択します❶。各版の目のアイコンをクリックして❷、表示・非表示を切り替えながら、各版の状態をチェックします。

MEMO
各版をその版のカラーで表示させたい場合は、パネルメニューの [単数プレートを黒で表示] をオフにします。

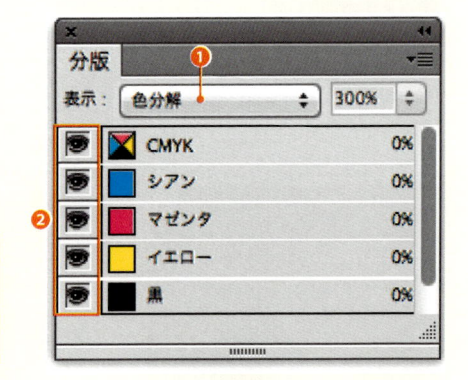

シアン　　マゼンタ　　イエロー　　黒

STEP 02

また、[分版] パネルでは、総インキ量のチェックも可能です。[表示] に [インキ限定] を選択し❸、フィールドに確認したい%を入力します❹。入力した値を超えるインキ量の箇所が赤くハイライト表示されます❺。

262 透明の分割・統合パネルで確認する

InDesignでは、透明機能を使用した箇所がどのように分割・統合処理されるのか確認できます。入稿前には確認しておくとよいでしょう。

STEP 01

チェックしたいドキュメントを開き、[ウィンドウ]メニューから[出力]→[透明の分割・統合]を選択して[透明の分割・統合]パネルを表示させます。[ハイライト]❶でチェックしたい項目を選択すると、選択したものに該当する箇所がハイライト表示されます。ハイライトさせる項目で、[透明オブジェクト]❹、[影響されるすべてのオブジェクト]❺、[アウトライン化される線]❻を選んだケースを下に示しました。

MEMO
[自動ハイライト更新]にチェックを入れておくと❷、内容を更新するたびに自動的にプレビューが更新されます。手動で更新したい場合には、[更新]ボタン❸をクリックします。

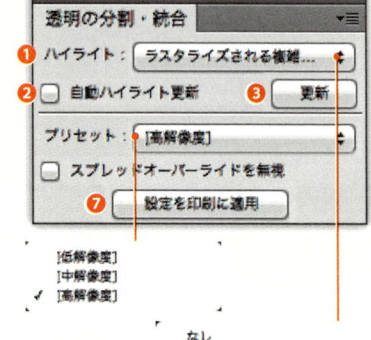

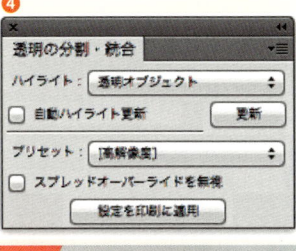

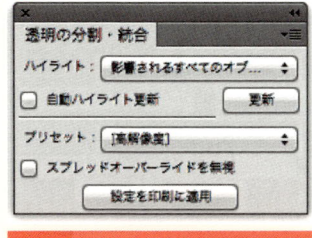

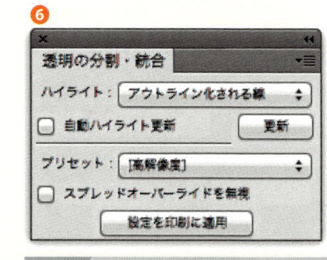

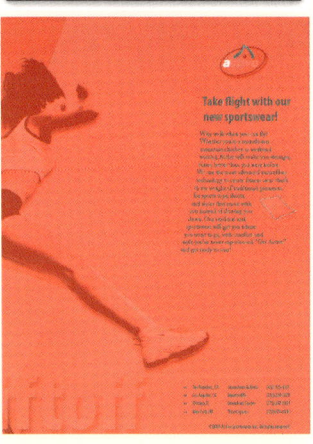

MEMO
[設定を印刷に適用]ボタン❼をクリックすると、次回プリント時に、この設定が適用された状態で[プリント]ダイアログが開きます。

192 効果パネルで透明効果を与える
193 効果パネルで描画モードを適用する

263 エラー項目をチェックする

プリフライト機能が、InDesign CS4 以降では**ライブプリフライト**となり、作業しながらドキュメントのチェックが可能です。

STEP 01

ドキュメントになんらかの問題があると、ドキュメント左下にエラーをあらわす赤い丸（●）とエラー数が表示されます❶。

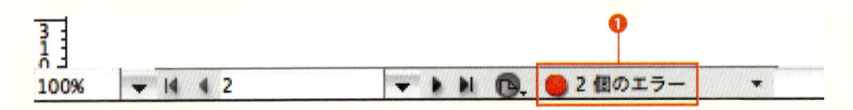

STEP 02

どこに問題があるかをチェックするために、エラー数が表示されている部分をダブルクリックします。

STEP 03

［プリフライト］パネルが表示されます。▶マークをクリックして、どこにどのような問題があるかを確認します❷。

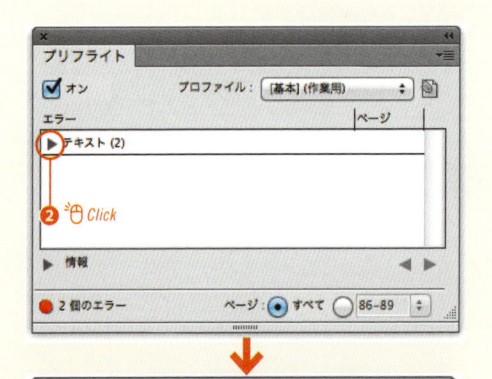

STEP 04

各項目を選択すれば、そのエラー内容の詳細が［情報］欄に表示されます❸。図の例では、2ページ目に 16 文字テキストのあふれた箇所があることをあらわしています。

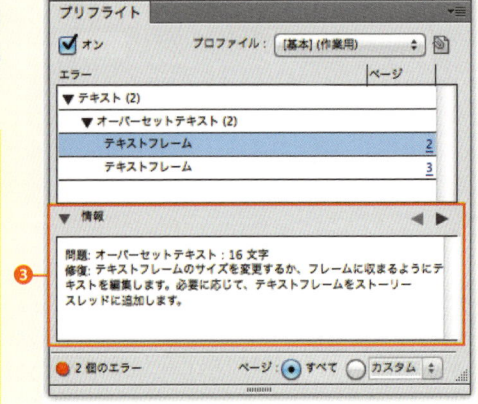

> **MEMO**
> ライブでプリフライトを実行したくない場合には、［プリフライト］パネルの［オン］のチェックをはずしておきます。

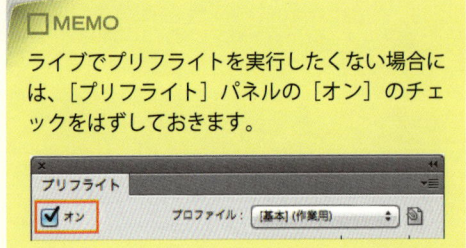

264 プリフライトする項目を設定する

STEP 05

問題のある箇所を修正するために、目的の項目部分をダブルクリックします。

STEP 06

問題のある箇所にジャンプするので、必要に応じて修正を行います。

STEP 07

同様に、ほかのエラー箇所をすべて修正します。エラーがなくなると、［プリフライト］パネルとドキュメント左下に緑の丸（●）で「エラーなし」と表示されます❹。

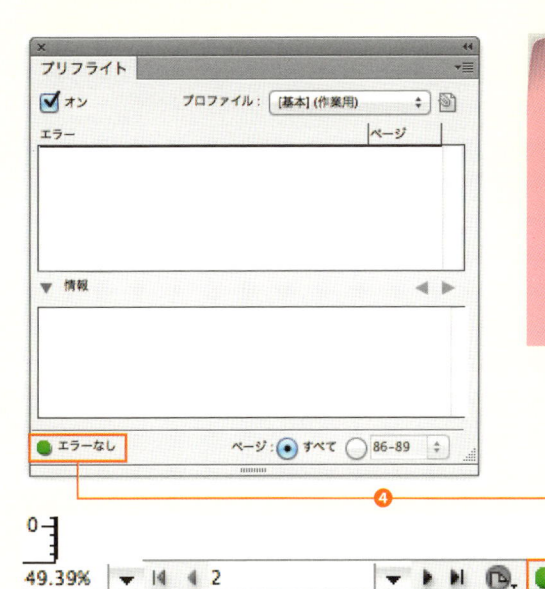

CAUTION

InDesignのデフォルト設定では、ライブでプリフライトされるのは「不明および変更済みのリンク」「オーバーセットテキスト」「環境にないフォント」のみです。その他の項目をチェックしたい場合には、オリジナルのプリフライトプロファイルを作成して適用します。詳細は次ページの「264 プリフライトする項目を設定する」を参照して下さい。

264 プリフライトする項目を設定する

InDesignのライブプリフライトでは、チェックする項目のカスタマイズが可能です。必要に応じてオリジナルのプロファイルを作成しましょう。

STEP 01

[ウィンドウ]メニューから[出力]→[プリフライト]を選択して❶、[プリフライト]パネルを表示させます。

> **MEMO**
> [プリフライト]パネルは、ドキュメント左下のエラー数が表示される部分をダブルクリックしても表示できます。

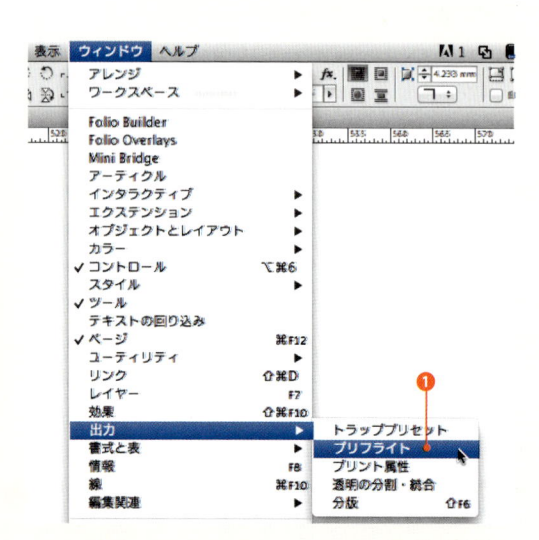

STEP 02

[プリフライト]パネルのパネルメニューから[プロファイルを定義]を選択します❷。

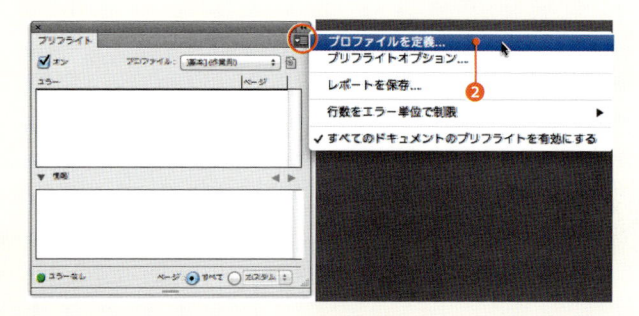

STEP 03

[プリフライトプロファイル]ダイアログが表示されるので、[新規プリフライトプロファイル]ボタンをクリックします❸。

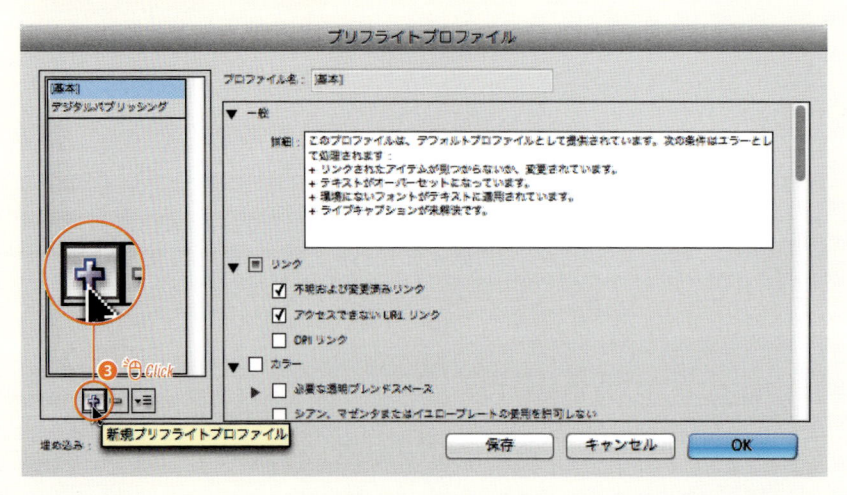

STEP 04

新規プロファイルが作成されるので［プロファイル名］を付け❹、目的に応じて各項目を設定していきます。図の例では、「RGBとLabのカラーモード」❺、「250ppi未満の解像度のカラー・グレースケール画像と800ppi未満の解像度の1ビット画像」❻、「0.25pt未満の線幅」❼をあらたにチェックするよう設定しました。

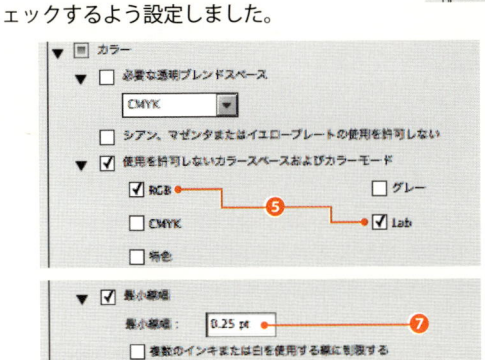

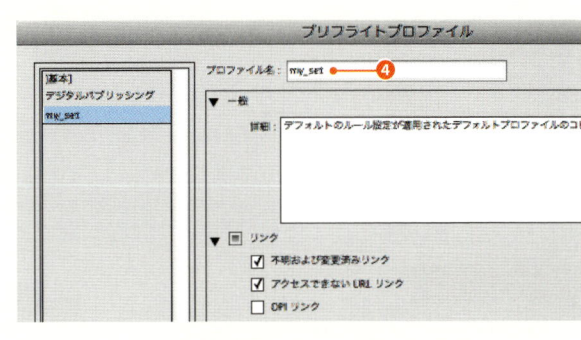

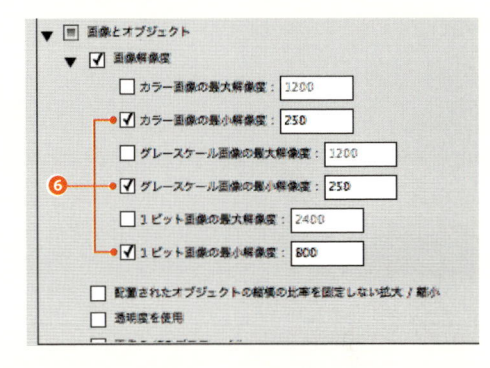

STEP 05

プロファイルは［プリフライトプロファイルメニュー］ボタンから、読み込みや書き出しはもちろん、ドキュメントに埋め込むことも可能です❽。必要に応じてほかの作業者や印刷会社などとやり取りするとよいでしょう。

STEP 06

［OK］ボタンをクリックして保存すれば、［プリフライト］パネルの［プロファイル］から選択可能になります❾。

STEP 07

プロファイルを変更すると、再度ドキュメントがチェックされます。例では、チェック項目を増やしたため、新たにエラーが見つかったのが分かります。必要に応じて問題箇所を修正します。

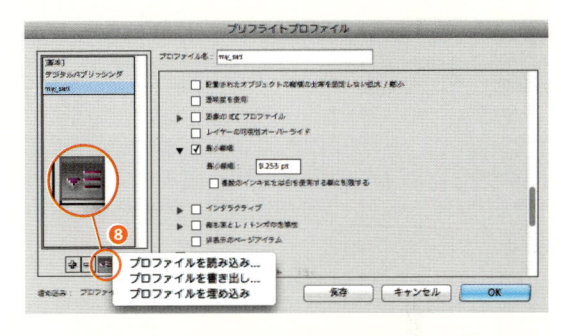

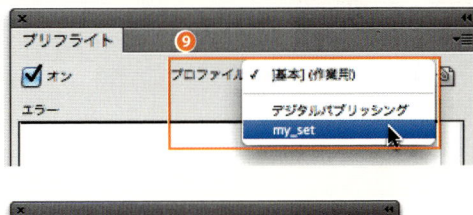

265 パッケージを実行する

ドキュメントに問題がなければ、**パッケージ**を実行してリンク画像や欧文フォントを収集します。

STEP 01

プリフライト機能でエラー項目がないかチェックします。ドキュメントに問題がなければ、[ファイル]メニューから[パッケージ]を選択します❶。

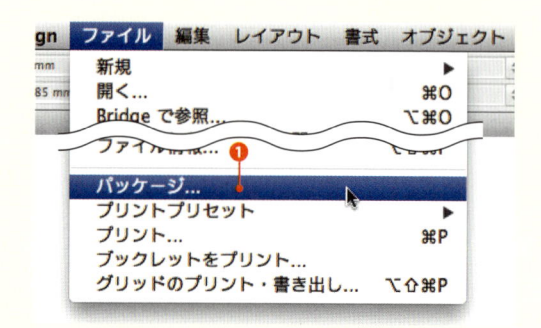

STEP 02

[パッケージ]ダイアログが表示されるので、問題がなければ[パッケージ]ボタンをクリックします❷。ドキュメントに問題がある場合には、警告アイコンが表示されます❸。

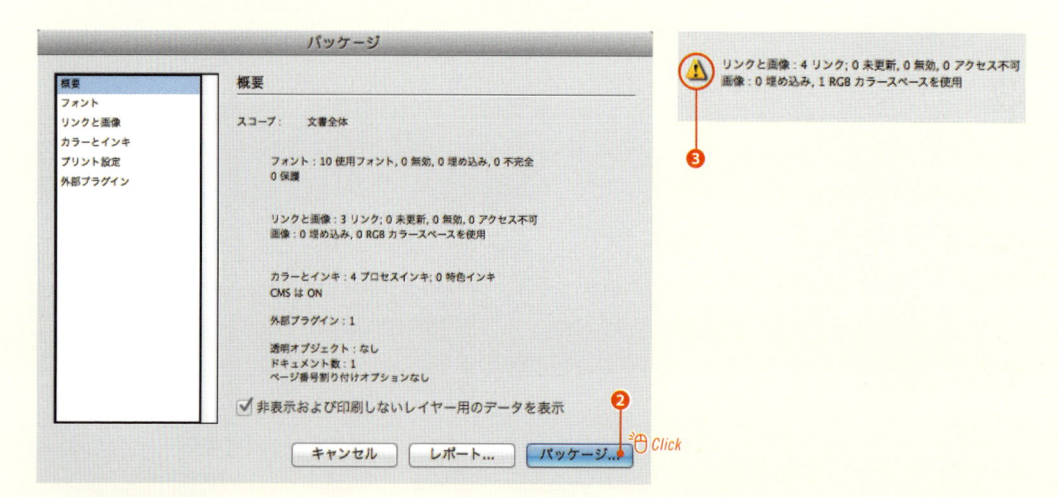

STEP 03

[印刷の指示]ダイアログが表示されるので、連絡先などの情報を詳細に記入し、[続行]ボタンをクリックします❹。

> **MEMO**
> [ファイル名]以外は空欄でもパッケージは可能ですが、問題があった時に連絡できるよう、情報はできるだけ詳細に記入しましょう。

STEP 04

[パッケージ] ダイアログが表示されるので、[名前] を付け❺、[場所] を指定したら、[パッケージ] ボタンをクリックします❻。なお、ダイアログ下部の各項目❼をオンにすると、それぞれ以下のような動作をします。

フォントのコピー（欧文フォントのみ）：ドキュメントで使用している欧文フォント、およびアドビの日本語フォントをコピーします。

リンクされたグラフィックのコピー：リンク画像がコピーされます。

パッケージ内のグラフィックのリンクの更新：コピーされたドキュメントと画像の関連付けを維持するため、リンクをすべてパッケージフォルダの場所に変更します。

ドキュメントハイフネーション例外のみ使用：ドキュメントの制作環境にあるユーザ辞書を埋め込みます。

非表示および印刷しないコンテンツのフォントとリンクを含める：非表示レイヤーで使用しているフォントやリンク画像を収集します。

レポートを表示：パッケージ終了後、出力仕様書を自動的に表示します。

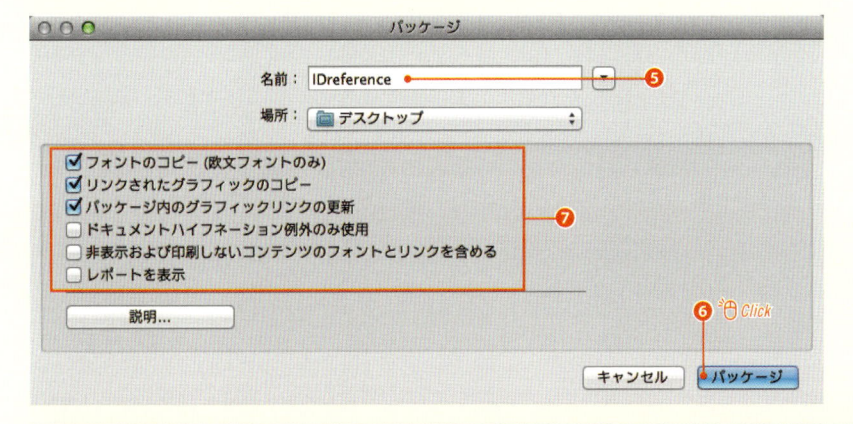

> **CAUTION**
> InDesign CS4まではパッケージでコピーされるフォントは欧文フォントのみで、和文フォントはコピーされませんが、InDesign CS5以降はアドビの日本語フォントに限り、コピーされます。

STEP 05

[フォントのコピー（欧文フォントのみ）] をチェックした場合は [警告] ダイアログが表示されますが、そのまま [OK] ボタンをクリックします。

STEP 06

リンク画像❽や欧文フォント❾が収集され、出力仕様書❿が作成されます。

> **CAUTION**
> リンクされた画像にさらにリンクされた画像までは収集されないので、手動で収集する必要があります。

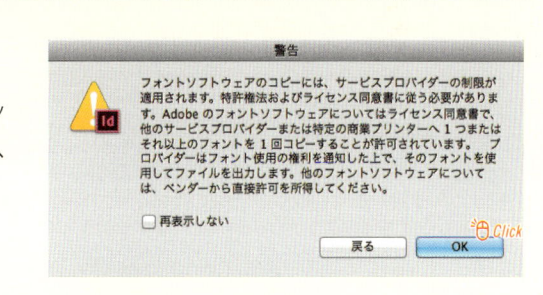

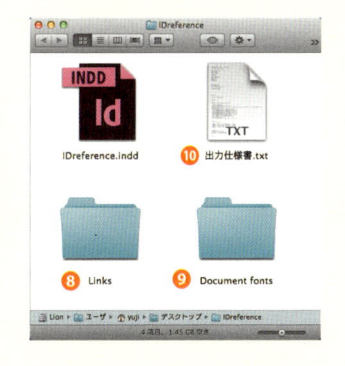

266 ドキュメントを PDF ファイルに書き出す

InDesign では PDF ファイルを書き出すことができます。書き出す際には、詳細な設定が可能で、目的に応じた PDF を簡単に作成できます。

STEP 01

［ファイル］メニューから［書き出し］を選択します。［書き出し］ダイアログが表示されるので、［形式］（Windows では［ファイルの種類］）に［Adobe PDF（プリント）］を選択し❶、［名前］を付けて❷、［保存］ボタンをクリックします❸。

MEMO
添付ファイルも不要で、ファイルサイズも軽くすむため、最近では印刷用データや校正用データに PDF が利用されるケースが増えてきています。思い通りの PDF が書き出せるよう、書き出し方法をしっかりと理解しておきましょう。

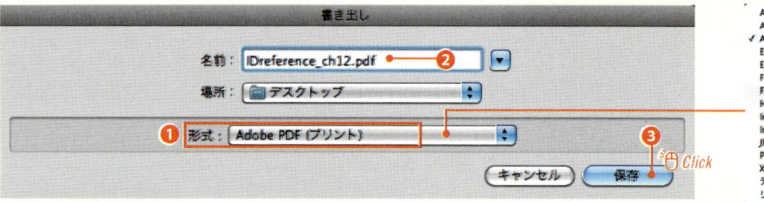

STEP 02

［Adobe PDF を書き出し］ダイアログが表示されるので用途に応じて［PDF 書き出しプリセット］を指定します❹。カスタムで設定する場合には、［標準］❺や［互換性］❻をはじめ各項目を指定します。また、全ページを書き出す場合には［すべて］❼、特定のページを書き出す場合には［範囲］を指定します❽。さらに、見開きで書き出す場合には［見開き印刷］にチェックを入れます❾。目的に応じて各項目を設定したら、［書き出し］ボタンをクリックして PDF を書き出します❿。

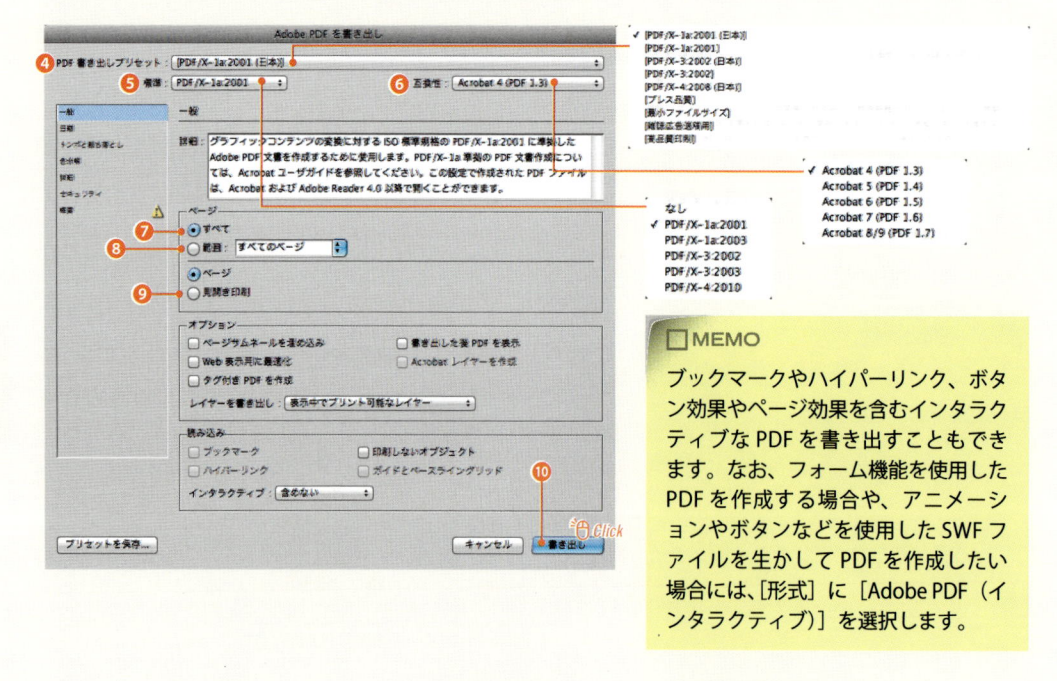

MEMO
ブックマークやハイパーリンク、ボタン効果やページ効果を含むインタラクティブな PDF を書き出すこともできます。なお、フォーム機能を使用した PDF を作成する場合や、アニメーションやボタンなどを使用した SWF ファイルを生かして PDF を作成したい場合には、［形式］に［Adobe PDF（インタラクティブ）］を選択します。

267 PDFファイルにトンボをつける

PDFファイルに書き出す際に、トンボをつけることができます。トンボの種類や太さ、裁ち落とし幅を指定することも可能です。

STEP 01

［ファイル］メニューから［書き出し］を選択します。［書き出し］ダイアログが表示されるので、［形式］（Windowsでは［ファイルの種類］）に［Adobe PDF（プリント）］を選択し❶、［名前］を付けて❷、［保存］ボタンをクリックします❸。

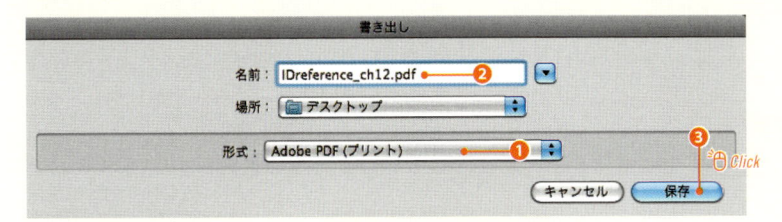

STEP 02

［Adobe PDFを書き出し］ダイアログが表示されるので、プリセットやページを指定したらダイアログ左側のリストから［トンボと裁ち落とし］を選択します❹。トンボの［種類］❺や［太さ］❻、書き出すトンボとページ情報を指定します❼。また、［裁ち落としと印刷可能領域］を指定します❽。通常は［ドキュメントの裁ち落とし設定を使用］はオンでかまいませんが、任意の裁ち落とし幅を指定する場合には、このチェックをはずし、裁ち落とし幅を数値で指定します。［書き出し］ボタンをクリックすればPDFが書き出されます❾。

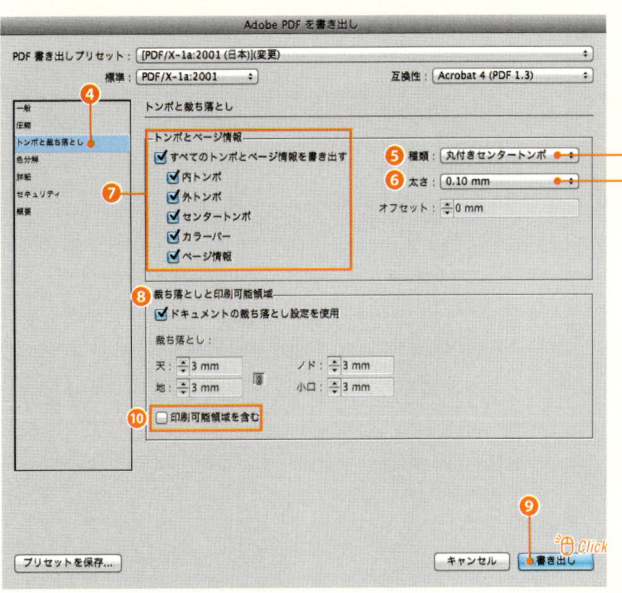

MEMO
［印刷可能領域を含む］にチェックを入れることで、新規ドキュメント作成時に指定した［印刷可能領域］の範囲内にあるオブジェクトをPDFに書き出せます❿。印刷可能領域については「014 裁ち落とし領域、印刷可能領域、ガイド類の表示色を設定する」を参照して下さい。

014 裁ち落とし領域、印刷可能領域、ガイド類の表示色を設定する
266 ドキュメントをPDFファイルに書き出す

268 グレースケールの PDF を書き出す **NEW**

InDesign CS6 では、カラーのドキュメントから、グレースケールの PDF を書き出すことが可能です。どのような PDF になるかを確認することもできます。

STEP 01

まず、どのようなグレースケールの PDF が書き出されるかを確認してみましょう。［表示］メニューから［校正設定］→［カスタム］を選択します❶。［校正条件のカスタマイズ］ダイアログが表示されるので、［シミュレートするデバイス］に目的のものを選択します❷。ここでは「Dot Gain 15%」を選択しました。

STEP 02

［OK］ボタンをクリックするとドキュメントの表示が、カラーからグレースケールに変わります。

STEP 03

問題なければ、［ファイル］メニューから［書き出し］を選択して、［書き出し］ダイアログを表示させます。［形式］（Windows では［ファイルの種類］）に［Adobe PDF（プリント）］を選択し❸、［名前］と［場所］を指定したら、［保存］ボタンをクリックします❹。

STEP 04

［Adobe PDFを書き出し］ダイアログが表示されるので、左側のリストから［色分解］を選択して❺、［カラー変換］を［出力先の設定に変換］❻、［出力先］に目的のものを選択します。ここでは「Dot Gain 15%」を選択しました❼。目的に応じてほかの設定項目を設定したら、［書き出し］ボタンをクリックし❽、グレースケールの PDF を書き出します。

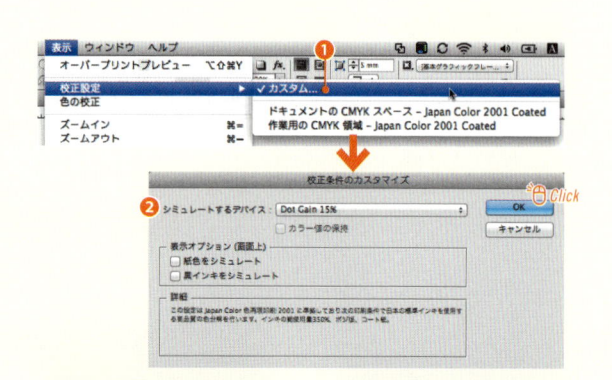

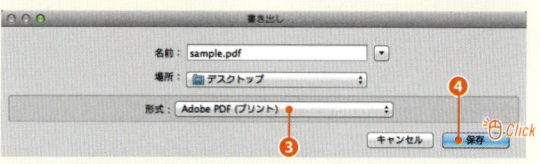

269 モニタで確認したりプリントして校正するためのPDFファイルを作成する

モニタで確認したりプリントして校正する場合、軽いPDFファイルを作成するとよいでしょう。**画像の解像度がファイルサイズに大きく影響します。**

STEP 01

［ファイル］メニューから［書き出し］を選択します。［書き出し］ダイアログが表示されるので、［形式］（Windowsでは［ファイルの種類］）に［Adobe PDF（プリント）］を選択し❶、［名前］を付けて❷、［保存］ボタンをクリックします❸。

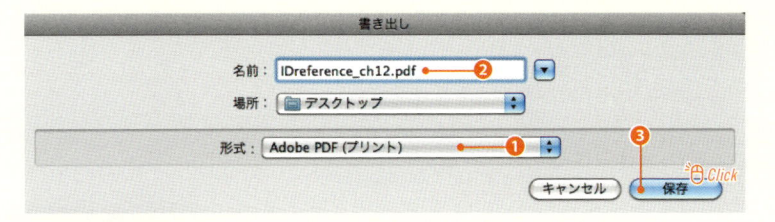

STEP 02

［Adobe PDFを書き出し］ダイアログが表示されるので［PDF書き出しプリセット］に［最小ファイルサイズ］を指定します❹。次に、書き出す［ページ］を指定したら❺、ダイアログ左側のリストから［圧縮］を選択します❻。ここでの設定がファイルサイズに大きく影響します。画像を高品質で書き出せばファイルサイズは大きくなりますが、品質が悪いと見づらくなってしまいます。用途に応じた解像度を指定するとよいでしょう❼。各項目を設定したら、［書き出し］ボタンをクリックしてPDFを書き出します❽。

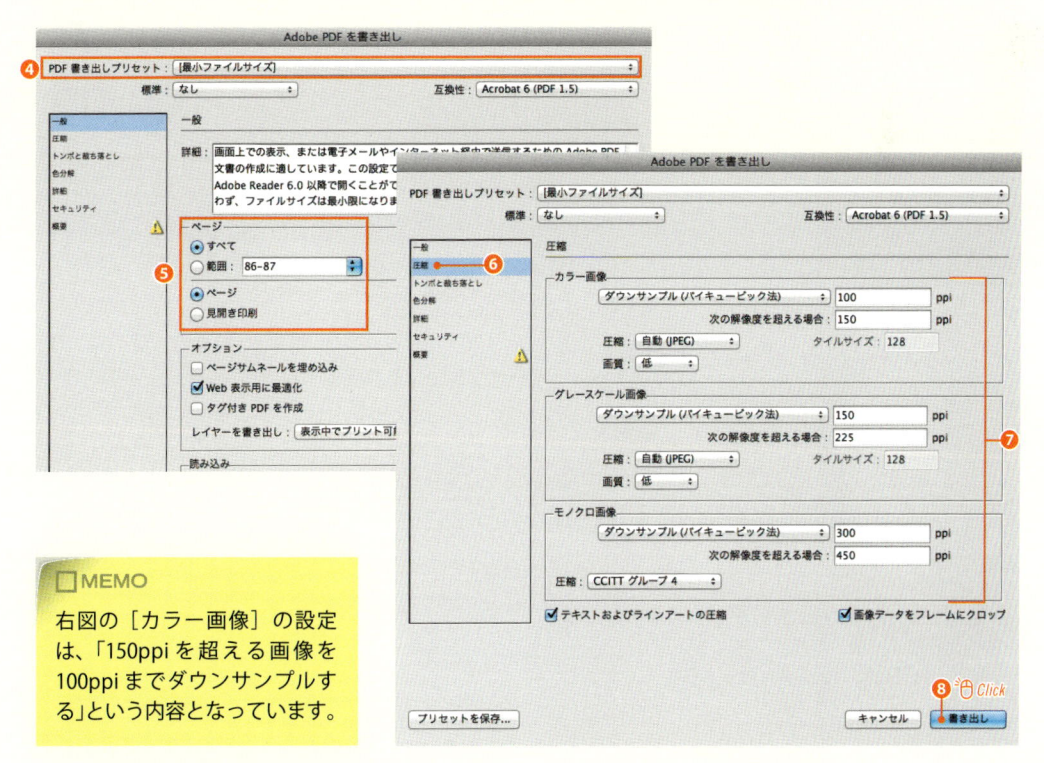

MEMO

右図の［カラー画像］の設定は、「150ppiを超える画像を100ppiまでダウンサンプルする」という内容となっています。

印刷用データとしてのPDFファイルを作成する

270

印刷用途の場合、高品質なPDFファイルを作成する必要があります。InDesgnには印刷用途に適したプリセットがあらかじめ用意されています。

STEP 01

［ファイル］メニューから［書き出し］を選択します。［書き出し］ダイアログが表示されるので、［形式］（Windowsでは［ファイルの種類］）に［Adobe PDF（プリント）］を選択し❶、［名前］を付けて❷、［保存］ボタンをクリックします❸。

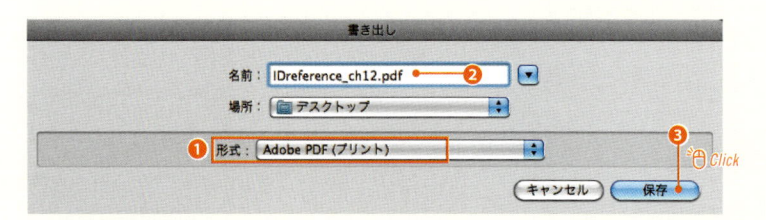

STEP 02

［Adobe PDFを書き出し］ダイアログが表示されるので、［PDF書き出しプリセット］に［PDF/X-1a:2001（日本）］を選択します❹。

> **MEMO**
> 印刷用途では一般的にPDF/X-1aが用いられますが、必ずしもPDF/X-1aでなければならないというわけではありません。どのようなPDFファイルを作成すればよいかは、入稿先に確認するとよいでしょう。

STEP 03

トンボが必要な場合は、ダイアログ左側のリストから［トンボと裁ち落とし］を選択し❺、各項目を設定します（トンボの設定は「267 PDFファイルにトンボをつける」を参照して下さい）。各項目を設定したら、［書き出し］ボタンをクリックしてPDFファイルを書き出します❻。

> **CAUTION**
> トンボを指定するとプリセット名が「PDF/X-1a:2001（日本）（変更）」に変更されますが、PDF/X-1aでなくなるわけではありませんので安心して下さい。

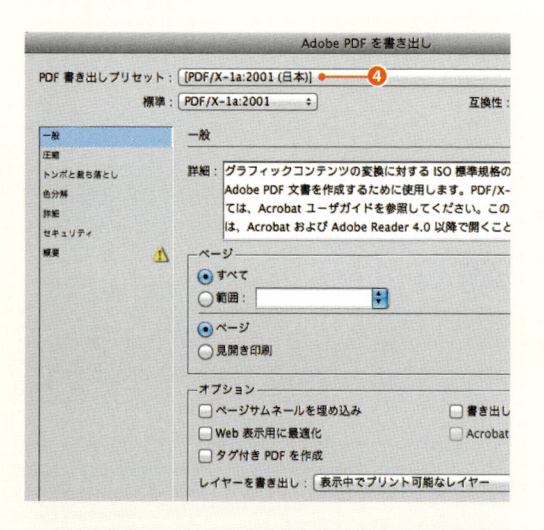

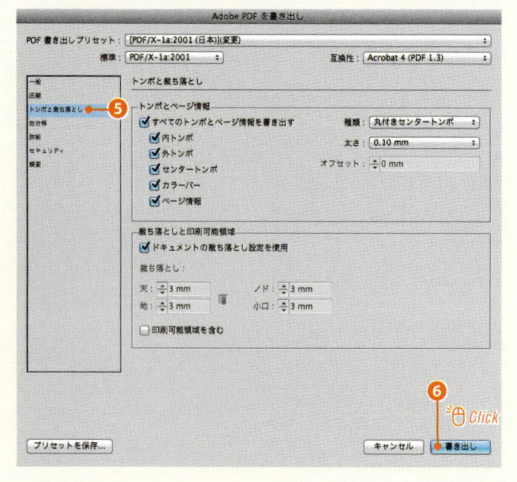

266 ドキュメントをPDFファイルに書き出す
267 PDFファイルにトンボをつける

271 PDFファイル書き出しの設定を保存する

オリジナルで作成したPDF書き出しの設定は、プリセットとして保存することができます。よく使用する設定は、保存しておくとよいでしょう。

STEP 01

［Adobe PDFを書き出し］ダイアログで設定した内容をプリセットとして保存するには、［プリセットを保存］ボタンをクリックします❶。［プリセットを保存］ダイアログが表示されるので名前を付けて［OK］ボタンをクリックします❷。

STEP 02

［Adobe PDFを書き出し］ダイアログの［PDF書き出しプリセット］が保存した名前に変更され、プリセットとして登録されます❸。

STEP 03

登録したプリセットを編集したり、削除したい場合には、［ファイル］メニューから［PDF書き出しプリセット］→［定義］を選択します❹。［PDF書き出しプリセット］ダイアログが表示されるので、目的に応じて編集や削除を実行します。

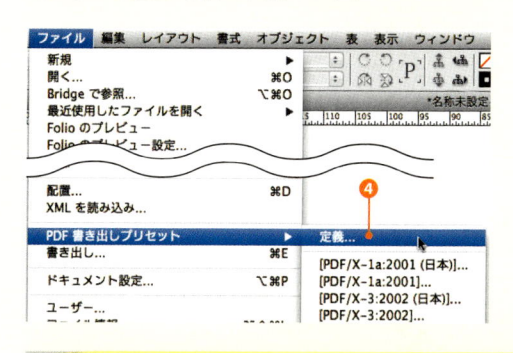

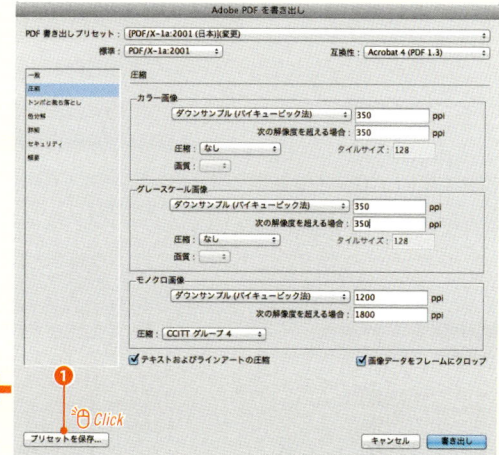

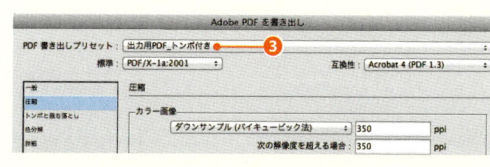

MEMO
プリセットは、ほかのドキュメントから読み込んだり、ほかのドキュメントで使用するために書き出すことができます。読み込む場合は［PDF書き出しプリセット］ダイアログで［読み込み］ボタン❺、書き出す場合には［別名で保存］ボタン❻をクリックします。

266 ドキュメントをPDFファイルに書き出す

272 インタラクティブなボタンを作成する

PDF や SWF ファイルを書き出す際に、ページの移動や URL への移動といったボタン効果を設定することができます。WEB 用途に便利な機能です。

STEP 01

[ウィンドウ] メニューから [インタラクティブ] → [ボタンとフォーム] を選択して❶、[ボタンとフォーム] パネルを表示させます。

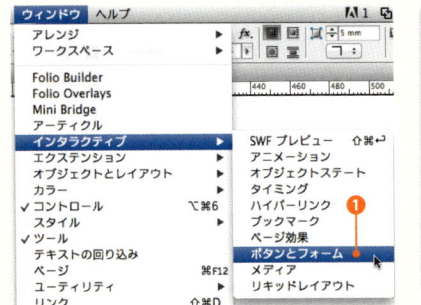

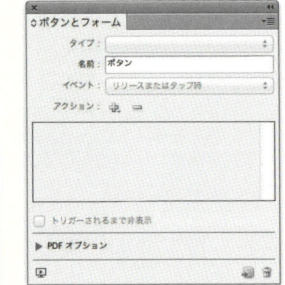

STEP 02

[ペン] ツールや [長方形] ツールなどを用いてドキュメント上にボタン用のオブジェクトを作成します❷。なお、複数ページに同じボタンを作成する場合には、マスターページ上に作成すると便利です。

STEP 03

ボタン用オブジェクトを選択した状態で、[ボタンとフォーム] パネルの [ボタンに変換] ボタンをクリックします❸。オブジェクトがボタンとして登録されます❹。

STEP 04

次に、ボタンにロールオーバー効果を与えてみましょう。ボタンを選択したまま、[ボタンとフォーム] パネルの [ロールオーバー] をクリックしたら❺、ボタンのカラーを変更します❻。

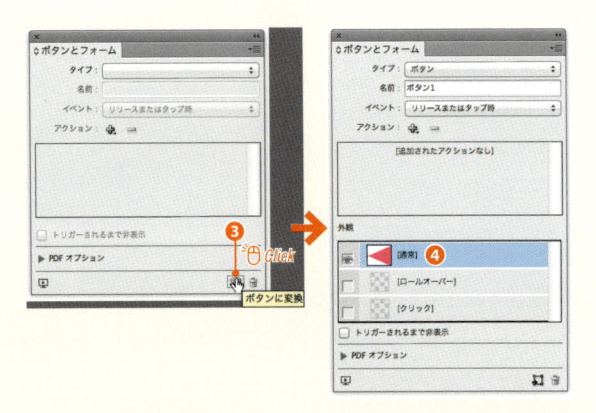

273 PDF フォームを作成する
274 ページ効果を適用したドキュメントを SWF ファイルに書き出す

STEP 05

続いて、ロールオーバー時のアクションを設定します。[ボタンとフォーム] パネルの [アクション] の「+」アイコンをクリックして❼目的のアクションを選択します。ここでは、「前ページへ移動」を選択しました❽。

MEMO
必要に応じて [ボタンとフォーム] パネルの [クリック] や [イベント] も設定して下さい。

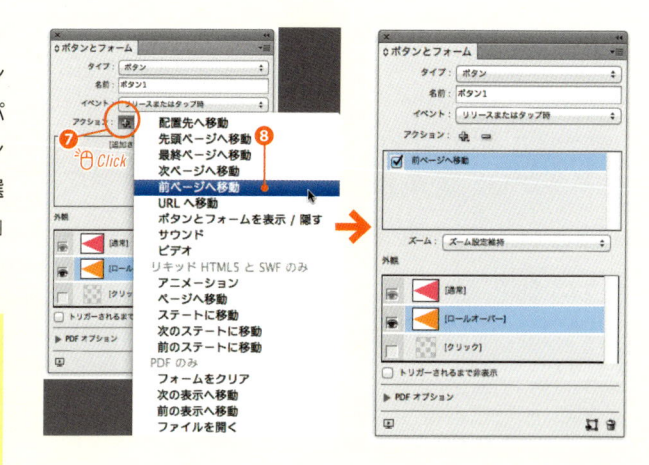

STEP 06

ここでは、見開きページとして PDF や SWF ファイルを書き出す予定なので、同様の手順で対向ページにもボタンを作成します。

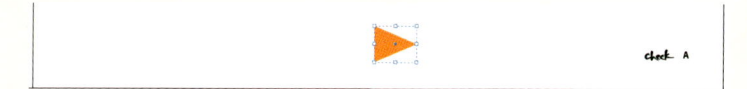

STEP 07

PDF や SWF ファイルを書き出す際に、それぞれの書き出しダイアログでインタラクティブな設定を生かして書き出せば完了です (「274 ページ効果を適用したドキュメントを SWF ファイルに書き出す」参照)。なお、[ボタンとフォーム] パネルのパネルメニューから [サンプルボタンとフォーム] を選択すると❾、[サンプルボタンとフォーム] パネルを表示できます❿。ボタンを手動で作成せずに、このパネルに用意されたボタンを使用してもかまいません。ボタンは直接ドキュメント上にドラッグすればコピーできます。

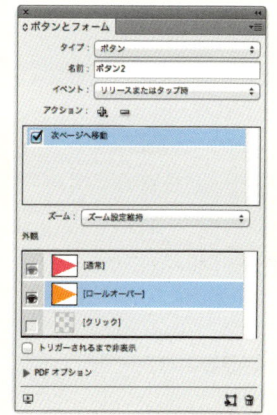

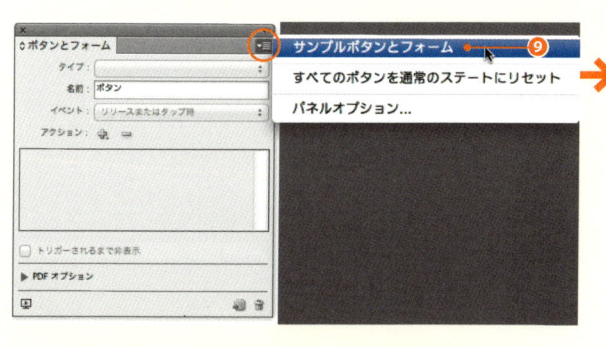

MEMO
PDF や SWF ファイルには、ボタン効果だけでなく、ハイパーリンクやブックマークも書き出すことができます。

273 PDFフォームを作成する

InDesgn CS6から、PDFフォームの作成が可能です。[ボタンとフォーム]パネルから、テキストフィールドやボタンなどの設定が行えます。

STEP 01

[ウィンドウ]メニューから[インタラクティブ]→[ボタンとフォーム]を選択して❶、[ボタンとフォーム]パネルを表示させます❷。

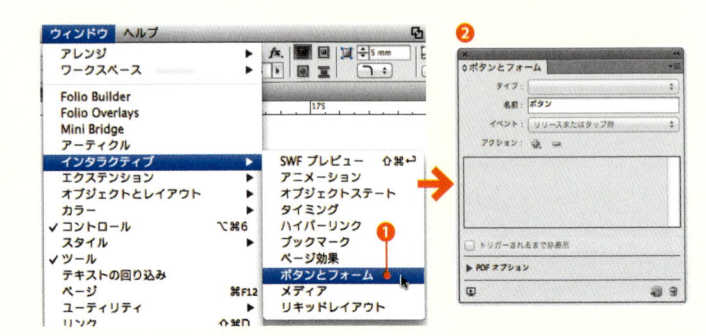

STEP 02

テキストフィールドとして設定したいテキストフレームを選択し❸、[ボタンとフォーム]パネルの[タイプ]に[テキストフィールド]を選択します❹。これで、テキストフィールドが設定されました。目的に応じて複数行での入力やフォントサイズの指定など[PDFオプション]を設定します❺。

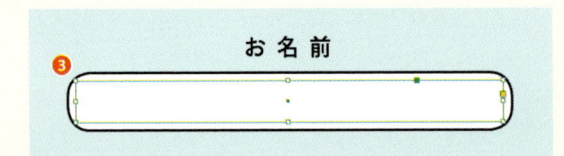

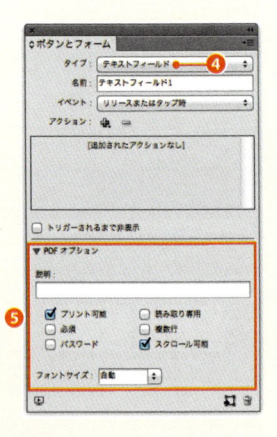

STEP 03

今度はラジオボタンの設定をしてみましょう。ラジオボタンとして設定したいオブジェクトをすべて選択し❻、[ボタンとフォーム]パネルの[タイプ]に[ラジオボタン]を選択します❼。選択していたオブジェクトが、ラジオボタンとして設定されます❽。

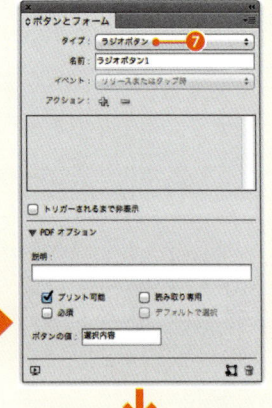

STEP 04

各ラジオボタンに対して、[外観] の設定をします❾。

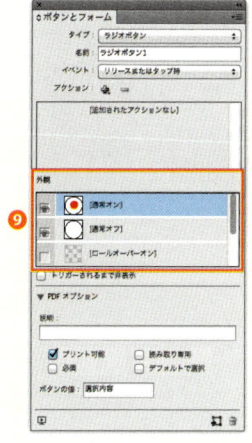

STEP 05

今度はフォームを送信するボタンを設定してみましょう。目的のオブジェクトを選択し❿、[ボタンとフォーム] パネルの [タイプ] に [ボタン] を選択します⓫。次に [アクション] で [フォームを送信] を指定し⓬、目的に応じて [外観] を設定します⓭。

STEP 06

[ファイル] メニューから [書き出し] を選択し、[書き出し] ダイアログで [形式]（Windows では [ファイルの種類]）に [Adobe PDF（インタラクティブ）] を選択し⓮、[名前] と [場所] を指定して [保存] ボタンをクリックします。

STEP 07

[インタラクティブ PDF に書き出し] ダイアログが表示されるので、目的に応じて各項目を設定して、[OK] ボタンをクリックすると⓯、インタラクティブな PDF が書き出されます。

> **CAUTION**
>
> 書き出した PDF は、Acrobat Pro でのフォーム入力は可能ですが、そのままでは Adobe Reader では入力ができません。Adobe Reader でもフォームの入力ができるようにするためには、Acrobat Pro で拡張機能を有効にします。Acrobat X Pro の場合であれば、[ファイル] メニューから [別名で保存] → [Reader 拡張機能が有効な PDF] → [追加機能を有効にする] を選択します。

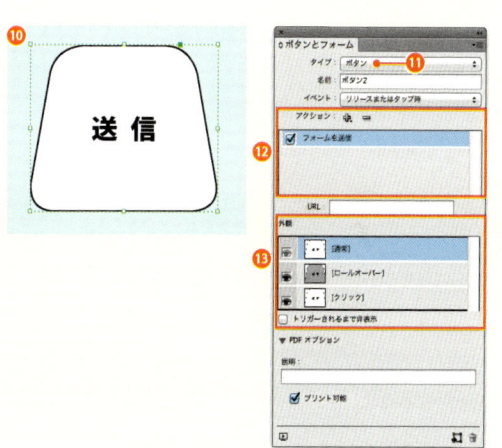

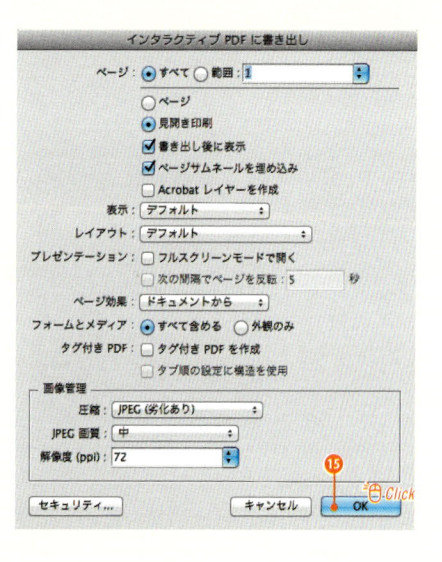

274 ページ効果を適用したドキュメントをSWFファイルに書き出す

InDesignではSWFファイルの書き出しがサポートされています。ページ効果やボタン効果を反映したSWFファイルの書き出しが可能です。

STEP 01

［ウィンドウ］メニューから［インタラクティブ］→［ページ効果］を選択して❶、［ページ効果］パネルを表示させます。

STEP 02

［ページ］パネルでページ効果を適用したいスプレッドを選択したら、［ページ効果］パネルの［効果］から目的のものを選択します❷。なお、選択した効果によっては、［方向］や［速度］も設定します❸。

> **MEMO**
> ページ効果とは、ページをめくる際に適用されるエフェクトのことです。ページの角をクリックした場合に指定したページ効果が適用されますが、ドラッグしてページを移動した際には「ページめくり」というページ効果が適用されます。

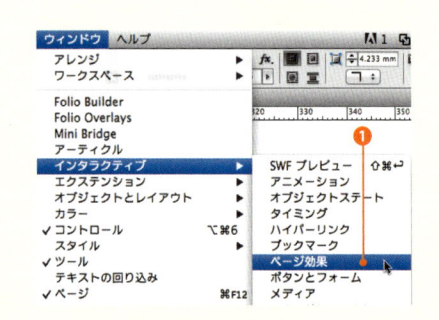

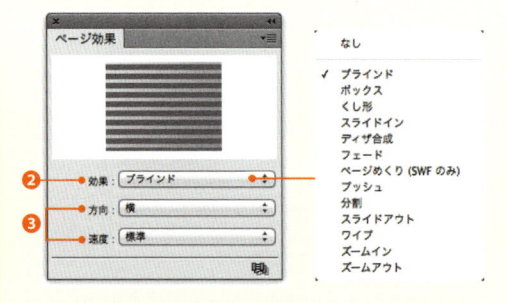

STEP 03

すべてのスプレッドに同じ効果を適用したい場合には、［ページ効果］パネルのパネルメニューから［すべてのスプレッドに適用］を選択します❹。
なお、［ページ効果］パネルのパネルメニューから［選択］を選択すると❺、［ページ効果］ダイアログが表示されるので、このダイアログから目的の効果を選択してもかまいません。

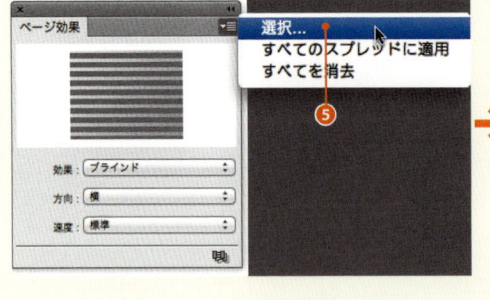

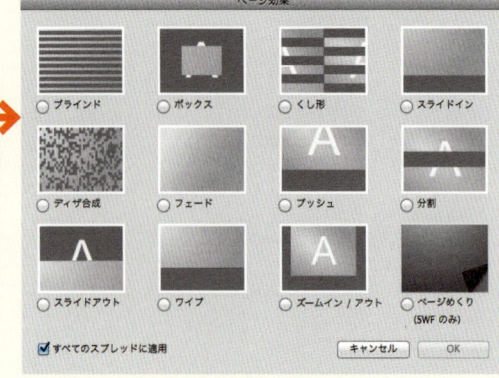

STEP 04

ページ効果を設定したら、[ファイル] メニューから [書き出し] を選択して [書き出し] ダイアログを表示させます❻。[形式]（Windows では [ファイルの種類]）に [Flash Player（SWF）] を選択したら❼、[名前] や [場所] を指定し、[保存] ボタンをクリックします。

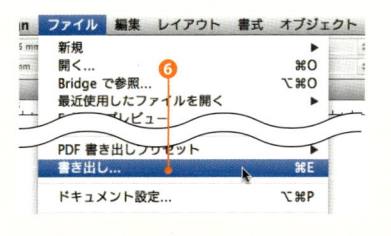

STEP 05

[SWF を書き出し] ダイアログが表示されるので、[一般] タブ❽や [詳細] タブ❾で、目的に応じて各項目を設定します。[サイズ] をはじめ、ページ範囲や背景、ページ効果を含むかどうか、画像の圧縮方法などを設定します。

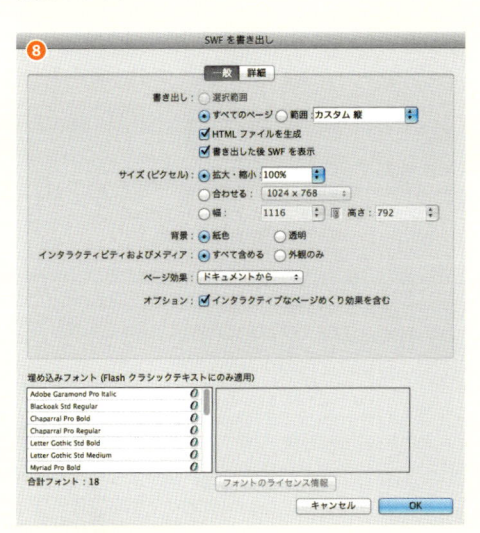

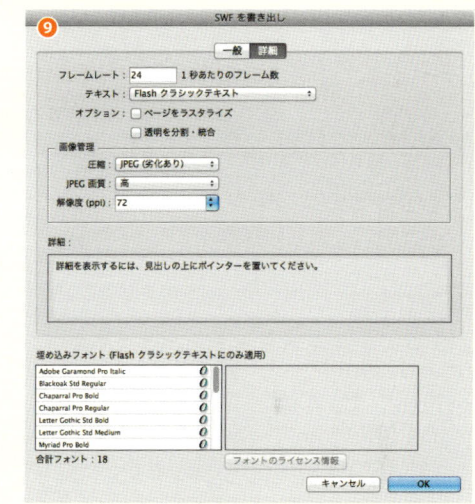

STEP 06

[OK] ボタンをクリックすると指定した場所に SWF ファイルが書き出されます。なお、ドキュメントの内容によっては、図のようなアラートが表示される場合があるので、目的に応じて対処します。

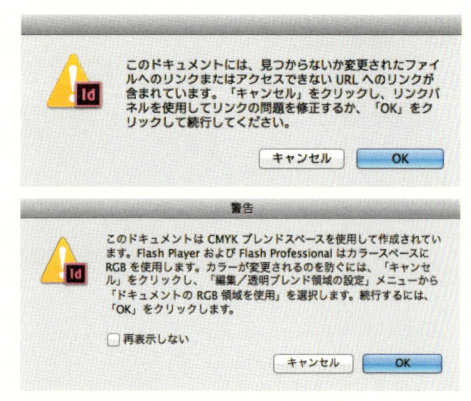

275 Flash用にFLAファイルを書き出す

InDesignからSWFファイルを書き出すことができますが、より高度に編集したい場合にはAdobe Flashで編集可能なFLAファイルを書き出します。

STEP 01

FLAファイルに書き出したいドキュメントを開き、[ファイル]メニューから[書き出し]を選択します❶。

STEP 02

[書き出し]ダイアログが表示されるので、[形式]（Windowsでは[ファイルの種類]）に[Flash CS6 Professional（FLA）]を選択し❷、[名前]や[場所]を指定し、[保存]ボタンをクリックします❸。

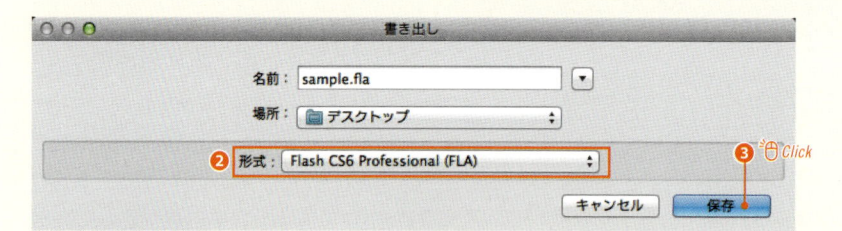

STEP 03

[Flash CS6 Professional（FLA）]の書き出し]ダイアログが表示されるので、目的に応じて各項目を設定します。

> **MEMO**
> ページ領域外にあるオブジェクトは書き出されません（ページに少しでもかかっているオブジェクトは、はみ出した部分も含めすべて書き出されます）。

> **MEMO**
> ハイパーリンク、ページ効果、ボタンアクションなどのインタラクティブ要素は、FLAファイルに含めることはできません。代わりに、Flashオーサリング環境を使用して、ビデオ、オーディオ、アニメーションおよび複雑なインタラクティビティを追加できます。

InDesign CS6

書き出し：❹
ページ範囲を指定して書き出すのか、すべてのページを書き出すのかを選択します。［ページをラスタライズ］にチェックを入れると、すべてのInDesignオブジェクトをビットマップに変換します❺。なお、このオプションを選択すると、ファイルサイズは大きくなり、ページアイテムはズームインした時にギザギザになります。［透明分割・統合］にチェックを入れると、透明部分を含むすべてのオブジェクトが分割・統合されます❻。透明部分が分割・統合されたオブジェクトは、Flashでのアニメーション再生が難しくなる場合があります。

サイズ（ピクセル）：❼
FLAファイルを倍率を指定して拡大／縮小するのか、指定したモニタサイズに合わせるのか、指定した幅と高さに応じてサイズ変更するのかを指定します。

インタラクティビティおよびメディア：❽
ムービー、サウンド、ボタンおよびアニメーションを含めて書き出す場合には、「すべてを含める」を選択します。なお、ボタンやビデオポスターの通常ステートを静的な要素として含める場合には、「外観のみ」を選択します。

テキスト：❾
［Flash TLFテキスト］を選択すると、Flash Professionalのテキストレイアウトフレームワーク属性群を利用できます。このオプションを選択した場合、［任意ハイフンポイントを挿入］を選択するとハイフネーションが有効になります。［Flashクラシックテキスト］を選択すると、検索可能なテキストが出力され、ファイルサイズが小さくなります。［アウトラインに変換］を選択すると、テキストがアウトラインに変換されます。［ピクセルに変換］を選択すると、テキストがビットマップ画像で出力されます。ピクセルに変換したテキストは、ズームインしたときにエッジがギザギザに表示される場合があります。

STEP 04

［OK］ボタンをクリックすると指定した場所にFLAファイルが書き出されるので、Flash CS6で開いて作業します。なお、複数ページのドキュメントからファイルを書き出した場合には、各ページ（またはスプレッド）は個別のクリップとしてタイムラインに読み込まれます。

CAUTION
InDesign CS6から書き出したFLAファイルは、Flash CS4以前のバージョンでは開くことができません。

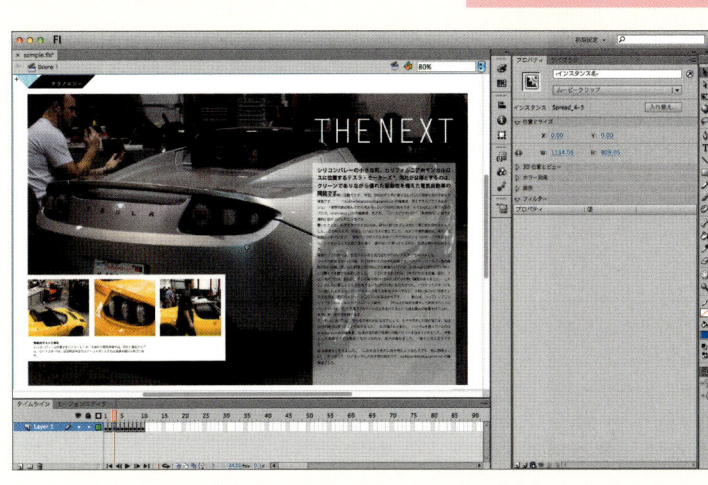

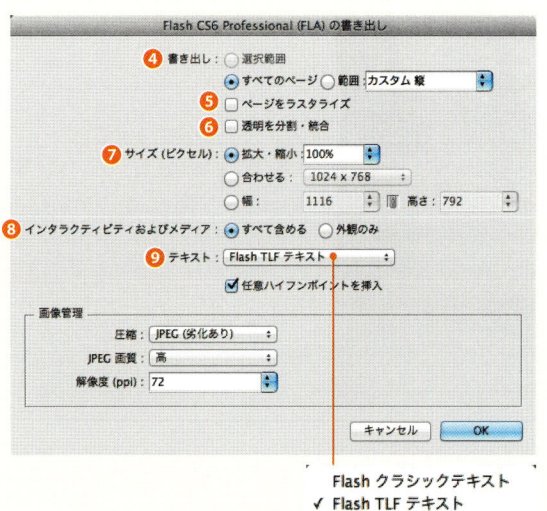

276 ドキュメントを EPS ファイルに書き出す

InDesign ではさまざまな形式のファイルを書き出すことができます。EPS ファイルとして書き出せば、ほかのアプリケーションなどに配置できます。

STEP 01

［ファイル］メニューから［書き出し］を選択します。［書き出し］ダイアログが表示されるので、［形式］（Windowsでは［ファイルの種類］）に［EPS］を選択し❶、［名前］を付けて❷、［保存］ボタンをクリックします❸。

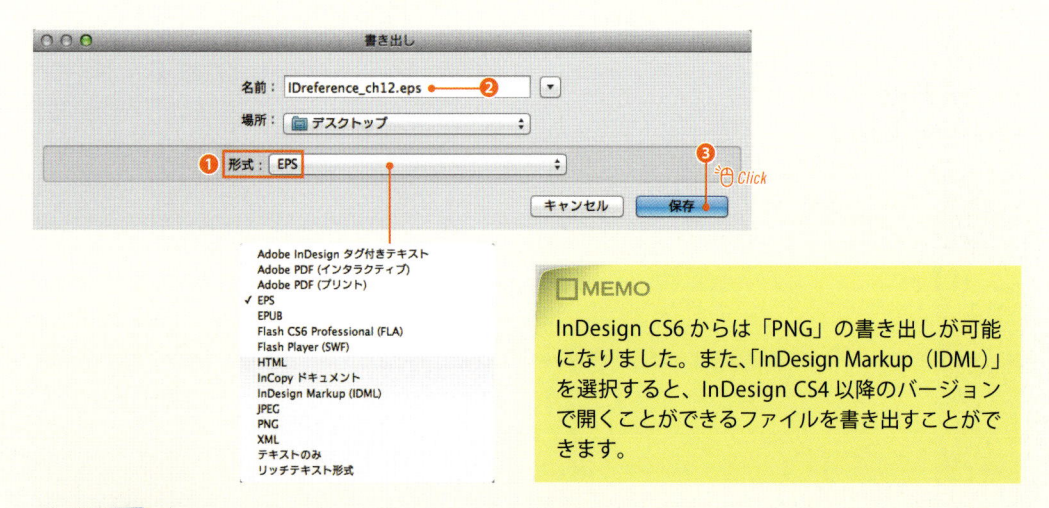

MEMO
InDesign CS6 からは「PNG」の書き出しが可能になりました。また、「InDesign Markup（IDML）」を選択すると、InDesign CS4 以降のバージョンで開くことができるファイルを書き出すことができます。

STEP 02

［EPS の書き出し］ダイアログが表示されるので、書き出す範囲を指定します。全ページを書き出す場合には［すべてのページ］❹、特定のページを書き出す場合には［範囲］を指定します❺。また、見開きで書き出す場合には［見開き印刷］にチェックを入れます❻。さらに［裁ち落とし］を指定し❼、目的に応じて各項目のポップアップメニューを指定します❽。また、必要に応じて［詳細］タブの［画像］❾や［OPI］❿［透明の分割・統合］⓫を指定して、［書き出し］ボタンをクリックすれば EPS ファイルが作成されます⓬。

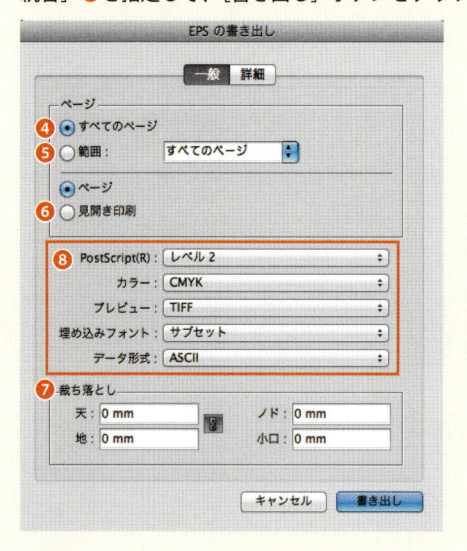

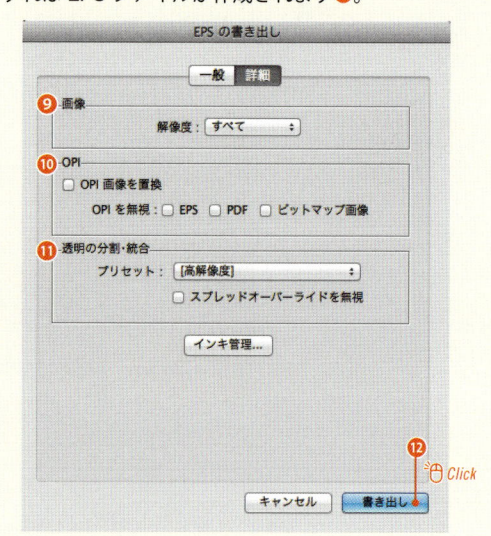

第 13 章

EPUB

InDesign CS6
DESIGN REFERENCE
PLUS

277 ルビ・圏点・縦中横を設定する

EPUB3 では、ルビや圏点、縦中横の使用が可能です。InDesign では、ルビや圏点、縦中横を反映した状態で EPUB を書き出すことができます。

STEP 01

ルビは、そのまま設定すれば OK ですが、[グループルビ]を使用します❶。[モノルビ]も使用することは可能ですが、その場合には、一文字単位でモノルビを設定します。

CAUTION
複数の文字に対してモノルビを設定すると、ルビの区切り文字として使用したスペースも EPUB に書き出されてしまいます。

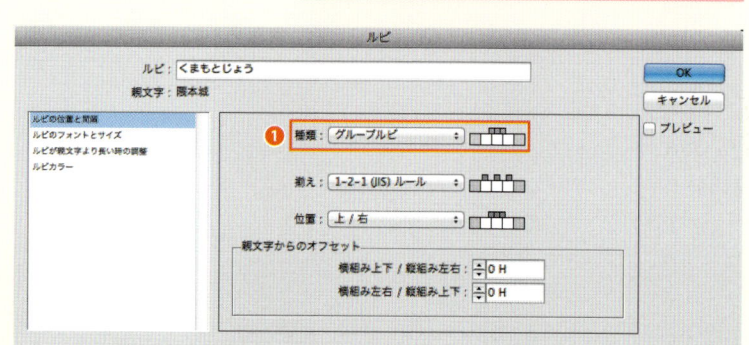

STEP 02

圏点は、文字スタイルとして登録して文字に適用します❷。文字スタイルとして適用しておくことで、EPUB 書き出し後の編集が楽になります。

STEP 03

縦中横は、一般的に段落属性の[自動縦中横設定]を使用して運用しますが、このままだと EPUB に縦中横を反映できません。そこで、文字属性の[縦中横]を文字スタイルとして登録して適用する必要があります❸。すでに[自動縦中横設定]を適用している場合には、新たに作成した文字スタイルを追加で適用していきます。

MEMO
縦中横にひとつずつ文字スタイルを適用するのは、非常に手間がかかってしまいます。そこで、[検索と置換]の[正規表現]の機能を利用して一気に文字スタイルを適用すると便利です。2 桁の数字のみをヒットさせたい場合には[検索文字列]に「(?<!\d)\d{2}(?!\d)」と入力し、3 桁の数字のみをヒットさせたい場合には「(?<!\d)\d{3}(?!\d)」と入力します(詳しくは「220 正規表現式を使って検索・置換する」を参照)。

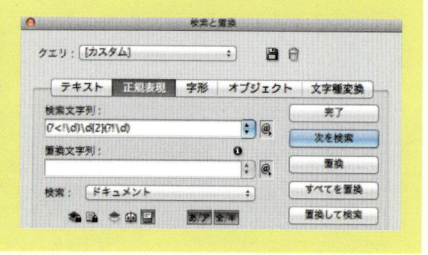

220 正規表現式を使って検索・置換する
282 EPUB 書き出しの設定を行う

278 タグとクラスを指定する NEW

段落スタイルと文字スタイルに対して、タグとクラスを指定しておきます。指定したタグやクラスが、EPUB 内の XHTML や CSS に使用されます。

STEP 01

［段落スタイル］パネル、または［文字スタイル］パネルのパネルメニューから［すべての書き出しタグを編集］を選択します❶。

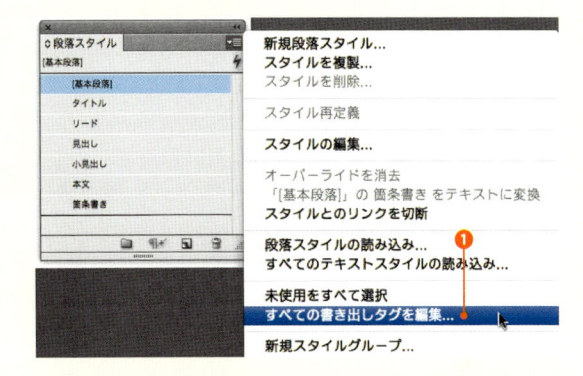

STEP 02

［すべての書き出しタグを編集］ダイアログが表示され、すべての段落スタイルと文字スタイルが表示されているので、それぞれのスタイルに対して［タグ］と［クラス］を指定します。［タグ］はポップアップメニューから目的のものを選択するか、直接入力し、［OK］ボタンをクリックします❷。

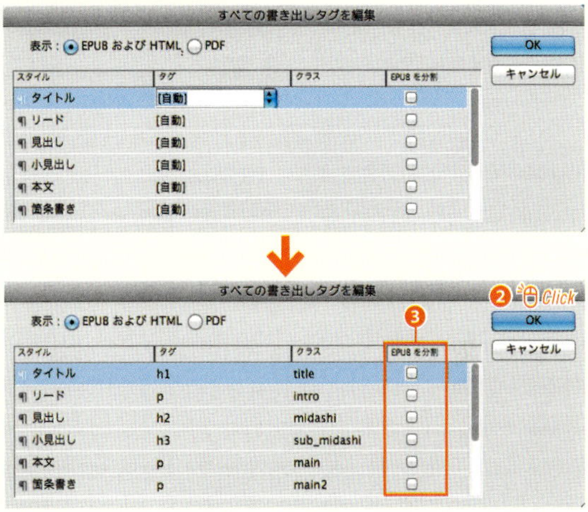

MEMO

［すべての書き出しタグを編集］ダイアログで［EPUB を分割］にチェックを入れると、そのスタイルの前で XHTML ファイルを分割することができます❸。

STEP 03

スタイル名をダブルクリックして［段落（文字）スタイルの編集］ダイアログを表示させることでも、［タグ］や［クラス］の設定は可能です。左のリストから［タグを書き出し］を選択し❹、［タグ］と［クラス］を指定します❺。なお、どのように CSS ファイルに書き出されるかを［書き出しの詳細］欄で確認できます❻。

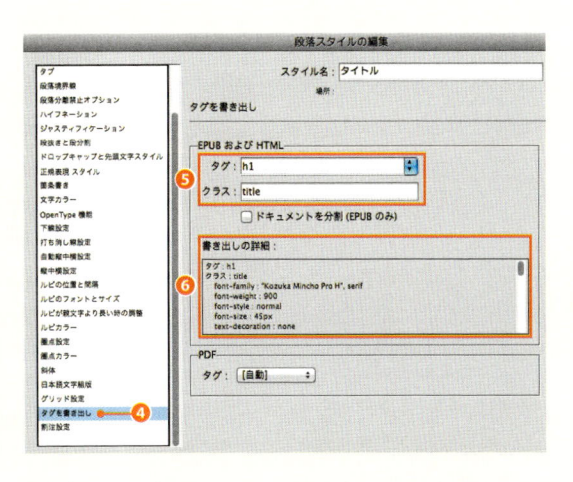

CAUTION

EPUB 書き出しは、InDesign CS3 から可能ですが、CS3〜CS5 ではタグとクラスの指定はできません。そのため、ドキュメントで使用しているスタイル名をすべて英数字に変更しておく必要があります。

282 EPUB 書き出しの設定を行う

279 オブジェクトをアーティクルパネルに登録する

あらかじめ［アーティクル］パネルに各オブジェクトを登録しておくことで、EPUBに書き出すオブジェクトの順番をコントロールできます。

STEP 01

［ウィンドウ］メニューから［アーティクル］を選択して❶、［アーティクル］パネルを表示させます。

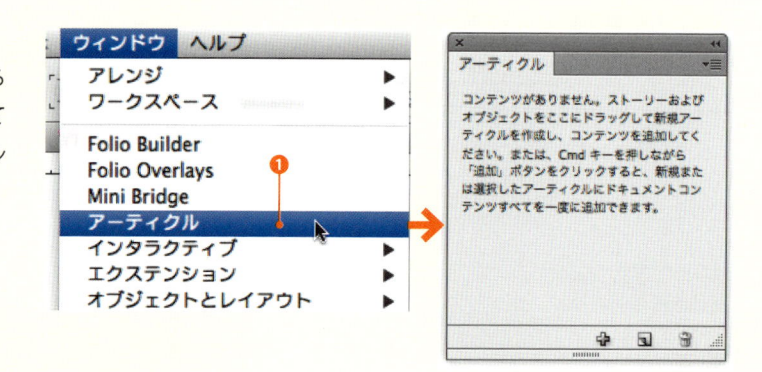

STEP 02

EPUBに書き出したいオブジェクトを選択ツールで選択し、［アーティクル］パネル上にドラッグします❷。

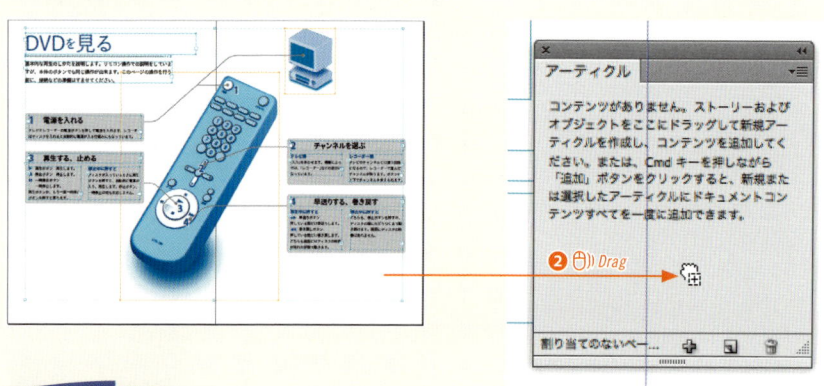

STEP 03

［新規アーティクル］ダイアログが表示されるので、［名前］を入力して❸、［OK］ボタンをクリックします❹。［アーティクル］パネル上にドラッグしたオブジェクトが、［アーティクル］パネルに読み込まれます❺。

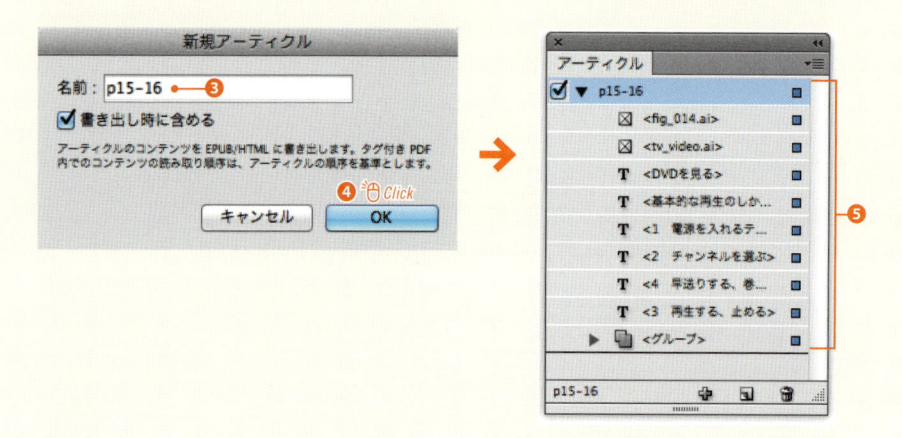

STEP 04

［アーティクル］パネルでは、上位にあるオブジェクトから順にEPUBに書き出されるので、目的の順番になるよう各アイテムをドラッグして移動します❻。

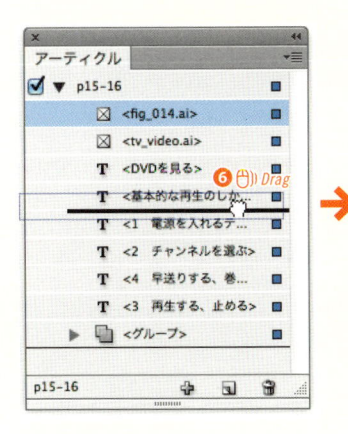

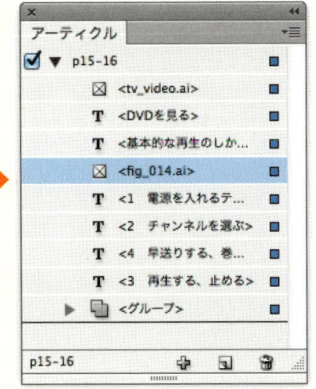

> **MEMO**
> InDesignドキュメント上のパスオブジェクトは、そのままではEPUBに書き出されません。パスオブジェクトを［アーティクル］パネルに登録するか、テキスト中にインライングラフィック、またはアンカー付きオブジェクトとして挿入することで、画像としてEPUBに書き出すことが可能です。

STEP 05

なお、EPUBを書き出す際に表示される［EPUB書き出しオプション］ダイアログで、［コンテンツの順序］を［アーティクルパネルと同じ］に設定❼しないと、［アーティクル］パネルで設定した順番で書き出されないので、注意してください。

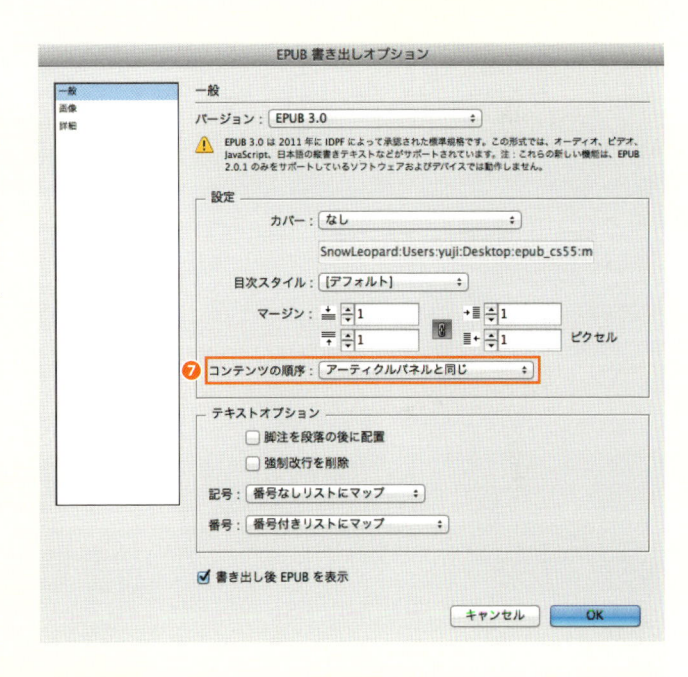

> **MEMO**
> InDesignでは、左開きと右開きでは、各オブジェクトがEPUBに書き出される順番が異なります。左開きでは、オブジェクトの座標値が左にあるもの（X座標の小さいもの）から、右開きでは、オブジェクトの座標値が上にあるもの（Y座標の小さいもの）から順に書き出されます。そのため、オブジェクトの書き出される順番をコントロールしたい場合には、［アーティクル］パネルを使用します。

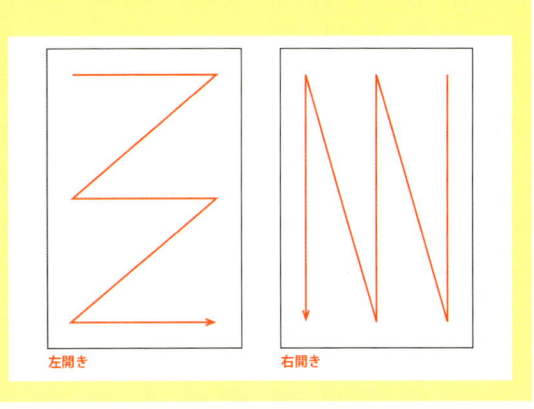

左開き　　　右開き

280 HTMLを挿入する NEW

InDesign CS6では、HTMLの挿入が可能になりました。これにより、HTMLを反映したEPUBやfolioファイルの書き出しが可能となっています。

STEP 01

ここでは、Google Mapsで表示した地図のHTMLをInDesignドキュメントに挿入したいと思います。まず、ブラウザで目的の地図を表示させます。［リンク］ボタンをクリックし❶、表示されたHTMLをコピーします❷。

STEP 02

InDesignに切り替え、［オブジェクト］メニューから［HTMLを挿入］を選択します❸。

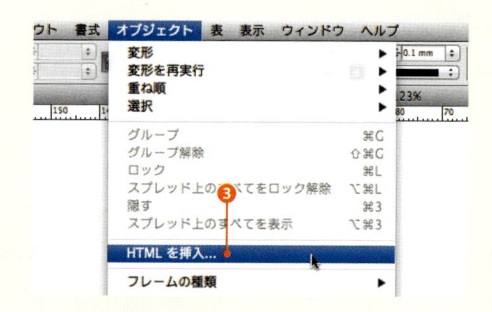

STEP 03

［HTMLを編集］ダイアログが表示されるので、先ほどコピーしたHTMLをペーストして、［OK］ボタンをクリックします❹。

STEP 04

InDesignドキュメントに、さきほどコピーした地図のHTMLが配置されます。

281 ラスタライズやレイアウトの カスタム設定をする NEW

画像を EPUB に書き出す際には、[オブジェクト書き出しオプション]を使用して画像のサイズや形式、解像度、回り込みの指定などを行います。

STEP 01

画像に対して、EPUB に書き出す際のサイズや解像度の指定、さらには回り込み（float）の設定が可能です。画像を選択したら[オブジェクト]メニューから[オブジェクト書き出しオプション]を選択して、[オブジェクト書き出しオプション]ダイアログを表示させます❶。

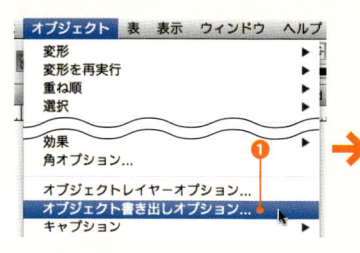

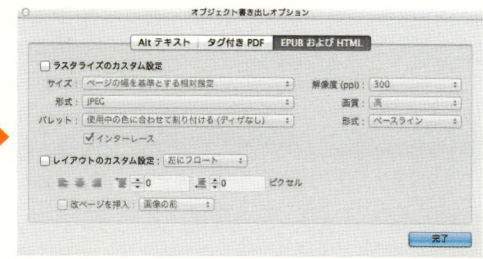

STEP 02

まずは画像のサイズや解像度を設定してみましょう。[EPUB および HTML]タブを選択し❷、[ラスタライズのカスタム設定]にチェックを入れます❸。次に目的に応じて[サイズ]や[形式][解像度]などを設定します。

> **MEMO**
> 画像のサイズや解像度は、[EPUB 書き出しオプション]ダイアログでも可能ですが、画像ごとに異なる設定をしたい場合には、[オブジェクト書き出しオプション]ダイアログで設定します。

STEP 03

次に画像に回り込みの設定をします。[レイアウトのカスタム設定]にチェックを入れ❹、[左にフロート]または[右にフロート]のいずれかを選択します❺。これにより、floatのプロパティが適用され、EPUB 上で回り込みを反映できます。

> **MEMO**
> 画像に回り込み（float）の設定をした場合のマージン（margin）には、[テキストの回り込み]パネルで設定した各オフセットの値が適用されます。

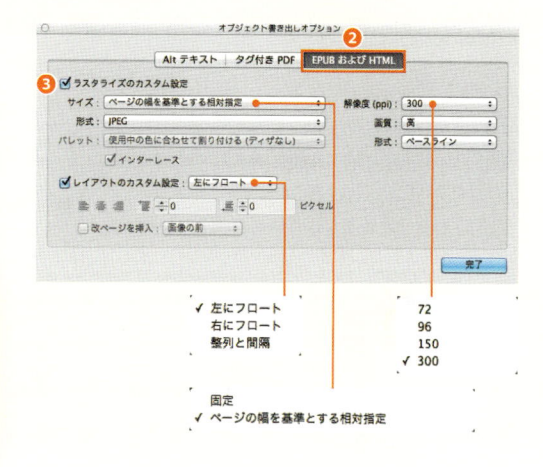

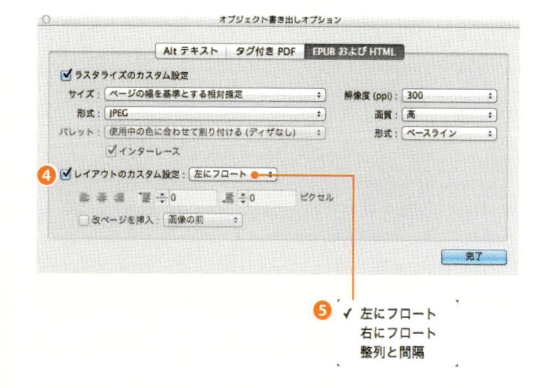

282 EPUB 書き出しの設定を行う

[EPUB 書き出しオプション] では、カバーや目次スタイルの設定をはじめ、画像や CSS オプションなど、EPUB をどのように書き出すかの設定をします。

STEP 01

EPUB を書き出す際には、[ファイル] メニューから [書き出し] を選択します❶。[書き出し] ダイアログが表示されるので、[形式] (Windows では [ファイルの種類]) に [EPUB] を選択し❷、[名前] と [場所] を指定して、[保存] ボタンをクリックします❸。

STEP 02

[EPUB 書き出しオプション] ダイアログが表示されるので、各項目を設定します。まず、書き出す EPUB の [バージョン] を設定します❹。目的に応じて [EPUB 2.0.1] または [EPUB 3.0] を選択します。

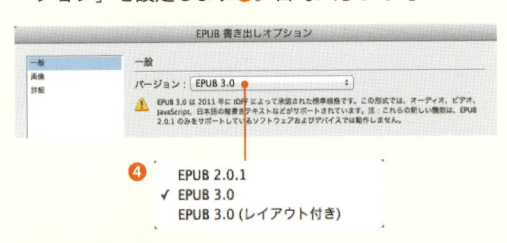

MEMO
EPUB の [バージョン] では、[EPUB 3.0（レイアウト付き）] を選択することも可能ですが、アドビが作成した実験的な形式のため、特定のアドビテクノロジーでしか動作しません。実際の仕事では使えないと思ってください。

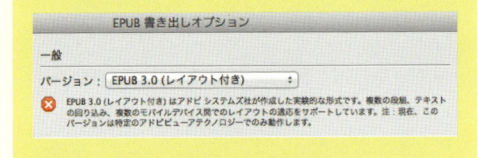

STEP 03

[一般] タブでは [カバー]❺や [目次スタイル]❻の設定をします。[カバー] が不必要な場合は [なし]、ドキュメントの最初のページをカバーとしてラスタライズして使用したい場合には [最初のページをラスタライズ]、別途用意した画像をカバーとして使用したい場合には [画像を選択] を選択して、その画像を指定します。また、目次にスタイルを指定したい場合には、そのスタイルを [目次スタイル] で指定します。

CAUTION
[カバー] に [最初のページをラスタライズ] を選択した場合には、ドキュメントの最初のページがカバーとしてラスタライズされますが、別途、使用しているテキストオブジェクトもテキストとして書き出されてしまいます。テキストとして書き出したくない場合には、最初のページのテキストをアウトライン化しておきます。

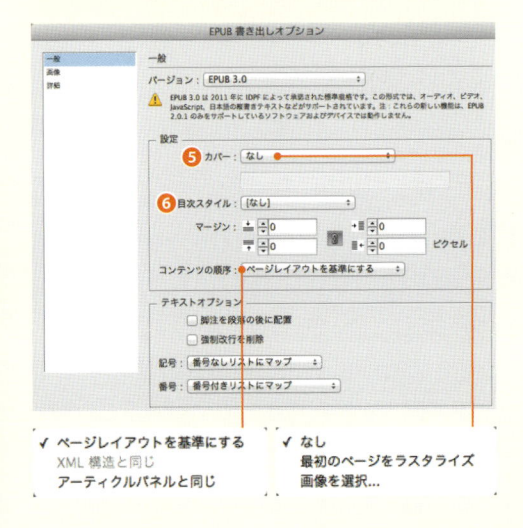

279 オブジェクトをアーティクルパネルに登録する
281 ラスタライズやレイアウトのカスタム設定をする

STEP 04

［画像］タブを選択して画像の設定をします❼。［解像度］❽で書き出す画像の解像度を指定し、［画像サイズ］❾に［固定］か［ページを基準とする相対指定］のいずれかを指定します。［固定］を選択すると、EPUB を表示するデバイスのサイズに関わらず、固定サイズで画像を書き出すのに対し、［ページを基準とする相対指定］を選択すると、デバイスのサイズに応じて表示される画像のサイズは相対的に変化する画像として書き出すことができます。［画像変換］❿では、変換する画像形式を指定します。

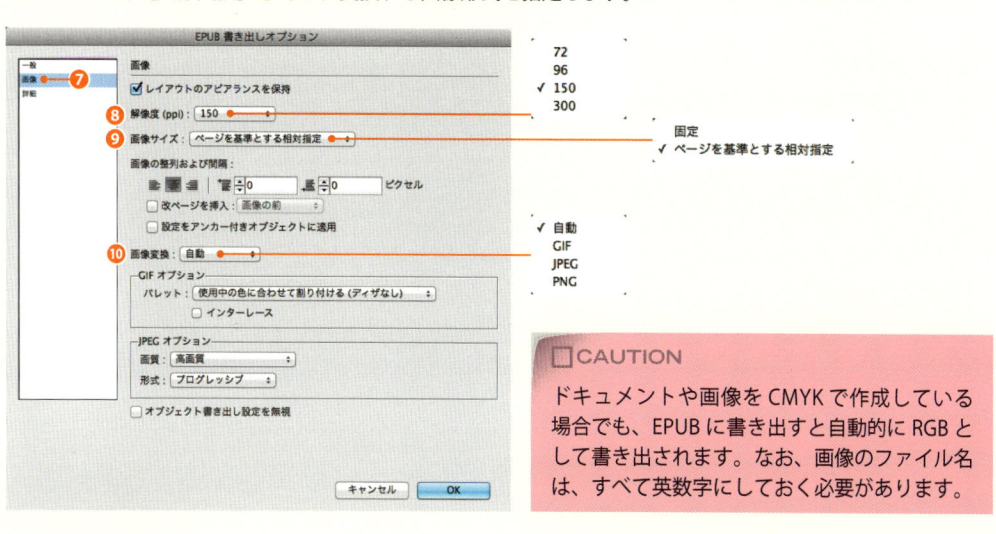

> **CAUTION**
> ドキュメントや画像を CMYK で作成している場合でも、EPUB に書き出すと自動的に RGB として書き出されます。なお、画像のファイル名は、すべて英数字にしておく必要があります。

STEP 05

最後に、［詳細］タブを選択して設定をします⓫。［ドキュメントの分割］⓬では、XHTML ファイルとしてドキュメントを分割する段落スタイルを指定します。また［CSS オプション］⓭では、どのように CSS ファイルを書き出すかを指定します。あらかじめ用意したスタイルシートを読み込みたい場合には、［スタイルシートを追加］ボタンをクリックして、目的の CSS ファイルを指定します。また、［埋め込みフォントを含む］にチェックを入れると、ドキュメントで使用しているフォントをサブセットとして埋め込むことができますが、フォントのライセンスなどに注意してください。さらに［JavaScript オプション］⓮では、スクリプトの読み込みも可能です。

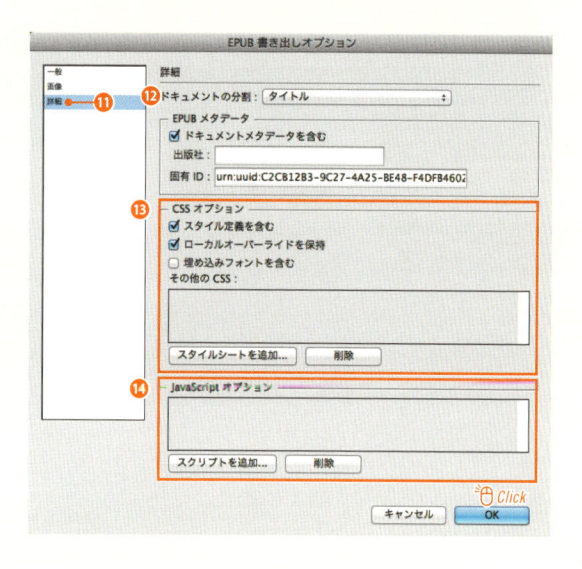

STEP 06

目的に応じて、すべての項目を設定したら［OK］ボタンをクリックして EPUB ファイルを書き出します⓯。

sample.epub

283 EPUBを作成するために

EPUBファイルを書き出す場合は、書き出す前にすべき設定があり、また書き出し後にもEPUBファイルの調整をする必要があります。

STEP 01

InDesignドキュメント上で書誌情報を設定しておきます。［ファイル］メニューから［ファイル情報］を選択すると❶、［ファイル情報］ダイアログが表示されるので、［説明］タブを選択して必要な情報を入力します❷。この情報が、EPUBの書籍名や著者名として使用されます。

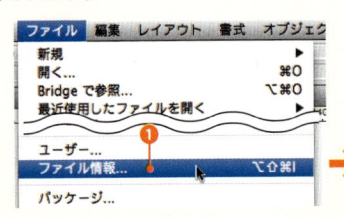

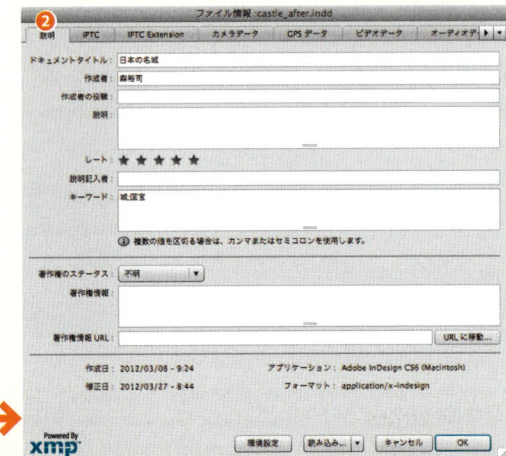

STEP 02

マスターページ上に作成してあるオブジェクトは、EPUBに書き出されません。柱やノンブルといったアイテムはEPUBでは必要ありませんが、EPUBに含めたいテキストなどがある場合には、ドキュメントページ上に作成しておきます。

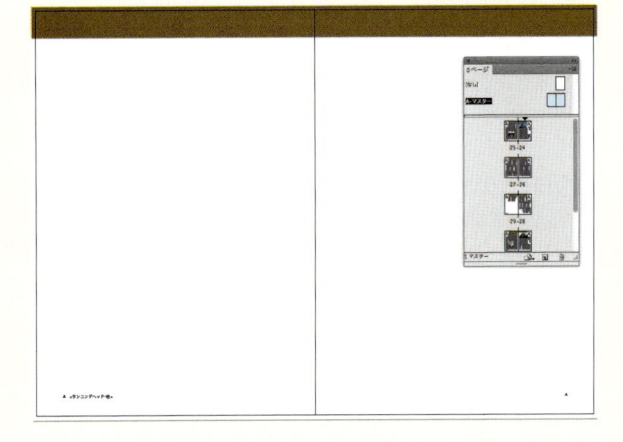

STEP 03

長方形ツールやペンツールで作成したパスオブジェクトは、そのままではEPUBに書き出すことができません。EPUBに書き出したい場合には、インライングラフィックやアンカー付きオブジェクト、あるいは［アーティクル］パネルに登録することで、ラスタライズされ、画像として書き出すことができます。図のケースでは❸、タイトル下のパスでできたオブジェクトをアンカー付きオブジェクトとして挿入しているので、画像としてEPUBに書き出されます。

279 オブジェクトをアーティクルパネルに登録する
282 EPUB書き出しの設定を行う

STEP 04

ドキュメント中のテキストには、すべて段落スタイルや文字スタイルを適用しておきます。これにより、EPUB 書き出し後の編集作業がしやすくなります。テキストは、きちんと構造化して作業することがポイントとなります。

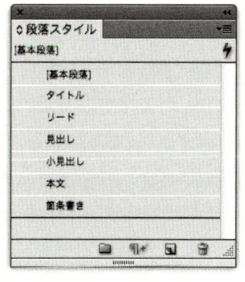

STEP 05

ハイパーリンクは、InDesign 上でも設定可能です。［ハイパーリンク］パネルを使用することで、必要な箇所にハイパーリンクを設定しておきます。

-ネットをご利用でない場合は、FAX または郵便でお問い合わせください。

〒 160-0006 東京都新宿区舟町 5
（株）翔泳社 愛読者サービスセンター
FAX 番号：03-5362-3818

STEP 06

目次は InDesign の目次機能を使用して作成します。これにより、EPUB を書き出した際に、自動的に EPUB の目次として書き出されます。なお、決められたページ区切りのない EPUB では、ページ番号は必要ありません。また、目次はペーストボード上に作成してもかまいませんが、その場合、EPUB の目次として書き出されますが、コンテンツのテキストとしては書き出されません。

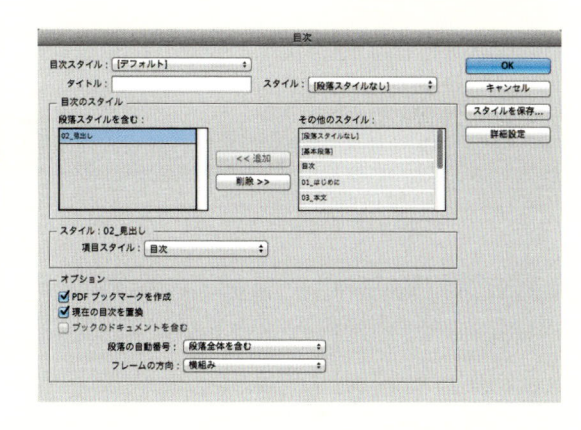

STEP 07

InDesign ドキュメントのファイル名や配置画像のファイル名は、すべて英数字にしておきます。日本語を使用していると、問題が起きる場合があります。

STEP 08

InDesign から書き出した EPUB ファイルは、それでできあがりというわけではありません。EPUB ファイル内の XHTML や CSS を編集してコンテンツの調整を行う必要があります。EPUB の編集は、XHTML や CSS を編集できるものなら何でもかまいませんが、EPUB を直接編集できないツールの場合、EPUB を解凍してから編集し、編集後には、EPUB に圧縮する必要があります。圧縮・解凍ツールには、さまざまなものがありますが、Mac OS X であれば「ePub Packager」、Windows であれば「ePubPack」がお勧めです。
また、EPUB の完成後には、問題がないかどうかをチェックしておくとよいでしょう。EPUB のチェックは、「epubcheck」や「EPUB validator」というサイトから実行できます。

> **MEMO**
> ePub Packager：http://www.64.ee/support/#packager
> ePubPack：http://sourceforge.net/projects/epubpack/
> epubcheck：http://code.google.com/p/epubcheck/
> EPUB validator：http://www.threepress.org/document/epub-validate/

INDEX 索引

● CS6 新機能を探す

EPUB 書き出しオプション・・・・・・・354
HTML の挿入・・・・・・・・・・・・・・・・・352
PDF 書き出し（グレースケール）・・・・334
PDF フォーム・・・・・・・・・・・・・・・・・340
PNG 書き出し・・・・・・・・・・・・・・・・346
オブジェクト書き出しオプション・・・353
[コンテンツ収集／配置] ツール・・・・247
代替レイアウト・・・・・・・・・・・・・・・・92
タグとクラス指定・・・・・・・・・・・・・349
端末機器のサイズ選択・・・・・・・・・・25
段落の自動調整・・・・・・・・・・・・・・・100
デジタルパブリッシング用ドキュメント
　プロファイル・・・・・・・・・・・・・・・・25
フレームの自動調整・・・・・・・・・・・・101
リキッドレイアウト・・・・・・・・・88,90

● 困ったから探す

3つ折の紙面フォーマットを作りたい・・35
EPUB が思うように書き出せない
　・・・・・・・・・・・・・・・・・・・・・354,356
EPUB 作成の設定を知りたい・・・・・・356
EPUB でモノルビを使ったら失敗した・・348
HTML が EPUB で書き出されない・・・352
InDesign の画面構成を知りたい・・・・46
OpenType 機能が使えない・・・・・・・142
アキを設定したら版面の天地（左右）の
　並びが崩れた・・・・・・・・・・・・・・137
印刷物の規格サイズを知りたい・・・・・24
印刷物制作の流れがわからない・・・・・20
欧文だけが上がって見える・・・・・・・111
欧文も縦組みにしたい・・・・・・・・・・117
大判のドキュメントをプリントしたい・・315
思い通りにプリントできない・・・312,313
ガイドの種類がわからない・・・・・・・・54
下位バージョンの InDesign ファイルで
　保存したい・・・・・・・・・・・・・・・・43
画像の準備で困った・・・・・・・・168,169
画像をトリミングしたい・・・・・172,180
コントロールパネルの構成を知りたい
　・・・・・・・・・・・・・・・・・・・・・・・・52
サイズの違うドキュメントを混在させたい
　・・・・・・・・・・・・・・・・・・・・・・・・34
字間を手動で詰めたい・・・・・・・・・・113
誌面の各部の名称がわからない・・・・・23
書籍のレイアウトデータを一括管理したい
　・・・・・・・・・・・・・・・・・・・・・・・279
ショートカットを使いやすくしたい・・・65
タブをフレームの端に設定したい・・・302
単位を変更したい・・・・・・・・・・・・・・62
段落の先頭文字にアクセントをつけたい
　・・・・・・・・・・・・・・・・・・・・・・・118
データがオーバープリントされていた
　・・・・・・・・・・・・・・・・・・・・・・・323
テキストスペースのサイズがわからない
　・・・・・・・・・・・・・・・・・・・・・・・・33
特殊な文字や記号を入力したい・・・・132
表の文字位置が揃わない・・・・・・・・254
表の文字スタイルを指定したい・・・・253
複数ドキュメントを並べて作業したい
　・・・・・・・・・・・・・・・・・・・・・・・・41
ブックレットの形でプリントしたい・・・320
プリフライトでエラーが出た・・・・・・326
プリントしても画像が正常に出力されない
　・・・・・・・・・・・・・・・・・・・・・・・189
プロファイルの設定を変えたい・・・・・218
ページの自動追加をしたい・・・・・・・106
本のパーツの名称がわからない・・・・・22
リキッドレイアウトの設定を知りたい
　・・・・・・・・・・・・・・・・・・・・・88,90
レイアウトグリッドの画面の名称を知りたい
　・・・・・・・・・・・・・・・・・・・・・・・・28
レイヤーを管理したい・・・・・・・・・・270

● パネル・ツール名から引く

[アーティクル] パネル・・・・・・・・・・350
[オブジェクトスタイル] パネル・・・・244
[回転] ツール・・・・・・・・・・・・・・・226
[間隔] パネル・・・・・・・・・・・・・・・234
[拡大／縮小] ツール・・・・・・・・・・・226
[カラー] パネル・・・・・・・・・198,201
[グラデーション] パネル・・・・・199,202
[効果] パネル・・・・・・・・・・・235,236
[コンテンツ収集／配置] ツール・・・・247
[コントロール] パネル
　・・・・・・・・・・・・・・46,52,107,253
[索引] パネル・・・・・・・・284,286,287
[シアー] ツール・・・・・・・・・・・・・226
[字形] パネル・・・・・・・・・・・・・・・131
[自由変形]・・・・・・・・・・・・・・・・・226
[条件テキスト] パネル・・・・・・・・・122
[スウォッチ] パネル・・199,203,204,206
[ズーム] ツール・・・・・・・・・・・・・・39
[スクリプト] パネル・・・・・・・302,303
[スポイト] ツール・・・・・・・・130,200
[整列] パネル・・・・・・・・・・・・・・・230
[セルスタイル] パネル・・・・264,265,266
[線] パネル・・・・・・・・・・・・223,224
[選択] ツール・・・・・・・・・・・・・・・172
[ダイレクト選択] ツール・・・・・184,198
[タグ] パネル・・・・・・・・・・・・・・・306
[縦組みグリッド] ツール・・・・・・・・・96
[縦組みパス] ツール・・・・・・・・・・・97
[縦組み文字] ツール・・・・・・・・96,117
[タブ] パネル・・・・・・・・・・・・・・・133
[段落] パネル・・・・・・・・・135,152,253
[段落スタイル] パネル・・・・143,296,349
[長方形フレーム] ツール・・・・・・・・185
[ツール] パネル・・・・・・・・・・・46,48
[手のひら] ツール・・・・・・・・・39,172
[透明の分割・統合] パネル・・・・・・・325
[パスファインダ] パネル・・・・・229,232
[表] パネル・・・・・・・・・・・・254,258
[表スタイル] パネル・・・・・262,263,266
[ブック] パネル・・・・・・・・・280,282
[プリフライト] パネル・・・・・・・・・328
[プリント属性] パネル・・・・・・・・・323
[分版] パネル・・・・・・・・・・・・・・・324
[ページ] パネル・・・・・・・・68, 69, 70
[ページ] ツール・・・・・・・・・・・・・・34
[変形] パネル・・・・・・・・・・・227,228
[ボタンとフォーム] パネル・・・・・・・338
[文字] パネル・・・・・・・・・・・107,253
[文字スタイル] パネル・・・・146,147,348
[横組みグリッド] ツール・・・・・・・・・96
[横組み文字] ツール・・・・・・・・96,252
[ライブラリ] パネル・・・・・・・276,277
[リンク] パネル・・・・・・・・・186,188
[レイヤー] パネル・・・・・・・・・・・・270

◯ 用語から探す

英数字

項目	ページ
90°回転（時計回り）	228
90°回転（反時計回り）	228
90度回転	116,117
100%表示	38
180°回転	228
Adobe Acrobat pro	341
Adobe Bridge	176,217
Adobe Flash	344
Adobe Illustrator	192,222
Adobe Photoshop	168,193,194,195
Adobe Swatch Exchange ファイル	208
Android10	25
ase ファイル	208
A判	24
AB判	24
B判	24
CDジャケット	24
CMYK	168,318
Creative Suite のカラー設定	217
CSS	349
CTP	21
DDCP	21
DIC	203,209,211
DIC Color Guide	209
EPS ファイル	346
EPUB 書き出し	354
Excel	268,298
ExtendScript ToolKit	304
FLA ファイル	344
HTML	352
Image Catalog	303
indl ファイル	276
InDesign Markup（IDML）	346
InDesign 形式	278
InDesign タグ	298
InDesign ドキュメントの作成	20
InDesign ヘルプ	66
iPad	25
iPhone	25
JavaScript	302,303
Kindlefire/Nook	25
MiniBridge	175
OpenType 機能	142
PANTONE	203
PDF 書き出し	332,335,336
PDF 書き出し（印刷用）	336
PDF 書き出し（校正用）	335
PDF 書き出し（グレースケール）	334
PDF の設定保存	337
PDF フォーム	340
PPD	313
SWF ファイル	342
XHTML	349
XML データ	306,308
XML の書き出し	310
XML の読み込み	308

あ行

項目	ページ
アイテム情報	276
アウトライン化	159
アキの設定	115,137
アプリケーションバー	46
アプリケーションフレームで表示	50
アルファチャンネル	194
アンカー付きオブジェクト	158
異体字	131
一括パッケージ	283
一括プリフライト	283
一括プリント	282
色校正	21
色分解	318
印刷可能領域	36
印刷物制作のワークフロー	20
インタラクティブ	338,342
インチ	62
インデント	138
インラインラフィック	157,159
追い込み	141
追い出し	141
大扉	22
オーバープリント	216,323
オーバープリントプレビュー	214
奥付	22
帯	22
オブジェクトスタイルの編集・再定義	246
オブジェクト書き出しオプション	353
オブジェクトサイズの調整	184
オブジェクトスタイルの登録・適用	244
オブジェクトの検索・置換	274
オブジェクトの挿入	157
オブジェクトライブラリ	276,277
オフセット印刷	21
親オブジェクト	248
親マスター	75
折り加工	35

か行

項目	ページ
カーニング	113
回転・傾斜	183
ガイド	54,57
ガイドの色	58
ガイドの表示／非表示	57
ガイドを引く	56
書き出し	44
下線・打消し線	121
角オプション	220,221
拡大・縮小プリント	314
箇条書き	162
カスタム線種	225
画像サイズの変更	180,182
画像の配置	170,193,194
画面表示の切替	37,38,39
仮想ボディ	114,134
カバー（ジャケット）	22
カラー	198,201
カラー設定	217
カラーマネジメントポリシー	217
カラーモード	168
間隔の変更	234
脚注	163
キャプション	23,176,178
キャプションの配置	178
級（Q）	62
行送り	27,135
行間	28
行頭揃え	136
行取り	124
行と列の設定	261
行末揃え	136
行や列の挿入・削除	255
切り抜き画像	193,194
禁則処理	140
均等配置	136
組み方向	28,31

索引

項目	ページ
クイック適用	51
グラデーション	199,202
グラデーション停止	202
繰り返し複製	233
グリッド配置	174
黒の表示方法	215,216
下版	21
検索・置換	128,129,272,273
検索項目を階層化して登録	285
検索項目を編集	286
圏点（傍点）	120
光彩効果	239
校正	20,21
合成フォント	155
小口	22,23
小口の余白	28,31
固定流し込み	105
子オブジェクト	248
子マスター	75
混合インキ	211,212
コンタクトシート	303
コンテンツインジケーター	172

さ行

項目	ページ
再リンク	189,190
先割レイアウト	20
索引	22,284,285,286
索引項目を階層化して登録	285
索引項目を登録	284
索引項目を編集	286
サテン効果	241
シアー	110
シェイプを変換	232
字送り	27
しおり（スピン）	22
字間	28
字形	273
字面	114
自動回転	117
自動流し込み	105
自動ノンブル	80
自動フィット	181
斜線の設定	261
定規	55
定規ガイド	56,57,58
条件テキスト	122

項目	ページ
序文（前書き）	22
四六判	24
新規カラースウォッチ	203
新規グラデーションスウォッチ	204
新規混合インキグループ	212,213
新規混合インキスウォッチ	211
新規スタイルパネル	267
新規セルスタイル	266
新規相互参照	164
新規ドキュメントの作成（マージン・段組）	30
新規ドキュメントの作成（レイアウトグリッド）	26
新規ページの挿入	87
新書	24
スウォッチに登録	203,204
［スウォッチ］パネルの表示切り替え	205
スウォッチを削除	206
スウォッチを保存	207
スウォッチを読み込み	208
スクリーンモード	37
スタイルグループ	267
ストーリー	128
ストーリーエディター	166
スナップ機能	59
スニペットファイル	308
スプレッド全体表示	38
スプレッドビュー	64
スマートガイド	179
スマートペーシング	179
背	22
正規表現式	272
正規表現スタイル	150
整列・分布	230
セルスタイルを再編集	265
セルスタイルを登録・適用	264
セルの属性	260
セルの分割・結合	256
全角スペースを吸収	160
先頭文字スタイル	148
線の種類	224
線の属性	223
相互参照	164
属性をコピー	200

た行

項目	ページ
代替レイアウト	92
タイトル	23
タイル印刷	315
タグとクラス（EPUB）	349
裁ち落とし領域	36
縦中横	116
タブで開く	40
タブロイド	24
段	23
単位	62
段間	23,28
段間のアキ	31
段数	28,31
段抜き	125
段分割	126
段落境界線	139
段落スタイル	143
段落スタイルを再定義	145
段落スタイルを適用	144
地	22,23
地の余白	28,31
中央揃え	136
定型文	304
データ結合	300
テキストスペースの算出	33
テキストの流し込み	104
テキストの流し込み（自動）	105
テキストの回り込み	156
テキストフレームの作成	96
テキストフレームの属性	99,100,101
テキストフレームの連結	102,103
テキスト変数	292
天	22,23
天の余白	28,31
透明効果	235
透明の分割・統合	325
ドキュメントのプリント	312,316,319
ドキュメントプロファイル（Web）	25
ドキュメントプロファイル（デジタルパブリッシング）	25
ドキュメントプロファイル（プリント）	24
ドキュメントを管理	280
特色（スポットカラー）	209,211
トラッキング	112
ドロップキャップ	118

な行

内容を縦横比に応じて合わせる	184
内容を中央に揃える	184
内容をフレームに合わせる	184
中扉	22
泣き別れ	161
並べて表示	41
濃淡スウォッチ	210
ノド	23
ノドの余白	28,31
ノンブル	23,81

は行

歯（H）	62
パイカ	62
配置	170,173
はがき	24
柱（セクションマーカー）	23,82
パスオブジェクト	222
パス上文字オプション	97
パスファインダー	229
パッケージ	20,330
パネルの表示切り替え	48,49
半自動流し込み	105
版面	23
反転	228
描画モード	236
表組みを編集	252,254
表紙	22
表示画質	63
表示色の設定	36
標準モード	37
表スタイルを再編集	263
表スタイルを登録・適用	262
表に変換	251
表の挿入	250
表の属性	258
フォント	108
ブック全体の索引を生成	287
ブックを作成	279
ブックを同期	281
ぶら下げ組み	140
ドロップシャドウ	238
トンボ・裁ち落とし	317,333
プリフライト	20,326
プリフライトの項目を設定	328
［プリプレス用 - 日本 2］	217
プリントの設定を保存	322
プレゼンテーション	37
プレビューモード	37
プレースホルダ	79
フレーム	171
フレームグリッド	60,96,98
フレーム調整オプション	185
フレームに均等に流し込む	184
フレームを内容に合わせる	184
プレーンテキストフレーム	96
プロセスカラー	211
プロファイルの割り当て	218
分版	318,324
平体・長体	109
ページ切り替え	70
ページ効果	342
ページ全体表示	38
［ページ］パネルの表示変更	69
ベースライン	111
ベースライングリッド	61
ベタ	115
ヘッダー・フッター	257,260
ヘドバン	22
ベベルとエンボス	240
変形	226,227,228
ポイント	62
ぼかし効果	242
保存	42
保存（下位バージョン）	43
ボタンを作成	338
本文	22,23

ま行

マージン・段組	30,32
マスターページ	71,72
マスターページの作成	73,74,76
マスターページの修正	85
マスターページの適用	83,84
マスターページの複製	74
マスターページの変更	78
前付け	22
見返し	22
見開きページ	94
見出し	23
ミリメートル（mm）	62
メタデータ	176
目次	22
目次ページの自動作成	288
目次ページを更新	290
文字組みアキ量設定	152,154
文字サイズ	28
文字種の検索・置換	275
文字スタイル	146
文字スタイルを適用	147
文字揃え	134
文字詰め	114

や行

約物	140
ユニコード	273
用紙サイズ	313
弱い禁則処理	140

ら行

リーガル	24
リード（導入文）	23
リキッドレイアウト	88,90
リッチブラック	215
リンク	186
リンク情報	187
リンクを更新	188
ルビ	119
ルビ・圏点・縦中横（EPUB）	348
レイアウトグリッド	26,28,60
レイヤーカンプ	196
レター	24
ローカルオーバーライド	86

InDesign CS6 透明効果一覧

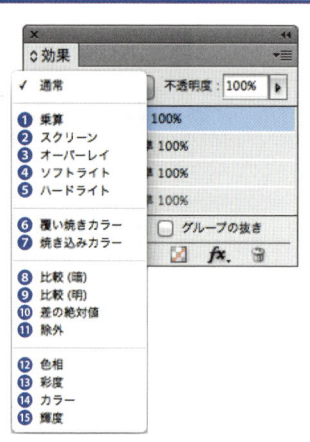

[効果]パネルの描画モードでは、基本色（下地のカラー。ベースカラー）と合成色（選択したオブジェクトのカラー。ブレンドカラー）のカラー情報に基づき、さまざまな方法でカラーを合成します。

❶乗算：基本色と合成色を乗算します。結果色は暗いカラーになります。

❷スクリーン：合成色と基本色を反転したカラーを乗算します。結果色は明るいカラーになります。

❸オーバーレイ：基本色に応じて、カラーを乗算またはスクリーンします。基本色のハイライトおよびシャドウを保持しながら、パターンまたはカラーを既存のピクセルに重ねます。基本色は、置き換えられませんが、合成色と混合されて基本色の明るさまたは暗さを反映します。

❹ソフトライト：基本色に応じて、カラーを暗くまたは明るくします。合成色が50％グレーよりも明るい場合に画像は明るくなり、50％グレーよりも暗い場合に画像は暗くなります。

❺ハードライト：合成色に応じて、カラーを乗算またはスクリーンします。合成色が50％グレーよりも明るい場合、画像はスクリーンされたように明るくなります。合成色が50％グレーよりも暗い場合、画像は乗算されたように暗くなります。

❻覆い焼きカラー：基本色を明るくして基本色と合成色のコントラストを落とし、合成色を反映します。ブラックと合成しても変化はありません。

❼焼き込みカラー：基本色を暗くして基本色と合成色のコントラストを強くし、合成色を反映します。ホワイトで合成した場合は、何も変更されません。

❽比較（暗）：基本色または合成色のいずれか暗い方を結果色として選択します。合成色よりも明るいピクセルが置き換えられ、合成色よりも暗いピクセルは変更されません。

❾比較（明）：基本色または合成色のいずれか明るい方を結果色として選択します。合成色よりも暗いピクセルが置き換えられ、合成色よりも明るいピクセルは変更されません。

❿差の絶対値：合成色と基本色の明るさの値の大きいカラーから、小さい方のカラーを取り除きます。ホワイトと合成すると基本色の値が反転しますが、ブラックと合成しても変化はありません。

⓫除外：差の絶対値モードと似ていますが、効果のコントラストが低くなります。ホワイトと合成すると基本色の値が反転しますが、ブラックと合成しても変化はありません。

⓬色相：基本色の輝度と彩度、および合成色の色相を持つ最終カラーが作成されます。

⓭彩度：基本色の輝度と色相および合成色の彩度を使用して、結果色を作成します。このモードで彩度ゼロ（グレー）の領域をペイントした場合は、何も変更されません。

⓮カラー：基本色の輝度と、合成色の色相および彩度を使用して、結果色を作成します。画像内のグレーレベルが保持されるので、モノクロ画像のカラー化およびカラー画像の階調化に役立ちます。

⓯輝度：基本色の色相および彩度と、合成色の輝度を使用して、結果色を作成します。このモードでは、カラーモードの反対の効果が作成されます。

通常

❶ 乗算

オブジェクト

塗り

テキスト

❷ スクリーン

オブジェクト

塗り

テキスト

❸ オーバーレイ

オブジェクト

塗り

テキスト

InDesign CS6

❹ ソフトライト	❻ 覆い焼きカラー	❽ 比較（暗）
オブジェクト	オブジェクト	オブジェクト
塗り	塗り	塗り
テキスト	テキスト	テキスト
❺ ハードライト	❼ 焼き込みカラー	❾ 比較（明）
オブジェクト	オブジェクト	オブジェクト
塗り	塗り	塗り
テキスト	テキスト	テキスト

Appendix

透明効果一覧

363

Design Reference PLUS

透明効果一覧

❿ 差の絶対値	⓬ 色相	⓮ カラー
オブジェクト	オブジェクト	オブジェクト
塗り	塗り	塗り
テキスト	テキスト	テキスト
⓫ 除外	⓭ 彩度	⓯ 輝度
オブジェクト	オブジェクト	オブジェクト
塗り	塗り	塗り
テキスト	テキスト	テキスト

InDesign CS6 ぼかし効果一覧

※効果がわかりやすくなるように、オブジェクトと塗りのぼかし幅は 13mm に設定してあります

基本のぼかし

シャープ	丸み（外）	拡散
オブジェクト	オブジェクト	オブジェクト
塗り	塗り	塗り
テキスト	テキスト	テキスト

方向性のぼかし

先頭のエッジのみ

オブジェクト 45°	オブジェクト 90°	オブジェクト 100°
塗り 45°	塗り 90°	塗り 100°
テキスト 45°	テキスト 90°	テキスト 100°

Design Reference PLUS

InDesign CS6 罫線の太さ一覧

先太

0.1mm

0.25mm

0.35mm

0.5mm

0.75mm

1mm

2mm

3mm

4mm

5mm

6mm

7mm

8mm

9mm

10mm

丸型線端

0.1mm

0.25mm

0.35mm

0.5mm

0.75mm

1mm

2mm

3mm

4mm

5mm

6mm

7mm

8mm

9mm

10mm